旅游城市

每个城市都包括城市解读、旅游片区、旅游资讯三大板块。

旅游片区

每个城市划分为若干旅游片区，全面介绍。同时突出重要旅游点。

……点包括……、攻略、链接等内容。力求收录全面。

每个旅游资讯板块，包括交通、住宿、美食、购物、娱乐等内容。

如何使用本书

1 多角度呈现
全书从风光、文化、民族、美食等多个角度呈现贵州之美，发现不一样的贵州。

分色标签 每个城市都有一个特定的检索色，便于翻阅。

2 专题知识
对于认识贵州具有重要意义的关键词条，书中特设专题，图文并茂，让读者迅速读懂词条。

3 精华景点
三维立体图更深度地引导读者鉴赏那些特别重要的必游景点。

4 攻略
大部分景点配有位置、交通、门票、链接等丰富的实用攻略。

5 资讯
每个城市都包括交通、住宿、美食、购物、娱乐等资讯。

发现者旅行指南

贵州（第3版）

北京·旅游教育出版社

目录

CONTENTS

地图目录

专题目录

独一无二的黄果树

“白水如棉，不用弓弹花自散；红霞似锦，何须梭织天生成。”古往今来，不知有多少文人墨客穷尽世间赞美之词吟咏过它。它一定是大自然最宠爱的孩子，石与水的交融，树与藤的纠缠，只留下仰望它的人在那里独自惊叹。

佛光普照

梵净山

这里是全国著名的弥勒道场，这里的云海，素洁如银，而常常出现的“佛光”令人魂牵梦绕。万卷书和蘑菇石相依相伴，似在诉说着美丽的传奇。

赤水丹崖

挂巨瀑布

瀑布景色壮观，瀑水从悬崖绝壁上倾泻而下，似万马奔腾，气势磅礴，几里之外声如雷鸣，数百米内水雾弥漫，阳光照射之下，呈现五彩缤纷的彩虹，偶尔还能看到奇妙的“佛光环”，随行人移动，一人一环，美不胜收。

荔波樟江那一抹绿

浩瀚苍茫的森林最养眼，仙境般的水景最能荡涤胸怀，而微风像个淘气的孩子，在水面画出一圈圈纹路，搅动了游人最美的梦。

西江苗寨欢乐多

舞者们头戴银饰，身穿传统短上衣，腰间束若干条镶边彩带，在轻快优美、曲调丰富的芦笙伴奏下翩翩起舞，步履轻盈，酷似锦鸡在行乐觅食。在舞蹈中尽显苗族人民古老而绚烂的美感追求。

镇远古镇 在水一方

镇远古镇素有“滇楚锁钥，黔东门户”之称，是中国山地贴崖建筑文化博物馆。城内古街古巷曲径通幽，石桥城垣错落有致，碧水晨雾姿态万千，春江渔火诗意盎然，青砖黛瓦、高封火墙、飞檐翘角、雕梁画栋，默默展示着千年古镇的沧桑。

桥头民居
15085216981

印象 贵州

文化符号

国酒茅台

茅台酒是大曲酱香型白酒的鼻祖，有“国酒”之称，是中国美酒的象征。

遵义会议

遵义会议是中国共产党历史上一次重要的转折点，标志着中国共产党从幼稚走向成熟。

夜郎文化

夜郎国是秦汉时期存在于贵州一带的神秘古国，因“夜郎自大”这一成语而为世人熟知。

黄果树瀑布

黄果树瀑布是世界上最大的瀑布群，是中国西部最具魅力的景观之一。

苗寨

历史久远的苗族人多聚居在大山里的苗寨间，古色古香的苗寨是苗族人幸福的家园。

赤水

美丽而神秘的赤水河曲折悠长，更因红军“四渡赤水”和赤水丹霞地貌而扬名中外。

印象
贵州

苗族风情

苗绣

苗家妇女擅长纺织和刺绣，苗绣是苗族民间传承的刺绣技艺，是苗族妇女智慧的结晶。

芦笙舞

芦笙舞是苗族人民祭祖或庆祝节日时的主要舞蹈之一，也是苗族男子的独特技艺。

蜡染

苗族蜡染图案丰富，色调素雅，风格独特，是苗族民间传统的纺织印染手工艺。

苗族银饰

苗家妇女钟爱银饰品，苗族银饰以其多样的品种、奇美的造型与精巧的工艺而闻名。

苗年

苗族人民最隆重的传统节日，节日期间，家家杀猪宰羊，载歌载舞，万民同庆。

苗族贾理

贾理是苗族最神圣的精神文化大法典，被誉为苗族古代社会的“百科全书”。

印象
贵 州

多彩民族

苗族

贵州是苗族聚居人口最多的省份，贵州苗族集中了全国苗族主要的文化特征，是全国苗族文化的代表。

侗族

侗族分布在黔、湘、桂三省（区）毗邻处，侗族拥有古老丰富的文化和独特的建筑艺术。

水族

大部分分布在贵州南部和东南部，水族信仰多神，崇拜自然物，多以种植水稻为生。

土家族

一个历史悠久的民族，世居毗连湘、鄂、渝、黔的武陵山地区，民族风情独特。

布依族

贵州是布依族最主要的聚居地，布依族以农业种植为主，是水稻种植的发明者。

仡佬族

仡佬族是中国的一个古老民族，主要分布在贵州北部地区，保存着独特的民俗文化。

印象
贵 州

黔味美食

羊肉粉

当今大多数贵州人早午餐的最爱，贵州的大街小巷，羊肉粉馆鳞次栉比，热闹非凡。

豆花面

遵义豆花面迄今已有百年历史，是遵义的汉族名小吃，看之清新淡雅，食之美味可口。

肠旺面

贵州极负盛名的一种汉族风味面食，具有血嫩、面脆、辣香、汤鲜的风味和口感。

酸汤鱼

来到贵州，不能不吃苗家特有的酸汤鱼。酸汤鱼入口酸味鲜美，辣劲十足，令人胃口大开。

花江狗肉

原产于贵州关岭布依族苗族自治县花江镇，汤鲜味美，皮滑肉嫩，油光烂酥而不腻，久食而不厌之。

折耳根

又名鱼腥草，常生长在背阴山坡、村边田埂、河畔溪边及湿地草丛中，是一种药用野菜。

自驾 贵州

线路 1

黔西南
尽享水世界的魅力

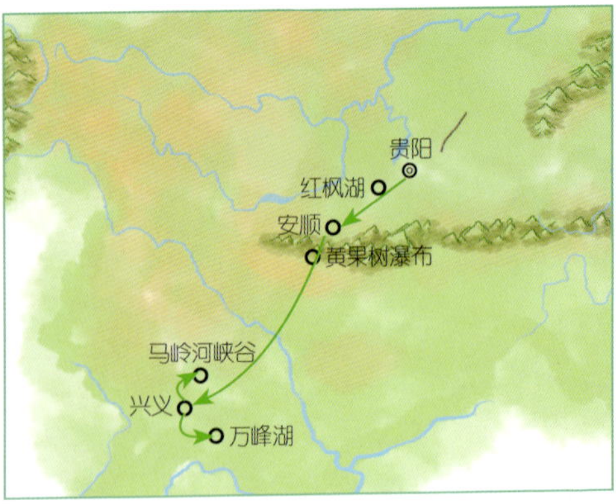

清镇 红枫湖

安顺 龙宫

镇宁 黄果树瀑布

兴义 马岭河峡谷

兴义 万峰湖

这条线路一路与水相伴，红枫湖的洞水交融、龙宫景区的洞中瀑布——龙宫龙门飞瀑与“山不转水转”的旋水奇观——龙宫漩塘、黄果树瀑布的惊天动地、马岭河峡谷的浪遏飞舟，总能让游客感受到贵州令人震撼的风景，整个行程需三天。

第一天 从贵州沿贵黄高速在清镇出口下高速即到红枫湖，红枫湖以北湖的岛、南湖的洞、中湖的山、后湖的湾而著称，湖畔还有少数民族古村寨。游览完驾车前往安顺市游览龙宫景区，不要错过龙门飞瀑和龙宫漩塘，也可选择乘船游览。夜宿安顺市。

第二天 游览黄果树瀑布景区，黄果树瀑布是我国最大的瀑布，极具气势。如果在夏、秋季节前来，可以体验黄果树漂流，非常刺激。夜宿景区附近。

第三天 驱车前往马岭河峡谷，游览景区奇观后，体验刺激的峡谷漂流。下午前往万峰湖，欣赏烟波浩渺、湖光潋滟的美景。

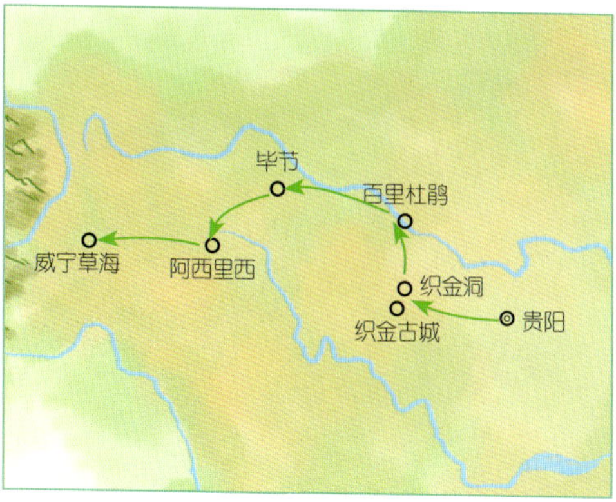

线路 2

贵昆北线 生态之旅

织金 织金古城

织金 织金洞

毕节 百里杜鹃

毕节 小河风景区

赫章 阿西里西

威宁 威宁草海

这条路线深入黔西，沿途自然风景秀丽无比，未有一丝一毫的人工雕凿痕迹。绵延百里的杜鹃花开和漫无边际的威宁草海会让你的心情无比舒畅，而织金洞的神奇则会让你忍不住感叹大自然的鬼斧神工，驾车游弋在这样一条如诗如画的风景长廊里，将会成为你记忆中最美好、最难忘的场景。

这条线路出游天数约 4 天，最佳旅游季为 3~10 月。

第一天 从贵阳市区沿 S307 行驶至织金县参观织金洞和织金古城，织金洞是世界上已探明的最大溶洞，景观丰富怪诞。夜宿织金县。

第二天 早上从织金县城出发沿 S209—S55 行驶至百里杜鹃景区参观，之后沿 S55—G326 行驶至毕节市参观天河水利风景区，也可去小河风景区的十里溶洞探险漂流。夜宿毕节市。

第三天 从毕节市沿 G326 行驶至赫章县的阿西里西天上花海景区，主峰大韭菜坪海拔 2777 米，为贵州第二高峰。山顶为十万余亩的高原平台，上面长满了数万亩郁郁葱葱的野生韭菜，极为壮观。夜宿赫章县。

第四天 从毕节市沿 G326 行驶至威宁草海景区游览，草海是世界人禽共生、和谐相处的十大候鸟活动场地之一。

自驾 贵州

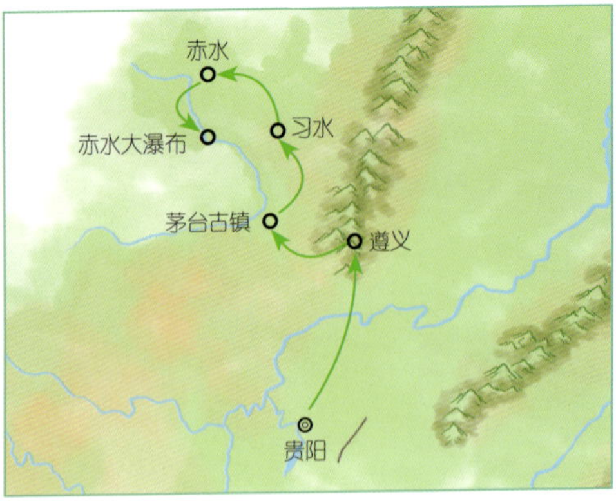

线路 3

黔北
重走长征路

遵义 遵义会议会址

仁怀 茅台古镇

习水 土城古镇

赤水 赤水大瀑布

赤水 桫椤自然保护区

这条旅游线路贯穿黔北，在探寻红军长征之路的同时还能欣赏清澈的乌江、赤水河，还有充满魅力的丹霞地貌等，这一切注定黔北之旅是一次难忘之旅。

第一天 从贵阳市到遵义市全程高速，可在中途的息烽温泉稍做歇息，可以泡个温泉。到达遵义市区后，先去参观遵义会议会址，这是遵义城最宏伟的建筑。然后前往凤凰山公园，尽情享受清新的空气。夜宿遵义市。

第二天 前往仁怀茅台古镇，先在古镇内自由活动，再去参观目前国内规模最大的酒文化博览馆——中国酒文化城，最后去茅台渡口寻觅红军当年三渡赤水的辉煌历史。夜宿古镇内。

第三天 前往习水县，先去三岔河景区寻找国家一级、二级保护动物，再游览土城古镇，古镇内有土城会议会址等一系列红色旅游景点。夜宿习水县。

第四天 上午前往赤水市，先游览赤水大瀑布景区，赤水大瀑布是中国丹霞地貌上最大的瀑布。然后前往赤水竹海国家森林公园游览，这里竹林遍布，群山峻岭，一片葱郁，若有风起，万顷碧波如海洋一样波翻浪涌，让人遐想联翩。

第五天 上午游览四洞沟景区，虽与赤水大瀑布一样都是以瀑布取胜，不同的是四洞沟有四个形态各异的瀑布，值得一看。午后可以去参观桫椤自然保护区，在这里，桫椤生长旺盛，数量达 4 万多棵，不仅国内罕见，在世界上也是少数。景区还有中国侏罗纪公园，不要错过。

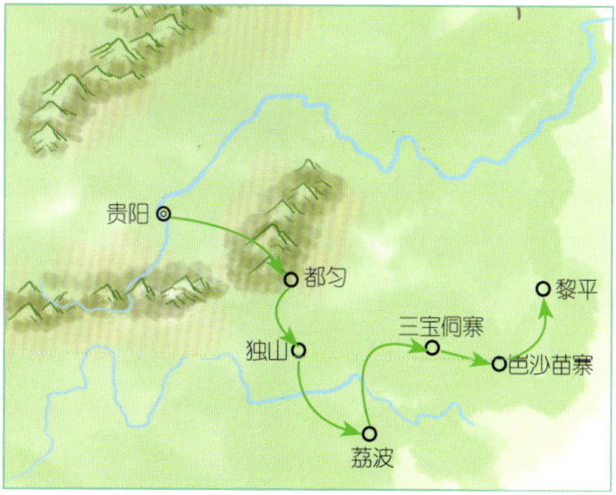

线路 4

黔东南民族风情之旅

都匀 斗篷山

荔波 樟江风景区

荔波 茂兰喀斯特

榕江 三宝侗寨

从江 岜沙苗寨

黎平 肇兴侗寨

这条线路是从贵阳出发向东的大环线，是领略侗寨苗乡风情的经典线路，你可以看到原汁原味的少数民族风情，感受他们的质朴和热情，榕江三宝侗寨、从江岜沙苗寨、黎平侗乡都将与你相会。另外，沿途你还能游览风景优美的斗篷山、荔波樟江以及历史悠久的隆里古城等。

第一天 从贵阳市区沿 G76—S309 行驶至都匀市参观剑江—斗篷山风景区，然后沿 G210—G75 行驶至独山县参观奎文阁。夜宿独山县。

第二天 从独山县城沿 G75—S88—S206 行驶至樟江风景区参观，这里有如画的特色水景以及浩瀚的喀斯特森林。之后到茂兰喀斯特景区游览。夜宿景区附近。

第三天 从荔波县沿三荔高速—S88 行驶至榕江县参观古州镇总兵署、古榕风景区和车江三宝侗寨。夜宿榕江县城。

第四天 早上从榕江县城出发沿 G321 行驶至从江县岜沙苗寨参观，苗寨中人们的装束有秦汉遗风，很有特色。沿途经过增冲鼓楼可选择参观。夜宿岜沙苗寨。

第五天 从岜沙苗寨沿 G321 行驶至地坪乡参观地坪风雨桥，该桥被誉为“侗族文化在建筑艺术上的结晶”。然后沿 G321—S202 行驶至黎平县，沿途经过肇兴侗寨，最后从黎平县沿 S202 行驶至隆里古城参观。

解读 贵州

地理

贵州苗寨风光

面积和区划

贵州省简称贵或黔，地处中国西南部的云贵高原，是一个历史悠久、自然环境独特、气候宜人、多民族聚居的内陆山区省份。全省面积约18万平方千米。

贵州全省现辖贵阳、六盘水、遵义、安顺、毕节、铜仁6个省辖市，黔东南苗族侗族自治州、黔南布依族苗族自治州、黔西南布依族苗族自治州3个自治州，10个县级市、50个县、11个自治县、1个特区、16个市辖区。省会贵阳。

人口和民族

截至2022年年末，贵州全省常住人口约为3856万，贵阳、安顺、六枝、普定和毕节的山间盆地、河谷坝子人口分布较稠密，黔南、黔东南等山区人口密度较低。

贵州是一个多民族的省份，世居少数民族有土家族、苗族、布依族、侗族、仡佬族、水族、白族、毛南族、仫佬族、羌族等16个民族，少数民族人口占全省总人口近40%。全省人口较多的少数民族有苗族、布依族和侗族。苗族主要分布在黔东

黄果树瀑布

南、黔南的苗岭山脉、清水江流域；布依族主要分布在黔南、黔西南的南盘江、北盘江、红水河流域；侗族主要聚居在黔东南天柱至从江一带。在贵州，大部分少数民族都有自己的语言，在日常生活中，主要以本民族语言为交际工具。

地形

贵州地处云贵高原东坡（也称作贵州高原），是一个纬度较低、海拔较高的高原山区，素有“八山一水一分田”之说。全省地势西高东低，自西部和中部向北、东、南三面倾斜，西部赫章县珠市乡境内的小韭菜坪海拔2900.6米，为全省最高点；东南部黎平县地坪乡水口河出省界处海拔147.8米，为全省最低点。

贵州是典型的山区省份，山地和丘陵占全省总面积的92.5%，北部的大娄山、东北部的武陵山、西部的乌蒙山和横亘中部的苗岭四大山脉构成了贵州高原的地形骨架。贵州还是世界上岩溶地貌发育最典型的地区之一，喀斯特出露面积占全省总面积的61.9%。独特的地形地貌造就了贵州的美丽与神奇。

贵州河网密布，河流顺地势从西向北、东、南三面分流，以中部的苗岭山脉为界，以北属长江水系，流域面积115 747

小韭菜坪

喀斯特地貌

喀斯特地貌是水对可溶性岩石溶蚀后形成的地表和地下形态的总称。喀斯特原为巴尔干半岛的一处地名，19世纪中叶，因为最初的喀斯特地貌研究始于此处而得名。我国是喀斯特地貌分布较广的国家，主要分布于两广、贵州、云南以及四川和西藏的部分地区。

喀斯特地貌的典型特征就是奇峰林立、洞穴遍布。以地表为界，喀斯特地貌又可分为地上景观和地下景观两部分。地上通常有孤峰、峰丛、洼地、丘陵、落水洞和干谷等特殊景观，而地下溶洞中最常见的则是石钟乳、石柱、石笋、石幔、地下暗河等景观。

喀斯特平原

主要分布于河谷和山间溶蚀盆地内，包括封闭性槽谷、大型溶蚀洼地和以溶蚀为主的平原。

孤峰

岩溶区孤立的石灰岩山峰，需要地壳长期稳定且无太大的地质运动才能形成。

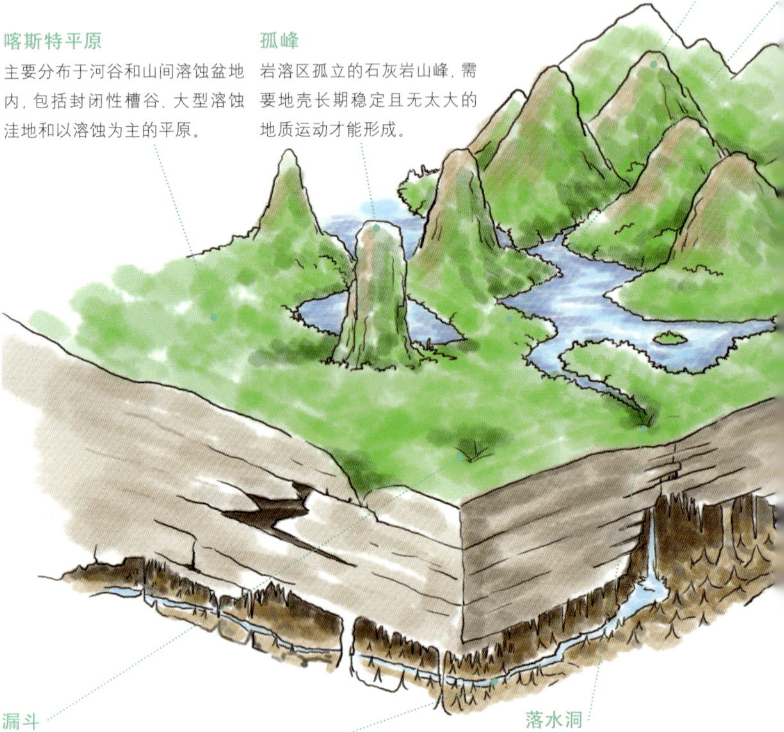

漏斗

地表水沿节理裂隙渗滤并向地心汇集过程中因溶蚀扩大而形成的地貌类型。

地下河

石灰岩地区地下水沿裂隙溶蚀而成的地下水汇集和排泄的通道。

落水洞

地表水沿石灰岩裂缝向下渗流和溶蚀，超过100米深后即形成落水洞。

织金洞

洞内空间宽阔，分为上、中、下三层，洞中遍布石笋、石柱、石芽、钟旗等四十多种堆积物，形成千姿百态的岩溶景观。

荔波喀斯特

锥状喀斯特的典型代表，峰丛和峰林广布。植被丰茂。主要景点有樟江和茂兰。

平方千米，以南属珠江水系，流域面积60 420平方千米。

气候

贵州的气候温暖湿润，属亚热带湿润季风气候类型。年内气温变化小，冬暖夏凉，气候宜人。全省因受大气环流与地形等因素影响，气候呈多样性，可谓“一山分四季，十里不同天”。

贵州最热月（7月）平均气温一般在22℃~25℃，典型的夏凉气候，使贵州成为理想的避暑胜地。

贵州长年降水较多，但时空分布不均。各地年雨日一般为160~220天，比我国东部同纬度地区多40天以上。西南、东南和东北是全省的三个多雨区，其中西南地区的晴隆县降水最多。另外，贵州全省气候不稳定，灾害性天气种类较多，到贵州旅游要关注天气，严防滑坡、泥石流等灾害。

天无三日晴

人们常以“天无三日晴”来形容贵州的气候。贵州气候温暖湿润，属亚热带湿润季风气候区，气温变化小，冬暖夏凉，气候宜人，全省大部分地区年平均气温为15℃左右。从全年看，通常最冷月（1月）平均气温多在3℃~6℃，比同纬度其他地区高，最热月（7月）平均气温一般在22℃~25℃，为典型夏凉地区。贵州降水较多，雨季明显，阴天多，日照少，境内各地阴天日数一般超过150天，常

加榜梯田日出

峰丛

可溶性岩受到强烈溶蚀而形成的山峰集合体，峰林是由峰丛进一步演化而形成的。峰林的山峰表现为锥状、塔状、圆柱状等尖锐峰体，表面发育石芽、溶沟等。

峰丛洼地

峰丛间的岩溶洼地深陷而形成，多呈圆筒状，在广西被称为弄或峒。

峰丛谷地

受水流溶蚀形成的谷地或串珠状洼地相间的岩溶地貌组合，有些谷地中有季节性或常年性地表水流，成为较大的暗河的泄水通道。

溶洞

地下水沿可溶性岩的裂隙溶蚀扩张而形成的地下洞穴，规模大小不一，大的可以容纳千人以上；形态千奇百怪，溶洞中有许多奇特景观，如石笋、石柱、石钟乳、石幔等。

施秉喀斯特

典型而完整的白云岩喀斯特地貌，以峰丛峡谷喀斯特最为典型。主要有杉木河、云台山等景点。

年相对湿度在70%以上。

贵州地处亚洲东南部，深受季风影响。来自西伯利亚、蒙古高原的干冷气流，长途跋涉到秦岭、大巴山后，进入贵州境内已成弱势，在崇山峻岭的阻滞下，常在贵州上空形成“静止锋”。从东南或西南海洋上吹来的暖湿气流，挟带着大量水分，与北方南下的冷气流相遇，便在上空交汇、盘旋，于是成云、成雾、成雨。山谷中水气的蒸发，也往往形成云雾。所以，贵州总云量较大，除威宁、盘州、普安、安龙、册亨等地云量为七成多外，其余大部分地区的总云量均在八成左右。云遮雾罩，所以阴雨天气较多，晴天较少。

因经常下雨，贵州的植物生长繁茂，尽管喀斯特地貌占全省总面积的近三分之二，但由于水量充足，地面多为地衣、苔藓、草丛、灌木所覆盖，一眼望去，满目葱绿。“三晴两雨”的天气，不断调节气温，尤其是在盛夏，骤雨初歇，会顿觉凉爽、清新。由于云量多，太阳辐射量不大，紫外线的照射并不强烈，十分有利于人体健康。

⊕喀斯特山地省

走在贵州的土地上，一路都是穿行在崎岖的山路间，贵州是中国最典型的山地省，从某种意义上说，贵州也是中国唯一一个没有平原的省份。贵州在自然上还有一个重要特点，就是61.9%的贵州大地都是神奇的喀斯特地貌。

贵州是一个相对独立和比较完整的地理单元，由于新构造运动的影响，除威宁、赫章一带还保留一部分原始高原面貌外，大部分地区地表崎岖破碎，高低悬殊，地貌类型复杂，可谓“地无三尺平”。在山与山之间，散布着一块块或大或小的坝子（盆地或河谷），这些坝子正是贵州人休养生息的地方，省内的一些主要城市也散落在这些坝子里。

贵州的岩溶出露面积达13万平方千米，喀斯特基岩分布之广、厚度之大、所占比例之高，在全国都是独一无二的，全省仅4个县没有喀斯特发育，是名副其实的喀斯特省，也是世界上著名的喀斯特地貌之乡。

茂兰喀斯特地貌

贵州省境内有众多的喀斯特地貌景观。贵州西部的韭菜坪是世界最大的连片喀斯特地区；毕节的织金洞，岩溶堆积物众多，素有“地下天宫”之美誉；施秉㵲阳河喀斯特景观已在2014年的第38届世界遗产大会上获准列入《世界遗产名录》；贵州南部荔波的喀斯特地貌被认为是“中国南方喀斯特”的典型代表。

苗寨风情

如果以现代化的标准看贵州，那么贵州的确落后。但是换一种角度来看，正因为这里的“地无三尺平”和独特的喀斯特地貌，贵州才保持了较为原始的生态环境，那些隐匿山间的苗寨侗乡才显得格外古朴，不至于“千人一面”，而这正是贵州最为珍贵的财富。

贵阳会议中心

历 史

苗族人物绘画

南方四大族系交会地

我国南方的少数民族，大都起源于古代的四大族系，即氐羌、百越、苗瑶和濮人。南方民族除与这四个族系有深厚的族属渊源外，在语言系属上也有明确的对应关系。操藏缅语的民族，如藏族、羌族、彝族、白族、纳西族、土家族等均出自氐羌族系。操壮侗语的民族，如壮族、布依族、侗族、水族、仫佬族、傣族等均出自百越族系。操苗瑶语的苗族、瑶族、畲族等属于苗瑶族系。濮人的后裔，如仡佬族、拉基族等，语言大抵属于仡基语族。

贵州是我国南方四大族系交会之地，除了回族、满族、蒙古族是元代之后迁入之外，其他各族都和这四个族系有密切的关联。

秦汉之后，四大族系在地域上发生了较大的变动。首先是濮人势力的衰弱，濮人曾经是我国古代人数众多、支系纷繁、分布辽阔的强大族群之一，最初分布在湘鄂川黔一带，春秋后楚国扩张，多次征伐濮人，除少数濮人西迁至黔东北、湘西外，多数濮人与其他民族融合。战国末期，分布在贵州、滇东、川西南和桂西北的濮人，分别建立了夜郎、且兰、僰等地方民族政权。汉代之后，汉武帝灭且兰、夜郎，濮人势力受到重大打击。秦代之后，越人北上，“南蛮”西迁，夷人东进，濮人日渐衰落。

其次是夷人东进。夷人“大种曰昆，小种曰叟”，当是氐羌族系较早分出的一支。秦汉时期，夷人还处于“随畜迁徙，毋常处，毋君长”的状态。贵州彝族的始祖迁至泸阴之山（今天的云南东川一带），分为六支，与濮人杂居，渐渐征服濮人。

再次是五溪蛮西迁。周、秦时期，中原统治者把江汉以西的各族统称为“荆蛮”或“南蛮”，苗、瑶的先民就是“南蛮”的重要组成部分。“三苗”原住中原，涿鹿之战后，其首领蚩尤战败，退到长江以南。此后不断西迁，被称为武陵蛮或五溪蛮，逐渐向贵州扩展。

历史大事记

远古时期

贵州是古人类发祥地之一，观音洞遗址、“穿洞文化”遗址等证明，贵州早在20万年以前即有人类居住。距今一万年到四千年，贵州进入新石器时代。在农业发展的基础上，人类逐渐定居而形成村落。

先秦时期

春秋中晚期至战国，贵州出现了铁器，其间出现了牂牁、夜郎、且兰等部落国。
战国末年，楚将庄蹻经且兰、夜郎等地入滇，间接促进了贵州经济文化的发展。

最后是百越的北上。公元前221年，秦统一中国，吴、越地区被纳入秦的统治范围，接着秦始皇下令进兵岭南“取百越之地”，在今天的两广地区“置南海、桂林、象郡”，从而将百越纳入统治，秦末农民起义，百越各部落纷纷成立独立政权，汉武帝灭南越之后，由于生存的压力，越人逐渐北上进入贵州。

到了唐代，由于朝廷推行郡县制度，四大族系逐渐地衍化，形成后来的仡佬族、苗族、瑶族、侗族、布依族、水族、彝族和土家族等少数民族，四大族系的交会共同织就了今天贵州地区五彩缤纷的民族风情。

神秘的夜郎古国

在中国的历史上，古夜郎王的一句“汉孰与我大？”成为贻笑千年的笑话，“夜郎自大”也成为狂妄自大、目空一切的代名词。但是关于夜郎国，很多人了解的却仅限于这一个典故，其本身则一直笼罩在一片神秘的色彩当中。

随着考古的不断发现，夜郎作为一个古老文明的国度，作为中华民族灿烂文化的组成部分，它的神秘面纱逐渐被人们揭开。夜郎国的历史，大致起于战国，至西汉成帝河平年间（前28—前24年），前后约300年。据史载，西汉的夜郎国境大致在四川有今珙县，在湖南有今新晃侗族自治县，在云南有今宣威至路南、陆良一线，在贵州则有今黔北、黔西北、黔西南大部分地区。看得出，夜郎国故土大致应当在今贵州西部、北盘江和

可乐遗址文物

南盘江之间。在这一区域，有个叫可乐的小地方最引人注目。

可乐位于贵州西北部乌蒙山脉中段的东麓，中心地带是一片东西长约5千米的长条形坝子。坝子四周分布着一列土丘，1956年在这里发现了重要的夜郎遗物。1978年和2000年，考古队对可乐及其周边再次进行了考古挖掘，其中2000年的发掘共清理出108座夜郎时期当地少数民族墓葬，其中“套头葬”实属奇特。“可乐”以其独特而丰富的地域文化属性，荣获2001年度“中国十大考古新发现”之一。

在对史书记载及考古成果资料进行综合研究后，夜郎国在贵州已成为不争的史实，但夜郎国的都邑究竟在哪里至今尚不明确，还有待于进一步的发掘。关于古夜郎，这个神秘的古国不是只言片语就能说得清楚，更多的考古发现和研究探讨还在进行中。

秦汉时期

公元前277年，秦于今川、鄂、湘、黔边境地区置黔中郡，“黔”之名由此而得。
公元前135年，汉王朝拜唐蒙为郎中将通夜郎，借夜郎精兵浮船过牂牁江以控制南越，夜郎、且兰皆归附于汉。

秦汉时期

公元前111年，汉王朝设牂牁郡，采取“募豪民田南夷”的措施，将“三蜀大姓”移入贵州，中原及巴蜀文明被带进贵州，促进了贵州的开发。
225年，蜀相诸葛亮领兵南征，南中平定后，诸葛亮在此处设郡县。

唐宋时期

639年，唐太宗根据山川地势，分全国为十道，今贵州大部属江南道。

十 诸葛亮七擒孟获

在中国四大名著之一的《三国演义》中，诸葛亮七擒孟获的故事可谓是家喻户晓，成为蜀相孔明一生当中用兵如神的“代表作”之一。根据后来的研究发现，诸葛亮七擒孟获的地点，正是今天云贵高原的彝族地区。

225年，蜀汉丞相诸葛亮为了巩固后方，率领军队南征。正当大功告成准备撤兵的时候，南方彝族的首领孟获，纠集了被打败的散兵发动叛乱，前来袭击蜀军。诸葛亮得知，孟获不但骁勇善战，意志坚强，而且待人忠厚，在彝族中极得人心，就是汉族中也有不少人钦佩他，因此决定把他争取过来。

孟获虽然勇敢，但不善用兵。第一次上阵，见蜀兵败退下去，就以为蜀兵不敌自己，不顾一切地追上去，结果闯进埋伏圈被擒。孟获认定自己会被诸葛亮处死，不料诸葛亮亲自给他松绑，好言劝他归顺。孟获不服这次失败，傲慢地加以拒绝。诸葛亮于是放孟获回去，但他料定孟获当晚准来偷营，当即布置好埋伏。当天夜里，孟获挑选了五百名刀斧手，悄悄地摸进蜀军大营，见无任何阻挡，孟获暗暗高兴，以为成功在即，不料蜀军伏兵四起，孟获又被擒住。

七擒孟获

孟获接连被擒，再也不敢鲁莽行事了，他带领所有人马退到泸水南岸，只守不攻。蜀军派少量士兵假装渡河，暗地里却将大军分成两路，绕道上游和下游的狭窄处渡河包围了孟获据守的上城，孟获又被生擒。

播州土司

播州土司大事年表

876年
唐僖宗命武略将军杨端领兵进攻贵州播州（今遵义）一带，杨端收复播州，此后杨氏就一直统治播州，建立播州土司政权。

1176年
播州总管何轸移家播州东乡辖地杨柳田青山，何氏开始与杨氏共同管理播州地区，双方和谐共处。

1248年
播州首领杨文西征抗元，与蒙古军大战于马鞍山，三战三捷，擒元将秃懑于大渡河。因功，杨文升左卫大将军，何果封镇国上将军。

1252年
受杨文派遣，何果率本部与播州全军以劲弩射敌，大解蒙古铁骑对嘉定（今四川乐山）之围。

1483年
杨氏第二十四世土司杨辉宠爱庶子杨友，企图废嫡，播州土司内部发生动乱。

1600年
朝廷开始平播战争，双方决战海龙囤，最终末代播州土司杨应龙自杀，播州土司政权灭亡。

唐宋时期
733年，唐朝设黔中道，贵州境内出现了几个对后来产生深远影响的地方土司政权。
974年，彝族首领普贵归附宋朝，被赏赐镇守贵州一带，宋太祖在《敕普贵书》中有“惟尔贵州，远在要服”之名，“贵州”之名始于此。

元明清时期
元代，朝廷在今贵州地区实行土司制度，至明初，彝族土司管辖今贵州省除遵义、铜仁、黔东南外的大部分地区。

元明清时期
1413年，明朝设置贵州承宣布政使，正式建制为省，以贵州为省名。
1425年，贵州始行科举，有愿应试者到湖广就试。

元明清时期
1680年，清军击败吴三桂叛军，进入贵州，直抵省城贵阳，并逐次收复叛军占领的各府、州地。

2015年7月4日，位于我国贵州遵义市郊的巨型军事城堡海龙囤在德国申遗成功，这是中国申报成功的第48处世界遗产。海龙囤作为中国三大土司遗址之一，是当年遵义一带的播州土司传奇历史的见证。

代表人物

杨端

唐朝山西太原人，与太原罗荣的五世孙罗太汪偕同征战，率师入播"平叛"，据有播土，成为播州政权第一代首领。

杨应龙

播州末代土司，杨氏地方政权的第二十九代统治者，后因背叛明朝被杀。

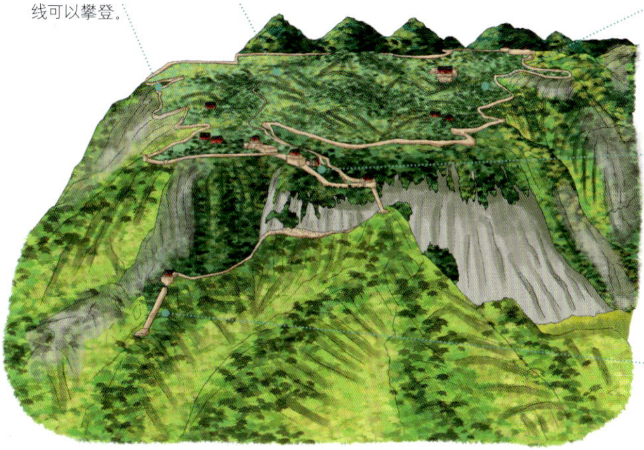

就这样，诸葛亮六次生擒孟获，六次将其放走。到第七次被擒的时候，孟获终于对诸葛亮心服口服，他流着眼泪说："作战中七纵七擒，自古以来没有听说过。丞相对我仁至义尽，我没有脸再回去了。"至此，孟获终于顺服蜀汉，服从管辖，此后蜀国的后方再没有发生叛乱，直至蜀国灭亡。

土司制度与改土归流

土司制度是封建王朝治理少数民族的一种政治制度。历史上的封建王朝时期，统治者为了加强中央集权，针对贵州等远离政

元明清时期

1726年，云贵总督鄂尔泰派兵征广顺长寨奏请改土归流，揭开了贵州境内大规模改土归流的序幕。

近现代时期

1911年11月4日，贵州响应武昌起义，成立大汉贵州军政府，清朝在贵州的统治结束。

近现代时期

1934年12月，中共中央政治局在黎平召开会议，红军主力自湘入黔。
1935年1月，中共中央在遵义召开政治局扩大会议，史称遵义会议。

近现代时期

1949年11月15日，中国人民解放军解放贵阳，贵州省人民政府成立。

治权力中心的地区实行了不少政策，土司制度正是在这样的背景下产生的。后来，针对土司制度而进行的改土归流更是直接促进了贵州文化和经济的发展交流。

在秦汉之时，朝廷除在少数民族地区设置边郡边县，以区别于内地的郡县外，还在少数民族聚居的地区设置了“道”和“属国”等特殊的地方行政单位。这种“道”和“属国”具有明显的羁縻性，即封建王朝授封少数民族的酋领一个官职称号后，通过少数民族酋领来实现对少数民族地区的统治。

到了唐代，朝廷更是明确设置羁縻府州。至元、明时期，土司制度正式确立，少数民族地区普遍建立宣慰司、宣抚司、安抚司等，土司成为地方政权，受封者既是朝廷官员又是各族首领。土司制度与羁縻政策的区别在于由松散的统治变为严格的控制，在承袭、纳贡、征调等方面，土司制度均有严格的规定，从而加强了朝廷对少数民族地区的控制。

到了清朝，土司制度已经开始不利于朝廷的统治，一方面土司利用手中的权力不断压榨少数民族百姓，使得民怨四起；另一方面，少数民族地区的“藩镇割据”逐渐成为朝廷的心头大患。1726年，鄂尔泰上《改土归流疏》，提出“欲安民必先制夷，欲制夷必改流”的主张。清廷即任命鄂尔泰为云南、贵州、广西三省总督，全权办理改土归流事宜。改土归流是指将原来统治少数民族的土司头目废除，改为朝廷中央政府派任流官。在鄂尔泰的武力推行下，维持了几百年的土司制度正式宣布结束。

从历史发展的眼光来看，废除土司制度维护了国家的统一和完整，加强了中央集权，使土司领主土地所有制变成了封建地主土地所有制，结束了土司地域的封闭状况，也促进了各民族经济文化的交流。

历经艰辛的贵州建省之路

1413年3月3日，在威严的北京紫禁城，明朝永乐皇帝一纸诏书告谕天下：设立贵州布政使司。至此，这个在很长一段历史长河里都没有统一的政区和统辖全境的地区，终于得以“正名”，成为全国第13个行省。

贵州建省之路充满崎岖。贵州是一片重峦叠嶂、地形复杂的土地，历史上，这里的

土司城堡遗址海龙囤

少数民族地方政权割据四方。汉代时，武帝平南越，派唐蒙通夜郎，有了“夜郎自大”的诞生；汉末蜀相诸葛亮统率大军“五月渡泸，深入不毛”，将他的脚印留在了黔西北一带；疆域辽阔的元代在贵阳建立八番顺元宣慰司都元帅府，以控扼黔中。

元代在今贵州地区遍行土司制度。当时，在今贵州地区有大小土司300余个，可以说，这些土司就是当地的“土皇帝”。朱元璋为了统一云南取道贵州，暂不愿与土司们有所冲突，为了笼络人心，朱元璋沿袭旧制，接受了水西、播州、思南和思州四大土司的归顺，并诏封他们为宣慰使，其中水西彝族首领霭翠位居各宣慰使之首，霭翠的夫人即为著名的奢香夫人。在奢香夫人的努力下，黔山彝岭水西地区，社会安定，各民族和睦相处。

1413年，思南宣慰使田宗鼎与思州宣慰使田琛为争一片沙坑地起了争执，5万明军在镇元侯顾成的率领下深入贵州进行平叛，并在贵阳建贵州布政使司，贵州正式建“省”。不过当时的贵州行省，面积只有现在的三分之一。

建“省”后，大量的移民、商人、工匠涌进贵州，带来了中原地区先进的文化与技术，贵州也迎来了历史上的第一个发展热潮。

红军在贵州

贵州是一片保留着红色印记的土地，20世纪30年代，中国工农红军踏上了贵州这片土地，他们在这里建立革命根据地、召开遵义会议、四渡赤水，上演了一次次不朽的传奇故事，不仅摆脱了国民党军队的围追堵截，也为后来的“星火燎原”奠定了坚实的基础。

1930年，红七、红八军团转战贵州，到1936年红二、红六军团再次入黔的6年中，

遵义会议会址

红军在贵州建立了4个革命根据地，足迹遍及68个县（市、区）。红军在贵州最为重要的命运转折发生在1935年，这年1月初，长征的红军攻克黔北重镇遵义，中共中央在这里召开政治局扩大会议。遵义会议结束了“左”倾冒险主义的统治，确立了毛泽东在红军和党内的领导地位，在最危急的关头挽救了红军，因此，这次会议不仅成为中国革命的转折点，而且成为中国历史走向的分水岭。

遵义会议后，1935年3月中旬，红军声东击西，四渡赤水，二次入川，红军主力南渡乌江，进入云南。1936年3月，红二、红六军团在贵州西北的乌蒙山与国民党军周旋近一个月，摆脱了强敌的围攻。

经过在贵州连续数月的战斗洗礼，红军结束了被动局面，长征由此进入一个全新的阶段。其间，黎平会议、遵义会议、扎西会议等重要会议，四渡赤水、抢渡乌江、娄山关战役等著名战役，邓恩铭、王若飞、周达文、周逸群等贵州籍老一辈无产阶级革命家都成为贵州最闪亮的红色记忆。

贵州历史名人

除奢香夫人外，贵州的名人大多集中在晚清及近现代。主要名人有郑珍、莫友芝等学者人物，丁宝桢、张之洞等政治人物，王天培、何应钦等军事人物。另外，还有共产党早期无产阶级革命家王若飞、周逸群、邓恩铭等人物。

奢香夫人（1361—1396）：彝族人，彝名舍兹，水西彝族首领霭翠的夫人。在霭翠

病逝后，代袭贵州省宣慰使一职，反对分裂，勤政治理，苦心经营，使得管辖下的水西地区社会安定，民族团结，经济发展，为贵州建立行省和国家统一做出了重要贡献。

郑珍（1806—1864）：字子尹，晚号柴翁，贵州遵义人，清代学者，晚清宋诗派作家。他的诗风格奇崛，时伤艰涩，与莫友芝并称“西南巨儒”。著有《仪礼私笺》《说文逸字》《说文新附考》《果经巢集》等。

莫友芝（1811—1871）：字子偲，贵州独山人。晚清金石学家、目录版本学家、书法家，宋诗派重要成员。家世传业，通文字训诂之学，与郑珍并称“西南巨儒”。著有《二南近说》《仁本事韵》《贞定先生遗集》等。

丁宝桢（1820—1886）：贵州平远（今织金）人，清末洋务运动的代表人物。在山东治理黄河，造福百姓；创办洋务，求富自强。任山东巡抚期间“前门接旨，后门斩首”，置办慈禧太后宠幸太监安德海一事轰动朝野。曾国藩赞叹丁宝桢为“豪杰士”。

张之洞（1837—1909）：字孝达，号香涛，生于贵州贵筑县（今贵阳市），晚清四大名臣之一，洋务派代表人物之一。其提出的“中学为体，西学为用”，是对洋务派和早期改良派基本纲领的一个总结和概括。

王天培（1888—1927）：字植之，号东侠，侗族，贵州天柱人。国民革命军著名将领，北伐名将之一。先后参加武昌起义、护国战争、北伐战争，展示了其卓越的军事才能。后因坚决捍卫孙中山三民主义，被国民党右派秘密杀害于杭州西湖。

何应钦（1890—1987）：生于贵州兴义，国民党政治家、军事家、国民党一级上将，黄埔系仅次于蒋介石的第二号人物。早年参加中国同盟会，后历经辛亥革命、北伐战争、滇缅抗日，主持日本战败受降仪式，新中国成立后撤往台湾地区。

王若飞（1896—1946）：贵州安顺人，中国共产党早期杰出的领导人。青年时代曾参加过辛亥革命和讨袁护国运动，1919年10月赴法国勤工俭学。抗战胜利前后，多次参加同国民党的谈判。1946年4月8日，乘飞机离开重庆返回延安的途中因飞机失事不幸遇难。

周逸群（1896—1931）：贵州铜仁人，无产阶级革命家、活动家，共产党军队的早期缔造者之一，湘鄂西红军和苏区创建人。曾参加反对帝国主义、北洋军阀的爱国运动，参加反袁斗争。1931年，周逸群在湖南岳阳遭国民党军伏击，不幸牺牲。

邓恩铭（1901—1931）：贵州荔波人，水族。青年时代积极组织参加学生爱国运动，发起建立济南的共产党早期组织，并出席了在上海举行的中国共产党第一次全国代表大会。1928年12月，邓恩铭在济南被捕，1931年反动派残酷地将他杀害。

邓铭恩塑像

甲秀楼

文 化

天龙屯堡

十 屯堡文化

在今天的贵州安顺，聚居着一支与众不同的汉族群体——屯堡人，他们的语言、服饰、民居建筑及娱乐方式都沿袭着明代的文化习俗，如同演绎着一幕幕明代历史的活化石。这一独特的汉族文化现象被人们称为“屯堡文化”。

屯堡文化来源于朱元璋大军征南和随后的调北填南。明洪武十三年（1380年），云南梁王把匝剌瓦尔密反叛，第二年，朱元璋派大将傅友德和沐英率30万大军征南，经过3个月的战争，平定了梁王的反叛。经过这次事件，朱元璋认识到了西南稳定的重要性，于是命30万大军就地屯军。

明朝军队从中原、湖广和两江地区把一些工匠、平民等强行迁至今贵州安顺一带居住，随着历史的变迁，这些人在亦兵亦民的过程中繁衍生息，既不断吸收当地的先进生产方式，又恪守各自世代相承的文化生活习俗，久而久之，就形成了现在的“屯堡文化”，既执着地保留了汉族先民的文化个性，又在长期的耕战耕读生活中，创造了自己的地域文明。

屯堡文化既有地域文化特点，又有中国传统文化的内涵，屯堡人的语言经过数百年变迁未被周围的语言同化，屯堡妇女的装束沿袭了明清江南汉族服饰的特征，屯堡食品既具有易于长久储存收藏又便于征战给养的特征，屯堡人的花灯曲调还带有江南小曲的韵味，屯堡人的地戏原始粗犷，将战争展现得栩栩如生，被誉为“戏剧活化石”，屯堡人以石木为主营造的既高雅美观又具独特防御性的民居建筑构成安顺所特有的地方民居风格。

安顺屯堡人是汉民族的一个独特群体，他们从江南带来的诸多先进耕作技术与文化，开发了安顺，促进了黔中一带的繁荣。屯堡人以其遗存的古风和鲜明的特色为世人所惊叹、震撼。

贵州卷轴

《贵州历史笔记》：作者以笔记形式写出这本既展示贵州历史发展脉络，又对贵州重大历史事件和历史人物进行深入探讨的论著，是了解贵州的好素材。

《贵州读本》：全书详细描写了贵州山水、贵州风情和贵州文化，风景在感性的文字中展现出来，像一幅逐渐铺开的长幅画卷。

《夜郎王国传奇》：讲述了两千年前，由少数民族建立的夜郎古国雄起于中国的西南大地，这本书将神秘的夜郎古国展现在了读者眼前。

《贵州土司史》：土司是古代贵州重要的统治阶层，一直以来描写贵州土司制度的素材较少，《贵州土司史》填补了这个空白。

赤水酿造的国酒茅台

1915年，在美国旧金山巴拿马万国博览会上，中国参展代表掷茅台酒酒瓶振国威，一举夺得金奖，从此，茅台与法国的科涅克白兰地、英国的苏格兰威士忌共同被评为世界三大蒸馏酒，从此跻身世界名酒行列。

茅台酒因产于贵州省铜仁市茅台镇而得名，被尊为中国的国酒。茅台酒因备受三代国家领导人的喜爱，屡次被选为国礼送给外国领导人，所以一直享有外交酒、友谊酒等美誉。

好酒要有好水造。贵州茅台酒厂所在的茅台镇，地处赤水河东岸、寒婆岭下、马鞍山斜坡上。酿制茅台酒主要用赤水河的水，因为赤水河水质入口微甜、无溶解杂质的水经过蒸馏酿出的酒非常甘美。茅台镇还具有极特殊的自然环境和气候条件，它位于贵州高原最低点的盆地，远离高原气流，一年有大半时间笼罩在闷热、潮湿的雨雾之中。茅台镇的气候适宜微生物的繁衍生殖，茅台镇的水、土、气中弥漫生长着对酒尤其是对酱香型酒曲有着特殊嗜好的微生物群落。这是其他酒的生产地与茅台镇不可比之处。

除天然气候等条件外，茅台酒的酒窖建设也颇有讲究。从窖址选地、窖区走向、空间高度，到窖内温湿度控制、透气性能，以及酒瓮的形式、容量、瓮口泥封的技术等，都极为严格。这些都是关系到成品酒的再熟化、香气纯度再提高的关键。

茅台古镇

茅台酒是我国大曲酱香型酒的鼻祖，它之所以被誉为“国酒”，是由其悠久的酿造历史、独特的酿造工艺、上乘的内在质量、深厚的酿造文化，以及历史上在中国政治、外交、经济生活中发挥的无可比拟的作用所决定的。新中国成立50周年之际，茅台酒因其淳厚的历史及文化内涵，被中国历史博物馆永久收藏，成为中华“文化酒”的杰出代表。

吹起芦笙跳起舞

芦笙是我国西南地区苗族同胞特别喜爱的古老乐器之一，在中国大地上，只要有苗族人的地方，就有芦笙，因此苗族人聚居的地方又有“芦笙之乡”“歌舞之乡”的称誉。芦笙在苗族民间，大多出现于群体活动中，如花山节、丧葬仪式等，总是作为重要角色贯穿于整个活动的始终。

苗族的芦笙历史源远流长，有人说，芦笙是苗族历史文化发展的见证。芦笙源于古

贵州影像

《扬起你的笑脸》（2002年）：是一部故事曲折生动、结构流畅完整、人物性格鲜明且充满童真童趣的儿童片，描述了贵州花溪河畔“花溪中外少年夏令营”活动中不同孩子之间发生的故事。

《雄关漫道》（2006年）：讲述了红军二、六军团在贺龙、任弼时、关向应等领导下，为掩护中央红军转移，在贵州等地主动吸引敌人，与敌人周旋，最终克服重重困难的感人故事。

《阿娜依》（2006年）：中国第一部苗族侗族原生态电影故事片，苗寨姑娘阿娜依用她泉水般的心、甜美的歌声、灵巧的双手和婀娜的舞姿诠释着她对这片土地和同胞的爱。

《奢香夫人》（2011年）：一部28集的古装民族电视剧，讲述了600多年前在贵州维护国家统一、民族团结和边疆稳定的彝族女英雄、政治家奢香夫人的故事。

侗族鼓楼

鼓楼是侗乡具有独特风格的建筑物，座座鼓楼高耸于侗寨之中，巍然挺立，气势雄伟。鼓楼是侗族人的公共集会场所，一座鼓楼代表一个姓，是家族活动中心的象征。一个村寨有几座鼓楼就表明有几个大家族。对内集会议事、击鼓报警、祭祀、教育、娱乐休闲、赏与罚，对外联盟组织、礼仪交往和特大型活动的协调安排，均在鼓楼议定。

侗族鼓楼的神奇和美在于其结构奇特、精巧。侗族鼓楼建筑不用一钉一铆，仅用数根丈杆，加上精密的构建艺术，便可严丝合缝牢固稳扎，历经风雨而百年不朽，其木构建筑营造技艺已被列入第一批国家级非物质文化遗产名录。

檐板上绘有各种古装人物画、山水画、花鸟画或生活风俗画，形态逼真，栩栩如生。

鼓楼的顶部，大致可分为平顶和尖顶。平顶的鼓楼多为四角，相对较朴实庄严；尖顶的鼓楼则有四到八角，形制高耸，与塔相似。

鼓楼下端一般呈方形，四周置有长凳，方便人们休息，中间是一个大火塘。

鼓楼通体全是本质结构，不用一钉一铆，结构严密坚固，可达数百年不朽不斜。

鼓楼楼底平面均为偶数边，塔身各层平面也为偶数边，多为四边形、六边形或八边形，鼓楼的檐层数则均为单数。

侗族鼓楼多以四根大立柱支撑，柱与柱之间用大柱的榫头穿连，外侧再竖起四根丈余高的柱子和四根枋的榫头穿连形成外柱，用以支撑整个鼓楼的重量。

贵州天籁

《贵州恋歌》：著名歌唱家张也演唱的一首描写贵州风俗人情的民族歌曲，歌颂了贵州这片土地美丽的自然美景和多彩的民族风情。

《爽爽的贵阳》：由孙楠演唱，是贵阳的城市宣传曲，让听众能亲切地感受到贵阳这座城市的清新和爽朗。

《飞向苗乡侗寨》：贵州苗族姑娘阿幼朵演唱的一首歌曲，歌词娓娓道来，记录了贵州苗寨侗乡里最平凡却也最让人向往的生活。

侗族大歌：已有2500多年的历史，是在中国侗族地区一种多声部、无指挥、无伴奏、自然和声的民间合唱形式。

代苗族先民，由于苗族历史上的不断迁徙形成了芦笙的文化体系，并在苗文化中占据主导地位。很多专家、学者在研究苗族时，常常把芦笙与苗族的关系等同起来，认为苗族文化就是芦笙文化。

芦笙作为一种乐器，有其独特的音乐规律和舞蹈形式。重音芦笙的曲调深沉而洪亮，轻音芦笙则轻盈而高亢。芦笙吹奏都要配合舞蹈，边吹边舞。根据各地区习俗的不同，芦笙的演奏也有所差异。贵州黔东南苗族地区的“踩芦笙”，规模宏伟，芦笙高大，芦笙队伍演奏的芦笙，音乐丰富，乐声雄厚，气势磅礴，动人心魄。芦笙手们一边吹，一边熟练地做出倒立、滚翻、吊挂、倒背、爬竿、叠罗汉等高难动作。有的地区则以芦笙独舞和双人舞见长，旋律明快，节奏自由，技巧娴熟，引人入胜。有的地区芦笙较小，男吹女舞，节奏平稳舒缓，耐人寻味。这些不同风俗的芦笙技艺，汇聚成一束富有民族特色的艺术奇葩，代代相传，永不衰退。

芦笙

芦笙由笙斗、笙管、簧片和共鸣管构成。

笙斗：又称气箱，多用杉木、松木或梧桐木制作，以杉木最佳，纹理顺直、质地松软、少疤节，外观呈纺锤形。

笙管：多用白竹制作，粗细匀、竹壁薄，竹质坚韧、表面光亮、不易虫蛀。芦笙一般包括六个笙管，笙管的高度决定芦笙的音色。

簧片：笙管每管入斗处装有一个呈长方形、梯形、菱形或三角形的铜质簧片，铜质的簧片可使芦笙发音脆亮。

共鸣管：是套在笙管上端的一截竹管，可使音量明显增大，多使用毛竹制作，依音高不同而异。

演奏时，笙管竖置，双手捧持笙斗下部，拇指、食指、中指分别按住左右两排笙管音孔，嘴含吹口，吹吸均可发音，站、坐、走、跳均可吹奏，形式活泼多样。

个性鲜明的黔剧

黔剧旧称文琴戏，是由说唱艺术贵州扬琴发展而来的新兴地方剧种，诞生于新中国成立之初。它的唱腔主要继承发展了文琴民间说唱艺术的传统。其表演是在吸收、借鉴昆剧等戏曲表演的基础上，又学习当地各民族的民间表演艺术，逐渐形成了自己独特的风格。

黔剧主要以贵州方言演唱，以贵阳官话及黔西话为代表，属北方语系、西南官话，其声、韵、调都有自己的鲜明个性。黔剧唱腔由基本唱腔和其他唱腔两类组成，形成了以板式变化为主，单曲体为辅的综合形式。

黔剧的伴奏乐器以高胡、扬琴为主，配以其他管弦乐，组成文扬。打击乐器按剧种的需要，由小鼓、板、大锣、大钵、马锣或小锣，配以铰子、碰铃、低音锣、包包锣、大鼓、定音鼓等组成。锣鼓经以吸收贵州梆子戏的锣鼓经为主，并借鉴、改编其他剧种的

吹侗芦笙的女士

锣鼓经而形成，有念白锣鼓、开唱锣鼓、身段锣鼓等。

黔剧的母体贵州扬琴，在其一百一十八出大小唱本中，已有生、旦、净、末、丑、副的角色行当划分，其中生行有小生、正生、老生之分，旦行有正旦、小旦、贴旦、花旦、老旦之别，黔剧诞生后，在行当体制上，继承了扬琴的这一传统，并有所归纳和发展。

黔剧自1960年正式诞生以来，曾先后创作、改编、移植、上演了大量剧目，如侗剧优秀传统剧目《秦娘美》、彝族历史故事剧《奢香夫人》、苗族历史故事剧《张秀眉》等，都在演出后广受好评，受到了观众的喜爱。

屯堡人的绝唱——安顺地戏

在贵州省安顺市，人们常会在公路两侧村寨看到一种古老质朴的戏剧娱乐活动，演员们头顶面具、脸蒙青纱、背扎靠旗，在高亢的唱腔和鼓锣声中挥动兵器格斗起舞。这就是闻名遐迩、被称作“戏剧活化石”的安顺屯堡地戏。

地戏俗称“跳神”，分布在安顺、平坝一带的屯堡村寨，以安顺四周最为集中，最富特色。据统计，安顺周围地戏班子近二百堂，有的乡二十几个村寨，就有十几堂地戏班子，可见安顺地戏之活跃发达。演唱地戏一般在新春之后至正月十五前后这一段农闲节庆日。跳地戏一是为了自娱自乐，二是祭神娱神，驱鬼逐邪，祈祷丰年，后者表现为一种原始的神灵崇拜的古风。

安顺地戏

地戏的服饰，一般为青、蓝、白、褐色土布斜襟长衫、长裤，束青布腰带，足蹬布鞋。背扎靠旗（四面），腰间围两块绣有花边的布片象征战袍。道具一般使用刀、枪，女将除刀枪外，左手持手帕，文将持折扇。

地戏的表演方式以说唱为主，伴之以舞蹈。剧情的发展、贯穿，以说白的形式来推动，人物间的矛盾冲突，人物感情的起伏激越处则通过唱的形式来表达。唱词以七字句为主，间有部分四字句、五字句和十字句。唱腔单一，发音激扬高亢，不论什么角色，旨用同一腔调演唱。伴奏采用铜锣、皮鼓等打击乐器。有时鼓乐齐鸣，营造一种战场厮杀、搏斗的节奏和气氛，与剧目表演的战争环境十分合拍。

地戏题材大都采自历史演义或历史传说故事，如封神演义、东周列国、汉书典故、三国人物、隋唐史迹、杨家将故事、岳飞抗金等。保留至今的传统剧目仅二三十个，每个剧目都为全本大戏，有时一个剧目要连演几天。

安顺地戏诞生至今，一直受到人们的欢迎，数百年来久演不衰。每年新春之际，凡有地戏的村寨，均拉开场子，在紧锣密鼓声中尽兴表演，热闹非凡。

酸辣爽口的贵州味道

贵州菜又称黔菜，历史上，黔东南地区严重缺盐，只得用酸与辣来调味，因此多年以来，贵州的味道，在很多人脑海中就是酸、辣、爽、鲜、香、野的味道。精湛的烹调、繁多的菜式、美观的格局、淳朴的滋味……都是贵州菜以其鲜明的民族地域个性与广泛适应性横扫大江南北的多种法宝。

辣香是贵州菜的主要特点，著名菜点大多与辣椒密切相关，如宫保鸡丁、各类火锅、肠旺面等，都需要用辣椒来调味。黔菜带辣

仡佬族

仡佬族是云贵高原中部的一个古老民族，散居在贵州省西北部的遵义（包括务川）、安顺、六盘水、黔西、织金等县（市），少数分布在广西和云南。仡佬族人生活的地区，大多数在云贵高原向四川盆地过渡的斜坡地带，那里地形复杂，气候潮湿，独特的生活环境造就了仡佬族人的经济生活以农业为主，山地种植玉米，平地种植水稻，因此这两种作物也是仡佬族人最主要的粮食。

婚俗——哭嫁

仡佬族有着独特的“哭嫁”婚俗，仡佬族姑娘出嫁前三五天便开始“哭嫁”，直至被新郎接走，“哭嫁”寓意着女孩儿对娘家的恋恋不舍。

葬俗——崖葬

仡佬族在古代实行崖穴葬与石棺葬，近代虽然有木棺土葬的，但崖穴葬与石棺葬仍存，且土葬必以石垒为标志，坟头要栽黄杨树，坟前要栽桫椤树、桂花树等象征好风水的树木。崖葬穴有自然洞穴和人工凿穴两种。

食俗——辣椒骨

辣椒骨为仡佬族的典型食品，是仡佬族的传统汤菜和佐料，用猪骨、鸡肉及大量辣椒粉腌制而成，特点是辛辣开胃。

仡佬族妇女服饰 如上图。

仡佬族妇女头饰 头盘大发髻，用三条一丈多的布包之，后面露出六个头穗。

仡佬族春节

春节是仡佬族最大的节日。过春节时，家家户户都要用一升或几升糯米打成一个大的粑粑，放在簸箕或方木盘内，供奉祖先，三天后才可食用。

仡佬族崇敬竹子，称竹子为“仡佬”，春节，家家户户都要到竹林去祭祀。有不少地方以竹筒装米祭祖或求丰收。

牛王节

牛王节是仡佬族民间特有的节日，每到农历十月初一，仡佬族都会杀鸡、备酒、敬奉牛王菩萨，祈愿牛王保佑耕牛体魄健壮，凡养牛户届时都会让耕牛休息。

仡佬族祭祀大典

4月8日是仡佬族的“圣母节”，每年这一天，来自广西、云南、四川、贵州各地等十余个省市的仡佬族代表都要聚集在贵州务川县大坪镇九天母石寨，举行隆重的仡佬族朝天祭祖祭祀活动。

酸菜鱼

味的菜肴分为油辣、煳辣、青辣、酸辣、麻辣、蒜辣等几大系列，有的辣而酸，有的辣而香，有的辣得人大汗淋漓。贵州人就连烧的汤菜，煮的素瓜豆也都要配上辣椒，以他们的看法是，这样吃起来才有滋有味。市面上常见的陶华碧老干妈牌风味豆豉油制辣椒便是享誉全国的贵州风味食品。

贵州人在好"辣"的基础上嗜"酸"，也是全国闻名的，贵州有"三天不吃酸、走路打蹿蹿"的说法。贵州气候潮湿多烟瘴，曾流行腹泻、痢疾等疾病，所以当地人认为嗜酸不但可以提高食欲，还可以帮助消化和止泻，因此每家每户都少不了几个散发着酸味的坛子：酸水坛、醋水坛、腌菜坛、腌鱼坛、腌肉坛……甚至还流传着"三月腌菜、八月腌鱼、正月腌肉"和"坛不下，菜不烂"等关于酸食的腌制季节和保存方法的俗语，从而形成了具有鲜明个性的贵州"酸食文化"。如今流行全国的黔东南名菜，如凯里酸汤鱼、侗乡腌鱼、重安江酸汤鱼等，无不以其美妙无比的"酸味"笼络着众多吃货的味蕾。

酸与辣，既是贵州的味道，也是贵州人民的生存法则，历史上，这里的民族曾历经辛酸与苦辣，而今，他们把这两种味道搬上了自己的餐桌，成为风靡世界的独特美味。

盛装的苗族人

苗族是我国人口较多的少数民族之一，历史悠久、分布面广，是一个世界性的民族。贵州是我国苗族人口分布最多的省份，占全国苗族总数的一半以上，在贵州又以黔东南苗族侗族自治州所占苗族人口最多。苗族聚居的苗岭山脉和武陵山脉气候温和，山环水绕。

提起苗族，很多人的第一印象便是他们艳丽的服装和耀眼的银饰品。苗族的服饰有100多种，支系与支系、县与县、寨与寨之间在服饰上都有严格的区别，其服装的主要色调也不尽一致，所谓的"白苗""花苗"等就是根据所着服色或服式而来的自称或他称。苗族的服装大多遍施图案，刺绣、挑花、蜡染、编织、镶衬等多种方式并用，服饰的图案大多为鲜艳的花朵或吉祥的鸟儿，充分体现了本民族的审美意识和信仰。

苗族的银饰是另一种让他们引以为傲的装饰品。苗族银饰可分头饰、颈饰、胸饰、手饰、盛装饰和童帽饰等，都是由苗族银匠精心做成，据说已有千年历史。苗族银饰以其多样的品种、奇美的造型与精巧的工艺，不仅向人们呈现了一个瑰丽多彩的艺术世界，而且展示出一个有着丰富内涵的精神世界。苗族银饰的种类较多，从头到脚，无处不饰。除头饰、胸颈饰、手饰、衣饰、背饰、腰坠饰外，个别地方还有脚饰。苗族女孩佩戴银饰以大为美，以重为美，以多为美，银饰已经成为苗族人的符号和象征，在他们的生活当中具有极为重要的地位。

布依族风情

布依族是中华民族大家庭中历史悠久的民族之一，来源于古代"濮越人"，在新石器时期，贵州高原已有布依族的先民古越人活动。布依族大部分分布在贵州省的黔南和黔西南两个布依族苗族自治州。

布依族的文化艺术丰富多彩。民间广泛流传的神话、故事、童话、寓言、谚语、诗歌等口头文学，讲述着古老的民族历史。布依族的民歌，富有民族特色，有叙事歌、古歌、生产劳动歌、习俗歌、情歌、苦歌、哭嫁歌、儿歌、新民歌等。“干栏”式建筑，是布依族的传统建筑形式，它的结构简单，外形美观，适用于南方山区的地形特点。

布依族服饰多用青、蓝、白几种颜色。布依族妇女上着大襟短衣，领口、盘肩、衣袖和衣脚边沿，皆用织锦和蜡染各色几何图案镶制；下穿百褶长裙，用白底蓝色蜡染花布缝成，戴各种银质首饰。自制的织锦和蜡染是布依族服饰的主要特点。

蜡染是布依族最具代表性的手工技艺之一。布依族人使用蜡染布已经沿袭了几百年。女孩子从10岁就开始学习制作蜡染布，她们把蜂蜡略为加热熔化成蜡汁，用铜质的蜡刀蘸蜡汁在白布上描绘图案，待蜡干了以后，把布放进蓝靛染缸之中将布染成蓝色或青色，然后再把布放进锅里煮，使蜡从布上熔脱，原先绘蜡的地方就呈现出白色，蓝白相间的图案色彩十分鲜明，最后经过漂洗就成了蜡染布。

布依族蜡染大多是图腾图案，有太阳纹、云雷纹、回纹、铜鼓纹，连续对称，古朴典雅。蜡染布料常用作衣裙、围腰、床单、背扇、帐檐、挎包、帽子、时装，目前各种蜡染工艺品已是中外游客追求的时尚艺术品。

布依族蜡染

苗族服饰

行走贵州

带什么

户外放松

常规必带

服装、背包、鞋袜

贵州气候宜人，即使是最热的夏天，气温也不会超过30℃。但无论什么时候来都别忘了带件外套，贵州多雨，一下雨气温就会下降，此时穿一件防风外套非常管用。如果冬天到此，就需要携带御寒衣物了。

在够用的前提下，旅行携带的行李背包越少越好。一般45升以下的背包就足以应付，如果要参与野外徒步野营活动，那么一大一小两个背包也足够了。

贵州多雨水，山路泥泞，一定要带双舒适、防滑、耐走的鞋子。袜子方面，选择弹性较好、排汗良好的运动袜即可。

药品、食品

常规旅游准备一些感冒药品、胃肠类药品和去热止痛的药品就可以了，如感冒片剂、感冒冲剂、泻痢停、复方阿司匹林、扑尔敏、抗生素。

简单携带一些喜欢的食品即可，纯净水、红牛等功能饮料视消耗情况，随时补充储量。

洗漱用品

毛巾、牙膏、牙刷、香皂、护肤霜、洗发水、梳子、剃须刀、手纸、湿纸巾等。

高铁沿线风光

手套、防晒霜、太阳镜、帽子、雨伞

户外旅行，拥有一双始终保持双手干爽的手套，会提高旅行的舒适度；在高原旅行，防晒霜可以削弱紫外线的影响，避免被晒得蜕皮；一副好的太阳镜和一顶带有帽檐的帽子也起着相同的作用。

特殊选带

药品、食品

对于完全背包客、徒步、探险之类的自助旅游，还要准备以下物品。

常备药物：牛黄解毒片、黄连素、牙周宁、息斯敏、乘晕宁。

外用药：云南白药、万花油、创可贴、清凉油、风油精、伤湿止痛膏、眼药水、药棉、纱布、绷带、白胶布。

维生素类：金施尔康、善存片以及其他维生素片。

食物方面，首选巧克力、牛肉干、水果糖、榨菜、饼干等高热量的食物。

若是夏季前来，防蚊水必不可少，贵州多丛林山峰，易受到蚊虫的侵扰。

旅行水壶、指南针

随身携带水壶对于饮水来说十分方便；万一迷了路，指南针能够为你指引前进的方向。

摄影器材

旅游和摄影向来是不分家的。相机是一件必不可少的装备。普通旅游需求下，家用卡片机基本能满足需要。若是想拍摄高质量的自然美景和少数民族的风土人情，带上一个广角镜头和一个中焦变焦镜头基本能满足需要，一个轻便的三脚架也十分有必要。多带几块电池和几张大容量的SD卡是明智之选。此外，偏振镜、UV镜、清洁套装、防尘塑料袋等设备也十分有用。

摄影

何时去

百里杜鹃风光

贵州属于亚热带湿润季风气候，夏无酷暑，冬无严寒，空气不干燥，四季无风沙。其中，最热的7月下旬，温度也只有24℃左右，因此来贵州旅游最佳的季节应是春、夏、秋三季。

春季是毕节最佳的旅游时间，此时毕节市内的百里杜鹃景区内的杜鹃花盛开，其景甚是美丽。夏季可到贵阳，因为贵阳的夏天日平均气温在20℃左右，因此有“上有天堂，下有苏杭，气候宜人数贵阳”的说法，所以贵阳成为炎炎夏日的避暑胜地。秋季可以到黄果树，观赏黄果树瀑布的壮观。

此外，因为贵州是一个多民族的省份，不论哪个季节去，都可以体验到各个民族独有的各种节日。贵州的降水季节都集中在5~10月，游客若在此时出游，不要忘记带好雨具。

▼ 贵州旅游月历

月份	节日
1月	苏宁喜节
2月	跳地戏 苗族跳花节 采花洞节 仡佬毛龙节 侗乡灯节
3月	油菜花旅游节 南开跳花节 侗族萨玛节
4月	布依族三月三节 毕节杜鹃花节 仡佬年 苗族姊妹节、杀鱼节
5月	苗族四月八 布依族斗牛节
6月	威宁赛马节 白族山歌节 苗族独木龙舟节
7月	布依族查白歌节 彝族火把节 布依族六月六
8月	红枫湖旅游节 苗族爬山节
9月	苗族风情节 土家族唢呐节
10月	芦笙节 水族端节
11月	仡佬族牛王节 苗年
12月	侗年

吃什么

酸汤鱼

酸汤鱼

鱼鲜肉嫩，色泽亮丽，酸辣爽口，汤清味美，开胃消暑，提神养颜。

丝娃娃

丝娃娃是贵州最常见的一种小吃。在薄如纸的手心大小的大米薄饼里，裹着各种各样的蔬菜，味道独特，色香俱全。

肠旺面

是贵阳乃至贵州的招牌小吃，以手擀鸡蛋面为原料，以猪的大肠和血作配料，加上特制的辣椒油，味道鲜辣，面十分筋道，有嚼头。

豆腐圆子

豆腐圆子是贵州特色小吃，其中以雷家豆腐圆子最为出名。

烙锅

水城的烙锅被称为“西部一绝”。在平底锅里刷上油，将洋芋、臭豆腐、肉类和各种蔬菜放在上面烙制而成。

兴义刷把头

兴义刷把头起始于清同治年间，因其形状如民间所用竹刷把的头而得名。蒸熟的“刷把头”比大拇指略大，色淡黄油亮，引人食欲。

贞丰糯米饭

贞丰糯米饭是利用糯米制成的米饭，再配以肉类和蔬菜制作而成的风味小吃，距今已有近百年历史。

鸡肉汤圆

兴义鸡肉汤圆始创于清朝末期，经四代传人，已有百余年历史，成为今天贵州兴义地区四大招牌名小吃之一。兴义鸡肉汤圆独树一帜，“众家皆甜，唯我咸鲜”。

铜仁社饭

自古以来，铜仁方圆百里皆有在“春社日”吃“社饭”的传统习俗。食社饭，在一定程度上表达了当地人缅怀古人，寄希望于未来的情愫。

豆花面

遵义市的豆花面馆遍及大街小巷，生意火红。选用薄而透明的“宽刀面”，以豆浆为汤，熟后盖上煮熟的豆花，细嫩软绵。

住哪儿

丙安村古街

在贵州，只要是有人烟的地方就不愁找不到住宿，一般大城市小县城都会有高低档次不同的各个类型的旅馆，与其他省相比，同类型的旅馆价格上会相对更加便宜，而省会城市贵阳的住宿偏中高档，住宿条件相对较好，缺乏经济类的住宿。偏远地区，民族村寨民风淳朴，可以借宿在老乡家。

星级酒店

贵州省主要城市星级酒店数量众多，并且服务优质，由于入住客人的需求较高，这些地区的星级酒店在交通、娱乐等设施方面也十分完善，可放心选择入住。

快捷连锁酒店

如家、7天、汉庭、格林豪泰等酒店在绝大多数的地级市区及自治州首府均有分布，并且数量不少，旅游旺季建议提前预订。

普通宾馆

贵州各地经济型宾馆数量较少，条件一般，地理位置较好的宾馆建议提前预订。

青年旅舍

若你喜欢在旅途中结交朋友，青年旅舍是不错的选择。贵阳、黔东南青年旅舍众多，贵州其他地方也有少量青年旅舍分布。这些青年旅舍条件不一，需注意甄选。

少数民族家中

若是您想零距离地体验少数民族的生活，可以考虑向当地人家借宿。可以提前向当地朋友说明，待他们安排妥当再前往，或是旅途中向少数民族人家提出请求，容他们考虑同意后入住。最好自带睡袋、防潮垫，可避免农家被褥不够，席地而睡。同时也要注意尊重当地少数民族的风俗习惯，避免有冒犯风俗禁忌的举动。当您在体验过他们的日常生活劳作后，打算离开时，请适当提出物质给予，表达感谢。

特色客栈

贵州不少民族村寨中有当地人开设的特色客栈，客栈多是当地原汁原味的少数民族风格建筑，如木质吊脚楼，条件一般，但却是体验少数民族风情的好机会，很多客栈里都可远眺整个村寨风光，推荐入住。

怎么走

晴隆二十四拐

前往贵州的交通方式有多种，如飞机、火车、汽车、自驾，可根据需要进行选择。贵州省的主要城市都有飞机和火车，很是方便。其中，贵阳龙洞堡国际机场是中国西南地区一个重要的航空枢纽，航班众多。

在贵州旅游时，乘坐火车是既舒适又实惠的方式，若有些城市火车不能到达就只能选择汽车了，而有些地区属偏远少数民族村寨只能包车前往，记得提前与司机讲好价格。

贵阳龙洞堡国际机场

有用信息

旅游通信

常用苗语九句

苗语	普通话
猛欧	你好
猛烧	你早
即刻	谢谢（送东西谢）
依力卵味	不用谢
阿木是	上厕所
敢娘布迭	厕所在哪里
侬尼	吃饭
好傲	喝水
有豆干	再见

通信

贵州全境基本都通手机，信号覆盖全面广泛，从信号强度上来说，三家运营商的信号均表现良好，偏远地区则是移动最强，电信次之，联通最弱。除非进入深山老林之中，否则无须担心通信问题。

银行

贵州的众多城市都有常见的银行，如中、农、工、建和邮政储蓄银行等，一般持具有银联标识的银行卡即可使用。但在小城镇，多是农业银行、邮政储蓄及农村信用合作社等机构，若是持有农行银联卡或是邮政绿卡前往，则较为便利。

若是没有这类银行卡也没有关系，现在均可通过微信、支付宝支付。

节约技巧

1.选择入住品牌连锁酒店时，除订房网站外，不妨到团购网站和酒店官网看看，往往有更多惊喜；青年旅舍往往是省钱的最佳选择。

2.要善于利用淘宝、大众点评及各种团购App应用，不仅能吃到美味，还能得到更多优惠。

3.合理安排行程，不仅能节省时间，又能减少交通费用，可参考第一步等网站的行程攻略。

4.在城市内，尽量选择公共交通。从一个城市前往另一个城市的第一选择是火车，速度与汽车差不多，却能节约不少资金。

5.淡季出行是省钱的撒手锏。淡季不仅门票价格减半，避开众多的游客，也可以订到更优惠的酒店。

6.在贵州购买旅行纪念品，大可不必非去商业街区的各种店铺。在当地人开的店铺或是从村民手中，不仅能买到理想的纪念品，而且对当地人的生活还有实际的帮助。

风俗禁忌

贵州的少数民族众多，语言丰富，有的民族还保留着原生态的语言，要尊重他们的语言习惯。

贵州的少数民族讲礼仪，重情感，强调人际关系的和睦与相互尊重，沿袭着许多古朴优良的风俗习惯。俗话说入乡随俗，在少数民族地区，应尊重当地的民族传统习俗和生活中的禁忌，以免与当地居民发生不必要的冲突。

贵州少数民族热情好客，以各种礼节表示对宾客的欢迎。例如，苗族的敬牛角酒、“拦门酒”，侗族的“拦路歌”，布依族、水族的敬酒歌等。如果当地人邀请你饮酒可千万不要推辞，否则会让他们觉得你瞧不起他们。

苗族风俗禁忌

1.苗家人热情豪爽，自尊心强，最忌外人以“苗子”相称，认为是对苗族人的最大侮辱。

2.不要打张开的伞进别人的家。

侗寨大歌队

3.不要踩苗家火塘里的三脚架。

4.不要踩别人家的门槛。

5.苗家人有“无酒不成宴席”之说，有客至苗家，必以酒相敬，客人若接受，主人会引为知己；若客人不胜酒力，也要象征性地品咂一下，否则主人会觉浑然不快。

6.山寨里不要随便吹口哨，当地人认为这是招鬼的方式。

突发状况

旅途中总是会发生一些意外情况，但只要做到“事前认真准备，事后冷静处理”，一切都会迎刃而解。

高原反应：贵州虽地处云贵高原东坡，但基本不会出现高原反应。打算登高山或是前往高海拔地区的游客，可提前服用红景天、肌苷片等应对高原反应的药物。

汽车抛锚：开车自驾游之前应当掌握一些简单基本的维修技术，若是途中出现汽车抛锚，先依据经验，判断是否可以自己解决。不能解决或无法判断，则要打电话给保险公司，寻求帮助。

钱物丢失：无论损失大小，总会给美好的旅行蒙上一层阴影。为避免财务损失，应以预防为主。最好做到少携带现金，把现金放在贴身衣物中，只把零钱放在包里；银行卡不要与身份证放在一起。若是钱物丢失，马上联系朋友及时寻求帮助，切不可拖拉；并准确找到丢失地点，请相关人员协助查找。

水土不服、食物中毒或生病：因为水土不服、食物不洁或者天气因素，生病也是会发生的事情。特别是一个人的话，更需要时刻注意。因此，旅途中应带足相关药品（如感冒类、胃肠类药品等），出行时要保护自己，不随便吃东西、少在雨里蹚行等。不幸生病的话，要及时吃药或到医院就诊，若是严重应及时联系朋友及家人。

发现者旅行指南

贵阳

概览

亮点

黔灵山公园

黔灵山公园是中国唯一的天然城市中央公园，集明山、秀水、幽林、古寺、圣泉、灵猴于一身，登上山顶“瞰筑亭”可眺望贵阳全景。

花溪湿地公园

花溪湿地公园犹如世外桃源，满目苍翠，河流、河滩、湿草甸、沟渠、水稻田，充满了乡间野趣，历来有“高原明珠”之美誉。

红枫湖

红枫湖以岩溶地貌和湖光山色为特色，既有桂林山水的碧丽俊秀，又有高原湖泊的千姿百韵。

青岩古镇

古镇历史悠久、建筑古朴、文化灿烂，与镇远古镇、丙安古镇、隆里古城并称为贵州“四大古镇”。

黔灵公园

天河潭

是距离贵阳市区最近的喀斯特景观，集山、水、石、洞、瀑、泉、潭、天生桥于一身，被誉为贵州山水的“浓缩盆景”。

必逛街道

喷水池商圈：贵阳喷水池附近是贵阳的商业中心，是最繁华的路段；附近的合群路是贵阳的美食街，有很多的小吃广场和小吃夜市。

线路

贵阳经典三日游

第一天上午游览“黔南第一山”黔灵公园，下午去阳明祠，傍晚来到贵阳的标志性建筑——甲秀楼。第二天，先去天河潭，那里的水景极美。中午去花溪，先吃份牛肉粉，再去逛花溪公园，下午去贵州四大古镇之一的青岩古镇。第三天，游览北郊的南江大峡谷，享受刺激漂流。游览后返城的时候可顺道去保利国际温泉。

贵阳市区一日游

早餐后前往黔灵公园，赏青山秀水，感受大自然。然后去合群路小吃一条街，尽享美食的诱惑。午后来到阳明祠，晚上华灯初上的甲秀楼更是别有一番风情，恍如繁华梦境。

甲秀楼夜景

贵阳红色之旅

上午走进抗战时期国民党最大的秘密监狱，体会那一段革命下的政治风云。午后来到息烽温泉，在绿丛掩映中舒舒服服地泡温泉，使沉重的心情得到放松。

为何去

青岩古镇

贵阳的旅游资源非常丰富。作为喀斯特地貌发育典型地区，贵阳拥有以“山奇、水秀、石美、洞异”为特点的喀斯特自然景观和人文旅游资源。既有红枫湖、开阳峡谷生态公园等以山、水、林、洞为特色的高原自然风光，又有如阳明洞、青岩古镇和息烽集中营旧址等文化内涵极为丰富的人文景观，还有古朴浓郁、多姿多彩的少数民族风情，以及夏无酷暑、冬无严寒的宜人气候。

何时去

花溪湿地芦苇

3～10月是贵阳旅游的黄金季节。三四月前去，可以赶上很多苗族的传统节日。贵阳号称“中国避暑之都”，炎炎夏季可以来贵阳避暑。8月下旬，立秋过后，天气良好，是为最佳出游时间。

世纪新天地

区域解读

区号：0851
面积：约8043km²
人口：约622.04万人
主要少数民族：布依族、苗族

地理 GEOGRAPHY

区划

贵阳市下辖6个市辖区（南明区、云岩区、花溪区、乌当区、白云区、观山湖区），3个县（开阳县、息烽县、修文县），代管1个县级市（清镇市）。

地形

贵阳市位于贵州省中部，地处云贵高原的东斜坡上。

贵阳地形、地貌走势大致呈东西向延展，地势起伏较大，南北高，中部低。喀斯特地貌大量分布，既有高原山地和丘陵，又有盆地和河谷、台地，位于贵阳市郊的庙窝岭海拔1659米，为贵阳市最高峰。全市海拔1100米左右。

贵阳处于长江水系与珠江水系的分水岭地带。以花溪区桐木岭为界，桐木岭以南的河流属珠江水系，以北的河流属长江水系。

气候

贵阳是低纬度高海拔的高原地区，常年受西风带控制，属于亚热带湿润温和型气候，兼有高原性和季风性气候特点。

夏无酷暑，冬无严寒，空气不干燥，四季无风沙。常年平均气温在15.3℃，即使在最热的7月，平均气温也仅24℃。宜人的气候是贵阳的骄傲，也由此博得了“上有天堂，下有苏杭，气候宜人数贵阳”之美誉。加之贵阳市拥有植被完整的环城林带，素有“林城”之称，屡次入选“中国十佳避暑旅游城市”排行榜之列。

三四月去旅游，可以赶上很多苗族的传统节日。炎炎夏季可以去贵阳避暑，8月下旬，立秋过后为最佳出游时间。

历史 HISTORY

历史大事记

●元至明代

元至元二十年（1283年），贵阳首次建城，起名顺元，有归顺元朝蒙古族统治者之意。

明朝永乐十一年（1413年），设立贵州承宣布政使司于贵阳，贵州正式成为明朝的第13个行省，贵阳成为贵州省的政治、军事、经济、文化中心。

明正德三年（1508年），王阳明被贬至今贵阳修文县，在修文“龙场悟道”，终成一代深刻影响中国历史的大思想家。

明隆庆二年（1568年），移程番府（今惠水县）到贵州城（今贵阳市区）。次年3月更改程番府为贵阳府，“贵阳”作为行政区域的名

黔灵山公园

称。

●近现代

1949年11月15日贵阳解放。

1964—1978年，国家在西部开展“三线建设”，贵州形成航空、航天、电子三大军工基地，以贵阳为中心的一批工业企业陆续建成，省会贵阳经济得到快速发展。

王阳明龙场悟知行合一

在传播儒学的圣道上，圣人孔子之后有四人：孟子、荀子、朱熹，最后一位就是王阳明。王阳明，本名叫王守仁，后来因其在贵州修文阳明洞悟道，所以自称阳明。于是后人也更习惯叫他王阳明。

王阳明因得罪当朝太监刘瑾而被贬至贵州，去管理一个名叫龙场的驿站。龙场，地处黔中腹地，贵阳市西北，就是今修文县府所在地。500多年前，王阳明在这里悟出了“人生之道”。朱熹的哲学将人的本心与外界事物“理”分开了，但王阳明认为人的心才是宇宙万物之主，心外无物，心外无理，这一思想打破了历代儒学恪守的“正智下愚不移”的旧观念。他认为，真理、公道和公言并不是孔孟、朱熹的私产，而是属于天下人。王阳明直接向传统和圣人提出了挑战。这些“人生之道”正是他在修文住过的两个山洞里悟出来的。尽管当时在贵州他的“心学”理论体系并没有完成，但是一个独树一帜的儒学流派已然诞生。

在龙场悟道后，王阳明在龙场开创了龙岗书院，听课者众多。明正德四年（1509年），王阳明赴贵州唯一的官办书院——贵州文明书院讲学，他的“心学”得以在中国的大西南地带传播，他的弟子们形成了王学第一个地方流派——黔中王学。

1510年，宦官刘瑾被明武宗处死，王阳明得以升任江西庐陵县（今吉安）知县，离开了他已经待了三年的贵州。离开时，他俨然已是一位深刻影响中国历史的大思想家。

文化 CULTURE

贵阳花灯——本土特色

贵阳花溪地区的花灯，是一种包括花灯歌、舞、戏等多种形式的民间综合艺术，在贵阳本土很受欢迎。

花溪辖下小碧、孟关、花溪、青岩、党武、湖潮、石板、麦坪、燕楼等乡（镇）都有花灯的演唱活动，仅党武乡18个村中就有花灯班15组。在花溪区的近百泼花灯中又数付官司、陈亮、马寨、翁岗、下坝、骑龙、青岩南街、北街、尖山等村寨的灯班最有名气。

每年春节前，人们根据表演内容着手

组建灯班，推选灯头，集资扎灯，习曲练舞，择吉日迎拜台。正月初一至正月十五跳灯。正月十五是一年一度的花灯活动高潮，有游灯、迎灯等活动。正月十六为酬谢“五圣菩萨”或“四大神圣”而举行化灯仪式，跳花灯即告结束。

跳花灯共分四个部分。即迎灯拜台、跳灯唱戏、开财门、化灯送神。

迎灯拜台是一个带祈愿性质的仪式活动。各灯班的迎灯方式与所敬神祇都不尽相同，有到扎灯人户迎灯并跳折子戏、开财门为贺的；有由灯头前往接灯，灯班只在半跳接灯的；有敬“四大神圣”的，有敬“五圣菩萨”的，等等。跳灯唱戏以“上九”（农历正月初九）和十五为主要活动时间，是整个花灯活动中的民间舞台艺术中心部分，有花灯歌舞表演。开财门以求福禄为目的，灯班需要到寨中各家各户拜年贺春。化灯送神是一种酬神的仪式，正月十五一过，灯班便请先生择定吉日举行化灯仪式，化灯都在河边进行。

跳花灯时唱腔采用“仪式调”“折子调”“腔板调”，同时“走颤”“快耍”“摆扭”等舞蹈动作并随着唱腔而不断变换。器乐、歌声、舞蹈组成了一台辞旧迎新的文化大戏。

六月六民族风情惹人醉

每年的农历六月初六可以说是贵州省城贵阳最热闹的一天。

六月初六这天是传统意义上布依族的歌节。每到这天，贵阳市及邻县成千上万的布依族群众便聚集于风景秀丽的花溪河畔，尽情欢度佳节。或坐山中、或穿密林、或坐河边唱山歌、唱情歌，表达爱慕之意。另外，各县市也有自己的节目表演，如南明区云关乡木头寨的布依歌会、开阳县乐丰乡“六月六”民族艺术节等都较具代表性。

布依族六月六

关于“六月六”的传说有几个版本，其中一个是这样的：很久以前，一位布依族姑娘绣了幅花开四季、香飘长天的青山秀水图。魔王见此宝图，顿起贼心，前来抢夺。姑娘和众乡亲苦战七天七夜，直至六月初六，眼看宝图就要落入魔王手中，姑娘急中生智，将图抛向空中，宝图即化为花溪青山秀水，魔王被气死化为一堆乱石，沉入花溪河底。此后，为了纪念这位造就花溪秀美山川的布依族姑娘，每年六月初六，人们会集于花溪，载歌载舞，以表敬意。

每到“六月六”，贵阳布依族青年男女，便身着盛装聚齐在一起对歌。在当地政府的引导下，布依歌会已成为当地扩大和宣传自身知名度、招商引资和进行文化艺术交流的平台，是各民族团结、友谊的盛会。

六月的贵阳欢歌盛会，热闹非凡，六月六，奔向多姿多彩的林城贵阳。

播娜摩簸箕画——古朴典雅的农民艺术

播娜摩簸箕画是近年来兴起于贵阳市郊布依族村寨渡寨的农民画。

渡寨是乌当区新堡乡的一个布依族村寨。整个村子里无论大人、小孩均会绘制簸箕画，民间艺术氛围浓厚，被授予“高原画乡”的美称。其簸箕画艺术更是在国内外享有一定的知名度，渡寨曾被贵州省文化厅命名为“农民画之乡”。

来到渡寨，你会发现寨内布依干栏式建筑错落有致，民族主题鲜明，寨内古树参天。而寨中居住着80多户布依人家，每家每户都有画室，而且人人都能绘制。一个个寻常的农家常用簸箕，经他们的生花妙手，花草虫鱼、飞禽走兽、日月山川、神话传说、人间趣事等就会显现在眼前，成为一件件古朴典雅的艺术品。它洋溢着浓郁的乡情，极富民族特色。

这里可以欣赏到独特的原生态簸箕画、竹编画、木贴画、瓢画、烙画、根雕等艺术精品，听到优美的布依山歌。如果你对这些艺术感兴趣，还可以让当地的村民教你绘制，按自己的心意创作画作，完成之后还可以将你的作品带走。

原木艺术——纯朴与粗犷的完美融合

原木艺术是以原木为载体，由保留着表皮的自然植物制作而成，因而既淳朴自然又具现代美感。有的气势磅礴，有的隽永深邃，有的活泼可爱。原木艺术创始人为贵阳市白云区陈白秋，他的作品表现出贵州地方原始文化的神秘、淳朴和粗犷的美学情趣。

很难想象，那一幅幅让人遐想无尽的抽象画，最终的取材只是一段段的木头。原木艺术为贵州现代艺术创作的独特发明，主要用来点缀家居环境，它是把艺术感与环保意念相融合的理想家居饰物。陈白秋以原木为材料来构筑自己的艺术品，这是他独自开辟出来的一条艺术蹊径。人们无法把他的艺术活动归入某种原有的艺术门类，而不得不专门为之命名，故称之为原木艺术。陈白秋精心创作的原木艺术作品，分为三大系列：神面系列、道极系列和原木交响曲系列。

陈白秋原木艺术已成为贵州的特色礼品和旅游纪念品，近年来又新开发出原木艺术家具系列、原木艺术器皿系列、原木艺术地板和装饰板系列，受到中外人士的高度好评。目前，国内大中城市设有“陈白秋原木艺术专卖店”数十家。

原木画设计独具匠心，无论是哪种风格都蕴含着浓郁的大自然气息，若放在居室里，气氛浑然一体，更凸显原木画的质朴典雅。

原木画

唇齿留香的贵阳美食

贵阳被称作“西南小香港”，在贵阳，处处都能找到美味小吃。比如，贵州饭店附近的环城北路夜市，汽车站一带的黄金路夜市，当然，还有著名的合群路夜市。

贵阳菜是贵州菜的重要组成部分，以“麻、辣”为特色，口味上接近川菜和湘菜。其中麻是由几种香料配制而成，辣主要是以辣椒为原料提炼。贵阳很多菜汤之类的只要一加入辣椒粉，马上变得酸辣奇香、鲜美无比。黔菜样式庞杂，通过小吃，也可以充分了解贵阳的饮食特色。

贵阳美食肠旺面起自清光绪年间。“肠”是指经过清洗煮烂的猪肠，“旺”指的是猪血。其主要成分是加有鸡蛋的面条，猪大肠、猪血、红辣椒（油）、脆臊、豆芽、油炸黄豆或花生等调味品。如今肠旺面还增加了油炸豆腐丁、鸡杂和开胃的泡菜等多种辅料。肠旺面的特色是以辣取胜。酥、脆，嫩、咸、甜、酸多种口感，汤鲜味浓，价格便宜，老少皆宜。

贵阳另一种休闲美食叫丝娃娃，它原是贵阳民间家庭休闲食品，后来演变为街头小吃，后来不但发展出众多的专营店面，高档餐厅也将其作为一道特色菜上席。因为这种小吃当初以泡菜、炒黄豆、绿豆芽、胡萝卜丝为馅，以面饼包馅如襁褓形状从而得名。吃时浇入香醋、酱油、煳辣椒粉混合的蘸水，清爽开胃。

夏日在舒适的高原林城贵阳避暑，酣畅淋漓地享受一番酸辣奇香的贵阳美食，再加上冰镇的黄果树雪啤，那感觉，真是酷爽极了……

景点推荐

贵阳城区景点

甲秀楼

贵阳的标志

贵阳市南明区翠微巷8号

甲秀楼是中国重点文物保护单位，同时还是贵阳的标志。它始建于明万历二十六年（1598年），距今已有400多年历史，甲秀楼历经岁月的沧桑，从古到今该楼经历了6次大规模的修葺，现存建筑是清宣统元年（1909年）重建的。自明清以来，这里便常常有文人骚客雅集，所以题咏甚多，包括石刻、书画、对联等，文化意蕴深厚。

甲秀楼上下三层，白石为栏，层层收进，由桥面至楼顶高约20米。南明河从楼前流过，汇为涵碧潭。楼侧由石拱"浮玉桥"连接两岸，桥上原有小亭一座叫"涵碧亭"。

玩家解说

甲秀楼的历代题咏非常丰富，其中以清代贵阳翰林刘玉山题写的长联为天下一绝。此联概括了山城贵阳的地理形势及历史变迁，为甲秀楼增添了更多文化韵味。这副长联共有206字，比昆明大观楼孙髯翁长联还要多26字，是名副其实的"天下第一联"。

上联曰："五百年稳占鳌矶，独撑天宇，让我一层更上，茫茫眼界拓开。看东枕衡湘，西襟滇诏，南屏粤峤，北带巴夔；迢速关河，喜雄跨两游，支持起半壁。却好把猪拱箐扫，马撒碉麋，鸡讲营编，龙番险扼，劳劳缔造，装构成笙歌间，锦绣山川。漫云竹壤偏荒，难与神州争胜概。"下联曰："数千仞高凌半渡，永镇边隅，问谁双柱重镌，滚滚惊涛挽住。忆秦通僰道，汉置牂牁，唐靖且兰，宋封罗甸；凄迷风雨，叹名流几辈，消磨旧迹千秋。倒不如成月唤狮冈，霞餐象岭，岗披凤峪，雾袭螺峰，款款登临，领略这金碧亭台，画图烟景。恍觉蓬州咫尺，频呼仙侣话游踪。"

玩家攻略

摄影：甲秀楼集山光水色于一身的独特的美吸引了众多摄影爱好者前来拍摄。除对甲秀楼的全景进行拍摄外，还可以对其石狮、浮玉桥进行拍摄。华灯初上之时的甲秀楼身姿更加秀丽，倒影则使得画面更加丰富。

贵阳市森林公园

中国名园

贵阳市南明区园林路67号

贵阳市森林公园建于1961年，被列为“贵阳八景”之一、“中国名园”，享有“全国城市森林公园之首”的美名。

公园总面积3900公顷，森林覆盖率达90%。园内林木葱郁，树种繁多，有松、杉、杨、梓、樟、柚、檀、栎等10多个林区。其中，国家一级重点保护树种有珙桐。园内还有山茶、桂花、杜鹃等珍贵花木，穿山甲、画眉、野鸡、獐等野生动物，以及许多崖刻、碑石、牌坊等，是游客观光、休闲、摄影、户外运动的绝佳地。

翠微园

较大规模的古建筑群

贵阳市大南门外南明河南岸

翠微园始建于明弘治年间（1488—1505），占地4000多平方米，是一组集寺庙、园林、祠宇为一体的较大规模的古建筑群。园内青石铺地，修竹婆娑；奇石临门，粉墙黛瓦；长廊回环，绿荫匝地。

从山门到最里层的大士殿，掘山筑石，逐层上升，构成较有层次而又旷深莫测的空间，两翼则从水廊和假山透迤而上，结构曲折，独成幽径，整组建筑创造出雄奇挺拔、动静相宜的意境。

玩家攻略

翠微园初名南庵，明正德十三年（1518年），巡按胡琼改南庵为武侯祠。南明永历九年（清顺治十二年，1655年），大西军秦王孙可望指使部将高恩易祠建观音寺。观音寺与涵碧潭、鳌头矶、甲秀楼、浮玉桥、芳杜洲、武侯祠、霁虹桥并称为小西湖八景。这一带春时花开蝶舞，夏时荷静蝉鸣，秋时桂香风爽，冬时竹翠梅红，一年四季，生机盎然。清道光八年（1828年），云贵总督阮元驻贵阳时，重题阁榜“翠微园”。

甲秀楼

河滨公园
休闲公园

贵阳市南明区瑞金南路125号

河滨公园初建于1942年，大致分为儿童游乐区、科普展览区、安静休息区3部分。公园依山傍水，环境清幽。园内有花台、喷水池、鱼池、画廊、舞厅、旱冰场、茶厅、娱乐室、影剧院等设施。其中，儿童游乐园里有一架伊尔14型小客机，一座灯光篮球场，一处大型“旋转木马”，以及各种电动飞船、转椅，是孩子们游玩的天堂。

玩家解说

河滨公园是品茗对弈、垂钓游泳、赏玩休憩的好去处。每当夕阳西下，住在附近的苗族、布依族悠闲的老人对唱山歌，构成河滨公园独特的风情。

阿哈湖国家湿地公园
贵阳首个国家湿地公园

贵阳市南明区小车河路6号

阿哈湖国家湿地公园是在已建成的小车河城市湿地公园的基础上，整合阿哈水库湿地申报建设的国家级湿地公园，于2015年1月通过国家林业局验收，成为贵阳首个国家湿地公园。

阿哈湖国家湿地公园以小车河湿地公园为核心，园内大部分建筑依山傍水，充分发挥了生态多样性的优势，彰显了良好的河谷生态风貌。公园有落英飞雪、碧溪云霞、木兰林语、芰荷深处、茗泉问茶、梓木林香、水磨时光等13个特色景点。其中，木兰林语拥有一大片的草坪绿地，宛如一个高尔夫球场，让人兴奋至极；芰荷深处，不但能欣赏美丽的河景风光，

阿哈湖国家湿地公园侗寨风雨桥

还能闲钓河中鲜美的鱼儿。

多彩贵州城 AAAA

贵州民族文化的迪斯尼乐园

贵阳市龙洞堡片区鱼梁河老里坡一带

景区是集文化、旅游、休闲、娱乐于一身的大型创意旅游综合体，主要景点有展示贵州民间、民族传统手工艺的展示中心，以节庆文化为主题的民族文化节庆街，以夜郎古国历史为文脉的第三代主题公园，以东南亚风格园林及建筑景观为主，集养生和休闲度假于一体的多功能高端养生温泉公园。

黔灵山公园 AAAA

黔南第一山

贵阳市云岩区枣山路187号　5元

0851-86800840

黔灵山公园是中国唯一的天然城市中央公园，黔灵山公园因黔灵山而得名，黔灵山素有“黔南第一山”之称。园内古木参天，植被茂密，集明山、秀水、幽林、古寺、圣泉、灵猴于一身。

黔灵山公园内有许多名胜古迹和游览点，弘福寺、瞰筑亭、九曲径、麒麟洞、黔灵湖是其中最精华的部分。弘福寺建于明末清初，是贵州著名的佛寺之一；登上山顶的“瞰筑亭”，则可将贵阳市全景尽收眼底。此外，弘福寺与山麓的麒麟洞及山上的摩崖石刻群，均为省级重点文物保护单位。

玩家攻略

黔灵山虽然不是很高，但是对于年纪大的游客来讲，登山也还是有一定难度的。所以建议乘坐索道，索道在进公园大门往左的地方，乘索道可以直达大罗岭，单程12元/人，往返16元/人。登上山顶之后，视野非常开阔，可以在瞰筑亭俯瞰贵阳市景。春季雨后，公园里的空气异常清新，负离子含量较高，是市民休闲的好去处。

弘福寺

弘福寺，始建于清康熙十一年（1672年），创建者为赤松和尚。当年，黔灵山自赤松建刹弘法以来，教化之名远播，一时影响遍及整个西南。寺旁有很多摩崖石刻，其中以“虎”字石刻最具特色。寺后建有瞰筑亭，登临其上，可俯瞰山中美景。该寺庙建筑雄伟，佛像严

肃，林木苍翠，整体给人以庄严肃穆之感。

玩家 解说

登临弘福寺之盘山古道“九曲径”为清朝康熙二十七年（1688年）赤松祖师开辟的。后在乾隆和咸丰年间经历了两度整修。新中国成立后，这条路又被加宽，现有石阶383级，沿途可以看到“古佛洞”“洗钵池”“灵官亭”等古迹。

麒麟洞

麒麟洞因洞内有麒麟状钟乳石而得名，现被开辟为张、杨将军纪念馆。小屋为砖木结构，进门小正厅，是将军接待来客和用餐的“客厅”，右边厢房为赵一荻及女佣的居室；右边两间小屋先后囚禁了张、杨二位将军。

链接

麒麟洞与张学良之缘

1936年12月12日，张学良与杨虎城联合发动西安事变之后，被蒋介石囚禁。当年张学良被囚禁的地方有很多，其中一个地方就是修文县阳明洞。1941年，张学良患急性阑尾炎，由修文县转到贵阳进行手术治疗。因为他的病没有彻底治愈，所以提出住在贵阳。国民党军统局左右为难之下，把张学良安排在了黔灵山公园的麒麟洞。也正是因为张学良的缘故，这个小小的麒麟洞成为中外游客的必游之地。

猕猴观赏园

黔灵山公园里的野生猕猴观赏园是全国仅有的城市公园野生猕猴观赏园，园内生

猕猴观赏园

息繁衍400余只野生猕猴，它们在长廊水榭里与游客嬉戏，寻觅喂食，悠然自得。令人神往的天然情趣，仿佛把人带回大自然，已形成不可多得的人与自然和谐相处的动人景观。在此可以享受到人猴同乐的妙趣，令人流连忘返。

玩家 攻略

黔灵山公园内道路两旁都能看到猕猴的身影，但以弘福寺附近和猕猴观赏园两处最为集中。因为是半野生的，所以猕猴大都比较温和，一般不会主动攻击游人，但有食物的话要特别藏好，因为猴子会来抢。

黔灵湖

黔灵湖于1954年拦大罗溪水筑坝而成，湖面积为28公顷。这里湖光山色，静雅宜人；廊桥水榭，绿杨碧柳，更具黔山秀水的景致。

湖畔“解放贵州革命烈士纪念碑”巍然矗立；二坝风雨桥临风面水，一览两湖景色；圣泉百盈，天下闻名。

玩家 攻略

你还可以乘坐小船荡舟湖上，感受湖光山色。若是秋季，湖边的树叶呈现缤纷之色，更是摄影一族取景的最佳选择。

天邑温泉

林泉相依

贵阳市云岩区安井村

天邑森林温泉，以日式风格建筑为主，小桥流水掩映于原生态的松树林里。它是目前整个贵州省占地面积最大、绿化率最高、档次最高的天然原生态森林温泉度假中心。

温泉泉水源自地底2000多米深处的古老岩层，含多种对人体有益的微量元素，对皮肤病、风湿性疾病、慢性心血管疾病等有较好的疗效。温泉园区共有公共泡池40余个，还设有鲜花浴、当归池、六神汤等特色功能池。

玩家解说

林泉相依是天邑森林温泉最具魅力之处。温泉让森林平添几分浪漫，森林又让温泉多了几许惬意。呼吸着森林里清新的空气，享受温泉水掠过肌肤时的温润。这里群山叠翠，绿树环绕，林间溪流依山而泻，或飞瀑溅玉，或泉水叮咚。在山间的木屋里可倾听松涛之声，在露天的泡池可细数夜空的繁星。

东山公园

孤峰兀立，峭壁陡绝

贵阳市云岩区东门外

东山公园位于贵阳市东门外。孤峰兀立，峭壁陡绝，海拔约1200米。反径一线由北坡曲折而上，至巅，地势平坦。原有东山寺，已毁，摩崖、碑刻尚多保存。“负山雄丽，景色清幽”的自然风光亦具特点，“东岭路如梯，云深曙色迷”。登高远眺，高峰霞举，峻岭云回。俯视城郭，万家烟火，历历在目。

文昌阁

以设计巧妙、结构独特著称

贵阳市云岩区文昌北路1号

文昌阁始建于明万历三十七年（1609年），此后经多次维修和扩建，现为国家重点文物保护单位。

文昌阁以设计巧妙、结构独特著称，平面布局呈四合院形，主楼高约20米，为3层3檐9角塔形建筑，附设有配殿、斋房，窗花、枋板施有彩绘。其中，配殿、斋房均为重檐悬山顶，而阁楼之角为单数这样的造型，在国内独一无二。整体看上去，阁楼给人雄伟、壮丽、古朴、幽雅之感。

玩家解说

文昌阁底层呈正方形，各类建筑数字均为9的倍数：二、三层的楞木各为9根，翘角各有9个；如此算来，共有柱54根，梁81根。由于二、三层的柱子没有穿过底层，使得二层和底层少了一圈柱网，而阁楼上部的负重减少了对底部的垂直压力，有利于增强水平方向的稳定性。

文昌阁

扶风山

黔垣第一峰

贵阳市云岩区

扶风山俗名尖山，以其石多螺旋，后称螺丝山，为黔垣第一峰。山上有阳明祠、扶风寺、尹道真祠，阳明祠位于扶风山麓，扶风寺在阳明祠之左，尹道真祠之右，居两祠之中。共同组成“两祠一寺”的扶风山名胜古迹景区，颇具园林之胜。

阳明祠

阳明祠，国家重点文物保护单位，该祠为纪念明代哲学家、教育家王阳明而建，建筑风格为四合院式，由享堂（大殿）、正气亭、桂花厅、游廊等组成。其中，享堂正中塑有王阳明坐像，令人心生敬畏。这里建筑古朴，文物荟萃，林木葱茏，环境清幽，景色秀丽，曾被清代著名学者、“西南巨儒”之一的郑珍誉为“插天一朵青芙蓉”。

玩家解说

阳明祠还饱藏历代名人的诗作、书法以及珍贵的楹联、碑刻、书画等史料，吸引了众多的中外游客闻名而至。在游廊及庭院中，有各种名贵的花卉及盆景，周围辟有花圃、绿地，内设有石桌石凳，专供游人休闲娱乐，古朴的建筑，幽雅的环境犹如一幅恬静的风景画，休闲之余让人品味，令人遐思，意境格外悠长。

扶风山阳明祠

扶风寺

扶风寺始建于清乾隆五十九年（1794年），重修于20世纪90年代，是扶风山景区3组建筑中建造年代最早的，以松巅阁为主体，辟有琴室、棋院、画廊及茶坊，开展贵阳著名书画展、贵州奇石展、千姿百态的木雕展等多项文化展览，让游客在休闲中丰富了对贵州古文化的了解与学习。

尹道真祠

尹道真祠是一座四合院，门从左厢入。门首石匾“尹道真先生祠”六字行书，苍劲浑厚，系南海康有为字。原匾为楷书，是康氏亲题，十年浩劫中被毁。厢楼上陈列着当代画家所作的贵州历代乡贤画像。享堂左右与对面是门形二层廊楼，环抱着一个小院。院中有两株梧桐，浓荫满地。

链接

尹道珍

尹道真（79—162），本名尹珍，字道真，东汉牂牁郡毋敛（今贵州省正安县）人。也是东汉著名的文学家、教育家、书法家和学者。贵州汉文化的传播人，西南汉文化教育的开拓者，数千年来一直受到人们的敬仰。有关他的事迹，在《中国人名大辞典》《华阳国志》《后汉书》等史书中均有记载。

贵州省博物馆

展现贵州的多民族文化

贵阳市观山湖区林城东路107号

贵州省博物馆筹建于1953年，1958年正式开馆。老馆位于贵阳市云岩区北京路，新馆位于贵阳市观山湖区林城东路中段北侧。新馆总建筑面积4.645万平方米，约是老馆面积的10倍。建筑主体采取“菱石虽小，内蕴文化千岛”的设计理念，与贵阳国际会展中心、贵阳城乡规划展览馆隔路相望，建筑风格协调一致，遥相呼应。

博物馆馆藏品8万余件，包括民族文物、贵州古生物化石、旧石器时代出土文物、反映地方历史人文和文化多样性的各类文物等，均特色鲜明、珍贵异常。其中，中国苗族服饰库和中国苗族银饰库馆藏位居全国第一。

博物馆从“民族贵州”及“历史贵州”等多角度反映贵州的民族历史文化，让省外观众通过参观展览就能清晰地了解贵州丰富的历史和民族文化资源。博物馆还通过不断引进国外、省外展览，让贵州人民足不出户，就能了解到更多国内外文化。此外，博物馆还把4D影院、非遗剧场等引入馆中，以适应博物馆从传统的收藏展览机构到多元文化活动中心的功能转变。

贵州省博物馆

景点推荐

贵阳郊区景点

天河潭 AAAA

贵州山水的“浓缩盆景”

贵阳市花溪区石板镇

门票10元

天河潭景区分为钙化滩瀑布观赏、香粑沟水文化、水洞游船和旱洞游览四大旅游系统，是距离贵阳市区最近的喀斯特景观。景区的主要看点是溶洞和瀑布景观，因贵州山水以瀑布和溶洞闻名，而天河潭二者皆有，所以天河潭被人们誉为贵州山水的“浓缩盆景”。

景区内以典型的喀斯特自然风光为主，融山、水、石、洞、瀑、泉、潭、天生桥为一体；以历史名人、隐士文化为辅，曾是明末清初著名诗人吴中蕃（1618—1695）的隐居之地，现仍存吴中蕃墓、梦草园等人文景点。这里山中有水，水中有洞，洞中有潭，犹如世外桃源，可以说将黄果树瀑布之雄、龙宫之奇、花溪之秀完美地集于一身，令人叹为观止，流连忘返！

玩家攻略

不要错过景区高空滑翔溜索，天河潭滑索全长400米，联结着天河水两岸的悬崖之巅，空中飞越时间约40秒，被誉为“天下第一溜”。天河滑索飞架于高空之中，远远看去气势雄伟，乘坐其上，既可将天河景区的美景尽收眼底，又刺激无比。售票处有相机自动抓拍溜索飞渡的场景，只需支付20元即可将自己的照片打印带走。

景区附近的民族村寨也是不可不去的，过小桥、看水车、访农家，观赏苗家姑娘亲手织的精美刺绣，亲身体验异样的民族风情。

天河潭景区门票分为门票、船票和通票三种。建议买通票游览。

龙潭洞

龙潭洞全长约1000米，包括水洞、旱洞2部分，洞内有明河、暗河，暗洞、桥中洞，绝壁、峡道，以及鬼斧神工的喀斯特岩溶景观等。岩溶风光有石钟乳、石笋、石柱等，其中石钟乳遍布洞内，看起来玲珑剔透、千姿百态，极具观赏性。

钙化滩瀑布

钙化滩瀑布宽210米，是目前国内最宽的钙化瀑布。瀑布下游那一段河叫香粑沟。瀑布飞泻而下，在香粑沟河段那星罗棋布、奇形怪状的石灰溶岩洞，或迂回婉转，或奔腾跳跃，形成美水、浣沙洲、绾髻园、仙女出浴等景点。丰水时，瀑布如脱缰的野马轰鸣而下，势不可当，在冲坑溶潭下溅起漫天水雾，蔚为壮观。枯水季节，瀑顶上挂下滴的瀑布如丝如缕，在微风吹拂下，洋洋洒洒。

花溪湿地公园 AAAA

中国罕见的城市湿地

贵阳市花溪区花溪大道南段2609号

0851-83623593

花溪湿地公园是中国罕见的城市湿地，以被誉为“中国第一爱河”的花溪河为纽带，串联起十里河滩、花溪公园、洛平至平桥观光农业带3个景区。公园内不仅湿地类型丰富，包括天然河流、河漫滩、人工稻田等，而且湿地物种丰富，包括1000余种植物、500余种动物。所以，这里的旅游景观资源更显丰富多彩。

花溪公园

进入景区，犹如跌入世外桃源，满目苍翠，河流、河滩、湿草甸、沟渠、水稻田，一切充满了乡间野趣，夏天荷叶田田，最惹人爱，而到了秋天，漫天的芦苇荡成了主角，走在栈道上，河间石凳间，总是能看到拍摄婚纱照的新人。

玩家 攻略

可选择不同的方式浏览景区，漫步、骑行等任你选择，景区有自行车租赁处，想要骑行游览很是方便。对应不同的游览方式，景区有一级园路、游览车道。一级园路路宽4米，设有错车道；还有二级园路——自行车道，景区自行车道与花溪大道的绿道相衔接；三级园路——溪边人行步道、深入景点中心的观景步道。但是受景区地形的限制，部分一级园路、二级园路并行使用。

高坡

古老民族风情保存完好的苗乡

贵阳市花溪区高坡乡

高坡，为岩溶地形，这里自然风景极其优美，有峡谷、石林、草场、多级瀑布、天然大盆景、万亩田园等景观。这里古老民族风情保存完好，其中的石门村、云顶村、杉坪村都颇具游览价值。高坡苗族乡，居住有汉、苗、布依等民族，“跳场”“跳硐”“四月八”“斗牛节”和“吃新节”等节日民族风情浓郁。

玩家 解说

众多特色民族节日中，尤以苗族的“四月八”最为隆重。“四月八”活动的内容之一是射背牌，女方将精心刺绣的背牌挂起作“靶”，让相中的男青年以弩射之，如中靶，即象征姻缘美满。

老榜河漂流

漂流两岸风光优美

贵阳市花溪区孟关林场

老榜河漂流是花溪南线旅游中段的重要内容，它与青岩古镇、桐野书屋、罗依新寨及沿河浓郁的布依族风情连为一体，为花溪南线的旅游增添了新的魅力。老榜河漂流河段，河道蜿蜒曲折，河水清澈见底，掩映在树林茂密的孟关林海里，河中怪石兀立，环境极为幽美、静谧。

金翠湖

青山叠翠、绿树成荫

贵阳市花溪区东郊黄泥哨17公里处

金翠湖全称为“贵阳金翠湖旅游园”。园内青山叠翠、绿树成荫、植被满园，截河成潭形成了天然的金翠湖，它拥有古朴纯真的美景、秀丽独特的韵味以及田园风光的格调。

园内既有欧式别墅建筑群、茶楼、棋苑、酒吧、KTV包房、露天演艺台、千人餐厅、室内健身房、草坪赤足运动场、儿童戏水池、天然游泳场、湖边赏光长廊等休闲娱乐设施，又有浓郁民族民间风情的山寨筑群、钟楼、瀑布等人造景观，是度假养身的馨园，休闲旅游的乐园。

青岩古镇 AAAAA

贵州四大古镇之一

贵阳市花溪区青岩镇

进入古镇（不含景点）10元，套票（含景点）60元

全天开放

一部电影《寻枪》让青岩古镇走进了人们的视线。青岩古镇始建于明朝，以历史悠久、建筑古朴、文化灿烂等闻名遐迩，并且与镇远古镇、丙安古镇、隆里古城并称为贵州“四大古镇”。

古镇内的明清古建筑布局整齐、严谨，

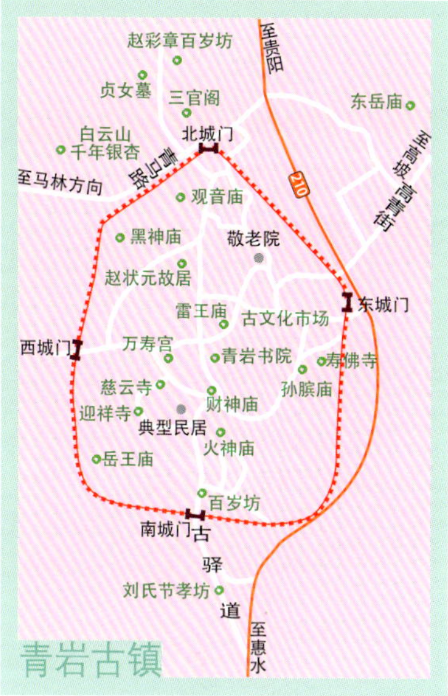

街巷相互交错，4座城门至今保存完整。主要景点包括状元府、迎祥寺、万寿宫、石牌坊等。

玩家攻略

1.最佳旅游时间：青岩古镇气候温和湿润，雨量充沛，3~10月是最佳旅游时期。春天来到这里可以观花；夏季来此可以避暑；秋季秋高气爽，来古镇又是另外一番迷人景象。

2.摄影：喜欢摄影的朋友可以到小镇一侧不算太高的山坡上去，这座小山坡叫黄家坡。在这里，可以俯瞰小镇全景，整个小镇的格局有在其他古镇中难以看到的立体美感。再带上一个比较好的相机镜头，如果再有一点儿摄影技巧的话，保证拍出来的照片效果非常好，说不定还能获个摄影大奖呢。

3.美食：沿着石板铺就的古驿道前行，街道两侧是售卖当地特产的店铺，卤猪脚、烤豆腐、玫瑰糖等特色小吃别具风味，走累了不妨停下来买一点儿尝尝。

4.镇内景点大都是风格各异的古建筑，每个景点单独收费，如果第一次来，可以购买联票，将古城内的景点全盘扫过。如果仅仅是在古城内悠闲度日，则可根据需要挑选几个景点分别购买。

5.青岩古镇街巷幽深，曲折复杂，但主街和

每个重要路口都有指引牌，况且大多数小巷都可以兜回主街，所以，在古镇内穿行，无须担心迷路问题。一般来说，步行逛完古镇约2小时，所以也无须在镇上住宿。

链接

青岩古镇的传说

关于青岩城下龙的传说，据说龙的头在迎龙阁山下的河里，有许多门板大的鱼陪着。龙尾则在黑神庙的山上，在那儿还能看到龙的鳞片。这龙的身段正伸展在场坝的地下。石板铺就的场坝中央，有座高高的砖塔，塔前有个水池。这个用以焚化水纸的塔和水池下面，正是龙的腰身，据说底下还有一口大铁锅，站着一只大公鸡，是看管龙身的，因为龙的腰一扭动，就会发大水，大公鸡狠啄它一口，龙身就会停止扭动，青岩城也就平安了。

每当人们走过场坝时，总要去看一看那潭水，凝望那水中有无守护在下面的大公鸡。半个多世纪过去了，当人们记起这龙的传说时，青岩的迎龙阁、黑神庙早已随云烟逝去而不存，那场坝也显得窄小了。但欣喜的是，在西部大开发的号角声中，青岩古镇风貌正在重振，新兴的古镇一条街，热闹的迎祥寺，大兴土木的万寿宫、慈云寺，崭新的城楼，开放的状元府，展现出人文新姿，吸引着众多游客前往游览。青岩的龙将不是在地下、水中，而是在黔中上空腾起，驾着祥云！

定广门

古镇南门定广门是四大城门中最为气势恢宏的一座，历史上，这里曾是扼守贵阳南大门的第一座门户。巨石砌成的城门楼和城墙高大威武，加上城外蜿蜒的石板路和两侧的农田，构成一幅壮美的画图，很多青岩古镇的宣传照都出自这里。

刘氏节孝坊

刘氏节孝坊是青岩古城现存3座牌坊中的一座，始建于1869年，是为表彰周朝忠妻

青岩古镇定广门

王氏、儿媳刘氏抚育教养子孙事迹而建。石坊高9.5米，宽9米，正中横梁上刻有空雕“二龙抢宝”与“五龙图”，惟妙惟肖；中间还镶嵌着圣旨立匾。

迎祥寺

迎祥寺坐落在南街西侧的小山脚下，建于明朝天启年间（1621—1627年），有“黔山祖庙”之美称，是贵阳市的著名古刹之一，至今仍然香火旺盛。该寺有殿宇三重，前为天王殿，现殿中塑有弥勒佛像，殿两侧塑有四大天王之像。穿过前殿，便是大雄宝殿，正中供奉佛祖释迦牟尼，两旁供有文殊、普贤两位菩萨。后殿下层供观音菩萨，观音两旁，立有善财童子与龙女。

文昌阁

从迎祥寺出来，经过万寿宫、古文化广场之后到达文昌阁，这是青岩古镇一处重要的旅游景点，古时的读书人在这里读书、聚会、祭拜文昌帝。文昌阁建于明万历年间，虽然在乾隆时期又重修了一次，但时至今日阁楼已经毁掉了，只剩下正殿、前殿和两厢。

玩家攻略

如果你对浮雕感兴趣的话，就不要错过院内两口由整块巨石凿成的石缸，不仅凿缸的技艺令人叹为观止，更有欣赏价值的是缸正面的浮雕人物鱼花草图案。一口石缸都能雕刻得如此细致，也反映出当时人们的技艺与对文化的重视。

赵状元故居

赵以炯是贵州第一个文状元，故居坐落在小镇状元街1号，府第坐南朝北，为两进四合院，均为一正两厢，风格是歇山式，总占地面积700平方米左右。现存前殿、正殿、两厢和朝门等建筑。故居的建筑都以木质结构为主，气派而不张扬，书香风范显著。

链接

“红顶状元”赵以炯

赵以炯于1886年中状元，慈禧太后对他偏爱有加。1887年仲秋，太后召见赵以炯，想为他做媒。但是当时赵以炯已经结婚了，于是婉拒了慈禧太后，这件事也使慈禧太后更加器重他。光绪皇帝大婚之日，太后指派赵以炯和王仁川为礼傧相，可按照清朝当时的规矩，状元顶戴的帽珠是白色水晶制成的，与婚礼气氛很不搭调。慈禧太后又不走寻常路，下令将赵、王两状元的顶珠换成红色水晶顶珠。因此，赵以炯便被贵州人尊称为“红顶状元”。

百花湖

有“小桂林”之称

贵阳清镇市朱昌镇金朱西路路头

百花湖景区以湖光山色和岩溶地貌的自然景观为主体，这里水质清澈，山石嶙峋。因酷似桂林漓江风光，故有“小桂林”之称。湖区一串串孤峰低岛，天然地把湖水划分为南湖、中湖和北湖。南湖狭长，奇峰连绵；中湖开阔，碧波万顷；北湖山重水复，岛多湾奇。

百花湖整个湖水清澈平稳，环湖山岳雄伟，形成多层次的山外山、湖外湖的气势。湖中岛屿自然成趣。百花岛上，群芳争艳，姹紫嫣红。鸟岛上空，百鸟盘旋，怡然自得。湖中有3个小村寨，几十户农家，驾扁舟，作渔翁，野趣盎然。

玩家攻略

景区乘船价格不一，建议多问几家比较价格。景区农家乐价格偏贵，建议自带食物。

红枫湖

贵州省最大的人工湖

贵阳清镇市湖滨路

红枫湖是贵州省最大的人工湖，是一个融高原湖光山色、岩溶地貌、少数民族风情为一体的旅游景区，有“高原明珠”之美誉。因红枫湖湖域四周遍布红枫树，每到深秋时节，枫叶红似火，风景优美，故名“红枫湖”。

红枫湖分北湖、中湖、南湖和后湖4部分，因为这4个湖泊风格各不相同，所以又被称为“红枫四绝”。四者各具特色，分别以北湖的岛、中湖的山、南湖的洞、后湖的湾而著称。

景区内还建有苗、侗、布依等3个民族村寨，苗家吊脚楼、布依石板房和侗家的鼓楼、风雨桥错落有致，别具特色。步入村寨，可观赏“上刀山、下火海”等令人叹为观止的民族表演，领略到敬酒歌、拦路酒等浓郁的民族风情。

玩家攻略

1.最佳旅游时间：最佳时间为10~11月，虽然天气微寒，但既能饱览红枫湖美景，又可欣赏到红枫湖的精华——漫山红叶。

2.美食：红枫湖景区内餐饮地点齐全，既能够尝到国内著名的菜式，亦能够品尝到贵州地区的特色美食，还可以在侗族和苗族的民俗村内品尝少数民族的特色小吃。红枫湖里的水产资源也非常丰富，鱼的种类较多，而且肉嫩味美，在当地享有盛名。岛上的民族餐馆比比皆是。以“鱼”为主料的菜馔，就有上百种。

3.娱乐：游湖大船为20元/人，乘坐当地人的机动船游湖可以讲价，10~20元，游艇贵些。

侗寨

侗寨就在侗族风情岛上，此岛是乘船游览红枫湖的第三站，这里可观赏的景点比较多，也可以说是红枫湖旅游的精华部分。侗寨总建筑面积3000多平方米，由侗院、侗居、鼓楼、花桥等组成。宽大的走廊、吊脚楼、小青瓦屋等更具民族特色。

鼓楼是红枫湖侗寨比较有看头的景点。鼓楼的造型很别致，底部为四方形，楼顶是多角形状，楼顶还悬有象征吉祥的宝葫芦。檐板上绘有各种古装人物画、山水画、花鸟画，非常形象。这座建筑也是最抓人眼球的地方，你不妨也掏出相机，拍张照片做纪念！

链接

侗寨的鼓楼

鼓楼是侗族村寨的标志性建筑，只要是侗寨，必有鼓楼。为什么鼓楼这么重要呢？据一些流传的说法：鼓楼被比喻成侗寨的“遮阴树”，如果没有这个“遮阴树”，寨子就没有凝聚力，更谈不上发展了。每逢佳节，村民就会欢聚在鼓楼。闻名于世的侗族大歌，就在这里流传。青年男女更是把鼓楼作为传播爱情种子的乐园，互相倾诉爱慕之情。

蛇岛—龟岛

蛇岛是北湖的一座很普通的小岛，除了有把弄蟒蛇的表演之外，一些池子里还有小蛇，不过它们都是没有毒的。蛇岛上有一座观音庙，感兴趣的游客可以去看看。

游玩蛇岛之后，下一站就是龟岛。龟岛上并没有真正的乌龟，有的是像乌龟的大石头，而且还被点上了眼睛。乍一看上去，还真有乌龟的神韵。也许是因为乌龟代表着长寿，尽管岛上没有著名的旅游景点，龟岛还是吸引了一大批的游客前来。

红枫湖

将军洞—打鱼洞

如果有机会的话，你也可以要求船家带你去南湖看看，这里的洞值得一看。将军洞和打鱼洞同在将军湾风景区内，将军洞内有形态各异的钟乳石，琳琅满目，置身其中，令人应接不暇。打鱼洞和将军洞隔湖相望，该洞共有7层，洞底是阴河，钟乳石形态各异，有的金碧辉煌，有的洁白如玉，宛如一座地下宫殿，令人叹为观止。

玩家解说

打鱼洞所在的山腰上有一座苗寨，全寨有十多户人家，清一色的苗族人。苗族妇女的打扮民族特色十足：藏青色的对襟上衣、百褶裙，衣领、衣袖与裙边还点缀着挑花，非常雅致；另外，黑白串珠和笔尖形的发饰，银耳环、银项圈等装饰使得她们更加与众不同。

保利国际温泉 AAAA

中国十佳温泉度假酒店

贵阳市乌当区顺海中路88号

128元　0851-85267777

保利国际温泉是按国际标准打造的养生、休闲、度假胜地，国家AAAA级旅游景区、中国十佳温泉度假酒店。温泉区主要有室内、室外两大温泉板块，由8个温泉池区、1个露天休息区（小食坊）、58个不同种类的特色温泉池、鱼疗池、地热带、水上乐园、8间温泉汤屋组成。

温泉区在保留原有自然风貌的同时增添了具有亚热带特色的植被景观，同时在功能设计上融入了国外的沐汤文化精髓，使温泉区形成了人文与自然和谐融合的特点。除中国传统的中药、茶、酒、醋等加料浴和地热带等温泉疗法外，还荟萃了国外的水疗、鱼疗、精油浴等疗法，使人在享受温泉保健养生价值的同时，感受到别样的温泉文化。

长坡岭国家森林公园

贵阳市“生态博物馆”

贵阳市乌当区粑粑坳，距市中心12千米

长坡岭国家森林公园，总面积1075公顷，建成于1997年，被誉为贵阳市“生态博物馆”。公园分为5大景区，即都溪林场、森林草坪、樱花湖和两个少数民族村寨。此处集山、林、水、草、古迹于一体，景观特色表现为幽、秀、野、旷、古，林景有樱花林、杨树林、松树林等，水景有樱花湖、天鹅湖等，草景有森林草坪等，古迹有古驿道等，还有独具特色的民族建筑、民族风情。这里森林茂密，空气清新，气候宜人，环境优美，是休闲、度假的理想之地。

万象温泉景区 AAAA

集温泉养生与旅游度假于一体

贵阳市乌当区新添大道北段150号

0851-88502888

万象温泉景区是集温泉养生与旅游度假于一体的温泉养生综合体，景区由泉苑、温泉馆、泉栖休闲区、温泉酒店、马陇别苑五大板块组成，按照游客的不同需求，建立了较为完备的"温泉+"康养休闲体系。景区集中了风格各异、功能不同的50个温泉泡池。这里的温泉取自 2188米深热水层，属偏硅酸型，富含18种对人体有益的矿物质微量元素。温泉温度高可达57℃，素有"天然药泉"之称。

乌当情人谷

峡幽景美

贵阳市乌当区鱼梁河下游，距贵阳市城区9千米

乌当情人谷峡幽景美，吸引很多游客、情侣到此赏景、野炊、游玩、探险等。据说，1942年李四光来乌当考察第四纪冰川遗迹时，被这里的美景吸引，流连忘返。

整个峡谷，景致多变而神奇，除绮丽的峡谷风光外，密林深处、悬崖之间，还有许多溶洞，如"望天厅""通天洞""神仙洞""犀牛洞"等溶洞，其石钟石乳千奇百怪、各尽其态、各显其趣，令人忍俊不禁，玩味不已。

玩家解说

情人谷以前叫显字岩。当地人们传说，如有绝顶聪明的人来此，石壁上便会显现诗文，让其阅读品味，故名显字岩。

情人谷景区内花果漫山遍野，乡村风味独具特色。既可划船、漂流、攀岩、探洞，也可篝火露营、欢聚通宵。3~5月，桃花盛开、鲜果诱人；6~7月，杨梅红透，桃李芬芳，8~10月，硕果累累，秋色迷人；寒冬之际，蜡梅飘香。

香纸沟

保存有古法蔡伦造纸作坊系统

贵阳市乌当区新堡民族乡

香纸沟是一座清新自然的山寨。因沿用古法盛产祭拜时的香纸而得名。景区集山、水、石、林、洞、瀑布、峡谷、岩溶景光、文化古籍、民族风情于一体。分布着锅底箐、南靖寺、龙井湾、马脚冲等7个景区。香纸沟除

香纸沟古法造纸

了有美丽的风景，还保存着目前中国规模最大、最集中的古法蔡伦造纸作坊系统。竹为料，伐竹、破竹、蒸竹、沤竹、水车碾竹、竹帘抄纸等72道工艺流程，古朴而奇特。

玩家 攻略

1.美食：可品尝当地的农家饭，如腊肉炒折耳根、现磨豆花等。

2.住宿：景区内有多家宾馆可以住宿，最好的是蓉辉饭店，另外香纸沟宾馆也是不错的选择。

链接

蔡伦及其造纸术

蔡伦，字敬仲，桂阳郡宋阳（今湖南宋阳）人，生于东汉永平四年（约61年），卒于建光元年（121年）。蔡伦从小随父辈种田，聪明伶俐，讨人喜欢。永平十八年（75年）蔡伦被选入宫，时约15岁。公元88年，侍幼帝（和帝）左右，参与国家机密大事，地位与九卿等同。

蔡伦在总结前人经验的基础上，扩大造纸原料的来源，使用树皮造纸，改进造纸技术，大大提高了纸张质量，也使纸的产量大幅度提高。

相思河

森林旅游和狩猎的好去处

贵阳市乌当区水田镇

相思河景区是由茂密的森林、陡峭的山峰、幽静的湖面、直泻的瀑布、奔腾的激流，巧妙形成的一个由52处景物、景观组合而成的“世外桃源”。

相思河景区森林覆盖率高，植物有620多种，其中香果树、榉树、润楠、沉木海棠花、红豆杉等极为珍贵。此外，马尾松、油茶、一芒萁、杨梅、杜鹃、乌蕨、乌岗栎、化香、火棘、月月青等遍布景区，各种珍禽异兽憩息其中。此景区是森林旅游和狩猎的好去处。

羊昌·花画小镇旅游景区 AAAA

贵阳市乌当区羊昌镇花画小镇

0851-88302259

羊昌·花画小镇是一个集观光、娱乐、文化体验、休闲度假、商务会议为一体的综合性文化休闲旅游地。全景区划分为12大功能区，包括特色民俗餐饮区、亲子秀贤游乐园、中草药园区、农耕文化园、知青文化园、精品花卉生产基地、创意农特产品园等。其主要景点有奇幻村、竹廊架天桥、水东文化广场、花艺步行街、知青文化园、都市农业创意馆等。

贵御温泉 AAAA

贵州省第一家露天园林温泉

贵阳市乌当区新添寨温泉路479号　88元

贵御温泉，是贵州省第一家露天园林温泉，不仅交通便利，空气清新，环境幽雅，景色秀美，而且泉质优良。贵御温泉的优质地热矿泉水，源于1900米地层深处，出水温度高达53℃。水质晶莹，无味无色；富含偏硅酸、锶、硫、铁等30多种矿物质微量元素，经常浸泡，益处良多。这里山清水秀，林木苍翠，是一处难得的“天然氧吧”和露天温泉休闲度假景区，是喜欢泡温泉的游客不可不去的好地方。

镇山村

民族风情浓郁的布依族村寨

贵阳市花溪区石板镇花溪水库中部的一个半岛上

镇山村，是一个三面临水一面向山的布依族村寨，整个村子就像一座石头城堡，内有石头城楼、城墙、石屋、石板路等，就连许多家庭生活用具，诸如碓、磨、钵、槽、缸等，也都是由石头凿琢而成，呈现出浓郁的布依族特色。

镇山村内有武庙、屯墙、李仁宇墓等景点。武庙始建于明万历年间（1573—1620年），原为四合院，木结构悬山顶抬梁混合式，现仅存这一座五开间的关圣殿；屯墙始建于明万历年间，屯墙依山势而建，东段和南段均以悬崖为屏而砌墙。

镇山村

玩家攻略

1.住宿：景区内有农家提供住宿，条件大体相同。大多数的厕所都离住处较远，建议带上手电筒。

2.美食：镇山村的腊肉、血豆腐、熏豆腐干等腊味系列美食非常地道。鱼几乎都是刚从河里打捞起来的，另外阴辣椒、瓜片炒肉、酸菜汤也值得一试。

镇山村里所有农家饭庄都是统一制定菜价，但可以打到8折。事先一定要讲好价，多去几处，货比三家，也许会有意外收获，如有的饭庄不收市内电话费，有的免费卡拉OK等。一般两三个人吃普通餐，四菜一汤，包括腊味拼盘和野菜，消费在40~50元/人，人多的话可以讲价。饭庄还会请村里的歌舞队来表演节目助兴。

3.娱乐：在镇山村，可以做客布依人家，欣赏布依族的歌舞表演。在花溪湖边的码头，可乘花艇泛舟游湖，听布依族的导游姑娘讲这里的山山水水和民族传奇故事。这里每年正月初十都要举行"跳场"活动，民族风情浓郁。

蓬莱仙界·白云休闲旅游区 AAAA

芳香的泥土，秀美的田园

贵阳市白云区牛场乡蓬莱村

蓬莱仙界·休闲农业旅游区是全国休闲农业与乡村旅游示范点之一，集生态农业、循环农业、精致农业、旅游观光休闲农业为一体。

这里有你从未见过的名树、奇花、异果、特种蔬菜，到蓬莱仙界景区，你可以亲自体验"日出而作，日落而息"的简单农耕生活，可以品尝到香草园主人为你现场采摘冲泡的"百里香香草茶"和"柠檬草香草茶"，可以吃到纯正的特色农家饭菜，还可以观赏到现代农业新品种、新技术、新设施的应用。这里没有城市的喧嚣，没有人与人之间的尔虞我诈，有的只是芳香的泥土，秀美的田园和愉悦的心情。

白云公园

充满传统民族特色与现代气息

贵阳市白云区大山洞

白云公园的主要特点是既富有传统民族特色，又充满现代气息。

公园分前后两部分。前一部分有桂阁邀月、玉弓虹影、清水观鱼、玉莲托步、百叶争渡、凭栏听浪、长廊伏波、山庄碧、怡园品敬、古塔映霞十景，楼台亭榭，湖光塔影，古朴而雅典；后一部分有儿童乐园、水嬉园等游览点，还有欧洲中世纪城堡，阿里巴巴与堂吉诃德塑像令人耳目一新，电子游戏、激光枪及异形儿童游泳池令人流连忘返。

景点推荐 贵阳北部景点

贵阳森林野生动物园 AAAA

动物的天堂

贵阳修文县景阳街道

120元 0851-82359168

贵阳森林野生动物园占地约5000公顷，由观光游览、科普教育、休闲娱乐、商业服务、后勤服务5大功能区组成，现为国家AAAA级景区、国家级水利风景区。动物园以野生动物、森林景观为主题，其中饲养有200多种、5000多头（只）动物，包括保护类动物扬子鳄、华南虎、东北虎、斑马、黑猩猩等。园区内不仅森林茂密，气候宜人，空气清新，还有小石林、溶洞等喀斯特景观。这里集野生动物保护、科普、观光、休闲为一体，是游客在贵阳旅游的最佳去处。

玩家攻略

1.餐饮：园内有洗漱林餐厅，提供野菜和人工驯养的野味，品种多，味美价廉，人均消费20~30元就可以品尝。

2.交通：园区较大，可乘电瓶车游览，20元/人。

3.娱乐：园中每天都有海狮表演、猛兽表演、综合表演等各种表演，周一至周五每天3场，周末每天4场，免费观看，不要错过。

阳明文化园 AAAA

主要以乡土石作景观

贵阳市修文县阳明洞街道格致路

0851-82320777

阳明文化园是以“阳明洞”为核心的文化旅游园区，集心学传播、培训、讲学、体验、休闲养心、度假及商业开发为一体，由“阳明洞”遗迹景区、龙场驿站综合区、梦

阳明先生雕像

回故里风情小镇、养心度假区等部分组成。其中，"阳明洞"遗迹景区是整个阳明文化园的核心和灵魂。核心景观包括知行合一牌坊、正心池、亲民台、阳明洞遗址、龙岗书院等，主要以乡土石作景观的方式来呈现阳明心学的精神风貌与历史价值。

玩家攻略

1.住宿：可以在修文县住宿。县上的旅馆既便宜又安全，可讲价。

2.餐饮：修文"阳明宴"很著名，以骟鸡豆腐、蕨菜等十几道菜和阳明宴酒为主体，有传统系列、现代系列。各分大宴、中宴、小宴，因文化底蕴深厚，风味独特而令中外宾客赞赏不已。

链接

王阳明

王阳明，字伯安，名守仁，生于1472年，浙江余姚人，因曾筑室讲学于浙江会稽阳明洞，故人称"阳明先生"。

明正德元年（1506年），时任兵部主事的王阳明因触怒当权宦官，由京城远谪到贵州龙场（今修文县城）当驿丞。在他谪居龙场的三年，大悟"格物致知"之旨，创立"知行合一"学说，为其"致良知"思想奠定了基础，从而构成了阳明心学的核心。他创办龙冈书院，受邀贵阳讲学，开创了贵州一代学风，为中国儒学做出了杰出贡献。

黔贵六广温泉旅游景区 AAAA

最美江景温泉

贵阳市修文县六广镇阳明码头

0851–82452555

黔贵六广温泉位于六广镇"阳明码头"。这里山环水绕、绿荫叠翠，环境清静、幽雅，拥有大型游泳池、儿童池、鱼疗池、红酒池、牛奶池等各类功能池和干蒸房、石板浴等功能区，另有"金兰级"精品酒店，是集温泉泡汤、客房、餐饮、棋牌、保健、游船服务等为一体的露天温泉休闲度假景区。

来此旅游，观众可一边体验特色温泉，一边俯瞰壮美峡谷风光，观赏烟波浩渺的清江与来回行驶的游轮。

桃源河大峡谷 AAAA

国内首创梦幻漂流地

贵阳市修文县六屯镇 ¥15元

0851–82374009

桃源河大峡谷是几十万年前的地壳变迁形成的奇峰绝壁，素有"人间仙境""世外桃源"之美称。峡谷内有十里桃花源、情人泉、犀牛潭瀑布、银滩瀑布、三道响大瀑布等自然景观。

桃源河河水时而湍急时而平缓，此起彼伏，是漂流探险的绝佳场所，尤其以穿洞悬壁的魔幻漂流匠心独具，国内首创，被誉为“黔中第一漂”。

玩家 攻略

1.夏季是来桃源河大峡谷的最佳时间，此时峡谷水量丰沛，沿着峡谷进行漂流，不仅可以体验水流的刺激，还可以欣赏到两岸的青山绿水。

2.接待中心广场两侧高空脚踏车和儿童芭蕉水上乐园给前来游玩的儿童提供了最佳娱乐场所。在冲浪池旁山崖上建有打望茶廊，在品茶的同时，既可眺望三道响瀑布潺潺流水，又可观看魔幻漂流勇士急速直下，还可俯视峡谷冲浪者在波涛中搏击的欢乐场景。

3.为了维持桃源河漂流的秩序，每天只售3000张票，如果想去漂流需要预订。

息烽集中营革命历史纪念馆 AAAA

抗日战争时期国民党秘密监狱

贵阳市息烽县永阳街道猫洞村　¥ 免费

0851-87700529

抗日战争期间，国民党曾设立4大集中营，息烽集中营为其中之一，其余3个分别为重庆白公馆、重庆渣滓洞集中营、江西上饶集中营。

息烽集中营是抗日战争时期国民党军统局设立的监狱中规模最大、管理最严、关押人员“级别”最高的一所秘密监狱，由设于息烽阳郎坝的本部和玄天洞囚禁处组成。息烽集中营四面崇山峻岭，古树参天。山里有湖，有洞，地形隐蔽险要。息烽集中营本部控制面积约2000平方千米，设监狱8栋43间。监房按“忠孝仁爱，信义和平”八字命名。称为“忠斋”“孝斋”“仁斋”等，其中“义斋”为女监狱。

玄天洞囚禁处深藏于高山峡谷中，系一自然天成的洞穴，洞口呈上圆下平的半圆

息烽监狱纪念堂

形，因其地势险要，偏僻难寻，便于隐藏，成为国民党军统关押“重要”犯人的秘密所在地。杨虎城将军与夫人一家曾在此被关押了8年。

玩家 解说

息烽集中营是抗日战争时期，国民党军统设立的秘密监狱中最大的一所。它的前身是“南京新监”，“七七事变”后，由南京转武汉，又经武汉迁湖南益阳，最后转入息烽。在整个抗日战争时期，国民党军统在西南地区共设立了三所秘密监狱，一是重庆的望龙门看守所，当时军统内部称其为“小学”；二是重庆的白公馆和渣滓洞，被军统合称为“中学”；而息烽集中营在当时是规模最大、等级最高、杀人最多的地方，被称为“大学”。当时息烽集中营的戒备非常森严，常年关押人数450人左右，看守的特务高达470人。

息烽温泉

温泉疗养胜地

贵阳市息烽县温泉镇

息烽温泉是全国著名的八大温泉之一，贵州省著名的旅游疗养胜地，被誉为“双胜明珠”。温泉四周山峦起伏，黑滩河、清水河汇合其间，两河汇合处，热泉分三处涌出，长期饮用，可治疗多种疾病，且泉水中含氡，是具有医疗价值的氡泉。

温泉四周还有著名的八景：天台丛林、白石涌泉、豸角凌云、清流鸣琴、奇石观瀑、洪

水古营、慈云生佛、高桥天生。这天然八景，多姿多彩，独具风格，为温泉风光锦上添花。

白马峪景区 AAAA

以“中国风”独树一帜

贵阳市开阳县双流镇白马村热水组

白马峪地处风景秀丽、水碧如玉、清流蜿蜒的马岔河谷，整个温泉以园林式古建筑布局为主题，点缀生态花卉配合峡谷风光，良好的自然风貌，群山环抱，鸟语花香，区内亭台楼榭错落有致，以“中国风”独树一帜。

温泉泉眼日涌水量400余吨，水温40℃，水质晶莹透亮，“可饮可浴”，口感醇正，富含硒、偏硅酸、锶、锌等13种有益人体健康的微量元素，属低钠、低矿化度、重碳酸钙型优质天然温泉水。景区内设11个不同种类的温泉泡池，室外池区则由11个不同种类的泡池所组成，水质清澈晶莹，空气清新，置身池区可充分享受温泉水疗的畅快，达到彻底放松的目的。

南江大峡谷 AAAA

喀斯特生态博物馆

贵阳市开阳县南江乡龙广村

0851-87524258

旺季78元，淡季49元

南江大峡谷被誉为“喀斯特生态博物馆”。景区以发育典型、气势宏大的喀斯特峡谷风光和类型多样、姿态各异的瀑布群落为特色，集奇峰、峡谷、峭壁、断崖、瀑布、跌水、钙华、溪泉、巨石、喀斯特森林于一体，景色壮丽。

景区内主要有一唱三和趋那瀑布、天外天瀑布、金钟瀑布、少女沐浴、铜鼓岩、桃源洞等20多处景点。其中金钟瀑布高30多米，因为形似一口大钟、有金石之声而得名，是一条钙华石头瀑布。这条石瀑布是由于水中大量钙质不断沉淀而形成的，据说是国内最大的钙华瀑布。该“瀑布”中心为空，游客可以从底下钻入，然后从顶部钻出，玩起来十分有趣。此外，景区内植被保存完好，森林覆盖率极高，中草药、动植物种类甚多。

玩家 行程

游览南江大峡谷，可顺江在碧玉般的江水中体验惊险刺激的漂流，也可漫步于峭壁栈道，令人心旷神怡，享尽大自然的美好。南江大峡谷的漂流有两种，休闲漂流5千米，激情漂流8千米。休闲漂流其实就是激情漂流的前半段，而激情漂流其实就是漂全程。从景区大门口开始的休闲漂流，水流比较平缓，经过景区的标志性瀑布之一水落亭台，再到操子塘，接着往前一点点就是休闲漂的终点了，漂流时两岸会有细细的瀑布落入水中，清凉舒爽。

玩家 攻略

1.景区内有很多原生态特色美食，如农家红烧蹄髈、富硒腊肉、南江小花鱼、土鸡、土鸡蛋和各种野菜等，值得品尝。

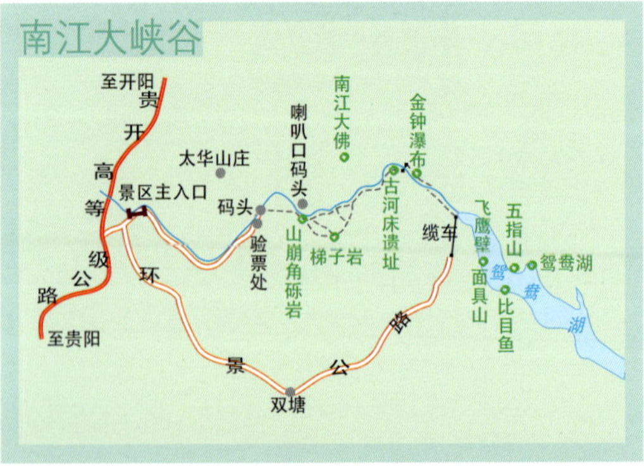

2.一天游完南江大峡谷时间绰绰有余，无须在景区内住宿。如果你是想要等候傍晚、清晨优美光线的摄影爱好者，或者时间充裕想要细细品味峡谷风光的游客，景区中段梯子岩的梯子岩度假村、边上的布依山寨，景区终点锣鼓冲的锣鼓冲度假村都可以住宿。若住在梯子岩，晚上还有免费的篝火晚会可以参加，晚会开始时间大约在20:00。

南江大峡谷

香火岩峡谷

飞瀑流泉，蔚为壮观

贵阳市开阳县禾丰乡

香火岩峡谷景区内峰峦叠嶂，怪石峥嵘，飞瀑流泉，蔚为壮观。峡谷由三段明谷和两段暗谷组成，分光明河、营河、香火岩瀑布群、香火岩等7个景区。其中，香火岩瀑布群独领风骚。瀑布共分为五级，最高级为15米，宽30米，级级相连，总落差60余米。俯瞰瀑布，飞珠捣玉，紫烟升腾，雷声贯耳；仰观瀑布，银河天降，水花飞舞。

玩家 攻略

1.住宿：开阳县城有多家宾馆，住宿条件较好。景区内也可以住宿或露营，景区有露营帐篷可以租借，价格面议。

2.餐饮：青禾桥头有几家餐馆的家常菜很好吃，价钱也便宜，地道的农家饭、青龙河的油炸小花鱼很好吃。另外，开阳著名的富硒食品、富硒茶在此都可以品尝到。景区还有当地老乡自酿的金枝玉叶酒、黑糯米酒供应。

马头村

距今已有700多年的历史

贵阳市开阳县禾丰布依族苗族乡马头村

马头村因村中有马头古寨群而得名，古寨群距今已有700多年的历史，被列为国家重点文物保护单位。寨子面对底窝大田坝，背靠百花山，地处“十里画廊”的南段，青龙河的西岸，清河、深水河分别环绕寨北和寨东，是贵州省最大的布依族杂居村寨之一。

马头寨古建筑群主要的景点有总管府遗址、宋阿重墓、朝阳寺、兴隆寺、红军标语、宋荣宗寨。其中，红军标语现存3处20余条，均在水东宋氏土司后裔居民墙壁上，既是红军长征经过底窝的历史见证，也是黔中地区少见的革命文化遗迹。

玩家 解说

马头古寨是一个以布依族为主的少数民族聚居地，坐落在山清水秀的清河岸边的一座小山山腰上，寨内古树参天，道路、民居依山就势而建，井泉汩汩，民风淳朴，自然天成。

马头古寨内现存元明清建筑90多栋，除少部分为元代和民国建筑外，大多始建于明清时期。大多房屋采用汉族民居穿斗抬梁式悬山青瓦顶木结构，但装修则颇具特色，如在左厢前外侧建八字朝门，在堂屋大门外加饰腰门；在窗户和楼上走廊多饰有“万”字图案，布依族人解释为代表“水车花”或“螃蟹花”，表示对水文化的崇拜，与汉族建筑装饰不大相同。与此同时，在门、窗装饰中又大量吸收了传统汉文化中象鼻、二龙抢宝、双凤朝阳、福禄寿、桃等吉祥图案。

贵阳紫江地缝

“地球胸前的钻石”

贵阳市开阳县龙岗镇境内

紫江地缝生态旅游区被称为“地球胸前的钻石”“地质自然生态精品博物馆”，是返璞归真、回归自然的首选之地。

紫江地缝喀斯特地貌景观雄伟壮丽，奇峰异石林立，部分河段如巨斧劈开，形成地缝一线，奔腾的河水到此凝聚在一米开外的狭缝中，蔚为奇观。主要景点中自然景观有千佛岭、紫江天龙、紫江神、三泉映月、万瀑云台、紫江大佛、凤凰滩等。人文景观有古树、珍稀树种簇拥的民族风情浓郁的令架布依村和格林村等。

玩家解说

紫江地缝有上亿年地壳变迁形成的高达200~300米的奇峰、绝壁、悬瀑、地下喷泉。倒悬钙化壳、石莲花缀饰江壁，美不堪言。数十条从天而泻的悬瀑飘飘洒洒，风情万种。老少皆宜的漂流河道，鱼儿成群，嬉戏江面。地缝一线、万瀑银台、九股井、凤凰潭等十余处天造地设的国家级景点和近百处省级景点令人拍案称奇。闽楠、红豆杉、鹅掌楸等数百种珍稀植物和蜿蜒多姿的藤蔓、古木及藏酋猴、大鲵（娃娃鱼）、红腹锦鸡、金雕等30余种珍稀动物在这里生长栖息，自然元素丰富多彩。

紫江地缝

清龙河

风光秀丽的十里画廊

贵阳市开阳县禾丰布依族苗族乡境内

清龙河的两岸为风光秀丽的十里画廊。沿河十八个苗布村寨是开展农家乐旅游的理想所在。在清龙河的各种山村野味，都富含大量的富硒物质，非常有益于人的身体健康，到清龙河旅游，既是环保绿色游，也是健康生态游！

画马崖岩画群

规模最大、内容丰富

贵阳市开阳县高寨苗族布依族乡平寨村

画马崖岩画群既是贵州省已发现的规模最大、内容最丰富的岩画群，也是中国南方颜料岩画的典型代表之一。岩画群由小崖口、大崖口和梯子岩三处岩画组成，共有200多个图案，在经历大自然万年之久的打磨和洗礼后，岩画依然光鲜如初。

玩家解说

画马崖岩画群中的岩画，是用极其简单的线条勾勒出的各种造型，类似于现代绘画中的速写风格，但是其线条却异常简洁甚至抽象，寥寥数笔却惟妙惟肖。以现代人的认知对这些图案进行解读，简单线条勾画出的图案可能是马、人和太阳，以及鱼、虎、龙、狗、仙鹤等。

画马崖岩画群

攻略资讯

- 交通
- 住宿
- 美食
- 购物
- 娱乐

交通

飞机

贵阳龙洞堡国际机场位于贵阳市东郊，距市中心11千米，航线辐射北京、上海、广州、海口、成都、昆明等全国大中城市和香港特别行政区，以及泰国曼谷、韩国普吉岛等。

机场大巴：现共运行5条机场巴士专线，覆盖了贵阳的各大交通枢纽和贵阳市主城商务区。

机场公交车：216路、254路、258路等公交车可达机场。

出租车：乘出租车从市区到机场一般都是50元（含高速公路费）。

火车

贵阳共有五个火车站：贵阳站、贵阳北站、贵阳东站、龙洞堡站、贵安站。

贵阳站：位于贵阳市遵义路，为普通车站，车次较多，可直达国内主要中型城市。

贵阳北站：位于观山湖区大关和阳关片区甲秀北路（西二环）东侧，距贵阳站十余千米，为高铁站，于2014年底正式投入使用，现有直达广州、杭州等城市的高速列车。

贵阳东站：是沪昆高速铁路的中间站，也是贵广高速铁路、贵开城际铁路、渝贵铁路的始发终到站。2017年11月2日正式开通运营。

贵阳北站

龙洞堡站：位于贵阳龙洞堡国际机场地下第三层，全长约2469米，为双线隧道。

贵安站：位于贵安新区湖潮乡新民村，是贵州省第二大高铁站，也是集高铁、地铁、城市公交、长途客运、社会车辆于一体的大型综合交通枢纽工程。

汽车

贵阳市区内有多个大小客运站，但主要的客流交通运输依靠金阳客车站和龙洞堡

贵阳夜景

客运站（原贵阳东客运站）完成。

金阳客车站：目前是贵阳市内最大的客运站，这里有大巴直达贵州几乎每一个城市，甚至许多大的景区，如黄果树瀑布、西江苗寨等。

龙洞堡客运站：原名贵阳东客运站，于2014年12月23日正式投入营运。主要营运班线包括：贵阳至遵义专线、安顺专线，以及贵阳至福州、南充、镇雄、武汉等省际客运班线。

地铁

截至目前，贵阳已经开通地铁1号线和2号线，而地铁3号线和S1号线正在建设之中。通过地铁，贵阳城内的许多交通枢纽、景点都联系在了一起。

住宿

贵阳是贵州省的省会，住宿方便，酒店自然是不缺，但是贵阳的住宿偏重于中高档酒店，经济类略少，不过有许多青年旅舍可供选择。住宿可选择在火车站、市中心或是主要景区（甲秀楼或黔灵山公园）附近。

●贵阳扬帆国际大酒店

酒店非常好找，就在贵阳火车站的斜对面，楼下就是鸿通城购物中心，旁边是二七小吃街，还有沃尔玛超市，吃饭购物都很方便。酒店卫生和服务都很不错，酒店靠近火

酒店客房

贵阳高铁站及周边建筑景观

车站，对安静有要求的游客建议选择高层朝里的房间。贵阳南明区火车站达高桥鸿通城A区 0851-83869999

●锦江之星（黔灵山公园店）

老牌的经济型连锁酒店，房间卫生做得很好，毗邻黔灵山公园，酒店对面是新开的商场，吃饭购物都很方便。贵阳市云岩区北京路208号 0851－86915666

美食

贵阳被称作“西南小香港”，在林立的高楼中总能发现很多小吃一条街。游走在贵阳街头，总能闻到不同的香气，看到各种小吃店的招牌。引用当地人的说法就是走错路都能找到吃的。包饼油条、糯米饭、肠旺面、丝娃娃、牛肉粉、鸡肉饼、素粉、豆沙窝、糍粑等，贵阳的小吃数不胜数。

贵阳街边美食

贵阳小吃街

美食小吃

●酸汤鱼

此菜由黔东南传入贵阳，在贵阳迅速发展并发扬光大，名扬海内外。民间通常采用边煮边食的火锅形式，配以其他新鲜蔬菜，使其营养更为丰富。特点是鱼鲜肉嫩，色泽亮丽，酸辣爽口，汤清味美，开胃消暑，提神养颜。

酸汤鱼

●豆腐圆子

豆腐圆子是很有特色的贵州小吃，其中以雷家豆腐圆子最为出名。雷家豆腐圆子以豆腐为主要材料，烹饪的做法以软炸为主，口味属于家常味。圆子有近似黄金的松脆外皮，内里裹着柔软细滑的豆腐馅料，泾渭分明，它的做法让人惊异。和着用酸萝卜和折耳根等材料调好的微辣酱汁，味道爽口，多吃也不腻。

豆腐圆子

● 丝娃娃

丝娃娃用一张手工烙制的巴掌大面皮，将豆芽、黄瓜、胡萝卜等时令蔬菜全部包起来，再加几粒炸得金黄的豆子，浇上一小勺贵州特有的煳辣椒蘸水，赶紧塞进嘴里大嚼特嚼，那满口的香辣酥脆，令人久久不能忘记。这种小吃，因面皮包好菜丝时的形状酷似襁褓中的婴儿，人们于是就给它起了个形象的名字——“丝娃娃”。

丝娃娃

● 肠旺面

肠旺面是贵阳极负盛名的一种风味小吃，是用手擀鸡蛋面为原料，以猪的大肠和血作配料，加上特制的辣椒油，味道鲜辣，面的筋道好，有嚼头。“肠旺”是“常旺”的谐音，寓意吉祥。汤色鲜红、血旺嫩滑、鸡汤油亮而不腻，辣而不猛，回味悠长。

美食去处

合群路小吃街：合群路白天就是一条很普通的街道，而当夜幕降临，不长的街道

肠旺面

上，各式摊位当街摆，一摊挨着一摊，热火朝天。炸煎烹炒煮，香味扑鼻而来。合群路小吃街是贵阳规模最大的夜市小吃街。贵阳的小吃在这里基本上都能找到。

小十字夜市一条街：小十字夜市一条街位于历史悠久的繁华路段，是卖贵阳名吃香酥鸭的主街，独自游玩的游客可以选择炸部件品尝。另有特色小吃油炸臭豆腐。

购物

贵阳拥有许多富有地方和民族特色的工艺品、土特产品，其中较为出名的有牛肉干、辣椒、玫瑰糖、原木艺术、中药、贵州蜡染、苗银、牛角制品，以及粗犷古朴的图腾面具等。

贵阳特产

● 贵州蜡染

贵州是蜡染的故乡。贵阳市的工艺美术家将传统的蜡染工艺与现代绘画技法相结合，创造出极具民族特色的蜡染装饰画，以及多姿多彩的工艺品。贵阳集中了省内各地民族蜡染品之大成。

● 辣椒

贵阳市郊百宜乡等地生产的“平面辣椒”，形体细长、色泽鲜艳、辣香味佳。花

蜡染布袋

溪出产的“党武辣椒”，辣香味浓，亦负盛名。目前，贵阳以辣椒为主要原料的食品包括“老干妈”“凤辣子”“辣椒王”等名牌产品。

●茶叶

贵阳市郊是贵州名茶主要产区之一，市郊黔陶乡赵司村生产的赵司茶，是经烘炒加工而成的绿茶，外形匀整不碎，泡茶汤色黄绿，清香爽口，颇负盛名。

●原木艺术

原木艺术是以自然界中的各种藤本、草本植物为材料制作而成，其作品既淳朴又具有现代的美感，表现出贵州原始文化的远古、神秘、淳朴和粗犷。

贵阳购物场所

贵阳的购物街主要集中在中华路、北京路、遵义路、瑞金路，以及中山路等市区主要的干道。其中，中华路是正规的商厦街，而百货商厦是贵阳的购物天堂，百货大楼、时代广场、星力百货、百盛购物中心、智诚名店是本地人购物常去的地方。阳明路花鸟古玩市场是贵阳人周末休闲的好去处。

中华路：中华路位于贵阳六中门口、中华南路和大南门交叉口。在这条大约4千米长的商业大街上，高楼林立，密布着大大小小的各种店铺。

贵阳中华路

青岩古镇特色商品

北京路：北京路的黔粹行是购买土特产、工艺品的好去处，这里工艺品的做工和品质都不错。黔艺宝的货品比较齐全，地方特色比较浓郁，有不少从乡间收上来的绣品和银饰。

娱乐

泡温泉：温泉围绕在贵阳周边县市，冬天来贵阳，没有比泡个温泉更舒服的了。

看演出：贵州的民间戏剧历史悠久，在汉族地区流行着黔戏、黔剧、花灯剧、地戏等，在少数民族聚居地区流行着侗戏、布依戏等。大型民族歌舞《多彩贵州风》集多民族风情为一体，以新颖的舞台展现形式为观众呈现一台既有深厚文化底蕴，又有时尚元素，具有超强视觉冲击力的视听盛宴！

《多彩贵州风》

发现者旅行指南

安顺

概览

亮点

黄果树瀑布

黄果树瀑布是中国最大的瀑布，同时还是世界上唯一可以从上、下、前、后、左、右六个方位观赏的瀑布。其周围还有地表瀑布18个，地下瀑布14个，是世界上最壮观的瀑布群之一。

龙宫

龙宫风景区以暗河溶洞为主，集旱溶洞、峡谷、瀑布、峰林、绝壁、溪河、石林等多种喀斯特地质地貌景观为一体，堪称黔中一绝。

天龙屯堡

天龙屯堡是目前贵州开发最早、最出名的一座屯堡，同时也是屯堡文化的精华所在，在天龙屯堡还可以看到被称为“活化石”的民间戏剧——地戏的表演。

格凸河风景名胜区

夜郎洞

夜郎洞是世界上喀斯特地貌最集中的溶洞群。景区不仅拥有夜郎洞、石花洞、蜂子岩洞等大小溶洞组成的溶洞群，还有天坑、燕峰斜崖等喀斯特地貌景观。

格凸河风景名胜区

格凸河风景名胜区，集山、水、林、洞、石等为一体，以雄、奇、险、峻、幽、古等特色著称，是一处拥有美丽的喀斯特地貌的自然公园。

线路

安顺经典两日游

第一天早上赴龙宫，欣赏喀斯特地貌美景。午后来到黄果树瀑布景区，观赏中国第一大瀑布；第二天前往黄果树漂流景区，体验刺激漂流，随后去滴水潭景区，午后前往坝陵河访古景区，观亚洲第一大公路桥——坝陵河大桥以及神奇的红崖天书。最后去天星桥景区，观罕见的水上石林，选一块天然石块，许下美好的愿望。

安顺市区一日游

早餐后来到安顺白塔，访古刹，随后来到安顺文庙，祭拜孔子，走近蜡染艺术博物馆，欣赏这项古老的技艺，中午可在附近品尝安顺的特色美食。午后前往王若飞故居，探寻这位革命家的辉煌一生。

云山屯寨门

安顺屯堡一日游

早上从安顺市区出发，来到云峰屯堡，午后来到天龙屯堡，走进沧桑的屯堡村寨游览，最后看一场屯堡的地戏。

为何去

黔中商业重镇安顺是多民族聚居的地方，也是喀斯特地貌广布的地方。安顺市内有举世闻名的黄果树瀑布、龙宫等国家级风景名胜区。小城高密度聚集了 2 个国家级风景区、若干个省级风景区及众多的景区景点，其数量之多、密度之大、品位之高世所罕见。

九道坎

何时去

安顺市平均气温在 14 ~ 16℃，气候温和宜人。来安顺旅游重在玩山玩水，夏季是最好的季节。黄果树瀑布夏天的时候是丰水期，水量丰富，气势磅礴；而冬天则水比较少，且气温一般都在 10℃以下，如果遇到下雪或者冻雨的话，气温还要更低。

黄果树瀑布

安顺天星桥景区

区域解读

区号：0851

面积：约9267km²

人口：约245.92万人

主要少数民族：布依族、苗族

地理 GEOGRAPHY

区划

安顺市下辖2区（西秀区、平坝区），1县（普定县），3自治县（镇宁布依族苗族自治县、紫云苗族布依族自治县、关岭布依族苗族自治县）。

地形

安顺地处苗岭西段，苗岭山脉东西横贯中部，形成中部高，南北部低的地势。

市境地貌以岩溶丘陵为主，南、北部河谷地区分布着低中山乃至中山山地，中部有少量河谷盆地。市境海拔一般在1000~1300米，其中位于关岭布依族苗族自治县境内的永宁旧屋基大坡海拔1847米，为市境内最高峰。

安顺是世界上典型的喀斯特地貌集中地，喀斯特面积约占72%。

气候

安顺属典型的高原型湿润亚热带季风气候区，雨量充沛，冬无严寒，夏无酷暑，气候温和宜人。全境海拔较高，具有山岳气候的典型特征。凉爽、湿润、清新、太阳辐射低是安顺气候的整体特点。这种气候优势特别适合长期居住、避暑和旅游。

历史 HISTORY

历史大事记

●远古时期

2.5亿年前的三叠纪时代的地质构造运动，在关岭留下了大量的海百合、菊石和蚌类、海龙、鱼龙、齿龙，以及弥足珍贵的“新中国龙”化石。

在平坝区，发掘出土了800余件各类恐龙化石，至今还埋藏着百条以上的恐龙化石群。

在16 000年前的旧石器时代，普定县穿洞就留下了古人类活动的遗迹。遗址中发现的两具头骨至今国内无先例，出土的骨器数量超过全国发现总和的30倍，被誉为“亚洲文明之灯”。

●古代时期

元代，安顺开始建镇，并建有西秀石塔、圆通寺。

明洪武十四年（1381年），朱元璋为了巩固中原，派遣了30万大军远赴安顺，驻屯设堡，他们被称为“屯堡人”。此间，安顺正式定名为“安顺府”，明清期间“商业之盛，甲于全省”。大旅行家徐霞客路经此地时，盛赞其“城堰峻整，街道宏阔”“层楼跨街，市集甚盛”。

清顺治十七年（1660年），清廷设云贵总

黄果树天星桥景区

督，一驻云南曲靖，一驻贵州安顺；康熙元年（1662年），改设贵州总督衙门于安顺，康熙六年（1667年）贵州提督自贵阳移驻安顺。

●近现代

1935年4月12日，红军一、三、五团由惠水、广顺一线南下，分三路进入安顺境内。中央红军长征在安顺境内途经紫云、西秀、镇宁三县区400余村寨，老一辈革命家杨尚昆、邓颖超以及安顺人王若飞等给安顺带来了革命的星星之火，留下了很多宝贵的历史遗产。

20世纪60年代，国家在西部实施“三线建设”，贵州省大部分地区得到开发。很多军工企业先后建设，在安顺建有歼击机和教练机生产基地。

安顺屯堡，闪烁大明遗风

如今的贵州安顺，聚居着一支与众不同的汉族群体——屯堡人，他们的语音、服饰、民居建筑及娱乐方式与周围村寨迥异，这一独特的汉族文化现象被人们称为“屯堡文化”。

1381年，朱元璋为了巩固江山一统中原，派遣了一支30万大军远赴安顺，剿灭了盘踞在云贵之地的元朝残余势力。战争结束后他把军队留在了这里，又下令将留戍者的父母妻儿全部送到戍地。据《安顺府志——风俗志》载：“屯军堡子，皆奉洪武敕调北征南……散处屯堡各乡，家人随之至黔。”在当时，军队的驻防地称为“屯”，移民的居住地称为“堡”，他们的后裔就叫作“屯堡人”。

如今，600多年过去了，屯堡民居的建筑、服饰以及娱乐方式等依然沿袭着明代的文化习俗。安顺的堡子都为坚固的石建筑结构。这一在明太祖朱元璋时期修建的边防工事现在仍是边防军后裔的家园。如今，他们仍然身穿大襟宽袖的蓝色长袍，这种只能在书籍中一见的明代服饰也叫凤阳汉装，完全是明代的服饰。在娱乐方面，他们依然操着不变的语言叙述着金戈铁马的故事，依然传唱着有“中国戏剧活化石”之称的地戏。

在漫长的岁月中，征南大军及家口带来的各自的文化与当地文化融合，经过600多年的传承、发展和演变，“屯堡文化”因此而形成。屯堡文化既有自己独立发展、不断丰富的历程，也有中原文化、江南文化的遗存，既有地域文化特点，又有中国传统文化的内涵。一方面，他们执着地保留着其先民们的文化个性；另一方面，在长期的耕战耕读生活中，他们又创造了自己的地域文化。安顺的历史遗存，它所演绎的文化，可以用八个字来概括：“明代古风，江淮余韵。”安顺市西秀区七眼桥镇屯堡文化村落群被列为上海大世界吉尼斯之最。

在安顺天台山、伍龙寺、天龙古镇、云

天龙古镇民居

山屯·本寨这些屯堡中旅游，仿佛坐上了时光机，穿梭在历史的时光隧道里。

链接

安顺四大屯堡

“屯堡第一村”九溪：九溪村坐落在九溪汇流的河边，是安顺屯堡文化区最大的自然村寨，清朝时有“九溪是座城，只比安平（平坝）少三人”之说；也是屯堡文化最为深厚的地方。九溪村外的小李山上留有城堡遗迹。

小桥流水天龙屯：平坝区天龙屯距贵阳市区50多千米，离320国道最近，是目前游客最多的屯堡。天龙从元代起就是驿站和屯兵重地。

峡谷古城堡云山屯：云山屯是屯堡村落群中最完整地保存着石砌屯门、城楼、寨墙等古代军屯防御设施的村寨。

平地碉楼群本寨：本寨背靠云鹫峰，左右两边分别是姊妹顶山和青龙山，而宽敞清澈的三汊河，成为本寨正面的天然屏障。

文化 CULTURE

东方古老的艺术之花——安顺蜡染

安顺素有“蜡染之乡”的美誉，在今北京故宫博物院就陈列有清代皇家宫廷珍藏的一幅安顺市郊苗族蜡染背扇扇面。

黄果树地区民间蜡染源远流长，以石头寨为例，这里80%以上的人家都设有染缸。布依族姑娘从十二三岁起，便开始学习蜡染技术，妇女人人能画蜡，故名“蜡染之乡”。

蜡染实际上分为蜡画和蜡染两种形式。蜡画是用铜刀（蜡画工具）蘸上高温即融的蜂蜡，在白布上信手画出，花鸟鱼虫，江河湖泊，惟妙惟肖，栩栩如生，绘画者还可根据自己的喜好，填以各种颜色。蜡染是将画好的作品进行防染，煮沸，去蜡，漂洗，花现。苗族图案带有史书性质，似铠甲，像文字，或写意、或抽象，任随驰骋；布依族大多是图腾图案，有太阳纹、云雷纹、回纹、铜鼓纹，连续对称，古朴典雅。

蜡染这种苗族和布依族的传统手工艺品被广泛用于他们的日常生活，诸如穿戴、装饰和日用品等，蜡染布料常用作衣裙、围腰、床单、背扇、帐檐、挎包、帽子、时装。在安顺的苗族和布依族村落里，你会看到一些妇女用来背孩子的背带都是一件精美的蜡染作品，图案精致，颜色素雅。目前，各种蜡染工艺品已是中外游客追求的时尚。

2010年9月3日，安顺市蜡染艺术馆在安顺文庙仿古建筑群广场正式开馆，馆内收藏了10余名民间艺术家的20余个品种、近2000件蜡染艺术作品。

屯堡地戏，舞动百年文化

安顺地戏被誉为“中国戏剧活化石”，是首批进入国家级非物质文化遗产保护名录的传统戏剧，是盛行于屯堡区域的古老民间戏曲。

地戏，俗称跳神，由原始傩舞的分支军傩演变而来，盛行于屯堡村寨，集演戏、祭祀、娱乐于一体。屯堡人依村寨门前或寨中空地为戏台，以憨直朴拙、粗犷自然的露天演唱形式，用唱、念、做、打的艺术手法，表现《封神演义》《楚汉相争》《三国》《薛刚反唐》《精忠传》等中国古代忠义历史故事和神话传说。地戏的主要特点是：演员头戴木刻面具，伴奏仅有一锣一鼓，剧本保持宋元讲唱文体格式，没有生、旦、净、丑行当之分。

演员们额上戴以简练夸张的“脸子”即木雕面具，身着长衫，背插小旗，腰系战裙，手持木质短刀长枪，唱着原始的弋阳腔，仅借一锣一鼓的击奏，在一人启口，众人接腔的伴唱下，表演各种格斗动作，格斗双方手持刀、枪、剑、戟交锋，一招一式，表现出对古代战争格斗场面的模拟。挡、架、翻、蹿，虚实结合，形神兼备，成为安顺屯堡文化的有形载体之一，有历史学、文化学、戏剧学、民俗学等方面的重要价值，形成屯堡地戏特有的艺术魅力。

流传了600多年的地戏如今在屯堡还随处可见。这种古老的戏种源于古代军队用于振奋军威的一种仪式，现今却成为安顺逢年过节的一种娱乐项目，表演安顺地戏的团体就有300多个。他们曾赴法国、西班牙、日本等国演出，引起轰动。

链接

地戏中的面具

地戏演员在演出过程中都要佩戴面具。这类面具的雕刻工艺复杂而又精细，色彩绚丽明亮。造型在写实中大胆予以夸张。地戏面具的质料多为丁木和白杨。制作工序为：截林，即将一棵树截取为一段段的40厘米长的圆木；剖半，即把一段圆木一剖为二；出坯，即剥皮，挖空部面，在剥皮一面居中竖弹墨线，以此线为基准，标出盔线、鼻线、嘴线，最后雕刻出面具雏形；白面，即将毛坯进行精雕细刻、打磨，完成人物的基本造型；上彩，即用各种颜料将白面彩绘成戏中人物形象；最后装上胡须、镜片等装饰物。一面面栩栩如生的地戏面具就这样制作完成了。

地戏

安顺藏着三把刀

自古以来贵州就有"大方漆，玉屏箫，安顺藏着三把刀"的声誉。其中，安顺三刀被誉为"贵州三宝"之一。

"安顺三刀"自清朝以来就尤为著名，安顺三刀的第一代刀是用生铁打造的，容易生斑起锈。第二代刀是用熟铁打造的，但要经常打磨，称"月月磨刀"。现如今安顺研究生产出第三代刀，称为"宏锋钨钢刀"，要知道，用来制造这种刀的材料是生产炮弹用的钨钢。

当然，顾名思义，"安顺三刀"是由三把刀组成的。第一把是菜刀，刀身很薄，以锋利著称。刀身有九个凹孔和一条凸出来的线，是空气隔离孔和防粘线。避免切的菜粘到刀，食物到达防粘线就会自动地翻落下来。刀柄是用进口的橡胶一次成型制作而成，刀柄弧形设计，握在上面不会打滑，刀身和刀柄中间有一个绿色的防脱环，避免刀身和刀柄分开。刀柄上有6个点是防震点，用劲砍都不会使手有发麻发胀的现象。

第二把刀是剪刀，安顺剪刀兼有杭州张小泉、北京王麻子两家名剪的特点：剪把宽，使用省力，锋口镶钢均匀，里外口合缝平直，使用几年后，仍然尖齐口对，轴心灵活。

最后一把刀是皮刀，这种刀经久耐用，是生产皮鞋必不可少的工具。安顺明清之际手工业发达，刀剪一行亦颇兴盛。清咸丰年间，安顺刀剪传入北京，受到各方用户的赞赏，从此声名大噪。

关于三刀还有另一种说法，除了菜刀不变，另外两种刀换成了砍刀和冷冻调理刀，主要是用来剁肉和切割冻鱼冻肉。

链接

安顺三刀的传说

相传在清朝咸丰年间，安顺有家姓余的匠人，兄弟三人，以打铁为生。其中一个兄弟，不仅打铁技艺精湛，读书也很上进，乡试中了举人后进京赴试。他背着自家打的菜刀、剪刀，沿途变卖，充作盘缠，终于到达京城。后来由于出身"低贱"，又没有人引荐，最后名落孙山。回到安顺，他便断了入仕的念头，自撰了一副对联贴在门上。上联："铁人磨穿铁链"，下联："匠人煞费匠心"，横批："百炼生精"。就这样，他抱着百炼生精的信念，不断虚心向别人请教，打铁自成一家。

百年来，他的子孙后代，都严格按照余举人在世时的技艺，把住钢火关，使钢加得恰在刀刃上。由于钢加得好，火候掌握得恰到好处，安顺三刀避免了夹灰、偏钢等缺陷，至今仍保持着较高的声誉。

《亚鲁王》——穿越千年的苗族英雄史诗

2009年4月，贵州省紫云苗族布依族自治县在非物质文化遗产普查中发现，麻山地区一些歌师会在丧葬仪式上演唱"亚鲁"的故事。亚鲁就是苗族英雄史诗中的领头人物——亚鲁王。

公元前2033年至公元前1562年，苗族史诗《亚鲁王》就有了雏形，"史诗"唱述亚鲁王国17代王创世、立国、创业及其发展的故事。还唱述在公元前221年至公元前202年，亚鲁王带领王国的苗民迁徙到贵州，先后开发定都在"商都卜、扁甘"（贵阳）和"阿代卜、雾路"（安顺），最后定都麻山的历史。"史诗"描述了亚鲁王国200余个王族后裔的谱系及其迁徙征战的故事，有开天辟地、万物起源、宗教习俗等历史与神话相融的传说，描述了麻山苗族对故国故事的记忆，是研究苗族古代社会的"百科全书"。具有文学、历史学、人类学、宗教学、神话学、艺术学、美学、语言学价值。

麻山位于贵州省紫云、望谟、长顺、罗甸、惠水、平塘六县交界处，总面积2730平方千米，苗族人口近30万人。苗族有5000多年的历史，上古时期生活在中原的蚩尤九黎部落是苗族的先民，蚩尤是苗族的人文始祖。亚鲁王是蚩尤之后两千多年苗族部落的一位王族后裔，秦汉时期，亚鲁王带领苗族部落迁徙到贵州，进入了麻山，从此定居下来，繁衍至今。

苗族英雄史诗《亚鲁王》有30 000余行，涉及古代人物10 000余人，400余个古苗语地名，30余个古战场的细腻描述，至今口头传承于麻山苗族地区的3000多名歌师中。"史诗"的苗族语言优美，表现形式灵活多变，有的用叙事形式朗读吟唱，有的用道白形式问答，诗歌采用反复重叠和比兴的表现手法，诗以散文诗为主，歌唱的曲调低沉悲凉，如今仍会在麻山苗族丧葬仪式中运用。

在苗族民众心中，亚鲁王已经成为一种信仰，他代表了苗人的梦想和希望。亚鲁王的出现，也是苗人由崇拜神灵到崇尚自身的升华。

为保护这一古老的苗族英雄史诗，2010年，《亚鲁王》入选国家非物质文化遗产保护名录。关于《亚鲁王》的研究工作还在进行中。也许，还有更多的惊喜在后面。

苗族人擅长唱歌

景点推荐

安顺城近郊景点

龙宫风景区 AAAAA

"喀斯特景观博物馆"

安顺市西秀区龙宫镇 4006-288889

龙宫风景区以暗河溶洞为主，融旱溶洞、峡谷、瀑布、峰林、绝壁、溪河、石林等多种喀斯特地质地貌景观为一体，堪称黔中一绝。

走进龙宫，就相当于迈进了一座"喀斯特景观博物馆"，目前景区对外开放了二段，又称为"二进龙宫"，总长度1240米，洞内钟乳千姿百态，洞厅构造很像神话传说中龙王的宫殿。这里除以"水旱溶洞最多、最为集中和天然辐射剂量率最低"两破世界纪录外，还有被游客称为"中国第一水溶洞"的地下暗河溶洞、全国最大的洞中寺院——龙宫观音洞、全国最大的洞中瀑布——龙宫龙门飞瀑和"山不转水转"的旋水奇观——龙宫漩塘。

玩家攻略

1.住宿：景区内住宿条件较好，价格便宜。

2.餐饮：游龙宫风景名胜区可品尝到当地原汁原味的腊肉、土鸡、龙宫鱼、农家饭等。

3.游玩龙宫的方式多种多样，既可以只游玩中心景区后返回，也可以船游龙宫后徒步走群芳谷，然后继续乘船游玩漩塘，当然，也可以反向游玩。不过如果是黄金周和旺季，建议反向游玩，可以避开团队游客的长龙。

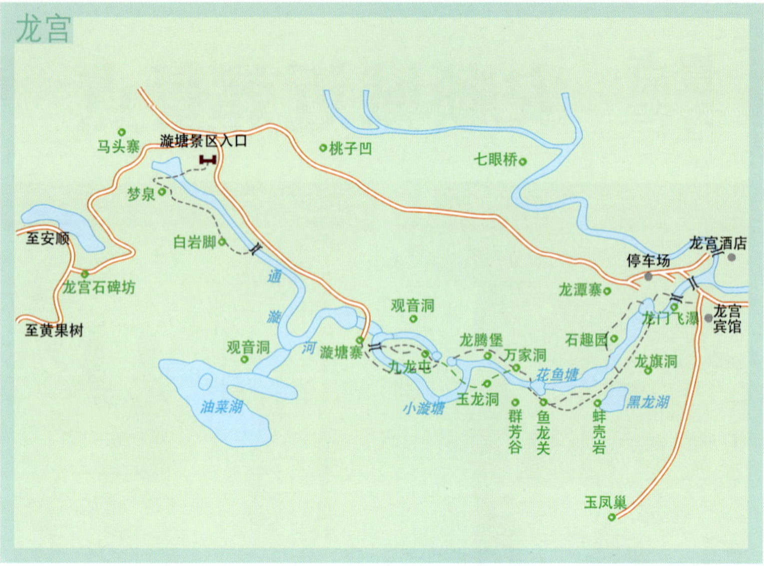

龙宫中心景区

龙宫水溶洞全长5000余米，现已开放840米，最宽处30余米，窄处仅有2米，最高处80余米，分为六个厅堂。一厅为群龙迎宾，洞顶垂悬下来的十数条钟乳石，酷似龙形，张牙舞爪，平添一种神秘莫测的气氛；二厅为山水壁画，经过千万年形成的石幔、石花在洞壁上组成多式多样的景物形象和图案，形似一幅自然山水壁画；三厅为五龙护宝，洞顶悬挂着五条形似龙形的钟乳石，惟妙惟肖；四厅为水晶宫殿。洞厅宽大，钟乳石堆积物最为丰富，有“龙女坐宫”“老龙回宫”“哪吒闹海”等景观；五厅为山峡洞厅呈长形，洞顶至水面80余米，坐在船上抬头向上望，气势宏伟；六厅为雪涌涵关，为一进龙宫的出口，洞道狭窄仅1.5米，仅容一条船穿过，游船逆流而上，溅起浪花，更富诗情画意。

从一进龙宫出来前行100米，就到了二进龙宫，洞内不仅可以通船，有些部位还可步行，人工的痕迹略重，这也是二进龙宫不如一进龙宫受欢迎的原因。之后的三、四、五进龙宫尚未对外开放。

玩家攻略

龙宫溶洞内的光线较暗，如果你想拍出好的照片，一定要带好单反相机与相应的器材。卡片相机根本拍不出那么好的效果，尤其是颜色的变幻与钟乳石。坐船游览的时候，一定要听船家的话，不要在船上打闹，以免出现意外。

龙门飞瀑

龙门飞瀑是进入龙宫景区之后看到的第一个比较大的景点，与其说看见，不如说是听见，因为这个瀑布的声音实在是太响了。待到你走到瀑布下面，一定会为之震惊。

龙门飞瀑高达50余米，宽约26米，像一条蛟龙从山中咆哮而出，气势磅礴，十分壮丽。瀑布的水来自龙宫，这些水经过水溶洞之后在龙门洞口汇集，形成巨大的瀑布奔涌而下。

玩家攻略

在龙门飞瀑两旁的绝壁上有栈道，其中左边栈道前有几块石阶，走过这些石阶上栈道，伸手就能摸到绝壁上的青苔和钟乳石，非常过瘾。沿着栈道往上走，你会发现脚下的石阶越来越窄，也越来越滑，攀爬需要一定的勇气，建议女孩子不要自己一个人往上爬。走到栈道一半的时候，回头看看龙门飞瀑下的龙潭，那种惧怕的感觉就更强烈了。当然，此时的风景也是相当绚丽的，此时可以打开相机，拍照留念。据说，沿着这个栈道一直往上走，就能到龙宫洞外的天池。因为前面的路太危险，建议游客走到这里就不要再往前走了。

观音洞

观音洞是中国最大的洞中寺院，最大的特点就是所有的殿堂都是天然溶洞。人工雕刻佛像32尊，其中观音像高达12.6米，主殿上有一天然神似观音的钟乳石，天然和人造的佛像浑然一体。

龙宫漩塘

龙宫漩塘是全国罕见的景观，它是一个面积达万余平方米的圆塘，池水不借风力，日日夜夜、年年岁岁永不停歇地沿着顺时针方向旋转，水面上的浮萍也随着池水转动，让来到这里来游览的游客无不惊奇。

玩家攻略

在漩塘景区通漩河左岸的田地里，你可以看到天下第一“龙”字。这个龙字是用植物“写”成的。春季用的是油菜花和蚕豆组合种成，秋季用普通的水稻和黑糯米水稻组合种成，占地面积8万余平方米，堪称目前世界上最大的植物汉字。

玩家解说

漩塘里的水不断旋转是有科学根据的，因为池水沿圆塘切线方向流入，一直到达43米的池底。同时，又有天然漏斗使水潜入暗河，所以就形成了漩塘顺时针旋转的奇观。更加令人惊奇的是，天然漏斗会随水量大小自行调整潜水量，水来得大，就潜得快；来得小，就潜得慢，所以漩塘水面的水位始终保持着大致相同的水位。

天池

天池位于龙宫与龙门飞瀑之间，是一个水面较宽阔的高山深潭。天池水面宽阔碧绿，是龙宫泛舟的必由点。“叶上花”和“崖上树”是天池的两大奇观。天池的三面都是

龙宫风景区

峭壁，各种林木相互缠绕，参差不齐，不时还能看到林鸟在其中盘旋，觅食嬉水。

玩家解说

天池岸边的峭壁上的植物很奇特：一是“叶上花”，二是“崖上树”。当然，“叶上花”并不是真的叶子上长花，而是指一种红色植物寄生在鹅耳枥的绿叶上。乍一看，可不就是叶上花吗！“崖上树”是指一棵有500余年历史的古树，根部顽强地扎在土壤极少的岩缝中，顽强生存。因为它的生存条件艰苦，所以又被戏称为“黄连木”。同时，又因树鳞倒挂而被叫作“倒鳞树”。

群芳谷

群芳谷位于龙宫中心景区和漩塘之间，它还有一个俗称叫“药王谷”，相传是药王孙思邈的采药基地。从龙宫主景区经过长2000米的狭长山谷之后，就到了漩塘景区。山谷内各种鲜花争奇斗艳，植被茂盛，水、旱溶洞与瀑布汇集一处，还有百合、七叶一枝花、冷水花、岩白菜等独特的中草药。

链接

群芳谷“三谜”

群芳谷有“三谜”，这一直为人们所津津乐道。众所周知，贵州有全国80%以上的中草药品种，而在群芳谷却集中了大部分的中草药品种，这是第一个谜；“水分二色”是群芳谷的另一个“谜”，谷内的水塘在长久干旱而不下雨或者由雨转晴后，池塘中的水自然分为截然不同的两部分，一边清一边浊；最后一个“谜”是谷半山腰中的万家洞，洞内石壁上刻有春秋时期的壁画“壮士八段锦”养生练功图，

为世所罕见。

兴伟石博园 AAAA

超大型奇石展示中心

安顺市经济技术开发区通宾路

¥ 120元

兴伟石博园是目前国内规模最大、品种最齐、档次最高的超大型奇石展示中心之一。建成当年就被《中国商报》评为中国民间最具影响力的六大收藏馆所之一。

石博园汇集了各地数以万计的奇石精品、古生物化石和矿物晶体，广纳大量根雕、木雕精品。形成了集观赏性、科学性、学术性、商业性于一体的全国奇石网络、信息、博览、贸易中心，对国际社会和国内外专家学者及科考专家具有强劲的吸引力。

旧州古镇 AAAA

黔中文化发源地

安顺市西秀区旧州镇

旧州在春秋时期时属牂牁国辖地，战国时为夜郎国属地，元朝时设为安顺州。明朝成化年间州治所迁往今安顺城，直至清末仍为安顺军民府亲辖地。旧州古镇于2006年被评为贵州省级历史文化名镇。

旧州古镇街道按阴阳五行布局，古城墙为葫芦形结构。城内古寺林立，其中气势恢宏的城隍庙为乾隆皇帝御书匾额并拨专款修建；四合院民居清新典雅；宗族祠堂雄浑古朴。饱经沧桑的古城墙、古驿道、古遗址、古墓葬等大量文化遗存无不彰显出古镇厚重的历史文化底蕴。城外邢江河环绕，土地肥沃，物产丰富，使旧州享有“小江南”之美誉。

旧州古镇

安榨城遗址

元明土司安氏统治中心

安顺市西秀区杨武布依族苗族乡境内的洗马塘村后山上

安榨城遗址为元朝和明初土司安氏的统治中心。城墙建在几个山头上，长约9千米，至今保存基本完好。城内有溶洞、泉水、清代墓葬以及居房用火等遗物。古城堡依山势而建，山高水长，雄浑苍茫，大有“一夫当关，万夫莫开”的险要之势。

安顺文庙

石雕艺术的殿堂

贵州安顺市西秀区黉学坝路47号

安顺文庙又名“府学宫”，是一座规模宏大、布局严谨、庄严典雅的古建筑群，有“黔中儒学圣殿”“中国现存最精致的文庙”“石雕艺术的殿堂”之美誉。

建筑群分三院，第三进院大成殿前的石雕云龙柱十分精美。第二进院现辟为贵州蜡染文化博物馆。

玩家解说

安顺文庙是国家文物保护单位，是贵州最早、规模最大的官方儒学馆，始建于明代洪武初年（1368年），天启二年（1622年）毁于兵燹，天启四年（1624年）重建。文庙进门处有“礼门”“义路”，分别为东西垂花门。“礼门”“义路”间，耸立一堵透雕石人、石花墙，称“宫墙”，上方横额书刻“宫墙数仞”四字，宫墙左侧脚下，竖一块条形石碑，刻“文武官员军民人等在此下轿马”，称为“下马碑”。文庙大成殿前的几根石刻龙柱，因雕工而闻名，其透雕艺术精美异常，栩栩如生。文庙内设有蜡染艺术博物馆，通过众多实物展品，系统地向游客介绍了贵州蜡染的发展特点。

云峰八寨 AAAA
军事防御体系的杰作

安顺市西秀区七眼桥镇雷屯村

云峰八寨由云山屯、本寨、雷屯、小山寨等8个屯堡村寨组成，它是明初征南大军屯驻的核心区。在方圆11平方千米的青山绿水间，8个村寨分布有序，疏密得当，既可各自为战又能彼此为援，堪称军事防御体系的杰作。

每个寨子都建有寨墙、碉楼，石头外墙包裹着的江南民居风格的四合院鳞次栉比，巷巷相通、户户相连，既适宜人居又利巷战，被学者誉为“冷兵器时代的最后堡垒”。

玩家解说

云峰八寨中保存最好的是云山屯和本寨。云山屯坐落在云鹫山半山腰的一片狭长山谷中，地势险要。从屯门开始，一条石板古道贯穿整个村落，街道两侧分布着明代、清代和民国时期不同风格的建筑。本寨坐落于云鹫山脚下，由穿过田间的小路与山上的云山屯贯通。走进本寨最吸引人目光的是错落的石板屋顶上那七座高矮不一的碉楼。时过境迁，这些为保卫村寨立下汗马功劳的碉楼早已变成本寨人家居住或堆放杂物的地方。如果想要去参观碉楼的内部，需要和屋主协商。

王若飞故居
革命家王若飞的诞生地

安顺市西秀区北街174号

王若飞故居，是无产阶级革命家王若飞的诞生地。故居临街而建，为四合院布局形式，院内有木结构房屋、石砌花坛、鱼池等。这里现已建成王若飞故居纪念馆，馆内陈列分为8部分，陈列资料包括实物47件、图片125幅，再现了王若飞同志辉煌的一生。

云山屯古戏台

王若飞故居

链接

王若飞

王若飞，贵州安顺人，中国共产党早期革命家，著名"四八"烈士。1922年加入中国共产党，先后任中共豫陕区委书记，中共中央秘书长，后任中共江苏省委常委、农民部部长。1927年5月当选为中共中央委员。1931年任西北特委特派员，在延安时期历任陕甘宁边区党委宣传部部长、八路军副参谋长，中共中央党务研究室主任，中共中央秘书长等职。1945年8月王若飞作为中国共产党代表团代表之一，与毛泽东、周恩来赴重庆谈判，同国民党政府签订了著名的《双十协定》。1946年4月8日，王若飞乘飞机回延安请示汇报工作，因飞机失事不幸遇难，时年五十岁。

宁谷遗址

三位一体的汉代遗址

安顺市西秀区宁谷镇

宁谷汉遗址是中国少有的三位一体的汉代遗址，还蕴藏着许多古代之谜。该遗址由160余座汉墓、8个汉窑、1个汉民居遗址构成。该遗址发掘获得大量汉代文物乳钉几何纹方砖、秦半两、汉五铢、大泉五十等圆形方孔小钱；金器、铜器、铁器、陶器、木器等生产、生活军事用器数百件。

玩家 解说

从宁谷遗址出土的文物来看，遗址可推断为西汉末（淮阳王刘玄）至东汉初（光武帝刘秀）时期。特别是出土的"长乐未央"瓦当，本是西汉高祖刘邦时萧何在长安督建的"长乐宫"和"未央宫"专用，由此可以设想，此处当年绝非一般建筑物所能承托。铁镜、龟灯，在省内乃至国内鲜于见报道，当为国家级文物。汉墓建造之大，也非一般官员能为。

九龙山森林公园 AAAA

安顺境内最大的林区

安顺市西秀区双堡镇　在市内包车前往

九龙山国家森林公园风景区集山、水、林、湖、洞等为一体，融自然、人文景观于一身，有"天然氧吧"的美誉。

公园内群山连绵起伏，松林、杉林、油茶林、杜鹃林、茶园、药园组成绿色世界，群山环抱之中有一湖泊，幽深碧绿，清澈宁静，是旅游观光的好去处。

谷氏故居

典型的中国南方民居建筑风格

安顺西秀区儒林路中段东侧

谷氏故居始建于清代，是国民党中常委谷正伦、谷正刚、谷正鼎三兄弟幼年、青年时居住、生活的地方。

故居分南、北两个院落，占地1770平方米，两院均为砖石木结构，小青瓦顶，具有浓厚的中国南方民居建筑风格。

链接

谷氏三兄弟

谷氏三兄弟是谷正伦、谷正纲、谷正鼎，他们是民国时期安顺望族。谷正伦1912年奉孙中山之命，任援桂黔军第4路军司令，后曾任黔军总司令、南京卫戍司令，1932年兼任宪兵司令部司令，被誉为"现代中国宪兵之父"，并以"不说谎、不作假、守本分、尽职责"为宪兵官兵座右铭，此后曾任甘肃省政府主席和贵州省政府主席；谷正伦的弟弟谷正纲曾任国民党中央组织部副部长、最高国防委员会委员、行政院政务委员等职务；谷正伦的另一个弟弟谷正鼎曾任国民党立法委员、中央组织部部长等职务。罕见的是，谷氏三兄弟分别在国民党的"六大""七大"上当选过中央执行委员，在中国近代社会曾流传着这样的说法："谷门三中委、宋家三姊妹。"蒋介石曾给谷家写了一副对联："一门三中委，天下第一家。"

多彩万象旅游综合体 AAAA

一站式休闲游玩的胜地

安顺市经济技术开发区西航大道

多彩万象旅游综合体于2012年底正式开工建设，项目以5A旅游景区为标准打造集休闲娱乐、旅游度假、商务会议、健康养生、主题游乐等多种功能于一体的度假目的地和旅游集散地，形成"吃、住、游、娱、乐、购"产业联动发展的旅游综合体。

经过近三年的建设，目前项目一期一标段已经建成并投入使用，由奥特莱斯名品街、奥特莱斯天街、奥特莱斯金街、美食城、风雨廊桥等部分组成。游广场、品美食、看阿依朵、住温泉酒店、逛风雨廊桥等，如今的多彩万象旅游城让游客体验到了一站式休闲游玩的方便。

玩家攻略

1.美食：除景区宾馆、酒店外，多彩美食城内汇聚了各地特色餐饮，有东北水饺、川渝火锅、苗族酸汤鱼、花江狗肉、断桥活鱼、水城羊肉、陕西小吃、上关辣子鸡等。

2.住宿：多彩万象旅游城内有多家温泉、商务酒店，青瓦台宾馆、美澜温泉酒店都是不错的选择。

3.娱乐：多彩屯堡剧场有大型山水实景演出《阿依朵》：168元/人，238元/人（VIP）。

千峰山

喀斯特地貌景观

安顺市西秀区境内

千峰山景区以自然景观的多样性、宗教的延续性、民族风情的独特性和知青文化的特殊性为主要特色。景区内峰峦叠翠，河流蜿蜒，溶洞成群，森林密布，具有鲜明的喀斯特地貌多样化的景观特征。景区内寺庙众多，有千峰山寺、永峰山寺、九峰山寺等，香火旺极一时。

西秀山白塔

元代安顺三大建筑之一

安顺市西秀区西秀山上

西秀山白塔位于安顺市城中心的西秀山上，白塔是至今保存完好的元代安顺三大建筑之一。旧时为安顺城八景之首，称"笔峰耸翠"。

白塔为等六边锥状体，封闭楼式实心塔，以白石镶砌，塔身雕刻简洁、明快。

夜郎湖风景区

喀斯特地貌集中

安顺市普定县境内

夜郎湖风景区由夜郎湖、火焰山原始植物保护区、国家重点文物保护单位穿洞古人类遗址、莲花古洞等景点构成。中心景区夜郎湖，湖区全长约42千米，有半岛、岛屿、湖湾上百个，主要景点有双龙峡、剑门峡、虎跳峡，还有堪称中国第一坝、世界第一高的碾压式砼拱坝。

夜郎湖

夜郎湖

夜郎湖又名梭筛湖，有上百个半岛、岛屿和湖湾，还有堪称中国第一坝、世界第一高的碾压式砼拱坝。

夜郎湖湖面曲折有致，形态优美。湖湾伸进散落村寨，炊烟袅袅，草坡数里连绵，芦花遍野。清风徐来，水波不兴，置身于湖光山色间，令人心旷神怡。两岸高山奇峰连绵，形成了多姿多彩的峡谷风光。

火焰山原始植物保护区

火焰山原始植物保护区是安顺市仅存的原始森林，因深秋时节遍山红叶，远观似火，颇为壮观，故而得名，区内有冰前期活化石银杏，大量国家级保护树种，其主要游览景点有丰林村、龟山、火焰山、枫溪、云山等；主要观赏其自然山林景观、幽静涧谷景观、苗族风情展示等。

穿洞古人类遗址

穿洞古人类遗址地处山腰间，是一座孤山上的石灰岩溶洞。普定穿洞是旧石器时代人类生活遗址。该遗址出土人类完整头骨两件，哺乳动物碎骨18 000件，石制器物20 000余件，骨器1000余件，是国家级保护文物。

莲花古洞

莲花古洞又名花洞，在马岗岭半坡上，有大厅洞、阴河、芭蕉洞，风景各自不同，千奇百怪，引人入胜；洞内还有众多名人手迹石刻，著名书法家任可澄先生就曾题字“水流花放，岳耸莲披”，每字各一米见方，蔚为壮观，主要以游览洞穴奇观为主。

普屯坝

高山草原

安顺市普定县城东北猴场乡

普屯坝为贵州山区地形中罕见的高山草原，颇具“天苍苍，野茫茫。风吹草低见牛羊”之势，一年四季景色各不相同。主要游览景观有：明代“抚按明文”摩崖石刻，后冲小石林，高原特色民居，杨家寨河谷风光，仙马苗族村寨等。

玩家 攻略

景区有徒步攀登、野外露营、户外游览、观赏仙马苗族风情，倾听仙马苗族民间合唱团无伴奏多声部合唱等多种娱乐方式。

玉真山寺

全寺系石木结构

安顺市普定县城南马官镇的玉真山巅

玉真山寺始建于明代宣德五年（1430年），重建于清光绪十三年（1887年）。全寺系石木结构，分上中下三殿，下殿为斗母殿，中殿为观音殿，上殿为玉皇殿，三殿前后排列，两边厢房连接，形成一个长方形的四合院。前两殿为石歇硬山顶，唯有玉皇殿为歇山顶三层檐，面阔三间，进深两间，高大轩敞，飞檐微翘，屋顶饰有飞禽走兽，四壁布满壁画，枋檐门窗格扇浮雕木刻，工艺精细。

玩家 解说

玉真山寺石级旁的峭壁上，镌有八仙之一的“铁拐李”，手执拐杖，身背葫芦，脚踩龟背，栩栩如生。两旁还有石刻对联曰：“杖悬日月长生佛，葫贮乾坤自在仙”，横批为“身飞世外”。沿石级30步，便是山门，由方块巨石垒砌而成，门

天龙屯堡

顶有草书“群峦拱玉”四字，两边有楹联，联曰：“玉蕴峰血彩，千家烟火团圆；真存寺若虚，四面云山拱向。”跨进山门，左侧的岩壁上，有题字“峻岭”，气势磅礴，刚劲有力。爬行百余步，有一尊笑容可掬的石雕罗汉，亲切逗人，人称笑石罗汉，实际是弥勒佛的坐像。沿石阶再上，便到了山顶寺门，门顶上有嘉庆七年（1802年）住持僧监当无正题书的“眼界孤高”四字，两侧有草书石联曰：“此处有崇山峻岭，何时无明月清风”。

另外，中殿门前有两根圆木大柱，柱基是一对石狮子，狮胸挺凸，显得雄健有力，门顶有镇宁清代题字，黑底金字，大方典雅。

各殿佛像身形魁伟高大，比例匀称，神态端庄、慈祥，体现了古代人民的智慧。门窗格扇上，雕刻着十分精美的图案，有花卉、鸟兽，以及各种人物故事，如水漫金山、唐僧取经、活捉子督、高宠挑车、虎骑龙背、结草报恩、鱼藏剑等，工艺精湛，均出自当时名匠之手。

化处空山

建有洞穴电影院

安顺市普定县化处镇

化处空山为普定八景之一，分为上下两层，双层镂空，山体内洞中有洞，纵横交错。在空山脚下的岩洞边，发现很多岩画，清晰可辨，有栩栩如生的小狗，有耀武扬威骑着马的将军，等等。考古专家认为，这些岩画是宋朝到明朝期间少数民族所画。

玩家 解说

在空山第二层的一个洞厅里建有空山影院，空山影院为洞穴电影院，洞厅里可容纳100多人，为我国第一个洞穴电影院。

天龙屯堡 AAAA

屯堡文化的精华所在

安顺市平坝区天龙镇

0851-34295548

天龙屯堡是目前贵州开发最早、最出名的一座屯堡，同时也是屯堡文化的精华所在。屯堡四周都有石砌城垣和雄伟的寨门。来到此地，你会惊奇地发现：地地道道的明朝生活，古街坊竟然完整地保留在这座古镇之中，历史悠久的古朴石板房和旧式民居，身着“凤阳汉装”的屯堡妇女，还可以看到被称为“活化石”的民间戏剧——地戏的表演。

玩家 攻略

1.住宿：游完古镇之后，可以返回安顺住宿，也可以直接住在屯堡景区内。住屯堡人家，可以细细体味屯堡文化和屯堡人的生活场景。屯堡客栈和龙眼旅社都是不错的选择。

2.美食：在天龙屯堡，你可以吃到正宗的农家饭菜与特色小吃。传统食品种类繁多，主食有糍粑、糕粑，副食有瓦片蒸腊肉、香肠、糟辣子，另外，千万不要错过屯堡人家特制的大碗驿茶和蜜制屯堡酒，这些都是纯天然无污染的农家特酿，味甜香醇、细腻耐品。

3.娱乐：面向游客的地戏表演在屯堡内的演武堂内上演，每隔30分钟一场，一场10分钟左右，不容错过。地戏表演的内容大多以《杨家将》《薛家将》等为主，配上铜锣、皮鼓的打击

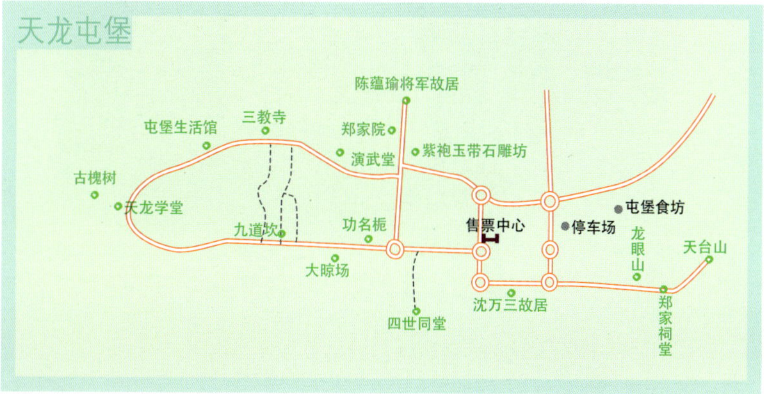

乐，颇有古战场厮杀的气氛。

玩家解说

从妇女头上包的帕子的颜色能判断她是不是家里最年长的妇女。屯堡上的未婚少女都梳一条长辫子，扎红头绳。已婚女子除了要把头发挽起来，一般还要剃额修眉。头上罩白色头帕，说明她家里还有婆婆，现在还是儿媳妇。如果头上罩的是黑色头帕，说明她已经是婆婆，是家中最年长的妇女。

斯拉河风景名胜区

集高原湖泊和峡谷风光为一体

安顺市平坝区西北部，距平坝城区37千米

斯拉河风景名胜区集高原、湖泊和峡谷风光为一体，溶洞、瀑布、山泉、暗河等构成一幅幅秀美的风景画。著名的“洞葬博物馆”——苗族棺葬洞坐落于此。

斯拉河峡谷

斯拉河峡谷有“十里长峡一线天”之称，悬崖耸立，加之水质良好，清澈见底，两岸风光旖旎，被誉为“集大三峡和小三峡之大成”，船行其间，如临画中，可乘船观赏峡谷风光。

多缤洞——苗族棺葬洞

多缤洞全长约12千米，洞中有10余个大厅，最大的达600平方米，钟乳石丰富多彩，造型奇特。

苗族棺葬洞距今已有1280多年，是一巨大的岩溶洞，洞最高点距地面10余米，洞深近40米，宽约24米，洞顶最高点为15米，有一条陡峭的山路蜿蜒曲折至洞口，附近岩山森林植被完好，洞口老树古藤，林木叠翠，形成一道天然绿色屏障，从下仰视，隐约可见洞口棺材密布，洞内现存完好的船形棺、圆

贵州石板房

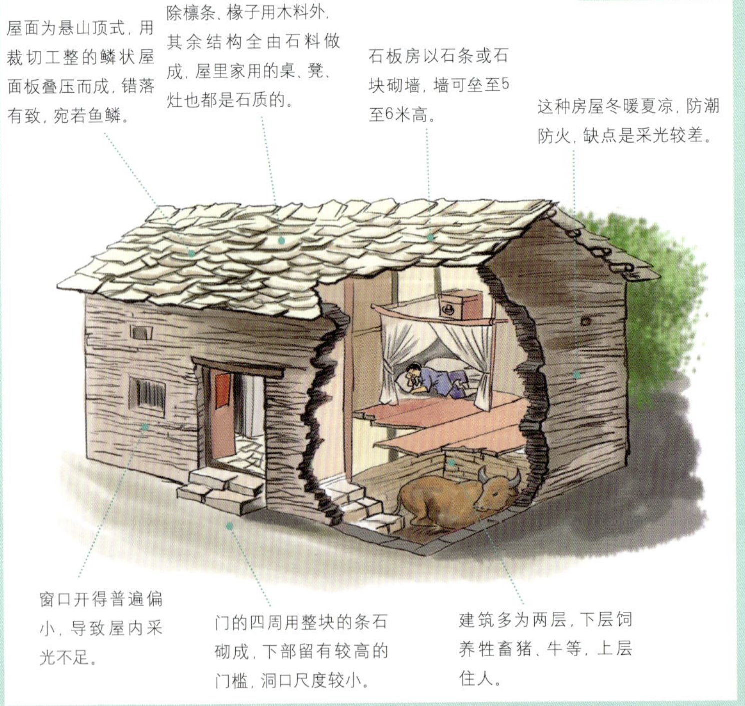

木棺、栓棺、现代棺等各种形状的棺木540多具，随葬器物数百件，古老而神秘，蔚为奇观。洞内干燥，通风良好，为棺材置放和保存提供了良好的条件。

万华禅院

贵州佛教文化的发源地

安顺市平坝区境内的高峰山上

万华禅院是贵州佛教文化的发源地，始建于明初洪武年间，民国时期西南佛学院曾设于此。建筑格局为寺门、牌坊大殿、二殿天井、大雄宝殿和后殿，大气而严谨。寺内香火缭绕，经声不断，体现了盛世修佛的气象。禅院外景遍布葱郁的古树林灌，莺飞草摇，布谷啼鸣，自然风光与禅院古寺相得益彰，更显仙境之幽雅。

玩家解说

佛教最讲规矩，出家人有“三千威仪，八万细行”，讲究行住坐卧不离法度。万华禅院入寺须知中主要的规矩有：

1.入寺：入寺之后，不宜中间行，进退俱当顺着左臂行走，入得殿堂，帽及手杖等物，不可向香案或佛桌上安放。

2.礼拜：大殿中央拜垫是寺主所用，外人不可在上礼拜，宜在两旁拜垫上礼拜。凡有人在礼拜，不可从他的前面经过。

3.阅经：寺中若有公开阅览的经书，宜从容翻阅。须先净手，端身正坐放案上阅读，不可放置膝上，更不得亵渎。

4.见僧人：凡见僧人，宜合掌称法师或师傅，向他礼拜时，他若说一拜，不必强行多拜。在殿堂见僧人，宜先礼佛，然后再说顶礼师傅，作礼时亦当面向佛像顶礼。

5.法器：寺中磬、木鱼、钟鼓等法器为龙天眼目，不可擅自嬉戏敲打，袈裟、海青等物不可乱动。

6.听经：殿堂若有法师讲经，宜随众礼拜入座，以恭敬心听闻。不得向熟人打招呼，不得起坐不定，闲谈嬉笑，影响他人。如有事不能听完，但向法师合掌问讯，肃静而退。

7.用斋：如在寺院用斋，经客堂同意后，可随众徐徐进入斋堂，宜坐于僧众之下坐或后排，不得语笑喧哗，不得跷腿而坐。

万华禅院

棺材洞

传统丧葬地

安顺市平坝区齐伯乡桃花村

棺材洞为一天然岩石溶洞，系当地刘姓苗族的传统丧葬地。洞内厅堂宽大无缝隙，干燥凉爽；洞外树蔽藤挂，甚为肃穆。洞内出土了宋代的部分文物，其中两件鹭纹彩色蜡染褶裙，是难得的珍品。该褶裙融蜡染、挑花、刺绣、填彩为一体，为当今的文物宝库增添了难得的珍品。对研究彩色蜡染的历史有着极高的科研价值。

恐龙化石群

侏罗纪恐龙化石群

安顺市平坝区关镇瓦窑坡、猪笼坡

恐龙化石群为距今1亿8千万年的侏罗纪恐龙化石群。有约十个个体恐龙的化石800余件，有颈椎、胸椎、腰椎、尾椎、头骨、肩胛骨、乌喙骨、肱骨、腓骨、掌骨、大小肋骨等；100多枚牙齿的形态结构表现出有肉食、素食和杂食三种类型的恐龙，最长的恐龙长15米多。许多材料保存完好，尤其是一具较完整的头骨。恐龙化石群以其数量之多、个体之大、埋藏之丰富而成为“贵州之最”。

景点推荐 黄果树周边景点

黄果树风景名胜区 AAAAA

中国第一大瀑布

安顺市镇宁布依族苗族自治县

400-800-9998

黄果树瀑布既是贵州省的名片，也是国家AAAAA级旅游景区，中国第一大瀑布。黄果树瀑布群由18个大小不同的瀑布组成，其中以黄果树大瀑布最为壮观，所以一般把这些瀑布统称为黄果树瀑布。黄果树风景区以黄果树瀑布为中心，分布着石头寨景区、天星桥景区、滴水滩瀑布景区、霸陵河峡谷三国古驿道景区、陡坡塘景区、郎宫景区等独立景区。

玩家攻略

1.黄果树风景区内的昼夜温差较大，即使是在夏天，傍晚的时候也非常冷，带上厚点的衣服是很有必要的。

2.黄果树瀑布风景震撼人心，但是一般的卡片相机是拍不出飞流直下三千尺的唯美照片的，建议带单反相机，多带几种镜头，必要的时候可以带上三脚架。

3.如果你打算体验黄果树漂流，一定要多带几套衣服。漂流的过程中衣服会被打湿，带上换洗的衣服以防感冒。

4.游览黄果树景区一定要走全程，因为好看的美景都在后半程，如天星洞、天生桥、银链坠潭瀑布、水上石林等。最好不要跟团旅游，可以说这里80%的精华旅游团都放弃了。走完半程需要1个小时，全程大约需要2个小时，路也比较好

走，一般人都可以走下来。

5.住宿：黄果树周边的住宿比较方便，一般游客会回安顺市住宿，因为市里可选择的余地比较大。如果时间比较晚，你也可以住在黄果树景区里，黄果树金谷瀑布山庄是较为高档的住宿地，距黄果树瀑布仅300米，房间内可观看瀑布。瀑布酒楼属于比较经济的住宿地，它位于黄果树瀑布景区黄果树街123号。

6.美食：黄果树大瀑布峡谷崖顶有一条小吃街，可以在这里品尝各种当地小吃。美食主要有：新舟“拖刀面”、道真“三幺台”、清明粑、安顺丝娃娃等。

玩家 行程

黄果树风景区一日游：陡坡塘景区—天星桥景区—黄果树大瀑布—黄果树漂流。时间充足，体力好的游客，完全可以一路步行，沿途风光之美是坐环保车所不能体会的。如果是在夏、秋季节，还可以体验黄果树漂流，非常刺激。

◻ 黄果树瀑布

黄果树瀑布是黄果树景区最精华的部分。黄果树瀑布是中国最大的瀑布，同时还是世界上唯一可以从上、下、前、后、左、右六个方位观赏的瀑布，其落差约74米，宽81米。在周围，还有地表瀑布18个，地下瀑布14个，组成了一个世间少有的瀑布群。

水帘洞位于瀑布40~47米的高度上，堪称黄果树瀑布一绝。水帘洞全长134米，由6个洞窗、5个洞厅、3股洞泉、6个通道组成。进入水帘洞，瀑声萦耳，惊心动魄，瀑窗水挂珠帘，伸手可及。

玩家 攻略

1.游览黄果树瀑布最好带把伞，否则会被水淋透。也可以在景区买一件一次性雨衣。

2.拍照一定要下到跌水潭边，这里的景色、视角、取光最理想。若想拍摄瀑布全景，在观瀑亭拍角度最好；若想拍摄彩虹，“水帘洞”三字石牌旁是最佳取景点。在望水亭可以从高的地方往下看黄果树瀑布飞流直下的风姿。

3.黄果树漂流是黄果树风景区最经典与刺激的参与性项目，它在黄果树瀑布下游6千米的地方。漂流的起点是天星桥景区星峡飞瀑，终点是郎弓景区，全程约6千米，水位落差30多米。漂流途中，沿线的山峰有上千米，还经常能看到山顶下雨、山下阳光的奇妙景象。

玩家 解说

黄果树瀑布坐落在北盘江支流打帮河上源的白水河上。奔腾的白水河自70多米高的悬崖绝壁上飞流直泻犀牛潭中，发出震天巨响，十里之外即闻其声，如千人击鼓，万马奔腾，使游人惊心动魄。黄果树瀑布素以“雄伟、壮观”而名扬四海。

黄果树瀑布的水，随季节更换出种种迷人的奇观。冬、春季节水小时，只有几个流量，铺展在整个崖壁上，水虽小却不失“阔而大”的气势；秋、夏季节水大时，如银河倾泻，奔腾浩荡，势不可当，有“银雨洒金街”的美称。中、小水时瀑布明显分为四支，各具形态及个性，从左至右，第一支水势最小，如银丝飘洒，秀美；第二支水势最大，上下一般粗壮，豪放；第三支水势居二，上大下小，雄奇；第四支水势居三，上窄下宽，潇洒。

数百年前，明代著名地理学家徐霞客游至黄果树瀑布时，描述瀑布：水自“溪上石”“漫顶而下”，“万练飞空”“揭珠崩玉，飞沫反涌，如烟雾腾空，势甚雄厉，所谓珠帘钩不卷，匹练挂遥峰，具不足拟其状也”。其后古往今来，不知有多少文人墨客穷尽世间赞美之词，吟咏过它，赞美过它，却不足以道尽它的气势和风采。

石头寨景区

石头寨是用石头砌成的村落，寨中的通道、村前的小桥、家中的用具，全是石质，墙、廊、柱、瓦、梯也全部采用就地开采的石料。

玩家 解说

石头寨的石屋建筑极具特色，石屋沿着一座岩石嶙峋的山坡自上而下修建。石屋层层叠叠，鳞次栉比，依山林立，布局井然有序。有的石屋房门朝向一致，一排排参差并列；有的组成一正两厢院落，一幢幢纵横交错；有的石屋是石砌围墙，由一石拱门进出，为单独院落。

天星桥景区

天星桥景区由天然盆景区、天星洞景区和水上石林区组成。这里汇集了喀斯特地貌的精华，集山、水、林、洞、根、藤、石、瀑于一身，非常值得游览。

天然盆景区长约800米，这里有形状不一的天然山石及水石盆景。一条小道穿行于石壁、石壕、石缝中，沿小道游览，既可以领略山水之美，还可以品味石林之奇。天星湖又被称为“高老庄”，因为这是《西游记》中的“高老庄”猪八戒背媳妇的取景地。

玩家 攻略

在水上石林景区内，既可以和身着苗服的苗族人合影，也可以租借苗服拍照。水面上摆放着竹筏，收费后可供游人站在竹筏上拍照，那里取景比较好。

陡坡塘景区

陡坡塘瀑布位于黄果树瀑布上游1千米的地方，瀑顶宽105米，高21米，是整个黄果树瀑布群中瀑顶最宽的瀑布。这个瀑布顶上是一个1.5万平方米的巨大溶潭，瀑布形成在100多米长的钙化滩坝上。每当洪水到来之前，陡坡塘瀑布都会发出“轰隆、轰隆”的吼声，也正是因为这个原因，陡坡塘瀑布又被称为“吼瀑”。

石头寨

玩家 解说

陡坡塘瀑布是20世纪80年代拍摄古典名著《西游记》时，唐僧师徒四人牵马过河场景的拍摄地。

郎宫景区

郎宫村位于天星景区水上石林的星峡瀑布漂流约5千米处，三面环水，河滩宽广，水流平缓，四周高山耸立，田园开阔。错落有致的村舍中古榕树、芭蕉、木棉等掩映其间，极具亚热带的河谷田园风光。这里距黄果树瀑布不远，可乘艇漂流前往，夏天的郎宫，还可以体验惊险刺激的漂流。

神龙洞

神龙洞是黄果树溶洞群中最为典型、最为奇特的溶洞。黄果树地区拥有世界上最庞大的溶洞群，黄果树瀑布就是该溶洞群中一个塌陷的溶洞形成的世界奇观。神龙洞处于该溶洞群的核心位置。洞内厅厅相连，溶洞纵横交错，各类溶洞景观层出不穷，洞内分上、中、下三层，底层暗河与黄果树神龙洞风光瀑布相连，洞内十余万根钟乳石琳琅满目，大至十余人方可拥抱，小似绣花针。洞中石幔、石瀑、石笋、石花、石柱等溶洞景观比比皆是。

高荡千年布依古寨 AAAA

具有浓郁的布依风情

安顺市镇宁自治县宁西街道高荡村

高荡千年布依古寨，位于镇宁县城西南5.5千米处，有着近千年的历史。这里气候凉爽，四季分明。古寨之所以得名“高荡”，是因为其坐落在崇山峻岭之中，犹如群峰上托着一口锅，布依语称为“瓮座”，汉语意为“高荡”，因而得名。

这里的石干栏式布依传统民居与古寨风貌保存完整，随处可见上百年古屯古堡、古桥古树，具有浓郁的布依风情。

双明洞

有“双明漏月”之美称

安顺市镇宁县城南1.5千米处

双明洞分为前后两洞，前后洞几乎相连，前洞出口如门，后洞出口若窗，昼则阳光透入，纤离可见，故名“双明洞”。夜晚月亮偏西时，月光射入，两洞均各有一月，十分幽雅，故有“双明漏月”之美称。

玩家 解说

前洞左旁硝石壁立，高30余米，岩壁下有一斜洞潭，岩壁上有一些小溶洞，并有天然石拱门跨于道上，与洞左壁相连，俨若石门，又似桂林的象鼻山。石门前镌有“一天门”三个大字，后面镌有“胜境”两个大字。过石门，前行几步，岩壁上又镌有“宇宙奇迹”四个大字。

扁担山

四面皆秀丽高山

安顺市镇宁自治县扁担山乡

扁担山四面皆秀丽高山，山间的坝子是附近48个布依族村寨人民每年农历正月初一至十五欢庆传统节日的天然广场。有石头寨、灵潭瀑布等风景名胜区，这里每年都生产出大量的蜡染。

夜郎洞景区 AAAA

水旱相结合的溶洞群

安顺市镇宁县境内 0851-36823366

夜郎洞风景名胜区与黄果树瀑布、石头寨相邻，因相传夜郎王曾居住于此而得名，是世界上喀斯特地貌最集中的溶洞群。景区不仅拥有夜郎洞、石花洞、蜂子岩洞等大小溶洞组成的溶洞群，还有天坑、燕峰斜崖等喀斯特地貌景观。

玩家 攻略

1.就餐：景区餐厅推出著名的“夜郎竹王宴”及各类家常小炒，此外还可选择到当地布依族人家吃农家饭。

2.住宿：景区内有山间别墅、水上宾馆及竹楼宾馆，均按照三星级酒店标准装修，是不错的住宿选择。

3.购物：在景区可购买布依蜡染、镇宁波波糖、黄果树酒。

4.娱乐：夜郎洞景区每天白天推出两场免费民族风情表演，时长50分钟，时间分别为10:30~11:20、15:00~15:50。另外，晚上还会举行大型民族土风狂欢篝火晚会，20:00开始。

链接

夜郎文化

在镇宁、紫云、西秀区交界处，以镇宁革利乡为中心，方圆600平方千米的崇山峻岭中，居住着一支2.3万余人礼仪风俗都非常独特的苗族同胞，自称为“蒙正苗族”，是全国苗族130多个支系中唯一一支以“竹王”为图腾的苗族。千百年来，他们坚信自己就是夜郎竹王的后裔，家家户户都用竹块束成夜郎竹王的偶像祭供在堂屋楼上。请竹王、供竹王、竹王陪祭是成年男性一生中的三件大事。妇女则用两块竹片襞在头顶上，以示对竹王至高无上的崇拜之意。男人成年仪式主要有三道程序，一是在二三月间花开时节杀母猪祭拜竹王；二是在次年冬、腊月才供竹王；三是人死后取下生前供奉的竹王竹片陪葬，寓意“亡人揣好竹片，到阴间与祖宗相认”。此仪式已列入贵州省二级非物质文化遗产名录。

夜郎洞景区

夜郎洞

夜郎洞口是一座巨大天桥，伏流从山洞中涌出，溶洞总高近百米。共分三层：第一层为水洞，第二层和第三层为旱洞。

第一层水洞蜿蜒曲折，船行其上，可见两岸岩溶形态各异，石柱、石钟乳、石笋密布，蔚为壮观。第二层旱洞由5个大厅组成，依次布满人形石钟乳和石花、石柱，灯光下交相辉映，五彩斑斓。最神奇的是一丛丛怒放的石“灵芝”，枝繁叶茂，从茎部到叶尖闪闪发光，颇为奇特。第三层旱洞高大开阔，洞中石笋密密匝匝，仿佛进入了原始森林，舒适惬意。大量岩溶发育似树，树冠伸展，荫及面广，灯光下五彩斑斓，有置身于天外天的感觉。

石花洞

石花洞有两个洞口，南洞口与夜郎洞第三层“夜郎天宫”相邻，北洞口与天坑相近，并且有秘密通道。石花洞南洞口半露半隐在一片“石芽”中。

石花洞第一厅内有发育巨大的石笋和石柱。笋柱间，有一尊罗汉形堆积物，罗汉身上爬满了小狮子，俗称“群狮叠罗汉”。第二厅门口的石柱如一妇女怀抱婴儿，称为“母子情”，又有期盼亲人归来之意。接下来的景色以花、树为主调。第三厅以大量发育的石旗、石幔为主，间或衬以石柱，俨然华丽深宫。第四厅以树形石笋居多。厅左侧光滑的岩壁上满是盛开的石花，称作“百花崖”。第五厅高大空旷，临门排列四棵巨柱，顶天立地，高10~12米，如“金刚守卫”，又称“护门神”。

关岭古生物化石群

关岭古生物化石群 AAAA

形态精美的古生物化石

✉ 安顺市关岭自治县新铺镇

关岭古生物化石群有大量2.5亿年前生物大灭绝前的古生物化石，体形完整，形态精美，是一处极具观赏价值的旅游胜地和科考价值的研究基地。

关岭化石群保存在黑色泥岩与页岩之中，主要化石门类包括：大量完美保存的海生爬行动物（鱼龙、海龙、楯齿龙、龟）、海百合，以及菊石、双壳类、牙形石、鹦鹉螺、腕足类、鱼类、鲨鱼牙齿和来自附近陆地的古植物。关岭地质博物馆可通过图片、模型、影视、实物等形式，向观众全面展示关岭化石群的形成、发展、演变过程。

链接

关岭地质博物馆馆藏精品

短吻贫齿龙化石：贫齿龙是一种已灭绝的海生爬行动物，属于海龙目，生存于三叠纪晚期的中国。

海百合化石：海百合是地球上最古老的动物之一，已经生存了5亿年，在2.3亿年前，海洋里到处都生长着海百合。

鱼龙化石：鱼龙是恐龙的“远亲”，是一种重新回到海里生活的爬行动物，繁盛于三叠纪和侏罗纪。鱼龙已不具有爬行动物的形态，它们的身体呈纺锤形，颈部已消失，头直接和躯干连在一起。中国发现的第一条鱼龙化石，是在贵州茅台发现的贵州茅台混鱼龙。这是一种原始的鱼龙，头骨较为粗短，长有钉子般的牙齿。

花江大峡谷

国内最长的峡谷

✉ 安顺市关岭自治县花江镇

花江大峡谷长约80千米，总面积约300平方千米，是国内最长的峡谷。共分为5个景区，即夹山景区、铁索桥景区、下瓜寨景区、盘江桥景区和古生物化石景区。拥有自然、人文景观以及民族村寨景观。谷内有花江河奔腾而过，两岸峰峦叠翠，山上古木、藤蔓丛生，再加上历史悠久的文物古迹，使这里成为一处不可多得的观光休闲胜地。

玩家 攻略

1.住宿：花江大峡谷风景区的住宿条件比较好，安全、舒适且价格便宜。除景区外，在花江镇还有许多宾馆可供选择，100元左右就能住得不错了。

2.餐饮：游花江大峡谷，可以品尝到名扬中外的正宗花江狗肉和花江剪粉，晶莹透亮的花江老腊肉和布依农家饭等。

花江大峡谷

洞，欣赏数万鹰燕飞出的壮美景象。然后去大河苗寨，欣赏苗家民族风情表演。最后乘车前往世界仅存的居住在洞穴里的民族——洞中苗寨，体验最原始、最淳朴的生活。

大穿洞景区

大穿洞景区拥有燕子洞、穿上洞、通天洞、盲谷等景点，其中燕子洞因洞内栖息着数十万只燕子而得名，每天早晚时分，燕阵翔集，景象极为雄壮；穿上洞地道长137米，生长着各种小灌木、藤本植物；通天洞是一个巨大的竖井，深370米；盲谷是一槽形凹地，长约1千米，峭壁陡岩环绕周围。

玩家攻略

你可以步行从燕子洞旁边的山路往山顶走，此处风景极美，在这里可以俯瞰格凸河，欣赏壮美的山河风景；方竹林里有许多竹子，这些竹子乍一眼看上去是圆形的，但事实上它们是方形的，用手一摸就能感觉得到，很奇特。

小穿洞景区

小穿洞景区包括苗厅、小穿洞、竹林寨、中洞人家等景点，其中苗厅大洞厅面积达15公顷，位列世界第二、亚洲第一，而且洞内钟乳形态各异、形象逼真；小穿洞也称“冒鼓天”，洞口有河水流出，景色极为秀美；竹林寨居住着高山苗族，以吊脚楼民居闻名于世，而且长满了古树、翠竹、紫藤等植物，环境优美，空气清新；中洞人家有上、中、下3个溶洞，里面居住着苗人，民居为无顶木柱竹

格凸河

篱，被视为穴居文化的代表。

玩家攻略

走进洞中人家，热情好客的苗族人会送上自己酿造的苞谷酒。接过来，如果你喝醉了，主人就会觉得很有面子。喝过酒后，可以在他们家中四处逛悠，看他们纺纱织布、养鸡养鸭，回归最真实的田园生活。

大河苗寨里有表演队，演员大都是寨子里挑出来的青年男女。一般游客来到这里都会看他们的歌舞表演和上刀山表演。

□ 大河景区

大河景区分为天星洞、夹山与大河三个部分，其中天星洞是最受游客欢迎的旅游景点。天星洞高约110米，宽40米。洞口是长方形的，洞的内壁上有石幔，你可以乘船进到洞中约200米。洞内的岩溶风貌与外面的绿色植物互相映衬，景色迷人。

天星洞入口左边附近旱洞中有悬棺，也就是当地苗族人的墓地。悬棺洞内有3层每个高约2米的自然台阶，悬棺自上而下放置，共有104口，其中有40余口保存基本完好。

链接

天星洞的悬棺

在格凸，现在已经没有悬棺这样的安葬方式。相传很早以前，因为战争，这里苗族人的祖先从长江中下游一带败退，来到了格凸河畔。他们的祖辈为告诫后人要叶落归根，打回老家，收复失地，所以他们死后并不入土，而是由后辈把尸体高悬于阴凉、凌空的岩洞、绝壁处先存放着，最后好“落叶归根”。悬棺的好处是一能防追兵破坏，二能防止野兽侵袭，三能长久存放。

□ 妖岩景区

妖岩景区是指从下芭易村到妖岩寨这一部分，全长大约5千米。这一段的河道两侧是陡壁，植被茂盛水流急缓相间，是漂流的好去处。

妖岩寨在岜易河谷下游，村寨中有苗族的特色风格建筑——吊脚楼，不远处还建有储粮圆仓，圆仓和吊脚楼也是苗族建筑不可缺少的风景线。星星峡长约3千米，是一条两岸对峙的峡谷。谷中清溪石涧，曲折蜿蜒，岸边藤蔓叠翠，呈现出峡谷套嶂谷的独特景观。

玩家攻略

拍摄苗寨的吊脚楼最好在早晚日出日落的时候拍，这时候调子比较暖和。拍摄吊脚楼的最佳地点是在吊脚楼对面选择侧光拍摄。也可以使用手动白平衡，让楼显得更红，但是同时也要注意，使用这种方法周围天空的颜色也会跟着变暖。

攻略资讯

- 交通
- 住宿
- 美食
- 购物
- 娱乐

安顺街头

交通

飞机

安顺黄果树机场（原安顺机场）位于市区南部，距离市中心6千米，目前开通了北京、上海、广州、大连、青岛、昆明等城市的航线。

机场交通：机场前有往返贵阳的大巴，有三条公交线路，分别为安顺公交9路、24路和安普城际公交。

火车

安顺火车站位于南华路，离汽车南站很近。通过川黔、湘黔、黔桂铁路，安顺与省外各地相连，来自北京、上海、重庆、广州的列车均在这里停靠。贵昆铁路贯穿安顺全境，旅游专列“黄果树”号每日往返于贵阳和安顺之间。

市内乘坐1、2、5路等公交车可到安顺站。另外，安顺西站也于2016年12月正式投入运营。

汽车

安顺有贵黄高速公路、安兴、安六、安毕公路穿境而过。安顺的客运站主要有汽车西站、汽车南站、汽车北站、汽车东站。

安顺站

安顺

住宿

安顺的住宿点大都集中在市区，各种高低档型酒店散落在市区，即使是黄金周也不用担心没有住处。另外，安顺市因著名的黄果树瀑布而闻名，因此在黄果树瀑布景点附近有不少宾馆、旅店可供住宿。

安顺市区

●安顺圣丰酒店

酒店坐落于安顺市中心路段、核心商圈，交通区位优越，建筑面积3.4万平方米、建筑高度98.9米，港式早茶、“粤菜+安顺土菜”、贴心的服务、智能化轿箱式停车场等为其独树一帜的酒店特色。 安顺西秀区中华南路36号 0851-38882222

黄果树附近

●黄果树黔首居

酒店地处黄果树风景名胜区核心景区大瀑布旁，拥有快速分流通道，住客可步行通过人脸识别系统从酒店进入黄果树大瀑布景区内部，天星桥景区、陡坡塘大瀑布也近在咫尺。酒店设有独特的瀑布观景房及观瀑台，享有“躺在房间听鸟鸣，推开窗户闻瀑声”的美誉。 镇宁黄果树瀑布风景名胜区内 0851-33595888

黄果树黔首居客房

美食

安顺菜是黔菜的代表，主要有花江狗肉、八宝娃娃鱼等。俗话说“贵州小吃看安顺”，安顺的小吃不仅种类繁多而且极具特色，主要有冲冲糕、水晶凉粉等。安顺小吃广场位于南华路与百货大楼之间，专营小吃。种类丰富，价格便宜。安顺夜市主要集中在民主路。

美食小吃

●花江狗肉

选用当地良种狗，以黄狗为上品，黑狗次之。加工时，将肥壮带皮的狗肉刮洗烧制干净，以文火清炖，将肉炖至熟而不烂、香而不膻、油而不腻。配料选用黔中十多种特产药料香料煎制，色香味俱佳，是深受人们喜爱的保健食品，在全国各地有数千家花江狗肉馆。

●八宝娃娃鱼

汤汁清澈，洁若山泉，“八宝”排列，形似花瓣，赏心悦目。此菜香，郁香、清香兼而有之，其异香实在难以言状。

●荞凉粉

荞凉粉是安顺居民，尤其是少男少女最宠嗜的小食。荞凉粉是荞麦磨浆，熬制后冷却成固体的食物，成型的荞凉粉看上去很像果冻。吃的时候将其切成长条，浇以腐乳、红油、蒜水、姜水、葱花、炸黄豆、脆花生，搅拌食用。

荞凉粉

●水晶凉粉

又称冰粉，用木瓜籽加工而成，用料齐全、讲究，除撒放核桃仁、花生粒外，玫瑰糖、冬瓜片、红枣等配料也是少不了的，酷热天气，喝上一碗清凉爽口，祛暑解渴。

●油炸粑稀饭

将米面搅熟成糊状盛入碗中，再从滚油中将炸得黄脆的糯料豆沙粑捞起放进去，然后舀上一勺黔中特产“引子”，浇上一瓢滚油便可，油而不腻，内酥外软，十分可口。

美食去处

小十字美食街：小十字美食街是安顺最大的也是唯一一个真正意义上的小吃街，坐落于小十字和中华南路之间，长街两侧都是小吃摊，丝娃娃、烤鱼、烙锅、烧烤、螺蛳、冰粉、豌豆凉粉、手撕豆腐、卤猪蹄、各种口味的米粉……数不胜数，个个都让人垂涎欲滴。

小十字美食街

购物

安顺特产有著名的安顺三刀、布依地毯、蜡染、地戏脸谱、牛角梳、根雕、天麻酒和杜仲酒等。

安顺特产

●安顺三刀

产自贵州安顺的“三刀”——菜刀、剪刀、皮刀，是有名的传统产品。它式样美观、镶钢均匀、刃口锋利、经久耐用，百年以来享有盛名。安顺三刀初露锋芒，是在清朝。

●蜡染

蜡染既是贵州著名的民间传统工艺品，也是我国古老的传统印染方法之一，其中以安顺的最为有名。安顺蜡染已有两千多年的历史，以苗族和布依族蜡染为主，承传了古老的工艺，在图案上因民族的喜好不同而存在一些差异。其花纹细致，色彩浓郁，常见的图案有山川风景、花鸟虫鱼、仕女人物、古代文物等。取材十分广泛，加之造型不拘一格，极富浪漫主义风格。色彩通常采用红、黄、棕等多色套染，具有浓郁的少数民族特色。

●地戏脸谱

地戏是安顺市特有的民间戏曲形式。其戏剧演出时所用的脸谱非常有特色，雕工精湛，刀法朴实，风格粗犷。

●波波糖

清朝年间曾为朝廷贡品，因层层起酥如水波荡漾，故名波波糖。镇宁波波糖酥脆香甜，甜而不腻，以当地“刘家”所生产的为上品。

安顺购物场所

汽车站门口和市区很多地方都有经营安顺特产和纪念品的商店，一定要讲价。景区内有各式旅游特产出售，到处都可以看到具有贵州特色的工艺品。

娱乐

地戏：安顺地戏，历史悠久，可追溯到600年前的明初。每年春节前后，游人们常在安顺公路两侧的村寨与阳坝，看到演员们头戴面具，脸蒙青纱，背扎靠旗，在高亢的唱腔和锣鼓声中挥动兵器格斗厮杀。这种古老而质朴的文娱活动，就是闻名遐迩，被称作戏剧“活化石”的安顺地戏。

跳花节：跳花节是安顺苗族最重要的一个传统节日，历史悠久。坡上栽满了花树，苗族人民就在花坡上跳花，每一个花坡得跳花三天。他们穿上盛装，未婚男女还要背上背扇扇面、银饰品。花树被装扮得很漂亮，放在场中，树下放了很多的物品，然后围绕着花树有各样的活动。主持人敬酒，吹奏起芦笙，很多的青年男女开始随音乐而舞蹈，舞蹈多样，芦笙曲各别，节日气氛很浓。

跳花节

发现者旅行指南

毕节

区域解读

区号：0857
面积：约26 900km²
人口：约681.59万人
主要少数民族：彝族、苗族、回族

地理 GEOGRAPHY

区划

毕节市辖七星关区（市辖区）、大方县、黔西市（市代管）、金沙县、织金县、纳雍县、威宁彝族回族苗族自治县、赫章县和百里杜鹃管理区（正县级）8个县级行政区划和1个管理区。

地形

毕节地处滇东高原向黔中山原丘陵过渡的倾斜地带。

全市西高东低，境内多山，平均海拔1400米，位于赫章县境内的小韭菜坪海拔2900.6米，为全市最高峰，也是贵州省最高峰。

毕节境内山高坡陡，峰峦重叠，沟壑纵横，河谷深切，土地破碎，为典型的岩溶山区。全市分属长江流域和珠江流域两大水系，是乌江、赤水河、北盘江的重要发源地之一。

气候

毕节大部分地方属亚热带温凉湿润季风气候区，水热资源适中。70%左右的降水集中在5~9月；境内夏无酷暑，冬无严寒，雨量充沛，气候适宜，适合旅游观光。

历史 HISTORY

历史大事记

毕节市汉为平夷郡治，东晋为平蛮郡治，唐、宋属禄洲治所，元代建驿，明代设卫，清康熙二十六年（1687年）建县。

1934年1月，贵州省第一个中国共产党地下党支部在毕节建立。

1935年2月5日，毛泽东同志率领的中央红军在云贵川交界的毕节市林口镇“鸡鸣三省”村召开了政治局常委分工会议。

1936年2月，红二、红六军团长征经过毕节时，创建了“中华苏维埃共和国川滇黔省革命委员会”。

文化 CULTURE

毕节花灯，民间艺术形式

花灯是毕节农村中广为流传的一种民间艺术形式。

在黔西市纸厂宋家沟，一座建于清咸丰三年（1853年）的花坟浮雕，上有4人高举花灯分列两厢，中间1男1女手执折扇翩翩起舞，左上角栏内3人以打击乐伴奏。这是毕节境内发现的最早反映花灯艺术活动的文物。

大方百里杜鹃

传统花灯的活动时间，通常在正月初一至正月十五。灯班为自发组织，或以某姓氏家庭为主组建；或由某地花灯艺人自由组合，其中较为出名的有织金县桂果镇果底灯班、城关镇花红村牛王洞高家灯班、大方县大屯村陈家灯班、黔西市谷里镇杨家灯班、七星关区田坝花灯班等。

新中国成立后，花灯歌舞运用花灯艺术形式，编演新戏，将原来在堂屋和场坝上表演的花灯搬上舞台，逐渐发展为花灯戏。花灯剧目可分为古典剧目和现代剧目两类。古典剧目又分为传统花灯剧目和移植改编古典戏曲、民间故事、唱本两种，同时音乐表现力大为增强。演唱方法，文（旦）角多用假嗓，其余角色用真嗓，且多用一领众和的形式以烘托气氛。表演时，通常只用锣鼓间奏，也有少数灯班用二胡、竹笛、唢呐伴奏。

"撮泰吉"——中国彝族戏剧的"活化石"

在贵州威宁县草海西北面的板底乡，有个名叫裸戛的彝族村寨。海拔2800米的裸戛不但出产荞麦和土豆，至今还原汁原味地保存着一种原生态艺术形式——傩戏"撮泰吉"。

"撮泰吉"为当地彝语音译，彝语中，"撮"字意为鬼，"泰"意为变化，"吉"意为玩耍，因而简称为"变人戏"，即人类变化的戏。"撮泰吉"每年正月初三至正月十五演出，主要内容是驱灾除邪，迎祥纳福，可分为祭祀、正戏、喜庆、扫火星，而扫火星仅限正月十五举行，所有演出都在夜间进行，朦胧神秘、幽深恐怖，火把灯笼发光，交相辉映，十分壮观。

"撮泰吉"的道具极为简单，演出人员不固定，一般由六人角色。最具特征的是木质面具，均以杜鹃、漆木等高山硬杂木制成，工艺粗糙，色彩单一，不用油彩精心描绘，只用锅灰涂成灰黑色。懑憨、古朴而怪诞，与蛮荒时代的神秘轮廓和憨直线条相呼应。

"撮泰吉"不论是从反映内涵，还是表演形式、演出习俗，都是彝族固有的，极少受其他民族文化现象的交叉和影响，因此被国内外专家学者誉为"戏剧的活化石""人类的祖宗戏"等。为更好地保护传承这一独有原生态艺术，2006年，"撮泰吉"入选国家首批非物质文化遗产保护名录。

"撮泰吉"已经在板底乡流传了上千年，现在只有裸戛村还在演出，其他村寨都已失传。有机会一定要去那里看一看。

威宁火腿，地道的贵州风味

威宁，地处云贵高原乌蒙山区，古朴富饶的高原大地生长了适应的乌金猪，它属山地放牧腌肉型猪种，耐寒耐粗饲料，抗病力强，体质结实。乌金猪长期喂苞谷洋芋为主的粗饲料迅速长成肥猪，后腿是猪体最精华部分，精肉丰满，肉嫩味佳，是腌制火腿、腊肉的最佳原料。另外，威宁火腿的优秀，与其地理环境和气候条件是密不可分的。威宁地处昆明准静止锋带锋面西侧，海拔较高，冬季气温较低湿度稍高，光照也比较充分，非常适合火腿的腌制发酵。

威宁各族人民历来就有腌制火腿的习惯。他们腌制的火腿很讲究外形，有把猪腿做成琵琶形的，叫“琵琶腿”；有做成圆盘形的，叫“盘腿”。每年从霜降到次年立春，是腌制火腿的最好季节。这个时期腌制的火腿，可以存放1~3年，不流油，不变味，可使腊味常年鲜美。威宁火腿的特有香味和它的熏制方式是分不开的。熏制时所用的燃料，要求含树脂要少。作为熏烟燃料的木柴、锯木屑、树枝等，要用暗火，使其形成浓烟，徐徐进行熏制。因烟内含有酸类、醛类和酚类物质，这些物质都具有杀菌的能力，使附着在肉皮表面的细菌受到杀灭和抑制。由于是用烟熏制的，特殊的香味就此形成。

在当地赶集的时候，时常满街都能看到威宁火腿的出现。您可以买一些精致包装的火腿带回去。

贵州三宝之一——大方漆器

1915年，在美国旧金山举行巴拿马运河开通的万国博览会上，贵州大方漆器与江苏扬州漆器双双获得银质奖，为“贵州三宝”之一。

大方有得天独厚的地理和气候条件，土壤适宜种植漆树，所产的生漆质地优良。大方“大木漆”与“安康漆”“毛坝漆”“城口漆”为全国四大名漆。大方漆漆酶含量重、结膜好、成膜色深、漆液稠厚、含水量轻、抗酸、抗碱、耐磨、耐湿、耐高温。正因有如此优质的生漆资源，才铸就了大方出名的漆器和漆器文化。

大方漆器的生产始于明朝洪武年间，距今已有600多年历史。著名的彝族女政治家奢香夫人袭贵州宣慰使期间，就向朱元璋进贡了许多漆器珍品。到了清代，大方漆器在清道光年间盛极一时。当时古老的大定府城（今大方县）内几乎家家都会制作漆器，因此享有“漆城”之誉称。改革开放之后，大方漆创作出的珍品被中央美术馆收藏，1984年还被选为第23届洛杉矶奥运会纪念品。1991年大方漆器厂被列为“贵州省旅游产品定点生产企业”。

大方漆器的嵌花，细腻纤巧，清幽雅致。它不刻意雕琢，所嵌景物生动盎然。图案有青山、秀水、古木、瑞雪、春华秋实、飞禽走兽、风土人情等，再现了贵州的自然景物。五彩，是大方漆器又一特色，色彩调配趋于鲜艳夺目，更富民族气息，突破了沿袭已久的单一黑红相衬的传统手法，以协调地运用嫣红、翠绿、天蓝、浅灰、乳白、深黄、姹紫为一体，形成了色彩缤纷的工艺品。

威宁火腿

大方漆器

景点推荐

毕节城近郊景点

天河水利风景区

群山环抱，自然景观优越

毕节市七星关区北郊3千米

天河水利风景区以水库为中心，群山环抱，自然景观优越。山顶苍松翠柏，碧云连天，山脚湖光山色，相辉相映；溶洞内千姿百态的钟乳石巧夺天工、栩栩如生；景区内绿树成荫，鸟语花香，小桥流水，古朴幽雅；荷池凉亭，令人心旷神怡。

小河景区

漂流探险好去处

毕节市七星关区大新桥办事处小河村

小河景区奇峰异石林立，伏流溶洞云集，集自然景观与民族风情于一体。横贯景区的小河历经八卦洞、仙人桥、黑龙洞等10个溶洞。其中，黑龙洞是漂流探险中最具特色和刺激的景观。洞长近20千米，划分为20多个大厅，平均宽200米，高300米，洞叠三层，层层相连。

大屯土司庄园

依山势而建，森严气派

毕节市七星关区大屯彝族乡，离市区80千米处

大屯土司庄园是全国仅存较为完整的彝族土司庄园之一。该庄园建于清道光元年（1821年），坐东向西，依山势而建，森严气派，结构独特，5米高的院墙四周还有6座碉

堡。整个建筑分左中右三路主体构筑，设回廊相互贯通。部分建筑是仿日本唐招堤寺所建，具有独特的民族风格和浓郁的地方特色。其石作、木作以及家具雕刻具有鲜明的彝族文化艺术特征。

玩家 解说

大屯土司庄园相传是彝族土司余象仪所建，后经余达父扩建始成今状。中轴大体对称的大规模三路构筑，各路皆有三重堂宇。左路建筑有东花园、粮仓、绣楼等。东花园也称“亦园”，用于接待客人。园内有花圃客房等，其建筑十分精美。花圃错落有致，客房装修华丽，院坝青石铺就，院墙彩绘粉饰，古色古香，十分幽雅。中路建筑有大堂、二堂和正堂，各路堂宇之间均有石坝或内墙间隔。高大的砖筑院墙，墙檐下砌筑斗拱，显得古朴厚重。墙外四周分别筑有碉堡6座，各有其形，各有其用。

响水滩公园

园内有城市天然大瀑布

毕节市七星关区北郊文笔山麓与沙帽山麓交界处

响水滩公园的主要景点是被誉为全国城市唯一的天然大瀑布，瀑布由上游沿途10多条清溪汇成后，在流经市郊山麓峡谷地带时，从河床落差处形成倾斜100余米、落差30多米的三叠瀑布群。每逢雨后，汹涌澎湃的河水由50米宽的悬崖上直泻黑龙潭，势如万马奔腾，又如滔滔之水天上来，轰隆隆地发出雷鸣之声，故有“响水轰雷”之称。

毕节国家森林公园

“天然氧吧”之称

毕节市境内的乌蒙山区

毕节国家森林公园是山岳型自然风景旅游区，该公园由拱拢坪、乌箐岭、白马山3个景区组成。海拔1435~2217米，面积4133公顷，森林覆盖率91.5%。得天独厚的地理位置和气候条件形成了奇特的公园景观。

公园森林植被以针叶林和次生天然林为主，林海浩瀚壮美，季相景观鲜明。华山松高大挺拔，柳杉林葱茏苍翠。次生林铺山盖岭，杜鹃山茶花色缤纷。千年银杏、香樟高大雄伟，古树桩头皆成天然盆景。岩溶地貌奇异，丘峦峰丛众多。吞天井天坑雄险奇秀，

雷音谷奇岩幽幻神秘。山溪泉瀑多姿多彩，天象景观奇丽迷人。此外，公园还有七星古关、夏曦烈士纪念碑、彝苗民族风情等人文景观。

大南山苗寨

现代世界苗族人的故乡

毕节市七星关区燕子口镇，市区东北部25千米处

大南山苗寨聚居着一百多户苗族人家。这里苗族传统文化古朴浓郁，民风淳朴，苗语环境极其纯净，时至今日，适龄儿童均不懂得说汉语。一座山，一片竹，一个洞，一个苗寨，一所学校，这里既简单又有着神奇的魅力。

历史记载，从我国古代流动迁徙至东南亚及南北美洲地域的苗族，其语言、祭祀、习俗等，绝大部分均属于川滇黔苗族支系。因此，这里被海内外许多苗族同胞称为现代世界苗族人的故乡。

玩家解说

改革开放后的20世纪80年代初，侨居东南亚、日本和欧美诸国的海外苗民侨胞回祖国大陆寻根问祖。大南山这个并不起眼的苗寨，在省内原本并无多大的名气，初来的好多寻根问祖的苗胞都被旅游等相关部门介绍到黔东南、黔西南等地，可一对话，语言不通，往往又几经周折，问到省民委等单位的一些行家，才把这些人带到大南山，这些会讲英语的华裔一讲起苗话来，大南山的苗胞们一听就懂。论一论家支世系，这些远道而来的客人们就会像见到久别的母亲一样激动得流泪：要找的就是这个大南山——这是他们血脉流淌的源头！美酒喝起来，芦笙吹起来，花坡舞跳起来，大南山就沸腾了。这样的场景年年都会有，甚至一年有好几次。

苗族人自古以来迁徙不断，而每次迁徙都与战争有关。据说苗族的先祖原住在中国的黄河一带，后来由于不断的战争被迫大规模地向西迁徙，来到贵州云南等地，基本形成现在的局面。

迁徙到此并未结束，由于苗族人依然不断地遭受战争和灾害的侵害，大约在200年前他们跨出了国门，深入越南、泰国、老挝等一些国家的山区，其数量有好几十万人。后来又有好几万人迁徙到美国，现在美国的苗族人已近20万。

苗族姑娘

美国的苗族人虽然都是从老挝经泰国到美国的，但他们都认为自己的根在中国，并多次到中国的云南、贵州等地寻根及参加民族节日的庆典。

七星关

贵州三大名关之一

毕节市七星关区杨家镇七星村

七星关是贵州三大名关之一，自古以来就是川、滇、黔三省的交通要冲，是兵家必争之地。

这里，景物雄奇，八景璀璨，历史悠久，古迹斑斑，还有丰富的土特产品。七星河里的红鲤鱼是人们梦寐以求的佳肴；河两岸盛产的优质大米，是人们津津乐道的美味；方圆十里土地上特产的大蒜、拱拢坪万亩茶场的名茶，久负盛名，远销国内外。还有水晶石榴，曾经因作为帝王将相的贡品而驰名。

玩家解说

七星关关名由来说法各异。一种说法是七星关面对的七座山峰形如北斗七星，故名七星关；另一种说法则是当年诸葛亮南征时经过这里，面对滔滔江水和险要雄关，在这里点七星灯拜祭。

七星关摩崖

工艺考究，刀法精湛

毕节市七星关区杨家湾镇七星村南2公里的六冲河畔

在七星关岸边的岩石上留有的众多石刻就是著名的七星关摩崖，现为全国重点文物保护单位。

七星关摩崖群最有代表性的是应星桥碑记。距地表约3米，系明永乐十四年（1416年）架设七星关桥所立。该碑通高0.5米，横宽0.93米，碑面铲平磨光，四周为线刻卷草纹图案，碑文为楷书阴刻竖写，记“七星关”之形胜、掌故及建桥事，并镌七言诗一首，共41行800余字。碑面凿有65毫米长、210宽长方形洞一个，洞深80毫米，相传为清代人修建观音阁时所凿。七星关摩崖工艺考究，刀法精湛，具有较高的书法艺术及雕刻艺术价值。

橙满园

橙满园

园中橘美橙甜

毕节市七星关区，距城区86千米

橙满园拥有得天独厚的地理和气候资源优势，适宜发展柑橘等水果生产。现在种植的主要有9个柑橘品种，包括脐橙、血橙、锦橙、温州蜜橘、红橘、新会橙、冰糖甜橙、椪柑、红心柚等品种。辅助种有桃、李、梨等水果。其中，柑橘3000亩，桃、李2500亩，梨1300亩。

另外，橙满园是一块记录着红色文化史实的土地。贵州游击支队司令员赵文海就是血洒这方热土的英烈代表。

链接

赵文海

赵文海（1898—1941），四川省纳溪区人。1936年，加入中国共产党，按照中国工农红军川滇黔边区游击纵队特委指示，到贵州组建游击支队并任支队长。赵文海以贵州毕节为中心，在黔西北地区发动群众，组建了贵州游击支队。

1941年4月，国民党毕节公署和镇雄、彝良、威信独立营及地方民团对游击队发动了新的“围剿”。游击队迂回转战于毕节、镇雄边境。终因弹尽粮绝，寡不敌众，陷于重围。赵文海突围后遭敌人通缉和追捕。是年8月7日，赵文海与其子赵银臣（游击队员）秘密前往赤水河筹集粮饷，遭特务逮捕，父子俩被杀害于赤水河畔的黄桷古树下。赵文海英勇就义时，年仅43岁。

毕节烈士陵园

爱国主义教育基地

毕节市七星关区，城区西北凤凰山

毕节烈士陵园既是毕节的风景名胜，也是爱国主义教育基地。陵园始建于1956年，1958年建成。面临倒天河，背靠文笔山，山清水秀、鸟语花香，森林覆盖率达95%。

陵园内安葬着中国工农红军第六军团政治部主任夏曦及中国工农红军川滇黔边区抗日先遣队司令员阮俊臣等137位烈士遗骸。建立了红军游击队和贵州游击队的主要领导人阮俊臣、赵文海、欧阳崇庭、陶树清、席大明、范建章等同志的墓地也在此陵园内。

陵园与天河公园、小河自然风景区、文笔山森林连为一片，环境宜人，引人注目。从公路向陵园看去，苍松翠柏、绿树成荫，百花争艳，万木竞秀，一望无际，郁郁葱葱。

玩家 解说

陵园内的“夏曦同志之墓”为萧克将军亲笔书写，夏曦墓左右两边还立有谢光中、夏震雷（夏曦之子）、缪正元等同志题写的碑刻。从陵园门口经中心道至革命烈士纪念碑两旁，立有由原毕节地下党和红二、红六军团领导人邓止戈、秦天真、徐健生、廖汉生等题写的碑刻。

贵州抗日救国军司令部旧址

木结构建筑

毕节市七星关区和平路74号

作为贵州抗日救国军司令部的周素园住宅，是一栋六排五间、一楼一底的重檐歇山顶木结构建筑，占地250平方米，建筑面积120平方米。1985年被列为省级重点文物保护单位。毕节市文管所在维修后的贵州抗日救国军司令部旧址内举办了相应的革命文物展览，展出各种文物100余件，并局部复原周素园居室。

链接

贵州抗日救国军

1936年2月，贺龙、任弼时、萧克、王震等率领中国工农红军二、六军团长征到达毕节。为了更好地贯彻抗日民族统一战线政策，组建抗日武装，按照团结民众和一切爱国志士加入抗日队伍，不分政治派别，不论成分，一致联合起来，组建抗日救国军的施政方针，红二、红六军团以毕节地下党掌握的席大明、周质夫、阮俊臣三支地方武装为基础，组建了“贵州抗日救国军”，“贵州抗日救国军”是红军长征途中建立的唯一的省级抗日武装。

川滇黔省革命委员会旧址

由砖木结构和木结构混合构成

毕节市七星关区百花路19号

“川滇黔省革命委员会旧址”是1936年

川滇黔省革命委员会旧址

红军长征途中“川滇黔省革命委员会”办公的地方，也是当时贺龙、萧克、任弼时、王震等红军高级将领运筹帷幄、指挥作战的地方。如今更是毕节进行革命传统教育的一个重要基地。

旧址由砖木结构和木结构混合构成。临街的一栋面阔七间房，其围墙用斗砖砌筑，墙上镶嵌大理石标志牌，大门上挂有萧克将军题写的墨底金字行书横匾“中华苏维埃人民共和国川滇黔省革命委员会旧址”21个大字。

玩家 解说

1936年1月，红二、红六军团根据中央军委指示，为了粉碎蒋介石的“围剿”进入贵州，创建黔西北革命根据地。2月3日渡过鸭池河天险进占黔西，2月6日进占大定，2月7日在任弼时同志的主持下，在大定福音堂成立了中华苏维埃人民共和国川滇黔省革命委员会，任弼时和代主席陈希云发表讲话，阐述了共产党、红军、革命委员会的宗旨、职责、任务。为有力打击敌人，2月17日，川滇黔省革命委员会迁到毕节市百花山福音堂办公。

赫章夜郎森林公园 AAAA

被誉为“纯天然大氧吧”

毕节市赫章县境内

赫章夜郎国家森林公园由相距40千米

的水塘林场和平山林场两个景区组成，总面积4733公顷。公园内地质年代久远，地貌类型多样，沟谷切割幽深，奇峰异石多姿；莽莽林海，遍布飞瀑流泉；四季分明，林木花草馥郁，自然景观十分优美。公园被誉为“纯天然大氧吧”，是黔西北地区的生态旅游瑰宝。

玩家解说

公园人文景观资源丰富，其历史文化以夜郎文化为主流，包括2000多年前的史前文化和2000年之中夜郎故地各个世居民族的文化。园内“赫章可乐墓葬遗址”被中国考古学会评为2001年“全国十大考古新发现”之一。始建于清代、重建于民国时期的七星关大桥、漫漫红军路，都是珍贵的历史文化遗产。彝、苗等少数民族浓郁的民族风情，欢乐的民族歌舞，情深谊长的敬酒习俗，都是游客喜闻乐见的旅游项目。

韭菜坪景区 AAAA

紫蓝色韭菜花海

毕节市赫章县兴发乡中营村　旺季40元

韭菜坪景区分布在赫章县兴发乡、珠市乡境内，分为大韭菜坪、小韭菜坪两个景区。其中，大韭菜坪有堪称地球上唯一的紫蓝色韭菜花海，花开时节，整个山体变成韭菜花的海洋。小韭菜坪主峰海拔2900.6米，为贵州最高峰，素有“贵州屋脊”之称，有喀斯特地貌奇观，可在此领略大自然的鬼斧神工。

阿西里西·二台坡景区 AAAA

南方少有的草原风景区

赫章县威奢乡二台坡　20元

阿西里西·二台坡景区位于兴发、威奢、古达三乡接合部，分为梦幻草原、有轨小火车观光、自驾体验、自助烧烤露营、休闲度假、影视拍摄和低空飞行、管轨滑道等游乐设施体验区。这里草原广阔，碧草青青，山峦逶迤起伏，牛羊成群，组成一幅绝美的山水画面。

纳雍总溪河景区 AAAA

宛若人间仙境

毕节市纳雍县库东关乡陶营村　免费

总溪河，发源于赫章，在纳雍县城东北面维新镇、库东关乡、董地乡境内。其河道蜿蜒曲折，水流时缓时急。两岸青山对峙，飞瀑鸣响，乘船顺流而下，宛若置身人间仙境。

韭菜坪花海

景点推荐

织金旅游区

织金洞 AAAAA

世界一流的喀斯特景观

毕节市织金县城东北面的官寨乡

在毕节市乘坐班车到织金县城，然后在织金县汽车运输公司院内乘坐直达景区的车可到

旺季110元；淡季100元

织金洞，被称为"溶洞之王"，它是一个多层次、多类型的溶洞。洞深10余千米，最高达50米，容积达500万立方米，发现于1980年。2005年，《中国国家地理》评选出"中国最美的旅游洞穴"排行榜，织金洞位居榜首。

洞内空间宽阔，分为上、中、下3层，已开发部分面积达35万平方米；这里有岩溶堆积物40多种，如石笋、石柱、石芽、钟旗等，涵盖世界溶洞中主要的形态类别，因而享有"岩溶博物馆"之美誉。著名文学评论家冯牧写诗这样赞美道："黄山归来不看岳，织金洞外无洞天。琅环胜地瑶池境，始信天宫在人间。"

洞内的主要景点有迎宾厅、讲经堂、雪香宫等。

迎宾厅

迎宾厅是进入织金洞看到的第一个景点。迎宾洞长200多米，厅内长满了苔藓，厅顶有一扇直径约10米的圆形天窗，通过天窗，阳光可直射洞底，称为"圆光一洞天"。洞内的岩石有的像巨狮、有的像玉蟾，还有的像岩松。此外，厅内还有一个直径约4米的圆形水塘，站在水塘边上，你可以看到岩石和洞窗的倒影，所以这水塘被称为"影泉"。

继续往前走，便是讲经堂，因洞的岩溶堆积物很像罗汉讲经而得此名。讲经堂长约200米，宽50米，中间还有一个水潭，被钟乳石分为两部分，又名"日月潭"。

织金洞

塔林洞面积有16 000平方米，有石塔100多座，最高的达30米。这些石塔每个都金光闪闪，令人震撼。这些塔把景区分为11个厅堂，石笋、石柱、石帷、钟旗遍布其中。

玩家 攻略

不要忘记欣赏一下“日月潭”左侧的“九龙撑天”，这其实是九根石柱，从洞底直抵顶棚，因形似蟠龙而得名，是拍照的好地方！

万寿宫

万寿宫内有万寿山，由洞顶塌落的巨石组成，后来在发育的过程中又覆盖了岩溶堆积物。上面是椭圆形的“穴罐”，旁边还有酷似“孔雀开屏”的鸡血石。此外，这里还有三座高10~20米的寿星石，形象逼真。抬头看一看洞顶和洞壁，你也会被黄、白、红、蓝、褐诸色构成的图案所吸引。

望山湖是一个长170米，宽40多米的地下湖，从这里你可前往其他各大景区：一条可进“南天门”，到达“灵霄殿”；另一条可进“北天门”，抵达“广寒宫”。湖边有一个“铁树银花”钟乳石，它高达10米，形如铁树，树身是千万颗黑色石珠，上端右侧为白色，如雪花一般。

江南泽国

“江南泽国”景区全长1.1千米，面积5万多平方米，共分为4部分，即“江南泽国”“漫谷长廊”“北海陇”“宴会大厅”。其中，“江南泽国”里拥有各种流水潺潺，田水如镜，水、湖、塘、田相互交错；“漫谷长廊”“北海陇”里钟乳石林立，且千奇百怪；“宴会大厅”内平坦干燥，适合休息、进餐、活动。

玩家 攻略

江南泽国景区非常之大，几乎是整个织金洞的六分之一。这里也是最耗时间的地方，也许是怕游客太累，大自然很人性化地在这里安置了“宴会厅”。而这里也正好适合游客补充能量，建议在此休息一下，再继续参观。

南天门18盘、28拐、448级台阶绝对不是那么容易爬的，爬完之后就大汗淋漓了，可是上面的风景真心好。南天门以前的景色只是铺垫，水晶宫、灵霄殿、广寒宫、十万大山等景区逐步形成了织金洞奇景的高潮。

灵霄殿

看过水晶宫后继续向前，就到了令人震撼的灵霄殿。灵霄殿高40多米，面积达5000多平方米，两壁还有垂下来的石帘，五光十色。殿的正中有一根石柱，直抵顶棚，被人称为“擎天柱”。擎天柱的后面还有一座“瑶池”，面积有20平方米，因有石莲漂浮出水面而得名。

广寒宫

过了广寒宫，整座洞也就差不多到了尽头。广寒宫的面积有5万多平方米，宫中有三绝：“霸王盔”高17米，神奇阳刚，这是第一绝；“灵芝山”上万朵灵芝生机勃勃，与洞顶华丽的石帷相呼应，这是第二绝；国宝“银雨树”花瓣环绕而上，挺拔俊秀，把广寒宫的美衬托得淋漓尽致，这是第三绝。

十万大山是一般游客游览织金洞的最后一个景点，这里面积有7万多平方米，最宽处有175米。洞内地势起伏，石峰丛立，有金色塔山、成林玉树，还有“螺旋树”“珍珠厅”可欣赏。

玩家 解说

说广寒宫是织金洞“高潮中的高潮”一点儿也不为过。无数的石笋、钟乳、石帘、石腹、石旗、石柱、石屏组成的浮雕，玲珑剔透、金雕玉琢、千姿百态，这些都是大自然的大写意、大手笔。

东风湖

有天然画廊之称

毕节市织金县境内

东风湖是通往蜚声中外的织金洞和百里杜鹃景区的一个美丽的高原平湖，长37千米，在山峦峰岭中随热而转，曲曲折折11道弯，山因水而灵气弥漫，水因山而风情万种。东风湖把高原的雄浑和平湖的秀丽融为一体，美在真山真水的自然和单纯，也美在可通往的那座神秘洞府的繁复和丰富。

玩家 解说

东风湖的山势兼有三峡的雄奇和桂林的秀丽，山色青翠，因水光相映，因朝雾夕晕，阴晴风雨变幻无穷，东风湖上最迷人的山形要数岸上的崖壁。崖壁上青山远衬，层次纷繁。卷洞门段石壁长近千米，壁面或突兀俯仰，或嶙峋错落，多为青、灰、红三色杂呈、斑驳陆离，壁缝间的绿色植物如铁扫把，廊头树之类或丛生簇长，如带缠附，惹人遐想。

织金古城

历史文化悠久

毕节市织金县境内

织金古城历史文化悠久，始建于明洪武十五年（1382年），清康熙五年（1666年）建府并建木城，康熙七年（1668年）建土城，乾隆十四年（1749年）建石城。1991年被列为省级历史文化名城，有文物古迹74处，其中全国重点文物保护单位25处。

古城自然风光秀丽、遍地成景，位于古城中心的财神庙是全国绝无仅有的古建奇观，与之相互辉映的有四庵、四阁、四寺、四祠、八大庙。

财神庙

财神庙建于织金城中心，木结构，四重檐歇山顶，有十八翼角，四层楼逐层缩收成宝塔状，其侧面构成三个重叠的三角形，此庙始建于清初，在清乾隆四十八年（1783年）重建。是国内极为罕见的特殊建筑。

织金财神庙

鱼山之景

鱼山之景位于织金城的东北角，因山形似木鱼得名，由山脚步向山顶，登108级石阶，可见一些石刻。黑神庙就建在这鱼山上，有藏书楼、济赈亭、且住亭、鱼池、花圃等建筑景观。在织金城西，有双流激浪之景，这是两个相对的山洞，洞中各自涌出泉水交汇在一起，看上去颇为和谐。

东山寺

东山寺位于城关镇工业路东端，建于清康熙八年（1669年），光绪五年（1879年）重加修葺。占地面积约1.5万平方米，建筑面积约2000平方米。建筑坐东向西。依山就势而建，由山门、前殿、正殿、钟鼓楼、观音阁组成。现存山门、前殿、正殿、钟鼓楼。前殿坐东西向，面阔五间，通阔21.5米，进深三间，通进深8.7米，穿斗式木结构悬山青顶。

官寨古寨

水西古彝重寨

毕节市织金县

官寨古寨是水西古彝重寨，明末贵州宣慰同知安邦彦办公居家之所。官寨主要是仿照水西彝族传统建筑风格进行的恢复改造。官寨古街上还可以依稀看到犹在的断垣残壁，残壁上厚厚的青苔似乎记录着古寨悠久的历史。从古街的铜门往里走，街道两旁的房屋古色古香，青石板路宽敞整洁，洋芋摊、麦芽糖店、民族饰品店前门庭若市，这里的繁华与织金洞里的宁静、神秘形成了鲜明的对比。

链接

安邦彦

安邦彦是明朝贵州水西（今贵州黔西）土司，天启元年（1621年），安邦彦与四川东部永宁土司奢崇明因不堪明廷凌辱，相约起兵反明，至崇祯二年（1629年）兵败卒于四川。安邦彦战死，明军趁势进占毗喇（织金），攻克那威。

官寨古寨

织金桂果瀑布

毕节最大的天然瀑布

毕节市织金县桂果镇绮陌河下游马场村附近

织金桂果瀑布景区内有浩瀚葱郁的原始森林，纵横奔腾的飞流奇观，雄伟壮观的高山石林，还有当地世代居住的穿青人与瀑布息息相关的历史，都为游客充分展现了景区独具特色的风土人情。

织金桂果瀑布高55米、宽35米，是毕节最大的天然瀑布。昔日称为“瀑泻珠帘”，水挥洒而下，连成一片，十分壮观。

凤凰山

织金古城的南大门

毕节市织金县珠藏镇

凤凰山顶部为一片长2000米，宽1500米，总面积为30万平方米的丘陵缓坡，如一道高高的门槛横亘在织金古城的南面，被称为织金城的南大门。凤凰山还是一个人文色彩和民族风情浓郁的景区，凤凰山是贵州中西部苗族最大的跳花场，每年农历七月十三日后第一个羊日开场，连续三天，来自贵州中、西部的苗族同胞数万人齐聚凤凰山，以各种文体活动欢庆自己的节日，场面极为壮观。

玩家解说

清康熙二十年（1681年）清军和水西彝族军队相配合与吴三桂叛乱势力在凤凰山展开了决战，双方各投入兵力数万人，还出动了象阵；此战以吴三桂势力失败退出贵州为结局。

景点推荐

威宁旅游区

威宁草海

全国三大高原淡水湖之一

毕节市威宁自治县草海镇城郊　在毕节市内乘坐汽车到威宁县，换乘去草海的车即到

免费

草海素有“高原明珠”之称，以蒲草丰盛而得名“草海”。因地处高海拔地区，草海的气候以光照充足、冬暖夏凉、干湿分明为特征，所以这里夏季无酷暑，是夏季避暑的理想之地。

冬季这里众鸟云集，尤以世界上唯一的高原鹤类——黑颈鹤最多，因此也是理想的观鸟区之一。此外，草海国家级自然保护区还有着丰富的植物资源，以浮游植物最为丰富，这些浮游植物为鱼类提供了大量的饵料，进而为来此越冬的鸟类提供了天然的食料。

玩家攻略

1.住宿：草海就在威宁县附近，所以游客一般是返回威宁县城住宿。此外，夏季还有很多游客直接在草海景区中宿营。

2.美食：来草海旅游，可以尝尝草海的特产，草海细黄鱼（当地人称之为“鱼包虾”）、红虾、草海银鲫鱼等。不仅可以煮着吃，喝鱼汤；还可以烤着吃，味道鲜美。

威宁县城的菜园路一带有几家很有特色的餐馆。可以在这里随便找一家来就餐，纯天然的原料做成的美食，一定不会让你失望。

3.购物：威宁的特产是荞酥和威宁火腿，荞酥是用荞面混入红糖做成的，吃在嘴里很沙甜。威宁火腿名气很大，在当地买大概十几元一

斤。这两样特产在威宁乃至整个毕节的大街小巷都能买到。

4.最佳季节：每年的冬末春初，是草海观鸟的最佳时节，此时有许多鸟类云集至此；其他季节也可去草海游玩。春天去的话，整个湖里开满了花，非常漂亮；夏天去可以吃有名的草海细黄鱼，看湖中随水波摇曳的草；寒冬天气，草海的气温较低，路和湖面有薄冰，要注意保暖。

玩家解说

观赏各种候鸟（包括最珍贵的黑颈鹤）的季节就是冬季，而冬季最好的观鸟时机就在1~3月，这时候的候鸟大量集结、繁殖越冬，而一天中的观鸟时节又是在清晨6点至中午12点，清晨候鸟初醒、成群，继而起飞分散觅食，是摄影留念的最好时机。

每年的这个时候，世界各地的鸟类专家和爱鸟人士纷至沓来，草海被国际社会誉为“世界最佳观鸟区”，特别适合摄友和观鸟爱好者。

链接

黑颈鹤

黑颈鹤只生活在我国青海省、西藏南部和四川北部的少数高原地区，是世界上15种鹤中最晚被发现的一种，仅存5000只，也是世界上唯一生活在高原沼泽的鹤类。每年初冬时节，青藏高原上“千里冰封”的时候，它们举家南迁，飞往草海越冬，草海有优良的水质、茂密的水草、众多的鱼虾，自然成为黑颈鹤栖息密度最大的越冬地，直到次年春回大地之后它们才飞回故地。

彝族向天墓

有“中国金字塔”之称

毕节市威宁自治县盐仓镇

彝族向天墓群以威宁盐仓古乌撒部落彝王坟为中心，约一百千米范围内有向天坟五六十座，被称为“中国的金字塔”。这里的向天墓与四川小凉山、云南楚雄的向天坟并称为“中国西南三大向天坟场”。

向天墓分以下两种类型。一是民间俗称的“狗坟”，葬奴隶和地位低下的人。二是以大坟梁子的大坟、小坟梁子的小坟为主。彝王坟周围和延伸较远的结里等地，有200多座向天墓，根据死者官位的高低而论大小，官职显赫的与彝王坟较近，“狗坟”之类的奴隶坟离彝王坟比较远。

玩家解说

狗坟以毛石砌椭圆形石墙，直径一般在10~20米，中间用泥土封平，直径三四米，高不到1米。大坟梁子的大坟，彝族称为“祖穆乌曲”，意味着君王坟，是规模宏大的彝族乌撒王

威宁草海

第48任国王的陵墓，坐落于南北走向的高高山脊。现有椭圆形封土堆，四方平均高度39.47米，周长217.2米。墓为石砌墙围护的三级台阶，顶部平台中间有一圆形凹口，深2.3米，直径7米，这一凹口颇为神秘。东西北三面诸山底伏于彝王坟，正南一孤峰，冬至前后，只有一日正午时，孤峰影恰好投射到坟顶凹口处，表示严冬降临。向天墓是古代彝族的天文观象台。

小坟梁子的小坟，在彝王坟东南500米处，用毛石就其自然形状围砌成圈，近似单圆台形，俗称"普安坟"即"驸马坟"。现存墓基22米，高15米，墓主是拣马坝村阿景氏族（汉姓王）的始祖阿景迈帕，他是乌撒部落某一带首领的女婿，也是元、明时期黔西普安土司的祖先。小坟与该地夏至太阳出地平线方位一致。彝王坟周围200米至3000米，还有几座向天坟，其中五座较大的和彝王坟、普安坟向着北斗七星，成为北斗七星分布，所以又被称为"向星坟"。

裸戛彝族寨变人戏

原始古朴的傩戏

毕节市威宁自治县板底乡裸戛村

裸戛位于贵州省西部的威宁彝族回族苗族自治县板底乡，那里流传着一种原始古朴的傩戏"撮泰吉"。旨在驱邪祟、迎吉祥、祈丰收。"撮泰吉"已在板底乡流传了几百年甚至上千年，现在只有裸戛村还能演出，其他村寨都失传了。

玩家 解说

裸戛彝族寨变人戏一般在农历正月初五至正月十五演出，出场人物共六人，其中除山林老人惹戛阿布不戴面具外，其他五人均戴面具，他们分别是阿布摩、阿达姆、麻洪摩、嘿布和阿安。

九龙山

云贵高原离天最近的地方

毕节市威宁彝族回族苗族自治县境内

九龙山又叫支戛阿鲁神山、楚敖山，是云贵高原离天最近的地方。这里流传着彝族神王支戛阿鲁在流水洪荒时期，孤身奋力补天排洪、感天动地的神奇故事。景区山峰巍峨崔嵬，直指苍穹，仿若神剑，砥柱天地，"不敢高声语，恐惊天上人"的情愫油然而生。

九龙山

景点推荐 百里杜鹃周边景点

百里杜鹃风景区 AAAAA

中国面积最大的原生杜鹃林

毕节市黔西、大方两县交界处，金坡景区在黔西市金坡乡

在黔西市老车站乘坐中巴车到金坡或普底即可

¥ 130元 0857-4666999

百里杜鹃是中国AAAAA级旅游景区，也是中国面积最大的天然杜鹃林带之一。百里杜鹃是贵州西北部次生地带性植被中保存最好的一部分，景区内分布着马缨杜鹃、大白花杜鹃、水红杜鹃、露珠杜鹃、锈叶杜鹃等20多个品种的杜鹃花。每年3月下旬至4月末各种杜鹃花相继盛开，杜鹃花漫山遍野，千姿百态，因此百里杜鹃又被誉为“世界上最大的天然花园”。景区内景点主要有金坡景区、杜鹃林带、移山湖、方家坪、米底河、九龙山、对嘴岩、黄家坝阻击战遗址。此外，景区内还有丰富的民族文化资源，景区内居住着彝、苗、白、仡佬、布依、满等少数民族，少数民族人口占80%以上，民族传统文化悠久，民族风情浓郁。

玩家攻略

1.住宿：在百里杜鹃旅游，既可以住在黔西市，也可以住在毕节市。黔西市的标准间在80~200元，条件较好的酒店有新宇大酒店、水西宾馆、鸿雁宾馆等。

2.美食：毕节位于高寒山区，当地人比较喜欢吃热食，汤圆类的小吃最有名。与我国其他地方的汤圆相比，这里的一碗汤圆中有10种不同的馅，而且味道各不相同。其他风味小吃还有茶食、糍粑包豆腐、烙锅系列等。

玩家 行程

百里杜鹃一日游：金坡岭—百花坪—普底中心花区—醉九牛—数花峰—五彩路。

百里杜鹃景区很大，步行很难在一天之内完全欣赏完。可以在金坡景区大门总站乘电瓶车游览，途经金坡岭、百花坪、锦鸡箐、画眉岭、马缨林等景区。在金坡岭、百花坪景区，你可以停下来赏花、拍照。再前往普底中心景区，在最高点数花峰一览众山小，沉浸在美丽的杜鹃海洋中。最后去欣赏醉九牛、五彩路等，五彩路上铺满了杜鹃花地毯，令人陶醉。

玩家 解说

百里杜鹃风景区初步查明的杜鹃花共23种。花的色调从大红到血红各色都有，每一种色调又从深到浅有若干层次。每年春夏之交是盛花时节，此时登高远眺，群山逶迤，山间各色杜鹃花花团锦簇，云霞灿烂、千姿百态、色彩丰富。一个花序有20余朵花，一株树上多达上万朵花，花树高的有六七米，矮的仅一米不到，景区内山岭起伏、花山绵延，一山山红杜鹃，艳如云霞；一坡坡白杜鹃，洁白如雪。大杜鹃树枝苍劲，小杜鹃俏丽多姿，各色花朵红的如红缨，银白的似粉球，鹅黄的如团扇，淡紫的似玉盘，美不胜收，令人陶醉。

百里杜鹃风景区居住着汉、苗、彝、布依、仡佬等民族。这里的民族风情丰富多彩，独特的民族文化和习俗定会让你大开眼界。花开季节，附近的少数民族青年男女会到花丛中款款对歌，自定终身。各种民族节日场面更是十分热闹。盛装与花树相辉映。笙笛鼓锣声齐鸣，一群群男女青年绕着花树吹响芦笙，翩翩起舞。欢腾的场面会持续数日。中国是世界上杜鹃花种类最多的国家。贵州的杜鹃花有70多个品种，多数集中在百里杜鹃风景区。像这样天然、集中、成片、面积大、种类繁多的杜鹃花区，在国内外都属罕见，具有较高的观赏价值和科研价值。最为难得的是"一树不同花"，即一棵树上开出若干不同品种的花朵，最壮观的可达7种之多，3~4月是盛花期，是观花山，游花海的好时机。每年一次的"中国贵州杜鹃花节"，被定为全国生态旅游的37个主要节庆之一。

金坡岭

金坡岭是百里杜鹃景区内的主景区，

百里杜鹃

百里杜鹃摄影攻略

百里杜鹃被誉为“世界上最大的天然花园”。每年的3~4月是杜鹃的盛开时期，各色杜鹃争奇斗艳，灿若云霞，是摄影爱好者的天堂。

拍摄百里杜鹃，可以选择成片拍摄，也可以在单株的植物上寻找摄影的乐趣，可以单个地拍摄一朵杜鹃的娇媚。如果愿意耐心等待，可以等到晨昏时分以光线漫射之后的天空作为背景来拍摄。

拍摄百里杜鹃时主要的摄影场口有百花坪、览胜峰、金坡岭、数花峰、落英台、五彩路。

百花坪：百花坪的杜鹃花品种繁多，五彩缤纷，据说每年花开时期，天上的仙女都会偷偷下凡赏花，与花丛中的姑娘小伙对歌跳舞。因此，这里就成为每年彝族的插花节、苗族的跳坡节的理想场所。

览胜峰：站在览胜峰上，山风吹来，红得像翻滚的火龙，如升腾的烈焰，马樱最红，红红火火，大红刺眼，深红透心，亮红、水红、淡红，红红的一片，着实惹眼。

金坡岭：金坡岭的花特别漂亮，有的山一片鲜红，艳若朝霞；有的山一片雪白，银装素裹；有的山百花齐放，繁花似锦。每当晚霞映照时，火红一片，故称为“金坡岭”。

数花峰：数花峰是观花的最佳景点，展现了百里杜鹃的规模气势。你不妨数一数远处有多少个花峰，多少种花。

落英台：这里的杜鹃花花瓣飘落在步道上，落英缤纷，装点大地，着实漂亮，故称为“落英台”。

五彩路：这里有五条路可以通过花区，后来人们发现盛花季节，五彩路上有落英缤纷，非常美丽，故称为“五彩路”。五彩路是杜鹃花品种比较集中、齐全的景点。

素有“煤郎伴花仙”之称。景区内主要有百花坪、览胜峰、金坡岭等景点。此外，景区内还有一个神奇的大坑洞，洞内钟乳石各具形态、巧夺天工，有把门将军、老君骑牛等景观。

玩家攻略

在锦鸡箐，树大林密，交织丛生着粉红色的迷人杜鹃和鹅黄色的露珠杜鹃、大白杜鹃及深红色的马缨杜鹃，引来锦鸡在这里安家繁衍。锦鸡是国家二级保护动物，幸运的话你会遇上它，但千万别伤害它和惊吓它。

锦鸡

在马缨林，可以看到树身高大，花冠浓密的马缨杜鹃，有的一株就有二三百朵花。马樱杜鹃又叫“马樱花”“索玛花”，传说是索玛姑娘的鲜血变成的圣花。

百花坪

百花坪是你即使乘坐电瓶车也要下来好好欣赏一番的景区。此处的杜鹃花品种繁多，五彩缤纷。而且百花坪还是每年彝族的插花节、苗族跳坡节的最佳场所。这里还有一尊彝族姑娘的塑像，她就是当地传说中的索玛花神。相传她为了保护当地的“神花”而献出了自己宝贵的生命，同时鲜血染红了百里杜鹃。当地的老百姓为了纪念她，把杜鹃花称为“索玛花”，塑像中的她气质优雅、飘逸而脱俗。

玩家攻略

经过金坡岭、百花坪之后，在电瓶车上，

你还能看到锦鸡箐、画眉岭、马缨林等风景区，这些景区虽然都很美，但是景色基本大同小异，所以你只需要挑选一到两处自己特别喜欢的景点来赏花或者拍照就可以了。景区实在太大，全部游览怕是没有那么多时间，也没有必要。

普底中心花区

普底中心花区指的其实就是黄坪的“十里杜鹃”，这里是百里杜鹃的精华部分。十里范围内，杜鹃花种类不仅多，而且花色变化较大。登高远望，美艳的杜鹃花尽收眼底，红彤彤的，雪白雪白的，还有混色的，令人目不暇接。此外，还有紫杜鹃山、金杜鹃山、混色杜鹃山，令人叹为观止。

醉九牛的由来与朱元璋有关，主要也是讲这里的杜鹃花之美。景点内有新旧两种牛的雕塑，旧的分散在杜鹃花中，感觉更有醉九牛的意境。新的“醉九牛”雕塑中的牛是在一起的，满身挂着红绸子。

玩家攻略

黄坪所在的普底乡少数民族占60%，这里的插花节与火把节等节日中的游戏丰富多彩，你可以参与其中。这些节日都是在杜鹃花盛开的季节，体验当地风情也是游览百里杜鹃不可缺少的一部分。

链接

醉九牛的传说

醉九牛的名字来源于一个动人的传说。话说明朝洪武年间，水西土司奢香夫人为维护西南边陲的安宁，把一群水西壮牛送给朱元璋做贡品。一路上，这些牛都走得好好的，但是走到这一片杜鹃林时，竟然不肯走了，醉倒在花林里。经人禀报朱元璋后，朱元璋对奢香说，就把那里叫醉九牛吧。于是，醉九牛的名字就这样流传开来。

数花峰

数花峰是普底景区的最高峰，也是观花的最佳景点，这里最能展现百里杜鹃的规模与气势。数花峰的半山腰有红军长征烈士纪念碑，因为红二军团六师曾经在普底乡打过

百里杜鹃

著名的“黄家坝阻击战”，感兴趣的游客不要错过。

五彩路有五条路可以通往花区，所以最初的名字叫“五岔路”。随着花开花落，盛花季节五条路上落英缤纷，就像一片花毯。于是，就将“五岔路”改为“五彩路”了，意思就是五种颜色的路。同时，这里也是杜鹃花品种比较集中、齐全的地点之一。

链接

数花峰的“京报高悬”

数花峰对面的悬崖上有一块形似皇榜的岩石，美其名曰“京报高悬”。这里还有一个精彩的传说：每当它旁边的巨笔“西山耸秀”峰一鸣叫，岩石皇榜上的字迹就会时隐时现。不久，山脚下便会有人金榜题名。所以，在以前的科举时代，当地百姓经常来这里祈福。

水西公园

古色古香之水西风韵

毕节市黔西市文峰路63号

以明代正德年间修建的观音阁为基础，始建于民国初年的元明清历史文化遗存水西公园，坐落在东郊狮山西麓，占地6万平方米。园内文峰古塔挺立，古柏参天，阁厅飞檐，曲径幽深，古人塑像，石碑石刻，红柱青瓦古建筑等，别有一番古色古香之水西风韵。

柯家海子景区

黔西古代八大景观之一

距毕节市黔西市城区7千米

柯家海子景区是黔西古代八大景观之一，是黔西县城通往洪家渡、织金洞的必经之地。柯家海子由贵州省三大喀斯特高原天然湖群之一，由30余个大小不等、深浅不一、形态各异的天然淡水湖泊组成。海子群内林木葱翠、鸟语花香、竹林掩农舍。

玩家解说

早在元代，此地就是亦溪不薛牧厂的牧马场，现今尚留有“洗马槽”遗址。古人因之誉为“黔西之景此独秀”。是游人春、夏、秋季休闲度假、避暑垂钓的好去处。

东风湖苗家风情景区

湖水清澈澄深

毕节市黔西市南部，距黔西市城区40千米

东风湖景区为喀斯特典型的高山峡谷型，自然风光极为雄奇壮丽，有“头上天一线，峡中水一湾”的天然画廊之称。

东风湖两岸的群山自然形成蜿蜒曲折的两条长岭。沿岸景观集岩溶、峡谷风光、民族风情、溶洞奇观于一体，有神女峰、倒挂石莲、小三峡自然景观，兼有三峡的雄奇壮丽和桂林的婉转温柔；沿岸还分布有星星点点的苗族村寨，游览东风湖之余，还可上岸入寨观赏头饰长角、彩裙起舞独特的苗家风情。

东风湖

黔西观音洞遗址

“北有周口店、南有观音洞”

毕节市黔西市观音洞镇观音洞村

黔西观音洞遗址是我国长江以南发现的第一处旧石器时代早期最大的遗址，被称为贵州“史前文化的第一乐章”，是贵州悠久历史文化的源头，与北京周口店、山西西侯度并称“中国古文化三大代表区”，素有“北有周口店，南有观音洞”之称。

观音洞遗址分为主洞和南北两个支洞，主洞长90米，宽2~4米，南支洞长15米，宽1米，北支洞长30米，宽1~2米。洞穴堆积厚达9米，分为上下两个部分，九个文化层，延续时代距今24万年左右，已出土石制器3000多件和哺乳动物化石23种，现为全国重点文物保护单位。

玩家解说

观音洞所发现的石器的原料、制作与类型组合都具有鲜明的地方特色，反映了西南地区旧石器时代文化发展的特点。已发现的哺乳动物化石有20多个种类，其中尤以剑齿象、犀牛等的数量为多，与早期人类的狩猎活动密切相关。这些发现为研究早期人类在西南地区发展历史提供了非常重要的材料。

净莲寺

黔西八大景点之一

毕节市黔西市城区东郊的东山半山上

净莲寺是神话传说中的“十柏禅房”，黔西八大景点之一。寺庙周围古树参天，银柏犹存。至今寺前还保留着一棵300年前的银杏树，仍枝叶繁茂，白果满树。站在寺前远眺城景，宽阔的水泥路上行人车辆穿梭不息，饱览城郊的自然景色和田园风光，令人心旷神怡。

净莲寺主体工程——大雄宝殿、正门对联文笔刚柔相济：“翠柏候嘉宾参观东山大雄殿、银杏迎贵客朝仰净莲从佛容。”殿内塑有如来佛、文殊菩萨、普贤菩萨、西方三圣、十八罗汉28尊佛像。殿前塑有济公和尚、玉佛、韦驮等神像。神像神态各异，形象自然，栩栩如生。宝殿东侧下面建有平房一幢三间。

玩家 解说

据历史记载，净莲寺的前身系开元寺，清朝康熙五年（1666年）开山祖师铁舌和尚在此建寺。他晚年传给弟子归印，智永和尚。铁舌和尚圆寂后，安葬在左侧山上，至今碑记尚存。清朝乾隆年间寺址上建了玉皇阁，于是人们便把开元寺称叫玉皇阁。自民国以来，开元寺历经年代久远，世事沧桑，庙阁已被毁坏殆尽。直至党的十一届三中全会以后，县委、县政府认真贯彻落实党的宗教政策，该寺才得以修复。1993年，黔灵山弘福寺慧海大和尚亲临黔西视察，将恢复后的寺名取名为“净莲寺”。

刺猪洞

洞内神秘莫测

毕节市黔西市素朴镇塘山村营盘坡观音岩半山腰

免费

刺猪洞神秘莫测，位于悬崖峭壁底层，洞门两侧怪石峥嵘，奇峰突兀，箐木蔽日。洞口不大，洞内广阔，入口处有一古代留下的军事防御工事，营地内大约可以容纳200人，经过营地，即抵达五彩缤纷的熬硝洞厅，处处可见当年熬硝人留下的硝砂土堆，熬硝炉灶。

刺猪洞有楼梯洞厅、阴河动物足印洞厅、荆竹林洞厅、坛罐厂洞厅等众多洞厅，其中最具特色的是石柱洞厅，洞内景象瑰丽多彩，山水并存，厅堂宽广，洞顶石笋，参差危耸，将坠不坠。

对嘴岩

喀斯特地貌奇观

毕节市黔西市仁和乡公路旁

“对嘴岩”为状似杜鹃鸟的喀斯特地貌奇观。两块十分奇特的岩石，耸立在路的右侧。两块岩石前端，似鸟的嘴壳，很亲近地相对着，上有红花、绿树、云天和鸟鸣，下有峡谷、溪涧、深潭和水声。

净莲寺

玩家 解说

关于“对嘴岩”有一神话传说：相传很久以前，仁和乡有一布依农家，养育着一对孪生姐妹。姐妹俩美如仙子。她们是阿苏与阿芝。姐妹俩从小就喜欢栽种杜鹃花。阿苏因劳累过度而死，阿芝仍天天上山种花，也因劳累过度而死，乡亲们将阿芝与阿苏一同葬于花山脚下。不久，阿苏与阿芝的坟墓变成了两座活像两个人嘴对嘴说话的山岩。当地人便将它取名为“对嘴岩”。

黄家坝阻击战遗址

保存完好的黄家坝阻击战战场

毕节市黔西市黄家坝

红军长征回忆录《星火燎原》里，就有黄家坝阻击战的记载。为了凭吊当年浴血奋战的革命先烈，1985年，政府在数花峰半山腰建立了黄家坝阻击战纪念碑。有游客诗人咏道：“马缨哪得鲜如许，为是红军血染成。”1986年4月，诗人黄中修回故里，感慨赋诗：“五十年前立战功，工农子弟逞英雄，长征烈士流血处，培育杜鹃分外红。”

几十年过去了，穿过历史的烽烟，站在纪念碑前，黄家坝阻击战的枪炮声仍回响耳畔。

油杉河 AAAA

风光秀美

毕节市大方县雨冲乡油杉河村

0857-5224567

油杉河风景区，即油杉河生态旅游度假区。河水发源于九龙山北麓，流域面积约41平方千米，森林野生资源丰富，拥有植物300多种。景区内集山、水、林、谷、泉、瀑、石、花、草等自然风光为一体，以雄、奇、灵、秀、幽为主要特色，到处都是秀美、壮丽的风光。

景区内分为7大游览区，即“大峡谷”“南天门”“仙宇屯”“两岔河”“响水河”“雨冲河”“古银杏林”，有“天门峰”“天柱峰”“玉壶峰”“神女峰”“孔雀岩”“夫妻岩”“望夫石”“鲤鱼跳龙门”“神猴跳出五指山”等景点。是观光、休闲、科考、探险、户外运动的好去处。

大方三塔

历史文化的瑰宝

奎峰塔位于城南玉文山，扶风塔位于城西牛头坡，联璧塔位于城东万松山

大方县城周围有三塔，分别为奎峰塔、扶风塔、联璧塔，三塔鼎足而立，始于明，盛于清，存于今。

大方三塔体现了古风悠悠的“塔文化”，会同具有历史记载轨迹的“井文化”、贵毕高速公路修建后的“桥文化”，与大方传统的荆州龙灯、彝族火把节、苗族跳花坡、白族节等民族风情一起，彰显着绚丽多姿的民族文化，成为大方县历史中遗留下来的瑰宝。

玩家解说

奎峰塔又名玉皇阁塔，属七级六菱形石塔，修于明代，再经清朝李曜、姚学瑛二位大定知府两次重建，至今塔体基本完好。从玉文山脚向上，拨开竹枝和灌木，隐隐约约的塔身，透过扶疏林木，巍然天地之间。

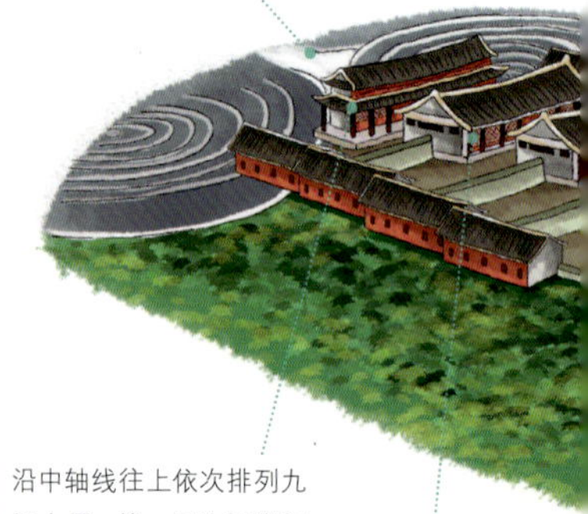

慕俄格古彝文化旅游景区 AAAA

奢香故里，古彝圣地

毕节市大方县贵州宣慰府　60元

慕俄格古彝文化旅游景区，位于贵州省毕节市大方县，始建于蜀汉时期，是古罗甸王国的首府、明代“贵州宣慰府”驻地；是全国影视指定拍摄景地，主要景点有贵州宣慰府、奢香博物馆、奢香墓等。

贵州宣慰府

建于蜀汉时期，原坐落于大方县北郊螺蛳塘畔，时称罗甸王府，明代称贵州宣慰府，明朝天启四年（1624年）毁于战争。现已复建。工程占地137亩，总建筑面积7969.8平方米。电视剧《奢香夫人》就是在这里拍摄的。

玩家解说

大方县被誉为“古彝圣地、奢香故里”，有着深厚的历史文化底蕴，尤以古彝文化为盛，是罗甸王城慕俄格的所在地。彝文典籍《策尼勾则》记载：“兹诺勾凸兔，摩诺卧仇女，布诺大波排，阿买色代史，觉竹舍得乌。”意为“鹤为君，鹃为臣，鹰为师，民众为乌”。慕俄格，即天

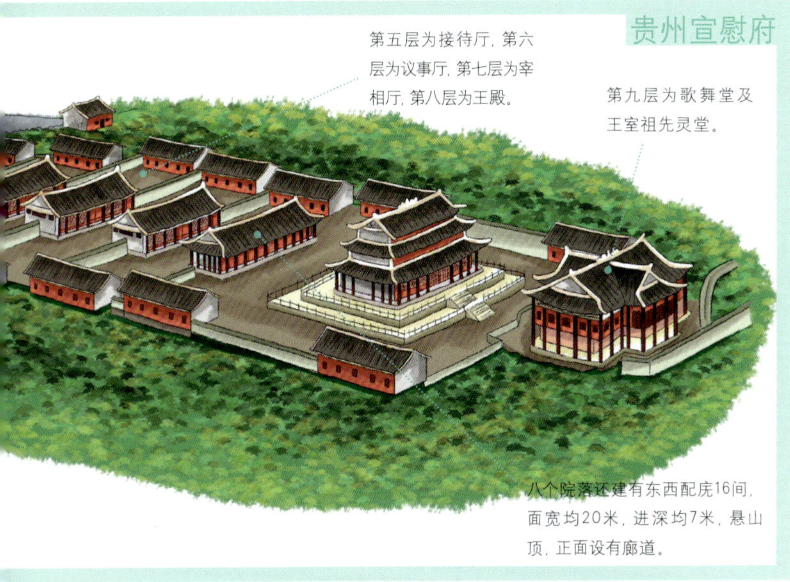

子脚下的地方君王，后渐演变为城名。彝族古代有十二个著名的君王政权。在《策尼勾则》中，慕俄格是其中最为出名的君王政权之一。自彝族六祖分支时起，到妥阿哲封王后，即定王都于大方。经历几代君王前后历时80年修建起的慕俄格王城，修建王宫于城中。历经唐、宋、元、明的王国分封历史，至明代王宫成为宣慰府衙。

奢香博物馆

奢香博物馆是以奢香夫人命名的彝族历史文化综合博物馆，是黔西北彝族历史文化研究和彝文古籍收藏保护整理的重要基地。

博物馆仿照古代彝族土司庄园建筑而成，整个建筑格局渗透着浓厚的彝族传统文化气息，无论是门窗的雕饰，还是梁柱的造型，尤其是窗户周围和屋顶上都铸有火焰形状的装饰，充分地展现了彝族是“火”的民族的特点。

博物馆由文物古迹馆、综合馆、中心展厅、彝族服饰馆、生产生活馆五个展厅和资料中心以及馆藏书法作品展馆等组成。收藏了大量的彝文古籍、彝族社会传统文化和艺术物品，集中反映了彝族传统文化的精华。

玩家解说

彝族是一个有着悠久历史和古老文明的民族。彝族默部德施氏迁入贵州后，长期在鸭池河以西的大片地区进行开发和繁衍生息，史书称为“卢鹿部”或“水西彝”。在蜀汉时，有过妥阿哲为罗甸王，建都大方；在明朝初期，有过奢香夫人摄贵州宣慰使，开辟龙场九驿等兴盛时期。

奢香墓

奢香墓位于奢香博物馆旁，墓高4.5米，为围石土封、须弥座式，其中围石分九盘，每盘用36块精料白石砌成。其中，第六圆围系九板九柱高浮雕，上有古代彝族图案花纹、九龙九虎变形图等；第九圆围为瓦筒，72个瓦当上分别有一个虎面浮雕。墓碑高3.3米，碑刻“彝族君长陇赞阿期妻扯勒奢香之墓”和“明顺德夫人摄贵州宣慰使奢香墓”共29个字。

墓前两侧分别设有九板十柱白石栏杆，上刻54幅古代彝族浮雕。墓周设有仿古马头形墙圈和亭、桥、花圃、草坪等。此墓庄严、古朴，是游客凭吊奢香夫人和发思古之幽情的佳地。

玩家解说

相信不少去奢香墓的人都是仰慕奢香的美名而来的。其实墓本身就很具规模，它是朝廷按正三品规格修建，再加上后面的云屯山就显得更有气势了。因为之前被破坏得很严重，所以现在看到的奢香墓是后人多次修复的。来到奢香墓，观景的同时还能让人体会到奢香留给后人的启示。奢香夫人作为一个女人能流芳百世，她身上的坚毅，她的忍辱负重，她的心怀坦荡，让多少人汗颜？又让多少男子自叹不如呢？不妨到奢香墓走一走，了解一下奢香夫人，让自己获得更多的精神信念。

链接

奢香夫人

奢香夫人（1361—1396），彝名舍兹，川南彝族土司永宁宣抚司（今四川叙永）人，彝族著名女政治家，死后被明太祖朱元璋谥封为“大明顺德夫人”。其父为彝族恒部扯勒君长奢氏，其夫为贵州宣慰使陇赞•霭翠。明洪武十四年（1381年），陇赞•霭翠去世，奢香袭其夫职。奢香夫人一生中政绩比较突出，她改善了水西地区的交通条件，加强彝人学习汉文化，促进了当地经济、文化的发展，也巩固了西南边疆，客观上维护了祖国的统一。

奢香谷

以生态漂流与休闲为主题

毕节市大方县双山镇，距毕节市20千米

奢香谷景区集神山奇崖、秀水顽石、奢香古驿道、多种多样的河谷动植物为一体，以生态漂流与休闲为主题。特别是生态漂流，18千米河段，九曲十八弯，三五六个拐，七十二个滩，处处有惊有险，神秘莫测。在湾中，如行云流水；在险滩，犹如乘风破浪，如堕云烟，又似雄鹰展翅，其间的胆大石、英雄虎胆、黑狮吼、小浪底更使你惊心动魄，流连忘返。

奢香墓

星云宫

景观绝异的奇宫

距毕节市大方县城12千米

星云宫是一座梦幻迷离的地下宫殿般的溶洞。整个洞呈“T”形分布，初步旅游路线长1100米；洞内一般高度在15~25米，该洞水旱兼具，玲珑紧凑，水阵宽大，空气清新。石乳千姿百态，惟妙惟肖。

星云宫主要的景点有洞天佛地、第二洞厅、第三洞厅、东海龙宫、龙宫正殿、江南水乡、九天银河、银汉星空等。

洞天佛地

洞天佛地为星云宫的第一洞厅，巨大的弥勒石佛，端坐在大厅中央，面朝溶洞的纵深方面。大佛低眉颔首，正襟危坐，好一派溶洞佛祖之尊，令人不由肃然起敬。叫人惊异的是：偌大一个洞厅，居然四壁光滑，除了坐佛石像，竟无一钟乳伴生。只是在坐佛左侧石壁之后的另一个小溶洞里，才生长一组密集穿插的石柱、石笋，真是王者独尊。

第二洞厅

第二洞厅是一段长数百米，向上攀越的长廊。白色的石乳簇生林立。沿雪峰攀登，但见百丈冰瀑，铺天盖地；千年雪松，拔地撼天。沿途细小景致层出不穷，妙趣横生。到达冰雪迷茫无路处，还须沿“天梯”登临极顶。回首眺望，千里冰川，万里雪峰，别有一番胜境。

第三洞厅

第三洞厅是一个平坦宽敞的大厅，水旱参半，景观齐全。地面，梯田石坝网纹纵横，若田野阡陌；天顶，石帘石幔参差悬垂，似飘纱流云；石壁，石瀑钙台此起彼伏，如高山流水；空间，石笋石柱穿插林立，像神杵玉柱。更有那淅淅沥沥的岩浆雨，三分春色三分翠，一半春风一半寒。

东海龙宫

“东海龙宫”是星云宫最主要的景点，也是这个溶洞最壮丽的景观。一个达2700多平方米的宽阔大厅，一块宽100多平方米、深50~70厘米的阔大水阵，规模宏大，气势不凡。隔岸远眺，对岸景致倒映其间，水上水下景观浑然一体，就像水晶宫一般。潭水极其清澈，毫无尘埃，水底景观一目了然。珍珠珊瑚密集遍布，千姿百态，光芒耀眼。在这宽阔的水阵中，还集中着一片神奇的“金盆盛水”。其专业名称为“水正云盆”。10多个发育完美的云盆，造型各异，大小不等，最大的一个直径达110厘米。

银汉星空

银汉星空繁星闪烁，晶莹透亮；素月分辉，月河共影，表里俱澄澈，仿佛身在天宫，身在银河，恍若梦幻，恍若仙境，在这个洞厅里，还有“玉柱斑斓”“蓬莱仙岛”“针锋相对”“天宫塔林”等奇妙景观。

九洞天风景区 AAAA

“中国岩溶百科全书”

毕节大方县猫场镇

80元　0857-7109090

九洞天为大型伏流溶洞，以水洞胜景独领风骚。在5千米长的伏流洞腔上，开有9个天窗，每个洞天都由一水、一洞、一天组合而成，而又风格迥异，因此谓之“九洞天”，被誉为“中国岩溶百科全书”。

九洞天景区

“一洞天”面积约3000平方米，洞内遍布钟乳石，且形态千奇百怪；“二洞天”为发电洞室，属于国内罕见的无厂房天然洞内发电站；“三洞天”“四洞天”内有五颜六色、晶莹、逼真的钟乳石；“五洞天”内有葫芦状暗湖；“六洞天”是天生桥洞窗；“七洞天”是一个能同时容纳数千人的大旱洞；“八洞天”“九洞天”里有水洞、暗湖。景区内设栈道，游客游玩时既可步行也可乘船。

玩家 攻略

景区接待能力有限，建议返回毕节市或大方县的招待所、宾馆下榻；景区内除家常菜外，还有黑山羊、狗肉、野兔、黄腊丁、糯米酒、玉米饭等特色餐饮；洞中景区有歌舞厅、茶屋、小吃店、小商店等。

玩家 解说

九洞天景区内的河谷两岸自然植被非常丰富，有着众多野生群猴。坐船而下，可观赏到千姿百态、气势磅礴的自然景观。下游约2千米处，有九个伏流“洞口”，称“九洞天”，每个“洞口”周围都有奇特的熔岩景观，形成了风格迥异的伏流洞口风光。

有些地方则要步行更有趣味。这里山形不会格外险峻，也有专辟出来的人行道，走在山水幽谷中，别有一番乐趣。

米底河
有千姿百态的岩溶奇观

毕节市大方县境内

米底河系乌江支流，长21.9千米，沿岸有原始杜鹃林和其他珍稀植物，还有很多雄壮的岩溶景观，包括高石坝、花底岩、石猪槽、天生桥等。河流蜿蜒曲折，在其中60米长的河段上还出现了一条落差达40米的三叠瀑布，看起来十分壮观；此外，千年古桑“中华第一桑”“御赐银杏”和古香樟、桂花、野生杨梅等树景也是非常值得观赏的。

白云山
大娄山的龙头主峰之一

毕节市金沙县，距县城11千米

白云山顶峰“玉皇顶”海拔1633.8米，为大娄山西部发源地主峰之一，人称娄山龙头，山势雄伟挺拔，景色美不胜收。

山上建有财神庙、大庙，可供游人烧香拜佛，歇息就餐。白云山植被保护较好，乔木、灌木、杂草丛生，药材遍地皆是。山脚至山顶，一路有铧口尖、黑石头、两扇门、大（小）凉风垭、麻沙河、马颈子、玉皇顶等景点。

玩家解说

登白云山顶观日出，有登泰山之感，若是晴天，淡淡的白云不时从山顶掠过，人立山顶如同腾云驾雾。站立山顶向东俯瞰，岩孔万亩大坝尽收眼底，向远处眺望，目及数百里，群山延绵犹如万马奔腾。山下文峰山支脉有明万历四十五年（1617年）总兵张辅周主持修建的穿岩寺（残垣），明代观音洞摩崖石刻佛像。山脚下还有始建于明清时期天寿山的玉皇阁遗址。

石仓林场
森林旅游的好去处

毕节市金沙县石仓林场

石仓林场是金沙最大的林场，林场集中浓缩了贵州的真山真水，集雄、奇、秀、幽、旷于一身，是森林旅游的好去处。

石仓山岩突兀，怪石峥嵘，区内森林茂密，植被类型丰富，植被季相明显。春天吐绿，百花齐放；夏天荫翠，重装抹彩；秋天红叶似火，野菊浮金；冬天山顶冰雪，银装素裹。山体两侧多悬崖绝壁和瀑布，每逢雨季巨瀑奔泻而下。区内野生动物种类繁多，有哺乳动物50种，鸟类100多种，其中国家一级保护动物1种，二级保护动物11种。

玩家解说

石仓林场的很多美丽的景点都是天然的，就如那些石头，形状非常奇特，惟妙惟肖，虽说没有苏州园林那些假山池沼的配合彰显得更加别致，更没有假山的重峦叠嶂，然而却是真真实实的奇特美丽的山，那些石头的千奇百怪、各型各异，是那么的精美、独特。

石仓林场里建有亭子，亭子很高，一如架在云中雾里的楼阁，要攀爬一小段的像悬梯一样的过道才能上去，然而奇就奇在这一小段的攀爬，那天梯设计在崖缝中，一如那泸定桥一般的惊险，这石梯是天然的险，再经过人工的巧妙设

白云山

计，让你体验不寒而栗的真实感受。

亭子有30多平方米，上面依然有顶棚，中间是一个小圆桌，周围是一些石凳，围桌而立，可以想象在这人间的仙境中，下棋、打牌。亭子里有四根尺径见方的柱子，亭子的四周用铁栅栏圈着，防止游人从上面摔下去。

站在景区最高峰大石仓月亮台远眺，远山层峦叠嶂，烟岚浩渺，郁郁葱葱，近观万亩林涛如碧浪翻滚尽收眼底，此处还可观日出，赏夕阳。

安底温泉

泉水清流稳定

毕节市金沙县城东的安底镇

安底温泉为钻孔泉，流量为0.3立方米每秒，泉水清流稳定，不受雨季影响，长年不断。四季水温保持在40℃左右，其水质含有多种治疗皮肤病和有益身体的微量元素，是治疗的理想之地。

敖家坟墓群

深山里的艺术瑰宝

毕节市金沙县城北约50千米的鹿楼村牛项坡山地

敖家坟墓群，以构筑规模宏大、造型美观大方、书画内容丰富、雕刻技艺精湛为特色，被誉为“了不起的传统建筑组合”“深山里的艺术瑰宝”。

墓群由南、北两组组成，相距约20米，均坐东朝西，概沿轴线布局，分别建于清光绪二十四（1898年）和三十一年（1905年），皆四层台依山势而立，自西向东逐一向上递增，构成相似的两座封闭式四进整体。

玩家解说

敖家坟墓群建筑，云集着出自清代秀才杨佐清撰文书丹、匠师唐再廷雕琢之图文并茂的石刻。它以不同规格的形制版面，装嵌在墓群的各个部位，形成了“有面必刻，无空不镌”的经营格局。那长短横竖分布合理、大小方圆间得体的一幅幅书法画图，可谓琳琅满目，洋洋大观，让人大饱眼福，心旷神怡。

敖家坟墓群

钱壮飞烈士陵园

缅怀党情报工作者

毕节市金沙县后山乡贵山村

钱壮飞烈士陵园占地面积5000余平方米，园内绿树成荫，花草遍地，苍松拥翠，绿竹成林，一派庄严肃穆景象。陵园分为钱壮飞烈士墓区和事迹陈列室、铜像区两部分，陈列室建筑面积400余平方米，共陈列图片、实物110幅（件）。

链接

钱壮飞

钱壮飞（1895—1935），原名钱壮秋，亦名钱潮，是中国共产党早期隐蔽战线斗争的光辉代表。周恩来曾把他与李克农、胡底并列为党的情报工作“龙潭三杰”。凭着对革命事业的赤胆忠心，钱壮飞深入龙潭虎穴，为保卫党中央的安全做出了卓越的贡献，他的功绩永远铭刻于史册。

攻略资讯

- 交通
- 住宿
- 美食
- 购物
- 娱乐

交通

飞机

毕节飞雄机场位于距毕节市直线距离18千米的金海湖新区响水乡飞雄村，于2013年开始通航，现已经开通的航线可到达北京、深圳、上海、南京、郑州、青岛等地。乘坐机场巴士和公交车32路均可抵达。

火车

毕节市铁路运输便捷，有大方站、毕节站、纳雍站、织金站、草海站等火车站，其中毕节站是毕节最大的火车站，位于毕节市七星关区，是成贵高速铁路、叙毕铁路线上的重要车站。

草海火车站

汽车

现已建成贵毕高速公路（贵阳至毕节），大约要3个小时的路程。从毕节沿321国道可至四川泸州，沿326国道可至云南曲靖。

住宿

毕节市内的住宿条件较好，各类宾馆齐全。毕节市中心的桂花路和威宁路上集中了不少中低档宾馆，另外也可选择住在织金洞景区周围，方便游览。

毕节高速

毕节街景

●毕节市奢香大酒店

毕节市奢香大酒店是一家集民族风格与时尚同步的酒店，酒店位于市中心，交通、吃饭都很方便，客房很大，卫生也很好，性价比较高。✉ 毕节市清毕路中段长弘花苑（七星关区） ☎ 0857-8613888

●毕节帝雅维客精品酒店（毕节西客站）

经济型酒店，配套齐全，房间内还有简单的一些应急零食，紧临毕节汽车西站，房间装修风格各不相同，但都很温馨舒适。

✉ 毕节七星关区威宁路贵阳银行松山支行

☎ 0857-3427777

毕节市酒店

●更多住宿去处

毕节洪山国际大酒店/贵州省毕节市七星关区洪山路1号/0857-8228888

毕节腾龙凯悦酒店/贵州省毕节市桂花路2号/0857-8290007

7天酒店毕节东客站店/毕节市环东路金帝豪庭四楼/0857-2296666

美食

毕节汤圆、豆腐干等都是颇具特色的小吃，闻名于贵州。由于毕节市盛产荞麦，所以用荞麦做成的食品种类繁多，来此不妨一试。

酒店内景

美食小吃

●毕节汤圆

与其他汤圆相比，毕节汤圆与众不同。个小、皮薄，并且一碗汤圆中最多可有十种不同的馅，每种味道各不相同。毕节汤圆是贵州省著名的风味小吃，深受大众喜爱。吃毕节汤圆一定要在老街上吃，特别是带有“×”家“×”氏字号的。

●毕节豆腐干

毕节豆腐干素有“臭里香”之美称，豆腐干用炭火烘烤，佐以五香辣椒面食用，皮脆心绵，香味四溢，开胃提神。

汤圆

毕节的饭店

豆腐干

●炒荞饭

在威宁一带比较流行，是用荞麦粒和米饭、辣椒、熟火腿等一起炒制而成。荞麦是正宗的粗粮，吃惯了大鱼大肉，再来尝尝荞麦，感觉会比较爽口。

炒荞饭

●威宁荞酥

细荞面加红糖、鸡蛋、菜油，包入小豆、芝麻等，经过压模烘烤而成。其形状有扁圆和扁方形两种，正面刻有清晰花纹，由于其颜色金黄，人们又称之为“金酥”。

威宁荞酥

●毕节酸菜

酸菜是毕节的一大特产，将青菜洗净放入沸水中，煮分把钟后滤起，挤干放入坛罐内，加入沸面汤和少许“酸本”，密封七八个小时后即成。食用时加入豆汤内，再佐以煳辣椒、木姜花、小蒜叶等，味道鲜美。

购物

毕节市最热闹的地方是威宁路，一眼望去，商铺林立，商品琳琅满目。这里的威宁火腿、大方漆器、大理石工艺品、黄花菜等，都是比较有特色的东西，游客来这里旅游可选购一两种带回。去毕节最值得购买的是当地的特产中药材——天麻。那里是全国天麻最多也是最价廉物美的产地。还有当地的豆腐干也不错，当地小吃与贵阳的不太相同，本土味更正宗，小餐馆较多，同样价廉味美，到当地游玩一定要吃羊肉粉、脆哨面、三鲜粉、简单小火锅等。

●“王傻子”烧鸡

“王傻子”烧鸡是经过卤、炸、煮过后的鸡，抹上麻油或花椒油就可食用。吃时为保持原汁原味，最好不用刀切，而是用手撕。从前的“王傻子”烧鸡在一个不知名的小巷里，当地人要找还得费一番工夫。现在街头就有。

●曾三兴家卤牛肉

曾三兴家自己买牛自己杀，再自己做的。牛肉卤好后用风吹干，把筋剔去，割成块，涂上辣椒油，装坛封闭。特点是味美独特、新鲜，11周内可以不变色变味。卤牛肉的颜色保持了牛肉本色，在几十米内就可以闻到香味。

●黔西黄花

黔西黄花又名金针菜，煮炒味道都很鲜美。据说还有利胸膈、安五脏、明目、清便等功效。在黔西一带卖的黄花，通常都是晒干的，价钱很便宜。

●威宁火腿

威宁火腿在赶集的时候随处都能看到。这种火腿是用当地松柴，用暗火形成浓烟，徐徐熏制而成。色鲜、肉质细嫩，适合细嚼慢咽，有一股自然的清香。

●大方漆器

大方漆器既是日用品，又是精美的工艺品。有挂屏、茶点瓜盒、脱胎饭碗等，图案有青山秀水、飞禽走兽、风土人情。但是产量少，可遇而不可求，实在喜欢的话可以直接去厂里买，价格还有优惠。

节日和重大活动

节日	地点	时间
彝族火把节	毕节彝族地区	农历六月二十四日或二十五日
彝族年	毕节彝族地区	农历十月
苗族跳花节	织金彝族地区	农历正月间
赛马节	威宁彝族地区	农历五月初五

歌舞表演

发现者旅行指南

六盘水

概览

亮点

六枝梭戛长角苗

苗寨依山而建，土墙茅房，原始质朴，日出而作，日落而息，民俗保持完整，民族文化深厚，堪称“人类活化石”。

玉舍国家森林公园

六盘水面积最大的公园，森林覆盖率达90%以上，融林、山、水、峡、石、瀑、野生动植物、民族风情等为一体，且一年四季景色各异。

北盘江大峡谷

景区集峰林、溶洞、怪

妥乐古银杏

石、瀑布、伏流、花滩、旋塘和原始森林植被于一身，有铁索桥、摩崖石刻、古驿道等人文景观。

妥乐古银杏风景区

世界上古银杏密度最高、保存最好的景区。这里的银杏树树龄均在300年以上，其中树龄最老的高达500余年。

线路

六盘水市内一日游

上午游览玉舍国家级森林公园，下午游夜郎王宫、观水上人家、看飞流瀑布，到海坪彝族火把场参观。

盘州市一日游

上午观赏坡上草原风景，下午参观护国寺，以及盘县大洞遗址。

北盘江大峡谷

为何去

六盘水是一座美丽而富饶的新兴工业城市，它以煤炭工业为主，因此被誉为“江南煤都”“高原明珠”；同时它也是一片古老而文明的土地，历史悠久。

黑叶猴

这里自然和人文景观风格独特，旅游资源极为丰富。有盘州的丹霞山、碧云洞，六枝的桃花洞、滴水滩，有北盘江畔的古夜郎国遗址，还有老厂的“竹海”，妥乐的千株古银杏，水城的野钟黑叶猴等。这里有被誉为“中国第一座生态博物馆”的梭戛乡，这里延续了一种以长角头饰为象征的苗族文化，古老而独特。

何时去

素有“凉都”之称的六盘水，境内气候属北亚热带季风湿润气候区，夏无酷暑，冬无严寒，日照充足，雨量充沛。六盘水的整体气温变化幅度非常小，常年平均气温在12.3℃～15.2℃。在全省气温最高的七八月，其日平均气温才19.8℃。所以六盘水一年四季都适合游览。

六盘水高山

六盘水水城古镇夜景

区域解读

区号：0858

面积：约9914km²

人口：301.67万人

主要少数民族：

苗族、彝族

地理 GEOGRAPHY

区划

六盘水市下辖2区（钟山区、水城区），1市（盘州市），1特区（六枝特区）。

地形

六盘水整体地势西北高，东南低，境内山峦众多，延绵起伏，沟壑纵横，雄奇险峻；岩溶地貌类型齐全，发育典型。六盘水境内平均海拔在1400~1900米。

六盘水市地处长江水系和珠江水系的分水岭地区。分水线为乌蒙山脉东支岭脊和苗岭山脉西端岭脊。市境北部为乌江上游三岔河；南为珠江水系，以北盘江为干流，由西向东横贯市境中部，南盘江支流分布于市境南部边缘。境内河网多呈现河谷深切、河床狭窄、水流急、落差大的特征。

气候

六盘水境内属亚热带湿润季风气候，整体气温变化幅度小，常年无夏，春秋相连，气候宜人。由于地形起伏较大，局部地区气候差异明显。六盘水兼具“凉爽、舒适、滋润、清新、紫外辐射适中”的气候特征，有“中国凉都”之美誉。

历史 HISTORY

历史大事记

●远古时期

早在20万年前，人类祖先就已经生活在这一带，盘县大洞遗址的发现证明了这一点。

战国时期，今六盘水市境为夜郎国地区。

●汉代至唐宋时期

汉代，中央王朝通使夜郎，设立郡县，并配合郡县的设置和军队的驻防推行屯田政策。大批移民迁入夜郎地区，促进了当地经济社会的发展。

魏晋南北朝时期，彝族先民（东爨乌蛮）中的布、默两支从滇东北向今六盘水市境和黔西广大地区发展，逐渐战胜濮人而占有其地。

隋改郡为州，唐承隋制。唐后期至宋末，中央王朝对土酋封以王号，借土酋力量对抗南诏和大理国。今市境作为缓冲地区，南为于矢部地（自杞国），东北为罗殿国，北为罗氏鬼国地。

●元明清时期

元代，实行土司制度。土司在其领土上仍然“世有其土，世长其民”。

明代，朝廷在中国大西南实行改土归流政策。

玉舍国家森林公园

清咸丰、同治年间，张凌翔领导的回民白旗军起义，苗仙姑、黄金印起义等，与太平天国起义遥相呼应，给统治者以沉重打击。

●近现代

1949年12月，解放六盘水。

20世纪60年代中期，六枝、盘县、水城被列为国家“大三线建设”的重点地区。从而使六盘水这块偏远封闭的穷乡僻壤一跃而起成为在中国经济战略布局中占据一席之地、以能源原材料为主的现代化工业城市。

“三线建设”造就了六盘水

20世纪60年代，国家面临的背景是中苏交恶与美国在中国东南沿海的攻势。在那个特殊的年代里，出于战略等需要，几十万大军从东北、华北、华东、华南会聚到了“三线”（主要指西北和西南）地区，开始了中国西部建设史上可歌可泣的壮举——“大三线建设”。而贵州六盘水丰富的矿产资源和优越的地理位置，使之成为西南“三线建设”的“特区”，由此，六盘水伴随“三线建设”的步伐，开启了新篇章。

六盘水是个矿藏资源极其丰富之地，已发现的矿种有煤、铁、铅、铜、锑、镍、铀、钴、硅砂、石灰石等30余种，其中以煤、铁、铅、锌储量最多。煤炭储量更为江南之最。可靠储量711亿吨，探明储量164亿吨，垂深1000米以内可靠储量413亿吨，且埋藏浅，煤种齐全，煤质优良。六盘水也因此被各界广泛赞誉为“江南煤都”。

1964年5月，中共中央决定在贵州西部的六枝、盘县、水城三县境内建立煤炭基地。经过“三线建设”和改革开放的两次飞跃发展，如今的六盘水已经成为一个以煤炭、电力、冶金、建材为主要经济支柱的能源原材料工业城市。拥有贵州第一座百万千瓦的盘县电厂，贵州最大的水泥生产企业水城水泥有限责任公司，以及国家“西电东送”的重要骨干电源

发电厂

项目盘南发电厂等一批大企业。

在如今西部开发的大潮中，六盘水不仅以其丰富的矿产资源，更因其优越的区域位置所形成的“三线一站”铁路枢纽和西部出海的南北大通道而在西部大开发的蓝图中占据重要的地位。

文化 CULTURE

海坪彝族“火把节”，尽情狂欢

在彝语中，火把节即意为“到秋天，过秋节”之意。彝族传说中，彝族英雄毫星与催租逼债的天神耿丁友定于农历六月二十四进行摔跤比赛，取胜后蓄秆焚烧九天九夜，彻底烧死天虫，保住了即将收获的庄稼，从而由彝民自发组成内容形式古朴单调的纪念仪式。

在彝族众多火把节中，水城玉舍乡海坪上演的火把节最具特色。农历六月二十四这天，海坪周边数万彝族男女老少大清早穿上缝好的新衣，步履轻快地来到草场，唱歌跳舞参加各种喜庆节目，一直到晚上的篝火晚会，热热闹闹一整天。在这期间，彝族群众在一起斗牛、摔跤、骑马、对歌。

先说斗牛。在人们围起的大圆圈中，两头凶悍结实的牯牛角抵着角，在主人的吆喝声、观众的呐喊声中拼命搏斗。再就是摔跤。摔跤活动在彝族盛行，不同村寨推选最强壮而有能耐的摔跤能手进行比赛，获胜者除获颁奖品外，他们自己的村寨还另以酒、羊、牛等美食来庆祝和鼓励。此外，还有精彩的射箭比赛。

夜幕低垂，篝火晚会开始。人们吃着香喷喷的烤肉，再以松枝点燃火焰，手举火把围绕篝火跑一圈，祈祷消除虫灾病害，祈求丰收连年。热情沸腾的群众，用火把围成一堆一堆的篝火，成千上万的彝族儿女跳起“大三弦”舞，所有人都沉浸在幸福中，尽情欢歌。

另外，火把节也是彝族男女点燃爱苗、传达情意的好时机，姑娘们穿着自己缝制的衣裳展示灵巧的手艺，小伙子在各种比赛和表演中博得姑娘们的芳心及微笑。如果找到意中人之后，根据习俗男方可以抢夺女方身上的信物，作为定情之物。

南开苗族“跳花节”

在交通欠发达的黔北乌蒙山深处，南开苗族（小花苗）每年农历二月十五的跳花节，却比任何地域、任何支系苗族跳花节的内容都更为丰富。黔北南开小花苗的跳花节是由寨老带领下在花场中心栽立一棵象征花树的常青树，然后苗家儿女围着花树虔诚地转

火把节斗牛

跳花节

悠。据说，许多人来参加跳花节都希望能够在花场上转一转，以祈求来年好运。

男女青年奔赴跳花节，心愿之一就是寻找自己的意中人。女青年头上的红色装束，表示女子未婚，而头上包着黑色毛线的则是已婚妇女。年轻男女可以从头饰颜色寻找自己的伴侣。一旦男女双方互相有好感，他们会用苗歌进一步交流，以便进一步了解对方；有的则由男女方的某个知己充当媒人牵线，双方认识后，直接进入话题。这就是苗族青年独特的谈情说爱方式。另外，苗族跳花节还是一个展示苗族服饰的机会。姑娘们穿着自己亲手缝制的盛装出现在跳花节上，充分展现了自己的智慧和美丽。

水城南开苗族跳花节融小花苗支系民族的生产生活、宗教信仰、家庭婚姻、饮食服饰、歌舞娱乐、社交竞技、艺术展现于一体，是一处保存相对完好的由小花苗支系民族自发自办的群众节日。它既是古老而传统的民俗节日，又是民族凝聚力的精神磁场。

西部一绝——六盘水烙锅

2003年，烙锅在中国首届“民间·民族菜肴华西美食节”上获特金奖。来六盘水又怎能错过？

烙锅是在火炉上架一铁锅，浇上大量清油，将切成块状的洋芋片放在锅中煎烤，然后蘸上辣椒吃。其料以洋芋为主，另有牛肉、鸡肠、小鱼、韭菜等各种肉、鱼、蔬菜等，边烙边吃，其味辣而香，品种多样。

锅里的美食烤得嗞嗞作响，伴着一股诱人的芳香，围在砂锅四周的人食欲大增，蘸着特制的辣椒蘸水，放进口中，香、辣、麻、鲜的味道令人陶醉怡然。这个看上去比较土气的烙锅，随着时代的变迁，不但没有黯然失色，反而在新时代以其简便、快捷、味美的优势，为更多人所青睐。

现在，除了中高边低且带边、不溢油和汁水的砂烙锅，又出现了带边的平底铁烙锅。除了烙锅，还有蛋炒饭、怪噜饭、酸汤饭、米豆腐、汤圆等主食。锅底下有红似辣椒的火，锅上有似火的红辣椒，如今在贵州的安顺、毕节、兴义、遵义、贵阳和云南昆明等地均出现了六盘水烙锅。

链 接

六盘水烙锅的来历

明末清初，吴三桂调兵镇压水西彝族，当地居民为逃避战乱，逃进深山，取来瓦片，架在火上用生菜油烤烙土豆及其他荤素野味野菜等食物充饥，不料人们竟发现这样烙出的食物，味鲜脆香，脍炙人口，后来竟成了一道美味沿袭下来。之后，这种做法开始流行。不同的是，当时的瓦片，随着历史的变更，改成了平底锅。

景点推荐 六盘水旅游区

麒麟洞公园
被誉为“喀斯特奇观”

六盘水市钟山区人民路中段

麒麟洞为一天然溶洞，已探明洞长2千米，向游人开放580米。麒麟洞的东西南北四面皆有出口，洞内“天窗”比比皆是。溶洞呈立体状纵横交错，洞中有潭、洞中有洞，钟乳石发育保护十分完好，自然形成的洞中大厅、钟乳石林、小桥流水等景点蔚为壮观，被誉为“喀斯特奇观”。

白鹤公园
休闲娱乐好去处

六盘水市钟山区中心西部德坞白鹤高架桥下

白鹤公园由桥两侧匝道与白鹤路合围而成。公园地形复杂，平地、坡地、缓坡、陡坡交错。公园广场建设以白鹤为主题，展示了“白鹤展翅、舞动黔灵山”的主题意境。场内设有下沉式表演台、儿童游乐场、叠泉、涌泉、核桃园、杜仲园等构筑物和娱乐设施，是休闲娱乐的好去处。

罗氏居宅
民国时期优良木结构建筑代表

六盘水老城区和平路

罗氏居宅坐西南向东北，建于1942年，是城内第一高层建筑，工艺亦称城内一流，为当时优良木结构建筑之代表。

罗氏居宅为罗景玉及其弟所建。过去，此街商号云集。此宅建在一南北长东西窄之地皮上，东西壁早有他人私宅，因地而建成长方形布局。为木结构穿斗式，三层单檐悬山顶，屋面盖小青瓦。由临街面前房、后房、西厢房及连接前后房之角楼组成。

下马坎古驿道

清代矿厂运输要道

六盘水市凤凰办事处石桥村和穿岩洞村之间

下马坎古驿道为清乾隆五十九年（1794年）修筑，投资者是潘尚福妻徐氏。原长6千米，为清代万福厂、穿岩洞两矿往水城运输铅锌矿之交通要道，道路用石灰石铺筑，宽1.8米，现存约5千米。筑路记事摩崖在下马坎驿道旁，高0.4米，宽0.4米，楷书阴刻56字，乾隆五十九年仲秋月立。

观音寺

修建于清朝嘉庆年间

六盘水市钟山区荷城街道办事处钟环社区

观音寺原名观音阁，修建于清朝嘉庆年间，后因战祸，寺院破烂，僧侣流失，香火锐减，虽然如此，但也有善男信女经常到此烧香拜佛。后经多次修建才成现在规模。

观音寺现有大雄宝殿一幢，观音阁楼三层一幢，临时斋堂一幢，临时知客室一幢；有全堂汉白玉佛像29尊；有常住僧人5人，学佛弟子800人左右。是目前钟山区唯一合法的佛教活动场所。

天波楼

再现中国古代砖木结构建筑

六盘水市中心区黄土坡南侧的朝阳山顶

天波楼建于1993年10月，是一座发射功率为一千瓦的六盘水调频立体声广播发射机房。天波楼高17米，宽18. 6米，此楼从梁柱、斗拱、门窗、瓦顶到匾额等，整个建筑精细逼真地再现了中国古代砖木结构建筑的特色。殿身立圆柱18根，殿壁由1280整块木格窗板组成，其中前后壁各124块，左右壁各20块。

大硝洞古代炼硝遗址

全国规模最大的单个洞穴炼硝遗址

六盘水市钟山区月照乡小屯村

大硝洞古代炼硝遗址形成于清康熙年间，洞口面临大河（乌江上游主流），高出河面约150米。洞穴为一个巨大的洞厅，全长在900米以上，平均宽约100米，平均高60米。

西洞口为进口，宽约150米，高50米左右；东洞口为出口，宽约100米，高30米左右。洞内宽敞明亮，布满了数十座矿渣堆积，初步估计，堆积总量200多万立方米。巨大的矿渣堆积，就目前已知的资料来看，该遗址应为全国单个洞穴炼硝遗址之规模最大的遗址。

天波楼

肖辑轩故居
为清末建筑

六盘水市老城区小山峦119号

肖辑轩故居为清末建筑，平台布局，为四合院式，建筑物只有大门、围墙和正房，占地面积2346.56平方米，建筑面积107.78平方米。正房木构穿斗式悬山顶，石阔洞10.36米，进深6.51米，檐高4.95米，现保存完好。

链接

肖辑轩

肖辑轩（1901—1973），名锦，早年毕业于贵州省师范学校和南京铁路学校，新中国成立前曾任水城县教育局局长、上海炼钢厂厂长秘书、水城县中学校长、参议会议长等职，在此期间，支持中国共产党和爱国进步活动，险遭国民党政府杀害。新中国成立后，当选为县政协一届至四届副主席，省政协委员。

青林小花苗寨
苗族八个支系之一

六盘水市水城区青林乡海发村

青林小花苗寨属苗族八个支系之一，被称为“中国南部最原始部落”。其服饰以刺绣在肩、脊、袖的美丽图案称奇，男子头饰扎满羽毛，女子头饰以橙黄相间的绒线包裹，极其美丽。该村小花苗尤其以芦笙舞见长，曾参加1958年莫斯科世界青年艺术节芦笙独舞表演，引起轰动。

罗咪期生态旅游度假区
动植物资源丰富

六盘水市水城玉舍乡与纸厂乡交界处

罗咪期生态旅游度假区集生态旅游、休闲度假、康体娱乐、疗养避暑、会议会展等综合服务为一体，一年四季，景色各异，美不胜收，适合休闲、度假。

度假区总面积3530公顷，森林面积2500多公顷，以华山松、杜鹃为主。天然草甸500公顷，水源丰富。有国家保护的珍贵树种水表树、珙桐、杜仲、云南花楸等。野生动物有红腹锦鸡、白腹锦鸡、穿山甲、松鼠、獐等。

花嘎溶斗
国内开口最大的溶斗

六盘水市水城区花嘎乡东北3千米

花嘎溶斗发育于中上石炭纪碳酸盐岩中，呈椭圆形。该溶斗深200~300米，顶部长轴直径700米，底部长轴直径250米，为国内开口最大的溶斗，就其规模而言属世界奇观级。其南侧约2千米处为北盘江支流深切700米的乌都河峡谷。

水城天生桥景区
世界上最高的公路天生桥

六盘水市水城区金盆民族乡的干河地域

¥ 40元

天生桥高136米，是世界上最高的公路天生桥，桥面宽35米，横顶厚15米，桥基跨度50~60米，是河道洞穴坍塌后残留的洞段，桥身高耸入云，宛若长虹，横跨危绝天堑。

在桥上，观群山如海浪起伏。附近区域内多洞穴、伏流及喀斯特峡谷，谷底怪石嶙峋，树木葱绿，溪水潺潺，是水城县及全省典型的具有代表性的喀斯特地貌奇观。

玉舍国家森林公园 AAAA
六盘水面积最大的公园

六盘水市水城区玉舍乡

玉舍国家森林公园，前身为水城县（今水城区）玉舍国营林场，森林覆盖率达90%以上，是六盘水面积最大的公园。公园以“林海”为主要特色，原始林面积达20万平方米，其中国家一、二级珍稀植物有光叶珙桐、西康玉兰、南方红豆杉等。公园以森林、溪水为主要景观，集林、山、水、峡、石、瀑、

野生动植物、民族风情等为一体，且一年四季景色各异。

公园主要分为6大景区，即森林生态保护区、森林游览区、森林探险区、森林游乐园、综合服务区、发展区。这里具有较高的游览观赏和科考探险价值，是观光、休闲、度假、寻芳觅幽的绝佳地。

玩家解说

景区较大，四季景色各异。喜欢看杜鹃花海的，可以春天去；想登高观百里云海的建议夏天去；秋天，可以看红叶；冬天瑞雪纷飞，冰凌挂树，银装素裹。景区还有贵州省内唯一的高山滑雪场。如果想看火把节，一定要在彝族火把节期间前往，那种大场面和浓郁的民族风情引人入胜。

龙凤地宫

一个天然大溶洞

六盘水市水城钢铁公司的西部

龙凤地宫是一个天然大溶洞，这一天然溶洞深入地下近百米，全长2.8千米，景色奇极妙极，美不胜收。现开辟为地下公园，装饰了万盏彩灯。

步入地宫，遍地可见奇形怪状的塔形石林和石笋、石屏和石幔。洞穴相套，奇石相叠，山峰雄峻；洞顶大石参天，若飞禽走兽，姿态万千。在众多景观中，有一龙凤呈祥的洞天奇观，因名龙凤地宫。

野钟黑叶猴保护区

野生动物的乐园

六盘水市水城区野钟乡的北盘江峡谷地段

水城野钟黑叶猴自然保护区是野生动物的乐园。主要保护对象为国家一级保护动物黑叶猴，以及二级保护动物猕猴、藏酋猴、小灵猫、斑羚、林麝等。这里还有猴子厂、大猴洞、藤桥洞、小石林等人文景观。

保护区处于北盘江峡谷地带，自然风光雄奇壮观，两岸峰丛高耸入云，岸壁陡峭险峻，植被茂密幽深，猴群经常出没其中。

六枝长角苗

以长角头饰为象征

六盘水市六枝特区，六枝、织金和纳雍三县交界的大山深处

在遥远的六枝、织金和纳雍三县交界的大山深处，生活着12个寨子的长角苗族，其

六枝长角苗

中的陇戛寨最为出名。苗寨依山而建，土墙茅房，原始质朴，村民纺纱织布，画蜡刺绣，日出而作，日落而息，民俗保持完整，民族文化深厚，堪称人类活化石。

这里文化非常古朴，有原始的平等、民主风尚，有丰富的婚恋、丧葬和祭祀礼仪，有别具风格的音乐舞蹈和十分精美的刺绣艺术，吸引了不少游客。

玩家解说

"长角苗"是梭戛苗族的他称，因这一苗族支系的妇女用一支木质长角以及亡故祖先的头发伴以黑麻毛线束成发髻，装束极为奇特，形似长角，故得名。

六枝梭戛生态博物馆

亚洲第一座民族文化生态博物馆

六盘水市六枝特区梭戛乡陇戛寨

六枝梭戛苗族生态博物馆于1998年建成并对外开放，是我国第一座民族文化生态博物馆。博物馆资料信息中心位于高兴村陇戛村民小组，总面积218平方米。该生态博物馆是一种"活体博物馆"，主要以村寨社区的自然、人文生态为单位，保护的是少数民族的历史、语言、信仰、民居、饮食、节日等内容。对于喜欢民族风情的游客来说，这里是很好的去处。

牂牁江风景区 AAAA

以奇、险、幽、秀著称

六盘水市六枝特区毛口乡境内

牂牁江属北盘江水系，牂牁江风景区面积259平方千米，包括牂牁江、回龙溪、洒洱3大景区，以奇、险、幽、秀著称。

风景区以老王山为中心，以滨湖自然风光、毛口夜郎文化、布依民族风情为核心，拥有112个景点，可以说集山、水、林、峡、崖、洞、等景观为一体，融山水风光、民俗文化于一身。总之，此处自然风光秀美，人文景观悠久，民族风情浓郁，非常适合观光、度假、休闲、考古、考察等。

回龙溪景区

回龙溪景区以山奇、水清、谷曲、泉怪为特色，被中外专家誉为"怪泉之乡"。景区主要有岩脚古镇、古堡、古庙，火焰山《太和永恰》石刻，传统银饰作坊，面条加工作坊，繁荣的市井生活组成一幅浓厚的人文景观图。

洒洱景区

洒洱景区主要景点包括滴水滩瀑布群、坝湾布依风情等。其中，滴水潭瀑布群由白水河形成，包括滴水潭瀑布、可布瀑布、仙人桥瀑布等大大小小的瀑布，它们气势壮观，雾气氤氲，像一曲欢快奔放的交响乐让人心潮澎湃。

牂牁江风景区

妥乐古银杏风景区

乌蒙山地质公园

大型地质博物馆

六盘水西部，滇、黔、川、桂四省接合部

乌蒙山韭菜坪海拔2900米，是乌蒙山的最高峰，也是贵州的最高峰。乌蒙山国家地质公园主要包括韭菜坪、北盘江峡谷、碧云洞溶洞群、阿勒河、盘州三叠纪古生物化石群落、金盆天生桥、盘县大洞古人类遗址等。

公园拥多种喀斯特地质遗迹和地貌景观，包括喀斯特地貌、峡谷地貌、山原地貌、古生物和古人类遗迹和古城文化、红色文化、民族风情等景观。这里堪称一处大型地质博物馆，也是一处集旅游观光、休闲度假、科普科考为一体的旅游区，值得一去。

胜境温泉大健康国际旅游休闲度假区 AAAA

中国凉都第一汤

盘州市刘官街道刘家湾村

该景区占地面积211亩，包括温泉旅游文化城市综合体、滨湖游览区、胜境风情商业街、体育公园、湿地公园和森林公园6个项目，是目前西南地区规模最大的温泉度假区。其温泉地热水取自地下3500米处，水温高达68℃，富含硅酸、钙、铁、磷等有益于人体的微量元素，被誉为“中国凉都第一汤”。

妥乐古银杏风景区 AAAA

世界古银杏之乡

六盘水市盘州市石桥镇妥乐村　¥ 30元

妥乐古银杏风景区拥有古银杏1200余株，是世界上古银杏密度最高、保存最好的景区。这里的银杏树胸径一般为50~150厘米，树龄均在300年以上，其中树龄最老的高达500余年。此外，这里奇峰罗列，流水潺潺，生态环境良好，还有木瓦房、小桥、古寺等人文景点，现已被列为贵州省级风景名胜区、贵州省摄影家协会创作基地。

链接

银杏树

银杏树是3000万年前地球遗留下来的古植物，人称“活化石”，银杏树的树形、叶片奇特、精巧，四季分明，春天青翠，秋天金黄，其果实“白果”可以入药，是不可多得的观赏树种。

盘县大洞遗址

古人类遗址

六盘水市盘州珠东乡十里坪村

盘县大洞是一个发育于厚层灰岩中的巨大的溶洞，是中国南方新发现的古人类遗址。它东临被称为“十里坪”的宽阔的坡立谷，洞口宽55米，高约40米，主洞1600米。进洞即为一个大厅，长220米，平均宽约30米，洞因其大而得名“大洞”。

盘县大洞发掘面积86平方米，共获人牙化石5枚、石器制品3000多件、含43种哺乳动物的化石标本上万件，还有大量的烧骨、炭屑，是世界上最重要的旧石器时代遗址之一。

坡上草原风景名胜区

自然风光、人文景观丰富

六盘水市盘州四格乡

坡上草原风景区属盘北高海拔区，最高海拔2857米，最低740米，为高原山地地貌，以玄武岩、岩溶地貌为主，居住着较多的彝、白、苗、布依等少数民族。

坡上草原风景名胜区旅游资源丰富，既包括万亩坡上草原、草原湖泊、千亩杜鹃林、千亩天然林、沙河龙潭口溶洞、天然大天窗、格所河峡谷大出水洞、天生桥和岩溶峰林等自然风光，也包括龙天佑古墓、彝族村寨等人文景观，还包括“火把节”等少数民族风情。这里不仅植被覆盖率高，气候凉爽，空气新鲜，而且景观相对集中，交通方便，是一处不可多得的旅游区。

盘州乌蒙大草原景区 AAAA

中国凉都第一汤

盘州市乌蒙镇与坪地彝族乡境内

乌蒙大草原景区是贵州海拔最高、面积最大的高山草场。这里的风光别具一格，有10万亩草场、4万亩矮脚杜鹃，还有长海子、云海佛光、悬崖峭壁、吴王扎营山、管家老岩等景点。这里还有独特的彝族风情。每年农历六月二十四日，这里有彝族节日——火把节（俗称“过大年”），是彝族人一年中最隆重的节日。

坡上草原风景名胜区

攻略资讯

- 交通
- 住宿
- 美食
- 购物
- 娱乐

六盘水火车站

交通

飞机

六盘水月照机场位于六盘水市钟山区月照乡花竹林坝子，于2014年11月28日正式通航，现有直达北京、上海、广州、武汉、杭州、贵阳等城市的航班。

火车

贵昆铁路在六盘水经过，从六盘水可到达北京、上海、昆明、郑州、重庆、南京、武昌、贵阳、宜宾等城市，但多为过路车。贵阳有城市专列到六盘水，每天早上从贵阳发出，下午从六盘水返回贵阳。

六盘水火车站：位于钟山区水西北路，市内乘坐公交车即可到达。

汽车

六盘水汽车站是六盘水第一大旅游集散中心，车辆主要发往贵阳、安顺、遵义等省内城市。另外，还有西客站、南客站等交通枢纽。

住宿

六盘水的住宿条件还算不错，各种档次的宾馆应有尽有，可根据需要进行选择。

酒店内景

●六盘水·贵州饭店

酒店位于凤池园内，毗邻水城古镇，历史悠久，风景清幽，是理想的休闲度假避暑胜地。其集餐饮、商务、会议、度假于一体，拥有各类客房，为宾客提供多种选择。客房装修优雅、精美，设计以人为本，既彰显宏伟大气，又不乏时尚浪漫。另外，还特设商务中心，有西餐厅、特色餐厅、绿色餐厅，可迎合宾客的不同需求。地址：六盘水钟山区钟山大道凤池路口 电话：0858-6808888

●六盘水时代假日酒店

六盘水时代假日酒店是目前六盘水最具优势的涉外商务酒店，酒店高层客房视野开阔，可以从窗外欣赏贵州地区的喀斯特地貌。附近就有小吃街，很方便。地址：六盘水市钟山中路66号 电话：0858-8108888

特色酒店一景

美食

六盘水没有特色的当地小吃。但是在贵州随处可见的烙锅，数六盘水的最为出名。六盘水盛产土豆，每个土豆都在二两以上，街道边小食摊上的油炸土豆或是烤土豆，金黄诱人，远远地就可以闻到香味。六盘水羊肉粉没有遵义的名气大，但这里的羊是本地特产黑山羊，口味也是相当不错的。

●烙锅

水城的烙锅被称为“西部一绝”。其实就是平底锅里刷上油，将洋芋、臭豆腐、肉类和各种蔬菜放在上面烙制。吃的时候老板会给客人发一个围裙，边烙边吃，充分享受自己动手的乐趣。值得注意的是辣椒面的配制要控制好比例，烙蔬菜与肉类时还要注意区分火候。

烙锅

●水城羊肉粉

水城羊肉粉既是贵州省六盘水市的民间小吃，也是当今六盘水人早餐的主食。滚烫的羊肉汤，火辣辣的油辣椒，细腻的肉片，再配以白玉般的米线，一碗羊肉粉，直叫吃粉人一身大汗淋漓，意犹未尽。

推荐店铺：尝回头羊肉粉 地址：钟山区水刚岔路

●荷叶糯米鸡

盘州市的传统小吃，同时也是宴会中的

水城羊肉粉

一道名菜。荷叶和鸡肉的味道完全渗透到糯米之中，使得糯米润滑可口，清香扑鼻，鲜味四溢。

购物

六盘水比较出名的产品主要有银杏、鸡纵、火腿、野生刺梨汁等。

●银杏

种子核果状，具长梗，下垂，呈椭圆形、长圆状倒卵形、卵圆形或近球形，长2.5~3.5厘米，直径1.5~2厘米；假种皮肉质，被白粉，成熟时呈淡黄色或橙黄色。

●野生刺梨

刺梨果肉脆，成熟后有浓芳香味。果皮上密生小肉刺，俗称“刺梨”。果实内含有丰富的维生素C，每百克鲜果的可食部分一般含维生素C2000毫克，因此被称为“维C之王”。

银杏

娱乐

折溪傩戏：农历正月初三至三月初三，六枝折溪乡的彝族同胞在村里演出傩戏，以祭神驱鬼。集神、鬼、人于一体的傩面具扮相生动，人物性格突出。每逢演出，观者踊跃，热闹异常。

傩戏

野生刺梨

发现者 旅行指南

黔西南州

概览

亮点

马岭河峡谷

马岭河峡谷是喀斯特多层次地貌景观的集中表现，以地缝嶂谷、群瀑悬练、碳酸钙壁挂而著名，被誉为“地球上最美丽的伤疤”。马岭河峡谷集雄、奇、险、峻于一体。

万峰林

万峰林是中国最具典型性的喀斯特峰林之一，它气势宏大壮阔，山峰密集奇特，造型和谐完美，明河暗流沟壑纵横，溶洞峰林此起彼伏，有着鬼斧神工人间仙境的韵味。

安龙招堤

安龙招堤风景名胜区，分为陂塘、天榜山两大景区，融自然风光与人文景观于一体，是贵州省十大风景区之一。

双乳峰

双乳峰

双乳峰是喀斯特地貌的峰林绝品，这样形象逼真的双乳山峰，在中国绝无仅有，在世界上也没有类似发现，被誉为“峰林绝品”“天下第一奇峰”。

万峰湖

万峰湖是云贵高原上的一颗平湖明珠，享有“万峰之湖，西南之最，南国风光，山水画卷”之美誉。烟波浩渺，湖光潋滟，景色迷人。

线路

兴义经典两日游

第一天上午游览马岭河峡谷，下午去万峰林，观赏神秘的八卦田，在美丽的纳灰河畔，体验布依人家生活。夜宿附近村寨。第二天早餐后前往万峰湖，欣赏烟波浩渺，湖光潋滟的美景。中午在景区品尝美味的农家饭。午后来到泥凼石林，石峰、石柱、石牙、石笋，星罗棋布，姿态万千。

贞丰一日游

上午游览三岔河风景区，三岔河湖区山清水秀，湖光山色如诗如画。下午去双乳峰景区，先是远观双乳峰，再去景区垂钓。

泥凼石林

安龙一日游

上午游览安龙招堤，在十里荷花中沉醉，下午前往仙鹤坪国家森林公园，在绿色王国中寻找嬉戏的小动物。

为何去

黔西南州有丰富的旅游资源。黔西南州山川秀美、景色迷人，旅游资源组合良好，是中国西部颇具潜力和开发前景的黄金旅游区。有国家级风景区马岭河峡谷、万峰林、万峰湖，国家地质公园万峰林，国家级森林公园仙鹤坪，国家级水利风景旅游名胜区贞丰三岔河和省级风景名胜区安龙招堤、兴义云湖山等奇特的自然风光，是世界锥状喀斯特地质地貌的典型代表。

泥凼石林

何时去

黔西南四季都适合旅游，春天温暖，花香四溢；夏季舒适，没有燥热的感觉；秋季凉爽干燥，是最好的旅游季节；冬季无严寒，少了刺骨的冰冷，使黔西南州成为冬季出行游玩的别样选择之一。

鲁布革云雾

万峰林

区域解读

区号：0859
面积：16 800km²
人口：298.69万人
主要少数民族：布依族、苗族

地理 GEOGRAPHY

区划

黔西南布依族苗族自治州下辖2市（兴义市、兴仁市），6县（望谟县、普安县、册亨县、晴隆县、贞丰县、安龙县）。

地形

黔西南州地势西高东低，北高南低，最高海拔2207.2米。州境属珠江水系南北盘江流域，黔西南州有丰富的水能矿产资源。全州有大小河流100多条，可供开发的水能资源发电量巨大。

气候

黔西南州热量充足，雨量充沛，雨热同季，终年温暖湿润，州府所在地兴义市素有“小春城”之美称。南北盘江及红水的低热河谷地带终年无霜雪，被誉为贵州省的“天然温室”。自治州境内常年适合旅行。

历史 HISTORY

历史大事记

●远古时期

在今兴义市区顶效镇绿荫村发现的形如四脚蛇的古生物化石，经勘测属于已灭绝的古脊椎动物，地质年代为三叠纪，距今约2.4亿年，化石形似传说中的中国龙，因此称为贵州龙化石群。

在今兴义市附近的顶效镇猫猫山东侧，发现距今约12 000年的人类化石、哺乳动物化石及大量打制石器，并发现用火遗迹。猫猫洞出土的人骨化石被定名为“兴义人”。

●清代

清顺治三年（1646年），南明最后一个皇帝永历帝朱由榔在今安龙居住四年，义军将领孙可望图谋不轨，将吴贞毓、张禄福等18位大臣杀害，另一义军领袖李定国率师击败孙可望，永历帝下诏为18位大臣建庙立碑，追赠谥号。安龙天榜山麓，至今保存有南明王朝遗迹“十八先生墓”。

●近现代

1930年，中国红军第八军第一纵队，转战数千里，于5月到达黔西南境内（今望谟县蔗香）休整。

1932年6月，广西右江革命委员会主席、中国共产党东兰县委书记黄举平等人在广西凌云县广峨区林佑屯召开会议，成立了中国共产党黔桂边区委员会和黔桂边区革命委员会，黄举平任书记兼任主席。

1935年4月，中央红军北上抗日，长征途

万峰林

经黔西南州境，从16日入境到23日至25日先后离开，其间经过贞丰、望谟、册亨、安龙、兴仁、普安、兴义7个县66个乡镇、300多个村寨，总行程1000多千米。

1949年12月19日，国民党兴仁专署专员兼黔西南绥靖区司令谭本良在兴仁县城召开大会，向所属部队官兵和各级政府官员宣告和平起义，兴仁专区（黔西南）和平解放。

1982年5月1日，黔西南布依族苗族自治州正式建立，州府驻兴义县城。

1998年6月17日，望谟、贞丰、册亨县被贵州省委、省人民政府划定为革命老区。

2004年7月18日，贵州省第一个民用旅游支线机场——兴义机场正式通航。

文化 CULTURE

查白歌节，布依情歌的盛宴

“查白歌节”于每年农历六月二十一日至二十三日在兴义顶效区的查白场举行。农历六月二十一日，兴义及附近几个县的布依族青年和云南、广西边界的各族歌手会聚一堂，来到赶歌会。

歌会开始时，唢呐、长号同奏，铜锣喧天，鞭炮齐鸣，各路歌手登上歌台，用个人与集体对唱的形式及一问一答的方法进行比赛，以问后对答不出为输。歌节期间，未婚的男女青年借机寻觅情侣，一旦情投意合，便互赠信物，定下终身。

查白歌节世代相传，至今已发展为西南地区各民族共同的盛大节日，成为黔西南一道亮丽的人文景观。已有400余年历史的查白歌节被称为中国布依族的“情人节”，并在2006年入选国家首批非物质文化遗产保护名录。2010年，“布依查白歌节”入选《中国节日志》，把布依族这一优秀的民族文化继续传承下去。

链接

查白歌节的来源

相传很久以前，在南盘江畔有一个叫虎场的大土坡。坝上有一个猎户的儿子查郎和一户人家的女儿白妹从小青梅竹马，形影不离。长大后，两人互生爱慕、私订终身。

不料寨中有个财主看上了年轻貌美的白妹，让媒人提亲被回绝后并不死心，派人留话无论如何，都要在农历六月二十一日把白妹娶回家。面对财主的逼

布依族表演

婚，白妹与查郎商量好要赶在那天之前抢先成亲。财主在查郎和白妹下田的时候，派家丁用箭射伤查郎后把白妹抢回家。查郎回到家中后邀约众兄弟商量对策，决定由查郎去财主庄上骗家丁和自己打斗，其余人趁庄中空虚救出白妹。白妹被救出来了，可查郎却被财主捉到并杀害了。白妹得知消息后痛不欲生，趁黑返回财主家中放火毁庄并纵火自尽殉情。后来人们为了纪念这对为爱情献身、不畏强暴的布依夫妇，把他们生活过的虎场坝改名为“查白场”，并把白妹殉情的日子农历六月二十一日定为“查白歌节”。

八音坐唱，奏响别致风情

八音坐唱流传于黔西南贞丰一带少数民族村寨中，这种音乐极为古朴、原始，被誉为可与“纳西古乐”媲美的“声音活化石”。

“八音坐唱”，顾名思义，就是由八种民族乐器组成乐队，采用坐唱演奏的形式而得名。它通常由10~16人组成演员队伍，使用勒尤、木叶、牛角胡、月琴、竹鼓、姊妹箫、堂锣、铜鼓八种乐器合奏。这些乐器用料独特，造型别具一格。

“八音坐唱”起源于北宋时期，至今已有千年历史。八音坐唱的曲牌有正调、长调、倒长调、反簧调、倒茶调、吃酒调等，既可单独演奏，也可边奏边唱。演唱时唱腔均用原汁原味的布依族语言，有小嗓和平嗓之分，由乐队人员分担角色。演奏者面对观众，呈扇形落座。一旦到对唱曲目，手持镂空竹筒的三男三女，便载歌载舞地出现在演奏者前方。他们全部身着布依族传统服饰，头上包着帕子。当然，如果没有专业人士解说，不懂布依语的人是无法听懂歌唱的内容的。

“八音坐唱”的曲调、歌词没有文字记载，全凭老一辈民间艺人的记忆，一代一代言传身授。在当地，每逢节日、嫁娶、祝寿、建房、满月酒等喜庆的日子，老艺人便会带着徒弟去演出。没有演出的时候，他们则下地种田。

“小伙儿姑娘都来唱歌哦，几个弯弯上了我要喝水哦，任口干舌燥也要唱下去哦，姑娘小伙儿一起快乐呵。”您瞧，又开唱了……

别具一格的布依戏——谷艺

布依戏，布依族语言称之为“谷艺”，主要流行于黔西南布依族苗族自治州的册亨、望谟、贞丰、安龙、兴义的若干布依族村寨。

聚居在南北盘江畔的布依族人民，世代创造出优美的各种歌唱、舞蹈艺术，又有各种各样的民间传说、故事。在这种良好的基础上，受到本省和外省兄弟民族戏曲的客观影响，糅合融会多种元素，布依戏应运而生。

尽管它已有百余年的历史，但由于深处大西南深山，一直以来外界了解它的人并不多。直到1984年，在昆明举办的全国少数民族戏剧优秀节目录像观摩演出上，布依戏《罗细杏》获得了优秀节目奖，这才为人所

查白歌节

知。

据《布依族简史》载："在清乾隆年间（1736—1795），册亨州同的秧坝和普安州判（今兴义）的巴结，开始编演布依戏。"雍正年间，布依戏成为吹打唱跳的祭祀活动。至嘉庆时唱段补充改编，加上情节和人物，在节日和酒宴中做消遣跳唱。自此，布依戏已具雏形，并从祭祀活动中分离出来，在巴结民间出现，历代相传。历经数代，逐渐分行当，配乐队，吸收部分祭祀乐曲来丰富曲牌。到光绪初期，已具舞台演出形式，光绪二十九年（1903年），在族人王寿山等倡议下，多人出资首次制作了一批服装，在巴结老场坝搭台演唱，并在南盘江两岸流动演出。与其他某些戏曲一样，布依戏经过了唱曲阶段、讲唱故事、有伴奏乐、分角座唱，再由人物分场，加上动作表演，最终成为舞台艺术。

布依戏主要由村寨的民间业余戏班加以传承。戏班一般有三十多人，以自然村寨为基础，戏师为班头，各班每年春节期间必须为本寨，或没有戏班的村寨演出，以禳灾祈福、驱鬼逐疫。但由于过去布依族没有文字，戏剧传播仅靠戏师口传身授，或用汉字记布依语音成本传世，所以在遭遇历史上的劫难后，再加之老戏师的逝世，大多数剧本被毁、失传。据统计，现存剧目仅80余个。

为了更好地保护和传承布依戏，2006年，布依戏入选国家非物质文化遗产保护名录。

链接

布依戏剧目

布依戏剧目有传统剧目、移植剧目、现代剧目三类。

传统剧目包括源于"摩公"的经咒、古歌、傩仪故事、"戈比戈问"（即说说唱唱）、民间传说故事、民族神话故事等所编演的剧目。这类剧目对话、唱词均用布依语，民族特色最为浓郁。代表剧目有《罗细杏》《人财两空》《一女嫁多夫》《穷姑爷》等。移植剧目来源于汉民族历史故事、唱本，以及其他剧种的移植剧目。这类剧目用"双语"演出，对话、道白杂用布依语和汉语，唱词仍用布依语，多年来已形成固定格局。代表剧目有《祝英台》《秦香莲》《说岳传》《穆桂英》等。现代剧目指的是新中国成立后，反映社会主义时期现实生活的作品。因更贴近现实，很受群众欢迎。代表剧目有《光荣应征》《赶会》《好媳妇》《计划生育是国策》等。

东方踢踏舞——阿妹戚托

"阿妹戚托"是彝语，汉语意译为"姑娘出嫁舞"，这是彝族一支群体的原生态舞蹈名称，源于晴隆县三宝彝族乡。由于三宝彝族乡位于贵州省晴隆县境南部，处于较封闭的状态，这一优秀的民族传统艺术才得以保留下来。1995年还曾远赴意大利参加"世界民族民间文艺会演"。

"阿妹戚托"纯属无音乐伴奏的彝族婚俗舞蹈，是新婚姑娘临出嫁时，寨中及邻寨女伴纷纷来为新娘送行，在与新娘离别之际，表达女伴们依依不舍的心情，同时告诫新娘坐家之后，要勤俭持家、孝敬公婆、相夫教子、尊重寨邻；祝福新娘与丈夫全家和睦相处、兴旺发达。"阿妹戚托"是彝族人民在长期的生产劳作、日常生活及其民族历史文化发展过程中逐步形成的舞蹈。

"阿妹戚托"舞蹈表现形式为女子群舞，并以偶数组成队形，或呈直排，或呈圆状。以八人或十二人或十六人不等为组，人员必须是偶数，手拉手即可起舞，其动作主要靠髋关节、膝关节、踝关节部位的运动变化来展示舞之美感。表演者相互配合默契，使得动作整齐无误，干净利落，脚掌发出的踢踏之声清脆作响，使人震撼，有着较强的视觉冲击力和艺术感染力。因形式与西方舞蹈踢踏舞有些类似，故有"东方踢踏舞"之称。

2007年在"多彩贵州"舞蹈大赛中，"阿妹戚托"舞蹈一夜成名。"阿妹戚托"已进入三宝彝族学校，并作为校园的一门必修课加以传播，可以想象的是，"阿妹戚托"这支民族民间艺术奇葩将会更加璀璨夺目，大放异彩。

景点推荐

兴义旅游区

马岭河峡谷 AAAA

"地球上最美丽的伤疤"

黔西南州兴义市城东北

在兴义市内乘坐中巴可到马岭河景区

旺季70元，淡季60元　0859-3646118

马岭河峡谷雄奇险峻，幽美壮丽，是一条在造山运动中形成的大裂水地缝，以群瀑、碳酸钙壁而闻名，人们称之为"地球上最美丽的伤疤"。

马岭河大峡谷长74.8千米，宽度和深度都在200~400米之间，最窄处50米，而最深处达500米，由上往下看这里是一道地缝，由下往上看则又是一线天沟。这样的风景，在中国其他地方很罕见。峡谷中的瀑布气势磅礴，锥峰密集。在两岸的峰林之中，还有古庙、古战场、古驿道、古桥等人文景观，充满古野与神秘。

马岭河峡谷可以分为车榔温泉、五彩长廊、天星画廊、赵家渡景区四个部分。

玩家攻略

1.住宿：一般游客不会选择在马岭河景区住宿，回兴义市住宿是最好的选择。

2.美食：兴义市内风味小吃比较多，著名的有舒记杠子面、邹记鸡肉汤圆、刷把头、邱氏蛋糕、兴义狗肉等。

3.摄影：峡谷里有几个景观不容错过。一是峡谷两壁孕育的钙化岩构成的特有岩石瀑布，二是有众多鲜为人知的水帘洞，三是峡谷栈道。拍摄瀑布时要注意相机防水，在栈道上拍摄，注意景深层次的丰富，远景、中景、近景都要适当地体现。漂流时不能拍照，最好在岸边的时候拍摄。

车榔温泉

车榔温泉地处马岭河上游车榔布依族古寨。峡谷从寨前穿过，河谷两岸有“儿子泉”“姑娘泉”两座温泉，其水温在38℃~40℃，泉水四季清澈。

玩家 攻略

泡温泉的时候，要注意以下事项：饿了的时候，不能直接泡温泉，否则会有头晕与恶心的感觉；坐车坐了很久之后，很多人或许想好好地泡个温泉，其实这是不科学的，要休息1~2小时之后看身体恢复情况再泡；泡温泉的时间不能太长，太长了会感到呼吸困难，对身体伤害很大；另外，有心脏病、白血病的人也不适合泡温泉。

五彩长廊

五彩长廊指的是龙荫至马岭镇20千米的峡谷段，谷内的三条清泉绕山而流被誉为“一彩”；在马保树龙头山溶洞处高水头瀑布，水花飞溅、与彩虹交相辉映的景观，被誉为“二彩”；长廊中溪水潺潺，水族动物穿梭不息，生机勃勃的景象，被誉为“三彩”；谷内花草应水而生，充满活力的景象，被誉为“四彩”；谷内的“瑶池”奇景，被誉为“五彩”。

天星画廊

天星画廊是马岭河峡谷景区中最核心的部分，它以规模宏大的瀑布群和岩页壁挂形成主要景观特色，堪称一绝。其中，有万马咆哮瀑、珍珠瀑、面纱瀑等多条瀑布，倾谷而下的瀑布，犹如奔腾的万马群，其景甚是壮观。悬挂堆积的钟乳石、石笋、石柱、石幔等景物构成一座座立体的“琼楼玉宇”。景区从上至下有彩岩峡、三古峡、天赐石窟等奇特自然景观。

赵家渡

赵家渡景区在天星画廊下游22千米的地方，这里依山傍水，风景优美。赵家渡最主要的景点是情人谷，它是一条陡峭险峻的峡谷，两旁的林木郁郁葱葱。当阳光照射在谷旁边的瀑布上时，感觉清凉而又美丽。情人谷中蕴含着人们向往的美好爱情，是情人表达爱意，宣誓美好爱情的见证地。

马岭河峡谷漂流

马岭河峡谷漂流区开放于1993年，长47.8千米，落差200多米，共有18滩、20余湾、30余潭，享有“神州第一漂”之美名。

漂流区是峡谷中景观最丰富的一段，两岸除峰峦、峭壁、树林等自然风光外，还有古庙、古桥、古战场、古驿道等人文景观。峡谷漂流充满古和野的情趣，能带给游客不一样的惊险刺激。

玩家 解说

马岭河峡谷漂流全年都可以体验，最佳的季节是在6月至10月期间，此期间是峡谷瀑布最全的时候，在主要景点一次可以看到13条瀑布，“万马奔腾”大瀑布高176米，在下游还有一未经鉴定的瀑布，专家目测为280米高。峡谷有长

马岭河峡谷和万峰林

达7千米的栈道可供游览者步行游览，其中主栈道为7千米，峡谷漂流以惊险刺激为主，漂流船具备国际先进水平，能确保游人安全。由于峡谷瀑布众多，步行游览请准备雨伞或者雨衣。峡谷漂流"允许大喊大叫，不允许乱蹦乱跳"。

万峰林 AAAA
中国喀斯特博物馆

黔西南州兴义市下五屯镇

旺季70元，淡季60元

万峰林因有成千上万座奇峰秀石而得名，是中国最具典型性的喀斯特峰林之一。它气势磅礴，景观奇特，分为东峰林、西峰林和北峰林三大片，相互连接又相对分开。东峰林粗犷，西峰林挺拔，北峰林雄奇。整个景区内天然明河暗流、天然湖泊、天然溶洞、天然林木、奇花异草、飞禽走兽交相辉映，相得益彰。根据峰林的形态，分为阵峰林、宝剑峰林、群龙峰林、罗汉峰林、叠帽峰林五大类型，是中国西南三大喀斯特地貌之一，堪称中国喀斯特博物馆。

万峰林景区景点有将军峰、众星捧月、铜鼓广场、八卦田、阳光盆景园、纳灰河、大顺峰等。

万峰林

玩家攻略

到了万峰林，既可以徒步，也可以乘坐电瓶车顺着盘山公路前往。电瓶车会在几个观景台下停下来，让游客仔细赏景、拍照。这一段的路程较长，仅观景大道就有7千米，在柏油路上徒步的话，如果体力不好，也许会坚持不下来，同时也会感觉很枯燥。

到万峰林不可不拍天坑，天坑就像大飞碟降落在地球上砸了一个坑一样，底部平坦，喇叭花形，周围奇峰林立，可以在高处用长镜头拍摄。兴义下五屯万峰林，镜头里田与山、河与村是一组无瑕的组合。观峰大道是拍摄的最佳地点之一。

万峰林四时皆可入画，早上光线最充足，一派明媚；下午为逆光，峰峦轮廓尽显；傍晚则炊烟袅袅，晚霞朵朵。

将军峰

将军峰其实是一座岩溶孤峰，酷似人形。它就像一位将军带领着整个队伍往前走。更为奇特的是，这座山峰的两侧还各有一座奇异的小山峰。左侧的就像是一只骆驼，它半跪着面向游客，像是在欢迎远道而来的客人，又像是在守卫着将军。将军峰右侧的山峰像一只抬头望天的金龟。这片峰林属于列阵峰林，是万峰林中最为密集、最为奇特的一部分。

众星捧月

众星捧月是指众多山峰环绕着一座孤峰，远远看去就像一个峰林盆景，浩然大气又不失精致小巧，让人怦然心动，这是万峰林中最经典的风景之一。

玩家攻略

众星捧月只适合远观，而不能近处欣赏。只有站得高了，才能看到全局。所以，只在电瓶车上欣赏一下即可，或者下车拍几张照，都能感受到它的魅力。

铜鼓广场

铜鼓广场是根据铜鼓的鼓面建造成的。

这种铜鼓是布依族一种古老的乐器，中心有布依族的图腾——火神，这是一个红色十二角星的图案。它的边缘上还有代表着布依等民族的五根白色石柱以及各民族的图腾。

玩家 攻略

每逢节日，还会有当地居民聚在这里表演。儿童有时候也会在这里排练节目。广场旁边还有一条纳灰河在静静地流淌，上面的桥将铜鼓广场与农田连接起来。

□ 八卦田

八卦田是万峰林的一个标志性景点。八卦田是一个碟状漏斗，因地下暗河的局部坍塌和地表水的溶侵作用而形成。此后的村民们就以中间的漏斗为同心圆耕种，根据地形垒起了田埂，这样就变成了一圈一圈的奇妙无比的图案，从高处往下看，很像中国的八卦图。

□ 阳光盆景园

阳光盆景园是一座绿荫葱翠的盆景园，被纳灰河环绕着。它建于1995年，集人文景观、自然景观及独特民族风情于一身。园内不仅有造型独特、品位高雅的奇花异树，还有别墅、长廊、游泳池、餐厅等配套设施。等到春季花开时节，来这里游览最佳。

玩家 解说

阳光盆景园有桂花林、紫薇林、榕树林。夏季，紫薇树绽放出艳艳红花，娇艳之姿尽在眼前；而到了秋季，桂花树又散发出幽幽清香。而古老的榕树则以片片绿叶伴随着四季，让人感叹上帝的匠心独具。

□ 纳灰河

纳灰河是一条母亲河，世世代代养育着河流两岸的父老乡亲，它从峰林的西北端流入，转而向南，穿越坝上的耳寨、乐立、双生、纳灰等古老的布依村寨，潜入落水洞，映衬着这20余千米的奇峰重峦。

万峰湖

万峰湖 AAAA

“人工湖泊明珠”

黔西南州兴义市巴结镇

万峰湖由天生桥高坝电站蓄水后形成，被誉为云贵高原上的一颗“人工湖泊明珠”。湖区内湖光潋滟，烟波浩渺，还有成千上万个全岛、半岛，景色十分迷人。此外，湖岸还居住着苗族、布依族等少数民族。这里不仅是观赏峰林、峡谷、峭壁的绝佳地，也是体验浓郁的民族风情的绝佳地。主要景点有坝达章碧波丛林、万峰湖垂钓乐园、水上石林、神龟上山、万宝归库、藏宝洞、老曹沟溶洞、野猴峡、手爬岩等。还有天生桥拦河高坝，朴实别致的布依古寨。

玩家 解说

万峰湖湖面开阔秀丽，水天相映，碧波荡漾，鱼跃鸢飞，港湾幽深，又多与河流小溪相连。湖岸是多民族山寨，古榕、松柏、翠竹、蕉叶、灌木、繁花密布其间。布依族人民的吊脚楼里不时传出的山歌，诉说着这里的山绝水美与好客的传统美德。

玩家 攻略

1.娱乐：万峰湖除了可以坐船欣赏湖光山色之外，还可在湖光山色中休闲垂钓，景区内有垂钓乐园。

2.摄影：万峰湖一日三景，早、中、晚景致各异。清晨的万峰湖水汽弥漫，中午阳光愈加强烈，波光粼粼的水面也更富生气，到日薄西山，夕阳洒在湖面上，“一道残阳铺水中，半江瑟瑟半江红”的景象就出现了。

摄影的场口主要有红椿水上石林，红椿码头的日出是最美的，可以在此选一个制高点拍摄壮观的日出景观。另外还有三江口，是万峰湖风景最美的地方。

鲁布革风景名胜区
山清水秀的布依村寨

黔西南州兴义市鲁布格镇，与云南罗平县交界处

鲁布革是布依族语的汉语读音，“鲁”是“民族”的意思，“布”是“山清水秀”，“革”是“村寨”，结合起来就是山清水秀的布依村寨。

鲁布革风景名胜区可分为四大部分：一是红军医院遗址，毛泽东、周恩来长征时休息过的寡妇桥，贺子珍负伤的战场——威舍战场以及古寨风光；二是石达开、徐霞客到过的老江底仙修桥遗址；三是景区北部的鲁布革地下水电站；四是南端三江口民族风情区。

三江口

三江口是黄泥河、多依河、清水江三条河注入南盘江的汇合处，贵州的布依寨、云南的水族寨、广西的壮族寨在此隔河相望，这里风光秀丽，民风古朴，是得天独厚的民族风情荟萃之地。

小三峡

小三峡由雄狮峡、滴灵峡、双象峡组成。雄狮峡为第一峡，峡口两岸的两道悬崖就如两头雄狮镇守关隘，关内关外地理地貌对比十分鲜明，关外是海阔天空，关内则如入迷津。

滴灵峡，滴灵为布依语，意为猴子，这段峡谷幽深而灵秀，两岸怪石嶙峋，峰回水转，

小三峡

不时还可以看见猴群出没于岩壁之间，在游人的嬉戏之中，欢腾跳跃。

双象峡，酷似大象的两块巨石横空而立，让人有一种山穷水尽之感，当小船绕过象鼻，一路过去，江面越来越宽，呈现在眼前的就是另一番天地了，岸边幢幢独具特色的布依吊脚楼，有布依男女青年的歌声从田间地头声声传来。

鲁布革电站

鲁布革电站由中心枢纽、引水工程、地下厂房系统和泄洪系统等建筑群组成。大坝连接云贵两省，坝高103.8米，是国内第一个采用砂页岩风化料作防渗心墙的土石混合坝。电站面积近20万平方米，名扬四海。这个地下发电厂共11层，14个国家的先进设备装点其间，四台机组发电量为60万千瓦，是一个人工大洞穴。

鲁布革电站的主机房深藏在鲁布革地下300米处，被誉为“地下迷宫”。只要这里的转子一动，千万里外的城市就会变成不夜城，它是鲁布革最值得骄傲的所在。

仙修桥

明代著名旅游家徐霞客寻访名山大川，云游至此，驻足桥边，惊诧于这里的悬崖奇

观，桥的奇巧，故名仙修桥。

威舍战场

1935年4月23日，毛泽东率领的中央军委纵队进入威舍镇猪场村境内，经过激战后进入云南，在一次战斗中，贺子珍同志因掩护战友，光荣负伤。威舍镇是当年红军长征途经之地，也是红军长征西出贵州的最后一站，在途经兴义的威舍猪场战斗中，有6人光荣牺牲，6人因掉队被杀害。

泥凼石林

“金州十八景”之一

黔西南州兴义市泥凼镇

泥凼石林位于烟波浩渺的万峰湖畔，这座无人工雕琢痕迹、迷宫式的石林景观，形成于古生代，是发育典型的岩溶地貌，现为“金州十八景”之一。

泥凼石林，分为前后两部分，这里的石林有的似珍禽异兽，跳跃奔驰；有的形似人物，姿态各异；有的拔地而起，直冲天际。其中的扰嘎石林景观最为独特，扰嘎石林内有“擎天柱”“倚天剑”“佛后石”等奇形怪状的石形。

何应钦故居

石雕尤为精美

黔西南州兴义市泥凼镇

何应钦故居建于清同治十三年（1874年），是一楼一底标准的三合院建筑。故居有两处，一处在风波弯，一处在泥凼街：风波弯故居占地10余亩，建筑包括正厅、两厢、花园、鱼池等，艺术特色鲜明；泥凼街故居建在山腰，包括前厅、两厢、正厅、天井等建筑，有石雕木刻图案100余幅，尤以“鱼跃鸢飞”4字最具艺术性。

何应钦故居既有巍峨高大、宽敞明亮的建筑，也体现了何应钦先生不平常的一生，是游客参观古建筑和缅怀历史人物的好去处。

泥凼石林

链接

何应钦

何应钦，字敬文，曾留学日本，历任国民党军政要职。1909年加入同盟会。1911年参加辛亥革命。在黔军历任营长、团长、旅长、军参谋长等职。1922年夏任云南讲武堂教务长。1924年春任广州孙中山元帅府参谋。不久，任黄埔军校少将总教官，后兼教导一团团长，为蒋介石的亲信。去台湾后，任蒋介石战略顾问委员会主任等职，病逝于台湾。

奇香园

生态自然景色

黔西南州兴义市下五屯镇贵州醇酒厂厂区内

奇香园占地400万平方米，绿化率达67%，以纳灰河谷与各种花木为主要特色。园内种植着葡萄、桃、李、梨等水果，以及松、杉、杜仲、海棠花、樱花等花木，其中尤以千亩葡萄园规模最为壮观。在这里，游客除能欣赏到自然美景外，还能参观窖酒生产车间，了解酒文化。

刘氏庄园

全省最大的私家庄园

黔西南州兴义城南的下五屯街道办事处

刘氏庄园是中国占地面积最大的“屯

忠义祠

堡”式地主、军阀建筑群，由中西合璧的大小13座四合院组成，南北长360米、东西宽130米，占地近5万平方米，为民国初年在贵州政坛显赫一时的督军、省长刘显世和游击队军司令、滇黔边务督办刘显潜的故居。

刘氏庄园始建于清嘉庆年间，咸丰、同治时期初具规模。随着刘氏家族的不断壮大发迹，建筑也不断扩大。到民国期间，又大兴土木，使之成为全省最大的私家庄园。现存忠义祠、花厅、书斋、刘显潜居室、家庙、校场坝，部分城垣、炮楼及法式建筑各一栋，至今主体建筑基本保持原貌。庄园内的“贵州民族婚俗博物馆”，是目前全国唯一的少数民族婚俗博物馆。

玩家 解说

民族婚俗博物馆内的照片、实物、录音、录像、模特等多侧面、多角度地展示了贵州高原上苗、布依、侗、水、土家、仡佬、回、瑶等少数民族瑰丽多姿的婚俗风情。全馆分序厅、恋爱厅、婚礼厅、家庭厅及情歌厅5个厅。可在此尽情饱览苗族的跳月、布依族的浪哨，可欣赏悠扬动听的民歌，观赏样式各异的民族乐器。

猫猫洞古人类遗址

属旧石器晚期

黔西南州兴义火车站前数百米

猫猫洞古人类遗址距今约12 000年，于1974年冬被发现，次年由贵州省博物馆发掘。遗址7出土古人类化石件，打制石器、石材4000余件，骨器、角器多件，此外还有各种哺乳类动物化石等。

南龙布依古寨

充满神秘的600年古寨

黔西南州兴义市巴结镇的万峰湖畔

南龙布依古寨是一个集优美自然风光、浓郁民族风情、神秘布依建筑于一身的古寨。古寨房屋按九宫八卦形排列，巷道环环相扣、道道相通，不熟悉的人进入其中如进迷宫。远远望去，寨子被300多棵盘根错节、奇崛遒劲、千姿百态的参天古榕严严实实地包围着，160多座布依干栏式吊脚楼若隐若现。

一条终年不息的小河镶嵌于寨边，“夫妻树”“黄龙搭桥”“河马飞龙”“相思泉”向世人展示着古寨人对爱情的诠释——执着、奉献和包容，直到今天，布依青年情侣的“浪哨”和“坐家”，仍让这个具有600年的古寨充满了神秘，令人陶醉、神往。

贵州龙博物馆

陈列各类贵州龙化石

黔西南州兴义市顶效镇绿荫村

贵州龙博物馆馆内不仅陈列已经出土的各类贵州龙动物群化石和岩石标本，而且还用图表模型和现代声、光、电技术，表现地质构造、地壳、古地理概况等种种地质现象、规律。

玩家 解说

贵州龙是生活距今2.4亿年前的水陆两栖爬行类动物，1957年5月，发现该动物化石，后经中国科学院古脊椎动物与古人类研究所所长杨钟健教授研究，命名为“贵州龙科贵州龙属胡氏贵州龙”。此后，科研人员在同一地区采集到大量贵州龙化石，并在此建立了贵州龙博物馆。

景点推荐

兴义东部景点

仙鹤坪国家森林公园

贵州西南部一颗美丽的绿宝石

黔西南州安龙县境内

仙鹤坪国家森林公园，由横贯南北、地域连续、一望无际的森林群山组成。公园内含坡脚景区、仙鹤坪景区、平乐景区和笃山景区，四个景区连成一片，是贵州省西南部一颗美丽的绿宝石。

公园内自然景点、人文景点富集，素有“九十九个堡、九十九个弯、九十九个滩”之美誉，是自驾游客、探险游客的首选目的地。

仙鹤坪景区

仙鹤坪景区以主峰先王顶为中心，呈放射状向四周伸展。景区内有植物种类达2000种以上，动物种类达300种以上，被誉为“野生动植物王国”。景区主要有先王顶、天街、仙鹤池、石林、石门、猕猴桃坡等景点。其中。石门位于仙鹤坪西岭一山谷间，谷宽约20米。石门两侧断崖峭壁，似刀切削，自然天成，犹如一道天然门户，颇为壮观。

笃山景区

笃山景区内集地面天门、天坑、岩溶盆地、峰林和地下溶洞、暗河漂流完美组合为一体。景区同时还有写字岩天书、生态农业观光园相互映衬，野生动植物丰富。主要的景点有笃山溶洞群、笃山龙井天坑、笃山悬竹林等。其中，笃山溶洞群地处溶山幽谷，千百年来，鲜为人知，自然状况保存完好。

安龙招堤

贵州省十大风景区之一

黔西南州安龙县新安镇东北郊天榜山

安龙招堤风景名胜区，分为陂塘、天榜山两大景区，融自然风光与人文景观为一体，是贵州省十大风景区之一。

其中，陂塘景区被誉为“招堤十里荷塘”，以亭秀、荷秀为主要特色，景观包括招公堤、堤西稻田、堤东荷塘、观荷亭、曲桥等；天榜山景区以文物古迹为主，包括明十八先生墓、明御校场、清代试院、南明永历帝故宫、武庙石碉等。这里风景优美，古迹众多，环境幽雅，是游览、休闲、摄影、访古寻幽等的胜地。

招堤十里荷花

招堤风景区堤东荷塘像一幅天然画图，也极富诗意，被清代著名学者朱逢甲描绘为“水光涵山色，荷香杂稻香”。每年盛夏，荷塘里湖水碧绿，数百亩荷花舞翠摇红，看起来赏心悦目，闻起来馨香袭人。塘中有5座赏荷亭，即省耕亭、挹秀亭、一览亭、半山亭等，其中在一览亭可将招堤风光尽收眼底；半山亭有晚清名相张之洞的《半山亭记》石碑，值得一看。

安龙招堤

王宪章将军园

王宪章将军园中有为纪念王宪章而建的纪念亭和赞功碑。亭为六角石亭，名为“豹皮亭”，取梁王彦章“豹死留皮，人死留名”一语之意。亭柱镌有楹联：“乃父威名留夹寨，先生大兴凛长江。”亭前竖有“故江苏江北讨袁军总司令王宪章君赞功碑”。

链接

王宪章

王宪章，苗族，1888年出生于安龙县普坪镇，历任辛亥武昌起义副总指挥、湖北军政府谋略处成员、“军政府参议员”、师长、军务司副司长、江苏江北讨袁军总司令等职。1914年，被袁世凯在上海诱捕，秘密押至南京杀害，年仅26岁。

永历皇宫遗址

南明永历朝廷皇宫遗址位于安龙县城新安镇。明亡以后，明朝的部分爱国将领和地方官吏，纷纷拥立明朝的藩王建立政权，以作为抗清的号召。1644年10月14日，桂王朱由榔于广东肇庆即帝位，建立“永历”政权。1652年南明永历朝廷迁至安龙，在此建立陪都。

明十八先生墓

明十八先生墓位于天榜山下，面积约4000平方米，分为墓区、祠堂、摩崖三个部分，是南明永历王朝大臣吴贞毓等18人的殉难处。墓园依山势逐级而建，墓前有一块四柱三门大石坊，坊刻“岿然千古”“成仁”“取义”等字样，以及松、梅、竹、兰浮雕。这里是游客参观古建筑和缅怀历史的好去处。

链接

吴贞毓

吴贞毓，字符声，宜城镇人。生于明神宗万历四十六年（1618年），为崇祯十六年（1643年）进士。隆武时，任吏部文选主事，辗转至南宁。因与大学士严起恒、兵部侍郎杨鼎和坚决反对孙可望称帝，孙可望怀恨在心，派贺九义带兵五千人，刺杀严起恒、杨鼎和及兵科给事中刘尧珍、吴霖、张载述等五人，投其尸于水，当天吴贞毓因在外得免。吴贞毓等密谋以李定国入卫护守安龙，以克制孙可望，密使员外郎林青阳驰往谕之，结果事泄被孙可望侦知。永历九年（1655年）三月二十六日，吴贞毓与文臣全为国、张福禄、徐极、林青阳、张镌、郑允元、赵赓禹、周永吉、朱议录等十八人被孙可望以"欺君误国，盗宝矫诏"罪杀害，史称"十八人之狱"。

安龙古城

古风保留较多的明代古城

黔西南州安龙县新安镇

安龙城始建于明代永乐年间，由于历史悠久，名胜古迹众多，因而被贵州省人民政府列为首批历史文化名城。

古城背山面水。城的东、西、南三面群峰罗列，山无连绵之势，孤峰卓立，峭插碧空，状如一群"金字塔"。现在仍可以看到古城墙、石碉遗迹。城墙最初修筑于明洪武二十三年（1390年），城内街巷呈十字布局，建筑风格多姿多彩。

玩家解说

城内街巷呈十字布局，建筑风格多姿多彩，有清幽朴素的灰檐瓦舍，有现代建筑构成的繁华街市，有古色古香的青石小巷，尤其是众多的近、现代著名人物的历史遗迹点缀其间，形成座既有现代气息，又较多地保留古城风貌、独具特色的秀丽小城。

安龙博物馆

综合性博物馆

黔西南州安龙县新安镇大同路

安龙博物馆占地面积5600平方米，建筑风格上主要采取了当年永历皇宫的建筑样式。由门楼、文华殿、配殿、角楼组成。

整个博物馆共设有两馆、两个中心、两个展厅，即南明历史陈列馆、数字博物馆，游客服务中心、民族文化展演中心，安龙历史文化展厅、民俗文化展厅，是目前全州第一、全省第二的县级综合性博物馆。

安龙博物馆

兴义府试院

保护完整的科举考试试院

黔西南州安龙县城南槐峰山下

兴义府试院建于清道光二十二年（1842年），是贵州省现存的唯一一座保护完整的科举考试试院。试院不仅规模恢宏，而且建筑群布局有致，工艺精细，吸收了中国古代园林建筑的优点，是清代兴义府劳动人民智慧的结晶。试院内楹联众多，不少出于名家手笔，有较高的艺术价值。

这组建群筑过去融祭祀、讲学、考试为一体，现在融游览、休闲、娱乐等功能为一体，很值得去参观一番。

仙人洞

绚丽多姿，如同仙境

黔西南州安龙县新桥镇境内的高普陇村

仙人洞洞口两端俱是绝壁，像一条巨大的隧道，把大山中心掏空了一大半，两端有一条"V"字形小道相连。洞中，各种石乳、石笋、石柱、石瀑布绚丽多姿，如同仙境。其中。洞中的石瀑布极为逼真，长久凝视，如同真有瀑布从洞顶飞泻而下，声震十里，势不可当。

龙头山风景区

贵州名山之一

黔西南州安龙县北部与兴仁市、贞丰县等县交界处

自明、清以来，龙头大山就被列为贵州名山之一。主峰公龙头山海拔1966.8米，为黔西南地区的第一高峰，像一条巨龙昂首，就把这片自然风景区称为龙头大山。

龙头大山气候温湿，雨量充沛，为生物生存提供了良好条件。这里主要植物有96种、211属、366种以上，奇异的是，在海拔1600~1930米的公龙岭上，竟然生长着连片的1500余亩原始矮林杜鹃，除常见的多花杜鹃外，还有少见的马缨杜鹃、长蕊杜鹃、百合杜鹃、青莲杜鹃、露珠杜鹃、蝴蝶杜鹃等12种。

双乳峰景区 AAAA

贵州十大魅力景区之一

黔西南州贞丰县城境内，距县城9千米

60元

双乳峰景区是避暑名山、贵州十大魅力景区之一，景区内有“天下第一奇峰”双乳峰、竹林堡石林、国家级非物质文化遗产区、贞观寺、百亩“母亲湖”等景点。

双乳峰

双乳峰

双乳峰占地40公顷，海拔1265.8米，相对高度261.8多米，被誉为“天下第一奇峰”。这两座兀立的石峰，看起来酷似女性丰满的双乳，被当地布依族人视为“大地母亲”“生命之源”，所谓“养精养气养天地，哺云哺雾哺日月”。

双乳峰是喀斯特地貌的峰林绝品，鬼斧神工的自然造化。据地理学家考证，像这样协调、逼真的双乳山峰，在中国绝无仅有，在世界上也没有类似发现，被誉为“峰林绝品”。

竹林堡石林

竹林堡石林是贵州省八大石林之一，竹林堡石林小巧玲珑，神奇别致，像是一座布满假山怪石的盆景花园。竹林堡石林既是典型的溶蚀喀斯特地貌的奇观，也是沧海桑田的证明。松鼠亮姿、天狗盼月，八戒求救、母子情深、浪哨归来等石头惟妙惟肖，让人赞叹不已。

国家级非物质文化遗产区

贞丰县历史悠久，文化源远流长，国家级非物质文化遗产区保存了许多传统的技艺，古法造纸、古法制陶、布依织布在中国绝无仅有，其中古法造纸迄今已有2000多年的历史。在这里有造纸、制陶、织布的传人为游客亲手演示制作的过程。

贞丰县窑上村的古法制陶技艺发祥于明朝洪武年间，仅活动在贵州省贞丰县挽澜乡窑上村，专生产民间生产生活用陶器。外观造型与花纹体现了当地的民族文化和民族风俗，形成了一套独特的古陶文化。布依族织布经3000余年的历史演进与传承，形成了具有本民族特色的服饰文化圈，它包含种、纺、织、染、绣、缝以及凝结了纺织文化中的民俗文化特征，是布依族文化精髓的集中体现之一。

北盘江大峡谷

贞观寺

贞观寺是清光绪年间贞丰者相观音庙的恢复重建，坐落于竹林堡石林旁，与双乳峰相望。寺院占地1.3公顷，院内建有天王殿、大雄宝殿、观音阁、素斋房等，院内供奉释迦牟尼佛、弥勒佛和观音菩萨金身，是大西南的佛教圣地。

百亩"母亲湖"

百亩"母亲湖"两岸绿树成荫，水质清澈，周围群山相连，环境清幽。在这里静心垂钓能让垂钓者感到好生的惬意与宁静，远离喧嚣，让心更加贴近大自然。

北盘江大峡谷

贵州省峡谷之最

六盘水市水城区南部

北盘江流经贞丰县的7个乡镇，在境内形成了一条长94千米的大峡谷，为贵州省峡谷之最。峡谷集峰林、溶洞、怪石、瀑布、伏流、花滩、漩塘和原始森林植被于一体，还萦绕着远古壁画、古城遗址等夜郎文化，更有铁索桥、摩崖石刻、古驿道等人文景观，是贵州西部旅游线上的一个新亮点，也是"两岸猿声啼不住，轻舟已过万重山"的再现。

北盘江特大桥，桥长486米，高388米，是亚洲同类桥中的第一高桥，从大桥上俯瞰深邃幽长的大峡谷，近千米高、几千米长的斧削绝壁犹如波澜壮阔、气势磅礴的巨幅长廊壁画，特别是在雾气朦胧、烟云缭绕的时候，更是一种仙境般的感觉。

格支、麻地喇叭苗寨民族风情园

格支、麻地喇叭苗寨民族风情园内树木茂密，奇树怪藤，田园农舍相互交映，是一个生态环境与民俗文化相结合的旅游佳境。在风情园中可领略到苗家特色的吊脚楼、风雨桥。依在吊脚楼"美人靠"上，凭栏远望，峡谷风光尽在眼前。

乌蒙大地缝

乌蒙大地缝长约15千米，西南向东北走向，缝宽2~10米，深200~500米，缝底平缓，从山顶弯弯曲曲伸入北盘江，缝壁两岸时而刀削斧劈，时而藤萝满挂，时而钻入山洞不见天日，时而夹沟紧闭，抬头只见一线之天。徒步缝中，步移景换，鬼斧神工妙趣天成，缝中有洞，洞中有景，天生桥群变幻万千，幽深的地缝世界，可数当今天下一绝。

营盘大峡谷

营盘大峡谷以系列喀斯特及丹霞地貌大峡谷景观著称。有大小支流10余条，水势变化无常，时急时缓。两岸峡谷形态多样，喀斯特及丹霞景观均很丰富，多奇峰异石。各种类型的瀑布群颇为壮观。溶洞景观众多，著名的燕子洞、大硝洞等分布沿江两岸。北盘江营盘大峡谷上飞架着宏伟壮观的高家渡公路大桥、发耳渡口公路大桥、水普公路大桥、北盘江铁路大桥等，其中北盘江铁路大桥居多个世界第一。

花江铁索桥

历经百年风雨

黔西南州贞丰县北盘江镇

花江铁索桥位于安顺以西关岭布依族苗族自治县与贞丰县交界处的北盘江上，古为黔滇交通之要枢。铁索桥扣挂两山之间，由14根粗大的铁链串缀而成，每根由262个环链组成。桥全长71米，宽2.9米，距水面约70米，上铺数百块大枋作为桥面。

铁索桥历经百年风雨，几经洪水冲击，抗战期间又遭日本飞机轰炸，至今依然寒光闪闪，岿然不动。这座桥既是连接贞丰与关岭的纽带，也是贵州与云南交通道路上的一把锁钥、一个咽喉。

玩家解说

从明代开始，政府曾几次在这一带建桥，要么被洪水冲垮，要么毁于贼寇。清代光绪年间，军门蒋宗汉竭力筹款建桥，历时6年之久，终于建成了这座索桥。

三岔河旅游景区 AAAA

神奇的天然大公园

黔西南布依族苗族自治州贞丰县者相镇纳孔村

三岔河旅游景区距贞丰县者相镇2千米。游客至此，除观赏“天下奇观”双乳峰的观峰亭外，还可欣赏静雅奇秀的三岔湖、千

三岔河秋景

姿百态的竹林堡石林和虎虎生威的虎崖刻字群……

游客置身其中，犹如走进一座神奇的天然大公园。

“虎”字石刻崖壁

笔势流畅，雄健苍劲

黔西南州贞丰县三岔河东岸

“虎”字石刻崖壁是贵州最大的“虎”字崖，虎字崖在人工凿成的高6米，宽4米的崖壁上阴刻一“虎”字，字高4米，宽2米，笔势流畅，雄健苍劲，刻工精细，字迹清晰，无落款。

李晓炎故居

旧居现保存完好

黔西南州贞丰县城北约40千米的平街乡李家屯

李晓炎故居建于1926年，房子所有的数万块砖上都印有“李晓炎”的字样，很有特色，每年都吸引不少中外游客前来观光，成为当地一道亮丽的新景点。

整座建筑占地约1000平方米，其旧居现

保存完好。由正房、左右厢房组成一楼一底的四合大院。坐西向东，木结构悬山式。石拱门，门框两边阴刻楷书楹联："青莲学问高唐氏，大树勋名溯汉家"。题额："贰家喜庆得春和"。

链接

李晓炎

李晓炎（1889—1930），原名正源，学名乐，贵州贞丰县平街乡李家屯人。辛亥革命前夕，到刘显世部王慎一哨任司务长，与袁祖铭结为知交。时值袁世凯窃国称帝，李随袁祖铭部第二营参加"护国之役"。在湘西鏖战数月，给袁世凯第一路军司令马继增部以沉重打击。民国十九年（1930年）初，蒋介石命令撤销四十三军番号，调李晓炎至军事参议院任职，李不从，拒绝去南京，赴香港闲居。是年冬，病死于香港，终年41岁。

杨氏庄园

苗族将领杨树森故居

黔西南州贞丰县纳窝乡下坡鳖村

杨氏庄园系清代县内苗族将领杨树森故居，占地1600余平方米。庄园由左右两个封闭式四合院组成。左院位于右院左上角，整个建筑面呈"8"字形，右院由正房、两厢及前堂组成，布局对称，共12间。

正房为木结构穿斗式，外檐装修精致，通为万字棂子窗，间饰雕花。隔扇门系楠木，从台湾地区雕好运回，隔扇为传统万字花棂，间饰雕花中间条环板上。高浮雕"福禄相金斗牛"图案，构图对称，刀法洗练，挑尖梁吕镂空垂花，造型近十种。

两厢为木构硬仙顶，穿斗式梁架。前檐装饰精美，门窗通为六合幅扇门式，外饰圆形木罩，隔扇均为雕刻花棂子，万字图案变化颇大。

马二元帅府

建筑均为木结构

黔西南州贞丰县城东北角的凤山脚下

贞丰县城内现一中校址，是清雍正九年（1731年）修建的长坝营游击署，俗称"武衙门"。清咸丰十一年（1861年）三月十六，白旗军一部攻占贞丰城，其首领马斯俊（又名马仲）设府于该衙。因白旗军公推马斯俊为二元帅，故又称其府为"马二元帅府"。

马二元帅府为四厅六厢三院建筑群，规模宏大，坐东向西。房屋均属木结构穿斗式硬山顶建筑。大门及正厅均系圆拱，重重叠叠。第一院正厅门额上原有匾一块，上书"元帅府"三字。花厅、正厅、议事厅均属单檐，小格花窗，浮雕栏额，门面刻有花、草、竹、林，古雅大方。院坝系方块青石铺就，设有花坛。花厅中原有丈许过楼，直通隔壁周衙，为文武官员议事、眷属互往的通道。下楼折内沿阶而下，穿朝门，入四合天井。左右有厢房三间，正为后厅，房五间，中间为拱门，有木空雕花檐枋，两面为花窗，此为元帅住屋。白旗军失败后，将该府改为刘公祠，民国初年又改为学校，现仅存花厅及西厢房和三个院坝，其余改建为校舍。

文昌宫

有200余年历史

黔西南州贞丰县城东门丫口

文昌宫始建于清道光以前，迄今已有200余年历史，是贞丰县境内16处文物古建筑之一。

文昌宫建筑平面布局应用均衡对称的手法，沿纵轴线建前殿及左右配殿、正殿。在整个建筑群的前面，有长方形的荷花池，池中建木桥为出入道，似一个"中"字。整体建

文昌宫

筑由高到低，错落有致。正殿外观似“高”字形，与城外文笔塔相映，人称“文笔高中”。前殿和正殿均为木结构歇山式屋面，九架梁，三开间。翼角为仔角梁起翘，但举架合度，房顶曲面柔和，出檐不显硬直。

玩家解说

清光绪二十三年（1897年），白层渡厘金总办吴嘉瑞在文昌宫创立贞丰“仁学会”。文昌宫正殿是当年仁学会传播知识和革命思想的讲堂。一时间，这里会集了来自四面八方的有志青年。主持者在这里传授谭嗣同的维新变法思想；史志上称此举乃“开盘江风气之先”。贞丰仁学会的会员，后来不少成为贵州自治学社的骨干和中坚，辛亥革命的英勇斗士。

民国二十八年（1939年），国民革命军第六军93师由抗日前线回后方休整，师部驻扎于文昌宫内；正殿被辟作“中山纪念堂”，并在檐柱上阴刻总理（孙中山）遗训12条。

纳蝉民族村寨

安静淳朴的布依族村寨

黔西南州贞丰县岩渔乡纳蝉村

纳蝉民族村寨是一个风光秀丽、安静淳朴的布依族村寨，保持着浓郁的布依族风情。婚丧娶嫁、待客接物、节日庆典、语言、服饰、文化、娱乐等生活习俗承传了远古时期的形式，具有传统而浪漫、古朴而纯真的风格。

板其洞

绚丽多彩的溶洞群

黔西南州册亨县城南45千米的南昆铁路西北面约2000米处

板其溶洞群洞长约300米，面积约5000平方米，呈葫芦形态，整个洞分为6个室，连成一线。洞中有乳白色半透明的石笋、石柱，类似海石花、珊瑚礁，有在地上长的，有在顶上挂的，有在水中浮的，有呈浮雕状的，主要成分是二氧化硅，在灯光照射下呈玻璃光泽，脂肪光泽，绚丽多彩。

板其寒泉洞有板其铁路弯桥横跨洞顶，洞口高约20米，宽约30米，进洞10米，洞厅忽变宽阔，中央有一擎天柱直贯洞顶而出，这是板其弯桥的一根桥柱，洞内有13个大厅，连成一体。各大厅地面较为平坦，但厅与厅之间的连接处崎岖狭窄险要。各厅四壁有各色的钟乳石柱、石笋、石幔，地上有定海神针、石灵芝、石昙花等。

距寒泉洞仅百米之遥有一温泉，常年水温保持在32℃左右，温泉共有6个泉眼，主泉喷水后形成一个天然水池，池宽5米，长8米，深1米，池中尚有多处冒水，每年冬季，喷水口雾气朦胧，萦绕蒸腾。

燕子洞

因洞口燕子翩然翻飞而得名

黔西南州册亨县岩架镇洛凡村

燕子洞洞深1500余米，由前后两洞组成。前洞名郭家洞，后洞名燕子洞。燕子洞因洞内燕巢密集，洞口常年有成千上万只燕子翩然翻飞而得名。燕子洞高40余米，宽10余米，洞沿悬崖峭壁，灌木稀疏。洞口有从上游河道经溶洞伏流而出的大小塘，塘口可泛舟筏，两岸的古榕树枝繁叶茂，盘根错节，景致迷人。

郭家洞岩画

书写于天然溶洞崖壁上

黔西南州册亨县岩架镇洛凡村　从兴义客运站乘坐中巴车到册亨县，转乘出租车或摩托前往

郭家洞洞深1500米，是一个天然溶洞。岩画位于郭家洞洞口崖壁上，离地2.5米，褐色涂绘书写有6组，最大的高1.1米，宽1.1米，

燕子洞

含义不明，其余五组形似符号，不明其义，总面积5平方米。

经国家文物鉴定委员会考证，郭家洞的这组“朱绘符形文字”属于岩画范畴，所反映的岩画有居住房子的内容，估计距今已有1000~2000年的历史。

链接

贵州岩画

贵州岩画发现于20世纪50年代，人们在六枝县的桃花洞首次发现了一批岩画，而其主要分布在六枝、开阳、关岭、贞丰、长顺、丹寨、龙里等县境内，无论是作画地点，还是岩画风格，抑或绘画的颜料、图像的大小，甚至是画中的符号，都呈现出明显的一致性。它们几乎都是用一种红褐色颜料——赤铁矿粉末绘制的，调合剂有可能掺有植物的液汁，动物的油脂、血浆，水等。人们可以从贵州岩画中识别出人物、动物、器物、自然物、抽象符号等。

猫脑壳岩画，共有画迹10多处，都画在离地面1米左右的岩石上；关岭牛角井岩画，一些岩石上有10多个清晰醒目、奇特怪异的岩画形象，岩画图像奇特，只有4个图像可称为人，其中3个有五官；画马崖岩画，以赭红色颜料绘制于悬崖薄层岩面上，画的内容不仅有太阳星象、姿态各异的马、做舞蹈状的人物，还有状似鱼、龙、虎、狗、仙鹤，更奇怪的是还有一些干栏式的房架和一些怪异神秘的图形符号，由于类似于马的图案较多，所以被当地人称为“画马崖”；巫山岩画，是贵州目前已发现的面积最大、图像最多、内容最丰富、保存最完好的岩画群，由抄纸岩（也叫大岩脚）岩画、大砂田岩画、猫脑壳岩画三部分组成，画中的人形有许多头戴羽饰的，牛都是黄牛。

蛮王城遗址

地势十分险要

黔西南州望谟县桑郎镇桑郎村

“蛮王城”建在一个平缓的山坡平台上，东北靠油歪寨，东部100米处有一股四季不断的清泉流出；西连桑郎河，与河的垂直高度约600米、水平距离不过近百米，南面临百丈深涧，西北是三连山的最高峰，地势十分险要，遗址长60余米，宽40余米，四周存断垣残壁数处，均用石块垒砌。平台边，悬崖旁，砌有数十级“之”字形台阶，拾级而上，有一道高墙阻隔，墙外是“朝门”，门前有炮位，遗址附近的山巅有类似的残垣断壁。

玩家解说

桑郎的蛮王城与金字塔一样，是一个难解的谜！蛮王城遗址的大理石要从很远的地方运来，平台上有的石块重达半吨，整个城堡和附近山巅长达近10千米的残垣断壁，全是大理石或本地岩石垒砌，却没有一点石灰。

链接

蛮王城的传说

蛮王城有两种传说：一种是说神仙用手一指桑郎东北部的那座大山，半山腰就变出了蛮王城；另一种是说三国时诸葛亮与南蛮王孟获大战时孟获修建的城堡，因为城堡对面隔桑郎河相对的那座大山叫孔明山。这些传说在望谟县史书上均无记载。

中共黔桂边委旧址

现存正房，面阔三间

黔西南州望谟县蔗香乡板陈村

中共黔桂边委旧址坐北向南，占地面积1500平方米，建筑面积800平方米。现存正房，面阔三间，面积360平方米。

玩家解说

1933年6月，“中共黔桂边委”由广西乐业迁到望谟县蔗香乡板陈村，领导今贵州的罗甸、望谟、册亨、贞丰、紫云和广西的凌云、乐业、凤山、南丹等地区的地下工作，时间长达8年，先后帮助支持革命的王海平开办创强小学和板陈兵工厂，中共黔桂边区革命委员会驻此。板陈兵工厂今已不存，创强小学遗址为穿斗式木结构建筑，面阔五间，1941年被国民党军拆毁，今存遗址。

景点推荐

兴义北部景点

东湖

湖水四季清澈见底

黔西南州兴仁城区东郊

东湖湖区由4个大小湖泊组成，呈七星状串联在一起，总积水面积3平方千米，由于系地下暗河水，湖水四季清澈见底，水量均衡，幽蓝迷人，地下暗河中游出的天然鱼群，随处可见。湖区四周青山环抱，林木葱葱郁郁，山水相映，景色宜人，是人们观光旅游的理想场所。

玩家解说

东湖原为季节性水塘，称长塘。该片区地下有一条地下暗河，水量丰富，修筑了一座长180米、高14米的连拱坝，对地下暗河通道进行帷幕灌浆处理，成功堵塞了地下水通道，使地下河涌流而成为地面湖，变季节性水塘为永久性湖泊，1998年筑湖成功并命名为东湖。

绿荫村

气候宜人，水资源丰富

黔西南州兴仁市巴铃镇东北面绿荫村，“关兴”公路立交桥旁

绿荫村气候宜人，水资源丰富，区位优势良好。绿荫河从村中蜿蜒而过，两岸绿柳飘摇，鲜花辉映，蓝天白云倒映在碧波荡漾的河中，山水相连，水乳交融的画面便扑入心间。自然生态游泳吸引着远近游泳爱好者，由于水质清，冬暖夏凉，所以无论冬秋春夏，游泳爱好者络绎不绝。此外，这里还有着浓郁的布依风情，悠久的少数民族文化。

大野场彝族风情村

民族色彩浓厚

黔西南州兴仁大山乡境内，距县城40千米

大野场彝族风情村由大小野场两个自然村寨组成。风光秀丽，气候宜人，物产丰富，民族色彩浓厚。

大野场彝族居住的房屋，保持着古色古香的建筑式样，木质结构，一般三间，中间称堂屋，两边为卧室，楼上通常储藏粮食或存放大型物件。大野场彝族服饰古朴典雅，他们还特别注重古老的彝族语言与文字的传承，从小就教育身边的子女习彝文，说彝话。遇“祭小节”“彝年”“丰收节”“火把节”等大野场彝族传统节日时，村中盛况空前。

玩家解说

大野场彝族修建正房以三间四立，因“四立”与“事业”谐音，表示事业有成之意，忌四间五立，意味着四分五离。

梭江大峡谷

江水切割而成

黔西南州兴仁市境东部

梭江，即北盘江流经县境河段，上起麻沙河注入北盘江的黄家洞，下至北盘江龙洞河交汇处的“三江口”，长22千米。每至冬春，水势趋缓，江水清澈，碧波荡漾，被游客誉为“清水江”；入夏后，水涨流急，汹涌澎湃，如野马奔腾，两岸峭壁，壁立千仞，惊险异常。

梭江峡谷系喀斯特地貌，岭险峻、山嵯峨、峰嶙峋、崖垂悬，显示出粗犷雄奇的风姿。夹岸山高，峭壁耸立，赤壁如焰，直冲霄汉，破蓝天，穿白云，此乃峡谷一大特色。

玩家解说

沿岸飞瀑，随处可见，有季节性瀑布30余条，常年瀑布8条，尤其是高约250米的泉水瀑布，堪称世界一绝。

战马峡谷

因麻沙河中游有战马地而命名

黔西南州兴仁市境内麻沙河上

战马峡谷因麻沙河中游有战马地、战马田、马大塘、海马孔、海马桩等与“马”相关的地名而命名。

战马峡谷长70千米，是麻沙河中下游河段，上至下屯桥，下接梭江峡谷。自然景观分为三大景区，即打鱼凼湖光山色景区、马大塘景区和天生桥至北盘江“三江口”峡谷景区。

三道沟万亩竹海

“黔西南的绿宝石”

黔西南州兴仁市新龙场镇境内，距县城18千米

三道沟竹海地处百里青龙山脉的西部，方圆上万亩，连绵10千米，覆盖着新龙场镇东瓜林至三道沟一带的山坡沟壑，密密层层，挤挤拥拥，碧绿一片，蔚为壮观，被人们誉为“黔西南的绿宝石”，景区中翠竹如海，苍翠葱郁，以毛金竹为盛。

三道沟万亩竹海

竹笋

让人最羡慕的，无疑是居住在竹海中的人家。他们以屋作船，似乎甘愿永远停泊在茫茫竹海上，采集着天下最新鲜的山珍，呼吸着世上最清洁的空气。这里清冽甘甜的竹根水让人回味无穷，这里宽广无垠的竹海使人赞叹，这里的竹工艺品、原始的手工造纸作坊展示了三道沟人民的勤劳与智慧。

玩家解说

竹海中的景致，美妙无比：天坑竹林，犹如巨型盆景；岩上竹林，宛若万杆绿旗。小溪在竹丛中欢快地奔流，山泉在叠石上优美地吟唱。在万物复苏的春天，竹笋就竹荪会像顽皮的孩子，不时从盖满枯叶的土层中蹿出来，如变魔术般带给人们阵阵惊喜。

麻沙河

兴仁的母亲河

黔西南州兴仁市城内，其中游距城区仅4千米

麻沙河发源于三道沟竹海深处，全长185千米，是兴仁的母亲河。沿河两岸居住着勤劳好客的布依族人民，其古朴神秘的生活方式以及千百年来的动人传说，令人神往。

麻沙河风光旖旎，水流在重峦叠嶂中穿行，七伏七露，宛若云遮雾绕的游龙，沿途既有峻峰峡谷、急流险滩，又有农夫荷锄、村女浣纱的田园风光和小桥流水。

马宝树峡谷

以窄、深、幽、险而见奇

黔西南州兴仁市西部与兴义、普安交界处，距兴仁城区50千米

马宝树峡谷原始而古朴，其以窄、深、幽、险而见奇，因峡谷有民风古朴的马宝树村寨而得名。峡谷景观奇丽，景点集中。

峡谷两岸平均宽不到200米，平均深度却有400多米。湍急的河水，在峡谷中奔腾而过，宛如一条绿色巨龙，穿行在陡峭的峡谷之中。两岸群峰林立，原始丛林密布。身居谷底，仰视蓝天，天沟地缝之感油然而生，成为一奇。

三家寨道堂

四合院布局

黔西南州兴仁市鲁础营回族乡三家寨

三家寨道堂始建于清光绪十八年（1892年），是贵州著名的清真寺。

道堂总体为四合院布局，由正殿、两厢、前厅、望月楼及姑祖花园等组成。正门为石砌券洞门，望月楼跨门而建，楼前嵌“三家寨道堂”木匾。望月楼后为前厅，门额上方有楷书“道堂”二字。门内为一四合院，左右为厢房，后为大殿。大殿和厢房为悬山式石木结构瓦房，由廊庑相连。6块黑漆木匾分别挂于门额，题字分别为“返璞归真”“翼善开贤”“广大无疆”“清真义馆”“寿近期颐”“尊道寿永”。

院落后为花园，有一楼一底石板房和平房各一栋，并种黑竹、银杏和牡丹、芍药、月季等花木。

剑平池

美丽、幽静的公园

黔西南州兴仁市解放东路

剑平池建于1934年，系当时驻防兴仁县城的国民政府第二十五军第二师师长吴剑平倡议所建，故名剑平池。后对剑平池进行大规模重建，除新建大门、池中曲桥、平桥、水上平台及湖心岛两座景亭外，还增建了聚会广场和中心广场。剑平池现是一个美丽、幽静的公园。四周有环形柳堤、石牌坊、钟鼓楼，池中有人工岛、湖心亭等建筑，林木蓊郁，环境幽美。

放马坪景区 AAAA

素有“高原塞外”之称

黔西南州兴仁市潘家庄镇与下山镇交界处

放马坪高原草场距县城24千米，风光旖旎，素有“高原塞外”之称，总面积约为19平方千米，其中有天然草场14平方千米、天然林5平方千米，天高云淡，风轻草绿，虽是南方，却仿佛置身塞外草原。

令人惊叹叫绝的是，草场中还有一个天然湖泊——洗马塘。在蓝天下，湖水幽蓝一片，仿佛是镶嵌在山顶草原上的一面明镜。

真武山公园

绿意盎然，花香四溢

黔西南州兴仁市西南隅

真武山又名翠屏山，山上原有参天古树上

真武山公园

剑平池

百棵，其“红叶伞翠”为兴仁八景之一。在山顶建成气势宏伟的真武楼，长长的白色石阶，从山脚直通山顶，两旁绿树掩映，蔚为壮观。沿山脚四周，又先后建成积圆寺、半山轩、儿童乐园、戏水池、盆景园、花坛假山喷泉、叠泉等一批建筑及园林、娱乐设施，使这里绿意盎然，花香四溢，成为休闲娱乐胜地。

交乐汉墓群

东汉中晚期墓群

黔西南州兴仁城区西南雨樟镇交乐村

交乐汉墓群属东汉中晚期墓群，汉墓主要分布于交乐村的祭山坡、关山、松林坡、黄泥堡以及长箐村的鲍家屯、云南寨、龙树脚、五里岗的土丘或台地上。据有关专家初步考证，多达100余座。

贵州省博物馆对其中5座墓进行发掘，为砖室墓、石室墓及砖室和石室同冢三类。2号墓为砖室“大”字形室墓，分为甬道、正室、左耳室、右耳室。1号、4号为交乐汉墓群砖室“凸”字形墓。3号墓为方框形石室墓，5号墓为砖室与石室同冢。被盗的5座墓，发掘出土文物有：铜碗、铜带钓鱼台、环首铜刀、残铜刀、铜鸡及摇钱树座等。另外，还有五铢钱、货泉、添盘、银器、琥珀、烧料耳当、小骨铜串珠、玉牌等。

青山清真寺

系清代建筑

黔西南州普安县青山镇上街村

青山清真寺，是贵州省影响较大的清真

交乐汉墓出土精品

●铜车马

铜车马是交乐6号汉墓出土的，是贵州省出土的车马中最大的一套。车马均为青铜器，马通高116厘米，长85厘米。马系分段铸造后组装套合而成，分头、耳、颈、身、腿等共11个部件，尾不存。铜马体形雄健，肌肉饱满，昂首挺胸，怒目奋鬃，两耳竖立，张口露齿做嘶鸣状。其体态造型夸张合度，动感强烈，形象逼真。

●持琴陶俑

持琴陶俑是6号墓出土的，高34厘米，为空心立塑。左肩及头巾略残，俑双膝并拢跪坐于地。头戴平头巾帻，凤眼蚕眉，隆鼻大嘴，唇留短须，嘴角微翘，面露微笑做倾听状；身穿宽袖长袍，内衣为圆领衫。上身向右面前倾，身前双膝上置一古琴，琴长35厘米，琴身左斜一端着地，另一端放于右膝上。两手袍袖上卷挽于肘上，右臂内弯，左臂前伸，用手掌、小指、无名指及中指触琴面，食指、拇指指面相对，正在拨动琴弦，俑面带微笑，似正沉迷于幽雅的琴声韵律之中。

●连枝灯

连枝灯是交乐出土文物中的精品之一。青铜铸造，通高117.2厘米，灯座为两条盘曲的龙组合成一圆盘，四条龙腿向外着地为灯的四脚，座高19.2厘米，座摇钱树径34厘米；朝内的四条龙脚上铸一玄武，直径为7~10厘米。玄武背上跪着一赤足灯奴，平头大眼，高鼻大口，下颌前翘，双唇微闭，胸部发达，双乳突出；腰系宽带，带垂拖于胯下，双臂弯曲，手掌支放在膝盖上。灯奴体态刚健，似杂技中头顶巨型竹竿的表演者。在玄武与灯奴之间，铸有2条小龙从灯奴左右顺灯杆盘旋而上，龙头向上，张口露齿。灯杆共由7个部件组合而成，主干3件，枝条4件。主干为上、中、下三段，中、下段造型一致，每段铸造两条龙盘绕。

●摇钱树座

摇钱树座通高33厘米，底宽为27厘米×24.5厘米的不规则椭圆形，座上部塑一俯卧的雄性羊牺。羊身呈半圆弧状，羊头低垂于下，羊角向内卷曲达一周半，下颌贴于座身下部；四蹄向内相对折曲于羊腹之下，后腿分开胯骑于座上；羊背中部座中最高点，塑一狮头蛇尾长角兽，腿部生两翼，张开巨口，露出两排尖利牙具、口腔中空洞为摇钱树插孔。

寺之一，该寺建于清咸丰八年（1858年）冬，当时普安州回族人民起义，克普安、踞青山，始建青山清真寺。

该寺四周围修有青色料石、白灰勾缝的围墙；布局呈双院（两个四合院）、双井（两幅地铺正方形青石板天井）；内设礼拜大殿、

铜车马

阿訇住宅、教室、浴室、殡仪室、客厅等。前廊左右壁画有麦加天房和耶路撒冷清真大寺。其中，礼拜大殿为悬山式建筑风格，建筑面积206平方米。

罗汉蜂洞

洞形似蜂巢

普安县罗汉乡，距县城30千米

罗汉蜂洞因形似蜂巢而得名，至今也无人完全走通。蜂洞雄伟奇观，洞内风景迷人，周围生态良好，历史与人文景观并存，美丽的传说为蜂洞增添了神秘色彩。洞内因有河穿过，空气清新、洞体宽敞，洞洞交叉相连，形成蜂窝状。洞内还有天然迷宫、天然隧道、奇石景观、旧学堂等许多景点。

崧岿寺

其名取青松高大挺拔之意

普安县城北十五千米的罐子窑镇谭家湾崧岿山顶

崧岿寺始建于明代中叶，原名“五龙观”，清代顺治年间，有一位名叫善权的智者，见这里风水、林木俱佳，便就此落脚，削发为僧，并捐金献银，维修寺庙，又取此地青松高大挺拔之意，将“五龙观”改名为“崧岿寺”。

崧岿寺占地面积600多平方米，前殿为古寺院建筑中少有的抬梁式七檩条前后步廊式结构，殿前台阶上，立有两尊大理石雕镌的护门石狮，形象生动。两厢撑拱精雕独角怪兽，后殿为“大雄宝殿”，分别供奉关公塑像和佛祖释迦牟尼塑像。

玩家解说

崧岿寺内尚存的“创修崧岿寺碑”，青石质，方首，高1.68米，宽0.8米，厚0.12米。碑文阴刻楷书，23行，满行38字，共820字，记创修崧岿寺事。1985年12月被黔西南州人民政府公布为州级保护单位，2007年被省政府公布为省级保护单位。目前，该寺为普安县保存得比较完好的一座寺庙，被列为全州十八景之一。

青山夜郎遗址

以青山古镇为中心

黔西南州普安县青山镇

青山夜郎遗址以青山古镇为中心，有铜鼓山、大营山、小营山、狮子山、大坡、铜罐山等景点12处。经1978年至今先后两次考古发掘，共出土文物2000余件。

江西坡细寨布依风情园

万亩茶山连绵起伏

黔西南州普安县城东10千米处

江西坡镇属地万亩茶场，万亩茶山连绵起伏，青翠欲滴，布依采茶姑娘身着美丽的服装装点于绿海之中，悠扬的山歌随风飘荡，远处的朗寨瀑布如一条丝带从天而降，好一派山水与民情结合的自然风光。这里，布依族村寨的民歌、小打音乐、“打勾”等民族艺术活动会给游人带来美好的精神享受。

晴隆史迪威·二十四道拐 AAAA

融雄、奇、险、峻为一体

黔西南州晴隆县莲城街道南街社区

晴隆史迪威·二十四道拐抗战公路，古称“鸦关”，全程约4千米，倾角约60度，垂直高度约260米，平面呈“S”形，集雄、奇、险、峻为一体，被誉为“中国抗战的生命线”“历史的弯道”。

如果开着小汽车行驶在二十四道拐，由下而上约需8分钟，由上而下约需6分钟。这条公路现为国家重点文物保护单位、“金州十八景”之一，现存遗迹有“美军墙”“美军车站”等，是中美两国人民共同抗击日本侵略的历史见证。

玩家解说

1942年，在美国陆军准将约瑟夫·史迪威的领导下，美国公路工程部队帮助晴隆群众维修了“二十四道拐”，使得“二战”时期的援华物资经滇缅公路顺利到达前线和重庆。1945年，蒋介石将滇黔公路命名为“史迪威公路”。

永通门

历史悠久

黔西南州晴隆县城南郊

永通门始筑于明洪武二十五年（1392年），为安南卫城之护围，巨石门洞坚固如初，城垣

晴隆史迪威·二十四道拐

四方，建有楼门四座，东门名“承恩”、南门名“振远”、北门名“长宁”、西门名“永通”。前三座门分别于抗战时为加宽公路和“文革”中被毁，现仅存永通门，仍无变异，完整如初。

安谷砖牌坊

为四柱六层单门式建筑

黔西南州晴隆县安谷乡

安谷砖牌坊建于清道光六年（1826年），为本地陈氏的贞节坊，牌坊上有“圣旨”二字，是受朝廷封赐后所建。该牌坊四柱六层单门式建筑，门拱两侧镶制瓷质狮象两个。整个牌坊用砖砌成，造型别致、独特，用材极为少见。牌坊正面及背面内容相同，均由图案、碑刻、文字组成，图案形态逼真，字形浑厚、笔法苍劲。

龙洞瀑布

气势磅礴

黔西南州晴隆县中营镇，距县城75千米

龙洞瀑布落差500余米，宽近30米，夏天气势雄浑，捣金碎玉，令人心悸魄荡而又豪情满怀；每当晴日当空，阳光灿烂，龙洞瀑布宛若一条溢彩流金的银龙，喷吐着浓浓的迷雾，在阳光的照射下，虹霓隐现，缥缥缈缈，似实若虚，神奇美妙。冬季的龙洞瀑布由于到了枯水期，涓涓细流，在冰封的河面上又是另一番景色，没有了以往的咆哮，没有了昔日的震撼，只剩下一丝细流证明着它还有着生命的气息，俊美之景无处可比。

瀑布附近，山峦重叠，林木葱茏，树叶扶疏，急流下泻，景色秀丽宜人。

光照湖

贵州省最大的人工湖泊

黔西南州晴隆县与安顺市关岭县交界的北盘江中游

碧波荡漾，烟波浩渺，光照电站的建设，给晴隆带来了一个风景秀丽、水域宽广的光照湖，构成了山外青山湖外湖的多层次湖光山色。

光照湖水库回水长度69千米，蓄水面积51.45平方千米，是贵州省最大的人工湖泊。碧水清波浩似海，青山翠竹香如烟。其景色之宜人，魅力之非凡，蔚蓝清澈的湖水，犹如高原明珠镶嵌在崇山峻岭之中。

玩家解说

光照湖两岸原始生态环境良好，蔓藤攀缠，悬崖上古树丛生，箐鸡、猴子等野生动物成群，河谷中鸟鸣猿啼，湖光山色奇妙，河谷风光迷人，光照有“日出光照不夜城”之美誉。游览光照湖，是人生莫大的享受。

三望坪草原

人工种草和天然草甸组合而成

黔西南州晴隆县城西50千米的大厂镇境内

三望坪草原海拔1800多米，属人工种草和天然草甸组合而成的高山草原。由一望坪、二望坪、三望坪三个草坪相连而成，从上马场村寨后的打挂石，呈台阶状由北向南逐渐升高，南有高岭林海环抱，北接上马场村寨和田园风光。草原辽阔，一望无际，牧草茵茵，微风吹动，起伏如波，牛羊成群。天然草甸千姿百色，如画如锦。

玩家解说

春暖花开，山花遍野，五颜六色，鲜艳夺目。盛夏时节，遍地粉红的朝天冠，一片红花，一片绿草，布局天然。秋天，野草发黄，周边枫林易色，层林尽染。隆冬时节茫茫草原一片银装，是贵州高原少有的雪原风光。春夏秋冬景观殊异，别具高山草原魅力。夜幕降临，野兔、野鸡时出时没，鸠飞莺啼，百鸟归宿，草原成为它们最好的栖息地。

三望坪景区

攻略资讯

- 交通
- 住宿
- 美食
- 购物
- 娱乐

交通

飞机

兴义万峰林机场，位于兴义市东部的桔山新区，距市区约有10分钟至20分钟的车程，目前已开通至昆明、贵阳、南宁、深圳、广州等主要国内城市航班，另外还有部分开往东南亚国家的国际航班。

机场公交：兴义市内1路、82路公交可达机场。

火车

兴义火车站：位于黔西南兴义市顶效经济开发区，当地人喜欢称之为“顶效站”，距市区20分钟车程，有到昆明、广州、厦门等地的列车，但不能直达贵阳。

威舍火车站：位于兴义市威舍镇，距市区大约30分钟车程，可直达贵阳。

另外，兴义南站也在运营。

汽车

兴义市内有两个长途客运站。

兴义客运东站：位于湖南街，发往省内各主要城市及安龙、兴仁、贞丰、普安等县乡。

兴义西站（新车站）：在坪东大道上。有广东、四川、云南及福建主要城市的长途汽车，另外还有开往省内部分地区的客运汽车。

兴义民族风情街

住宿

黔西南州住宿主要集中在兴义市，市区内遍布高中低各档宾馆，条件较好。其他景区如马岭河峡谷等地都有标准间提供。

●兴义国龙雅阁大酒店

酒店毗邻街心花园（又名八卦金街），正对面是始建于明朝的穿云洞公园（又名大佛洞公园），周边设施齐全、便捷，有德克士、佳慧超市、永辉超市、大地影院、体育公园、八一公园等商业和休闲健身场所。店内客房安逸、舒适，还有友善贴心的个性服务，适合商务差旅和休闲度假居住。✉ 兴义盘江北路1号 ☎ 0859-5333333

●兴义海钰酒店

海钰酒店距离国家级风景名胜区马岭河峡谷5千米，距离火车站、飞机场和客运汽车站约20分钟车程。既可凭窗饱览现代广场、商圈的繁荣，又可体验大自然的杂花丛树，山峦云影。✉ 兴义市桔山新区瑞金北路10号 ☎ 0859-8911111

●兴义富康国际酒店

酒店坐落于珠江上游黔、滇、桂三省区

结合部，集住宿、餐饮、娱乐、休闲为一体，功能齐全，拥有多种温馨、舒适的房间。另外，酒店设有大型多功能厅、各式会议室、中西式餐厅、特色餐厅，以及康体中心、行政酒廊等设施。居住于此，定会感受到真正的VIP礼遇。兴义桂山新区瑞金路19号 0859-3666666

美食

黔西南州具有民族特色的小吃众多，每个县乡都有自己独特的风味美食。兴义的狗肉、烤鸭、杠子面、饵块粑、羊肉粉和鸡肉汤圆，贞丰的糯米饭，还有很多地方可以吃到的刷把头、臭豆腐、剪粉、丝娃娃等，让人垂涎欲滴，吃了还想吃。因黔西南州优越的气候条件，州内特产草药，所以很多特色菜中会带有少许的药材，可能会有少许的不习惯，但绝对是养生的佳品。

美食小吃

●七色粉

七色粉是一碗粉，由羊肉、羊血、泡萝卜丁、香菜、葱花、肉酱等七种配料制作而成。是当地人最常用的早餐。

推荐店铺：兴义各个卖早点的小吃店中，都能品尝到。

七色粉

●鸡肉汤圆

鸡肉汤圆味道很好，鸡肉馅加上鸡汤和芝麻酱，再加上糯米香味，异常鲜美，别具特色！在习惯了甜汤圆的人眼里，鸡肉汤圆是有些稀奇的。

推荐店铺：邹记鸡肉汤圆

鸡肉汤圆

●刷把头

刷把头看着像烧卖，里面包的东西可不少，以竹笋、猪肉为主，再加上其他的作料，如葱花、油、鸡汤等，鲜香异常。样子像刷把头，所以有这样一个名字，皮薄馅儿大，关键是很香、很好吃。

推荐店铺：郑记刷把头

刷把头

●贞丰糯米饭

贞丰糯米饭是利用糯米制成的米饭，再配以肉类和蔬菜而做成的风味小吃，距今已

贞丰糯米饭

有近百年历史。整道小吃色香味俱全，而且米十分软糯，味道爽口，深受黔西南人及外来游客的喜爱。

推荐店铺：贞丰糯米饭 兴义市富兴东路烟厂宿舍对面

●三合汤

三合汤，是贵州西南布依族苗族自治州的地方风味小吃，流行于兴义、兴仁、贞丰等县市。因以糯米、白芸豆、猪脚三种主料烹制而成，故名三合汤。

●兴义耳块粑

耳块粑采用最好的粳米与糯米混合制成，烧、煮、炒、卤、蒸、炸均可。耳块粑炒火腿是当地有名的一道菜，加上火腿、酸腌菜末等炒制的耳块粑，浇以甜、咸酱油，拌以少许油辣椒，吃起来香甜浓厚、咸辣醇正，且卖相十足。

美食去处

在兴义市区，特色小吃集中的地方主要是以街心花园为中心辐射的几条步行街：铁匠街、稻子巷、宣化街和穿云洞公园附近。

购物

黔西南州的特产有兴义大红袍、海子梨、黑木耳等。马岭河峡谷景区盛产世界著名的野生兰花品种，如果喜欢花草，不妨留意一下。

黔南州特产

●大红袍

大红袍是贵州省兴义、仁怀、毕节等地所产的橘子，是一个既好吃、名字也好听的优质品种，兴义县栽培最多。大红袍橘子果实呈圆形饼状，色泽呈鲜艳的橙黄色，果实较大，肉嫩多汁，浓甜爽口，营养丰富，品质上乘，是贵州省传统出口的果品，在国际上颇负盛名。

●海子梨

兴义海子梨，原称雪梨，是黔西南州的传统出口果品，产于兴义市海子、兴化、打帮、圈古、松林等地。历史上，海子种植较多，闻名远近，“海子梨”由此得名。兴义海子梨个大、皮薄、甜香、味浓、清脆、肉质细嫩。

●黑木耳

黑木耳，因黑色耳状而得名，是良好的补品。用黑木耳和红枣炖汤，既好吃又养人，有“素中之荤”之称。如作药用，有润肺、清胃肠的功用，是心血管病与高血压病患者的保健佳品。

黔南州购物场所

如果要购买土特产，可以到兴义市瑞金路上的金城大厦，那里各种特产都能买到。

娱乐

漂流：境内马岭河峡谷是漂流的好去处，现已开放的47.8千米的漂流区，两壁峭立，河水缓中有急，河道险滩众多，漂流有惊无险，乐趣无穷。

节日和重大活动

节日	地点	时间
查白歌节	黔西南州布依族地区	农历六月二十一日至二十三日
六月六	黔西南州布依族地区	农历六月初六
八月八	黔西南州苗族地区	农历八月初八

马岭河峡谷漂流

发现者旅行指南

黔东南州

概览

亮点

漭阳河风景区

喀斯特岩溶地貌奇观、平湖瀑泉、幽谷林海景观；古刹人文、天象生物等景观构成㵲阳河风景区令人神往的绝色风光。

黎平侗寨

我国侗族人口最集中的县，民族风情浓郁。侗族村寨的标志性建筑“鼓楼”“花桥”等，黎平就有近300座，堪称侗族建筑艺术博物馆。

杉木河

杉木河景区山水俏丽、幽而不闭、深而不险；河床布满卵石，可谓一尘不染。这里还是中国最好的漂流场所之一。

郎德上寨

郎德上寨依山傍水，背南面北，四面群山环抱，自然风光绝美。保持着原汁原味的苗族村寨风貌。

西江千户苗寨

中国仅有的、世界无双的千户苗寨，这里有最浓厚的苗族文化风情，建筑、服饰、语言、饮食以及传统习俗都保存得很完整。

镇远古城

镇远是中国目前保存得最为完好的四座古城池之一，古城内的建筑风格为青砖黛瓦、雕梁画栋，这里的每一块青石板与青砖都承载着古镇的千年沧桑。

线路

黎平经典四日游

第一天早上去隆里古城，午后前往高屯东风林场，随后来到黎平会议遗址，夜宿黎平县城。第二天早餐后前往八舟河风景区，泛舟河上，午后来到肇兴侗寨，夜宿附近客栈。第三天早餐后赴堂安生态博物馆，午后前往地坪风雨桥，夜宿上寨村。第四天游览弄相山，随后前往岜沙苗寨，感受不一样的苗族文化。

凯里经典两日游

第一天早上来到香炉山，随后前往黔东南州民族博物馆，观赏少数民族民居建筑和精美的民间工艺品，中午品尝美味的酸汤鱼，午后来到舟溪苗寨，观赏苗族建筑。第二天早餐后来到西江千户苗寨，绝美的风景、震撼的建筑，绝对让你不虚此行。

镇远经典两日游

第一天早上前往镇远古城，午后来到铁溪景区，看飞瀑野花，之后前往下㵲阳河景区，夜宿河边的客栈，看美丽的㵲阳河夜景。第二天早餐后前往旧州古镇，随后去重安江，漂流其间趣味无穷。午后来到郎德上寨，伴着美妙的芦笙，跳起苗家的舞蹈。

为何去

相对封闭的环境使得黔东南极好地保留了其浓郁的原生态面貌。苗族那华丽的服饰、精致的刺绣和炫目的银饰令人叹为观止；而朴素的侗族则在山谷里逐水而居，巍峨的侗寨、高大的鼓楼及精巧别致的风雨楼，都让人有留下来的冲动。各民族浓郁的民俗风情和花样繁多的节日，更是引得各地游人纷至沓来。

镇远古镇

何时去

黔东南州属亚热带湿润季风气候，四季分明，许多地区的气候冬无严寒，夏无酷暑，最佳旅游时间是每年的8月。游客出游，最好携带雨伞。

岜沙苗寨

西江千户苗寨

区域解读

区号：0855
面积：约30 282km²
人口：375.73万人
主要少数民族：苗族、侗族

地理 GEOGRAPHY

区划

黔东南苗族侗族自治州下辖1个县级市（凯里市），15个县（黄平县、施秉县、三穗县、镇远县、岑巩县、天柱县、锦屏县、剑河县、台江县、黎平县、榕江县、从江县、雷山县、麻江县、丹寨县）。

地形

黔东南州位于云贵高原东南边缘。地势西高东低，自西部向北、东、南三面倾斜，历有“九山半水半分田”之说。

州境内沟壑纵横，山峦延绵，重崖叠峰。境内有雷公山、云台山、佛顶山、弄相山等原始森林。其中，位于雷山县境内的雷公山海拔高达2178米，为州境内最高峰。

全州境内㵲阳河、清水江及都柳江，平行贯穿北、中、南部。

气候

黔东南的气候属亚热带湿润气候。冬无严寒，夏无酷暑，雨季明显，降水较多。由于州境内原始森林众多，遮天蔽日的亚热带森林，夏无酷暑的宜人气候，使其成为理想的避暑胜地。

历史 HISTORY

历史大事记

在春秋以前，黔东南被称为“南蛮”或“荆蛮”之地，属牂牁国和楚国的黔中地，后分属夜郎国。

元代在民族地区推行土司制度，分属四川播州宣慰司、湖广思州宣慰司和新添葛蛮安抚司；明代“改土归流”“开辟苗疆”，废思州宣慰司，分置镇远府、黎平府和新化府等，隶属贵州布政司，黔东南也进入一个重要的发展时期。

红军长征时期中共中央政治局黎平会议会址、榕江红七军军部旧址、革命先驱龙大道故居和周达文故居等展现了黔东南辉煌的革命文化历史。

文化 CULTURE

苗族飞歌响彻清水江畔

苗族飞歌是苗族歌曲的代表，主要流行于贵州台江、剑河、凯里等一带。

飞歌曲调是苗族声乐中的一种表现形式，飞歌大多在山岗林野和田间、地头演唱，音调高亢嘹亮，豪迈奔放、明快，唱时声震山

西江千户苗寨

谷，有强烈的感染力。多用在喜庆、迎送等大众场合，现编现唱。歌词内容以颂扬、感谢、鼓动一类为主，过苗年、划龙舟等节日喜庆活动，一般都要唱飞歌。多数为独唱和二人合唱，少数为对唱。

飞歌的歌词，每首一般在三十句左右。一首歌中，常有三字句、五字句、七字句、八字句等，但多数是五字句。曲调有大致固定的谱子，拍节的长短与快慢有大致固定的格式，但有时可以在原有的基础上进行发挥。在一首歌曲中开头较慢，第一句先快后慢，拖音渐高而长；第二句先快后慢，但拖音渐低而长；从第三句或第四句起，开始用中速唱下去，逐渐加快，唱到主要部分时，用快速连唱。高潮唱完之后，用渐慢渐拖音唱一小部分，即接近尾声了。唱到最后一二句时，拖音渐低而长，且飞歌中各部分收尾时多有拖音。歌唱者可以尽情拖唱，拖音的长短，凭歌唱人自己的气息和演唱技巧而定。

去都柳江一线的苗寨中旅行，苗族飞歌会不时地回响在你耳边，在苗寨里静静地听着这些声震山谷的美妙歌声，仿佛真正地进入了一个心灵栖息的美丽家园。

异彩纷呈的苗族姊妹节

苗族姊妹节被称为“最古老的东方情人节”，是台江县老屯、施洞一带苗族人民的传统节日，其中施洞地区的姊妹节最具代表性和影响力。

施洞地区每年农历三月十三至十六过姊妹节。当节日临近的时候，远近的苗族村寨都忙碌起来，准备迎接和参加这一年一度的盛大节日活动。

节日清晨，姑娘们先到田里捕虾，准备“姊妹饭”。早饭过后，她们便带上“姊妹饭”，成群结队地来到集结场地。姑娘们都身穿漂亮的衣裙，佩戴着华丽的银饰，在人群中任凭人们欣赏评论。大胆的小伙子们跑前跑后，暗自选择意中人。还有的姑娘与一群后生摆开阵势，以歌对仗。此时，小伙子要想讨得一点儿“姊妹饭”，就必须在对歌中战胜对方。然后她们同与自己一道吃姊妹饭的男子们跳芦笙和跳木鼓舞。到了夜里，男女相聚在村中广场或巷间对唱情歌，谈情说爱。

当然，姊妹节远不止这么单调，除这些

姐妹节踩鼓

活动外，还要举行踩鼓、斗牛、斗鸟、赛马等活动。节日结束后，小伙子要回家了，姊妹们用竹篮盛装五色糯米饭，饭里藏匿松针、椿芽、辣椒等爱情标识以表达对男方的不同感情，糯米饭若放着一对红筷，则表示姑娘愿与之成双成对；如果只有一支，那绝不是遗忘，而是姑娘客气地暗示小伙子不要再徒然单相思；倘若糯米饭上摆有辣椒葱蒜，知趣的小伙子就该转移目标了，一切尽在不言中，一切尽在姊妹饭中。

到来年姊妹节的时候，这些青年男子们，集体筹钱买了礼物盛在姑娘们去年赠送礼物的竹篮里，带回赠送给姑娘们（叫还竹篮）。如此经过多次的你来我往，使相互间的了解加深，进而产生并倾诉爱慕之情，最终结为伉俪。

为保护这一重要的苗族人文遗产，2006年苗族姊妹节入选国家首批国家级非物质文化遗产保护名录。

链接

苗族姊妹节的传说

很久以前，有一群聪明美丽的苗家姑娘，虽然到了结婚的年龄，却一直不得婚配，大家昼夜商谈，一致认为是当地太偏僻而造成的。于是她们商定，每人拿出一些米，一起聚餐，唱歌跳舞，吸引远方的小伙子。聚会这天，她们开展了苗家喜爱的斗牛、赛马、踩芦笙、踩鼓等多种活动，果然引来了四方的众多后生。姑娘们殷勤款待，别时以糯米饭相送。一来二去，小伙子们都找到了心上人，姑娘们的夙愿也得到实现。此后，姊妹节便流传下来。

苗族女孩儿

苗家龙舟盛会

清水江一年一度的龙船盛会，是苗家规模最大、最热闹的日子。每年农历五月二十四日由施秉平寨开始，经过龙塘、榕山，于二十七日到达台江施洞，进行龙舟竞赛，同时有斗牛、赛马、踩鼓、跳芦笙等活动。几十个苗寨的群众扶老携幼，载歌载舞，派出各自的龙船参赛，龙船头上挂满鸡鸭鹅礼品祝福。

苗族龙舟竞渡具有悠久的历史。明（嘉靖）《贵州通志》以及清（乾隆）《镇远府志》都有关于苗家龙舟节的官方记载。

苗家的龙舟由三根大杉树构成，中长五丈的，称母船，两边长三丈的，称子船，龙头用柳木雕刻而成，平时龙身放在江边专门的龙殿里，龙头供奉在“鼓头家”。鼓头是龙舟上的指挥，是全寨推选出来最有威望的人，由他坐在龙船头司鼓发令。龙船头由一个10岁左右的男童司鼓，一条龙船有四十名水手，由寨子里的彪悍青年担任。比赛时水手每人手持一支约手掌宽，约1.5米长的扁担形木桨。身披蓑衣，头戴斗笠，以示祈雨。龙舟下水时，要“祭龙”，全寨各家向鼓头、锣手、水手敬酒，然后开往沿江各寨，接受村民的祝贺，以求龙赐福于村寨。祝贺送礼按与鼓头村寨的亲疏远近，分别奉献猪、羊、鸭、鹅等。白天江里江岸人山人海，一片欢腾，晚上男女青年沿岸唱歌谈情，通宵达旦。

5月去黔西南旅行，清水江畔的苗家龙舟节不可错过，宏大气势的场面令人振奋。

苗家龙舟盛会

东方的神秘——思州傩戏傩技

傩，即为人祈祥免灾的宗教祭祀文化活动。岑巩的思州傩戏、傩技文化蕴藏丰富，被专家称为“傩窝”。据《思州历代名师录》记载，早在东晋年间，傩戏、傩技就在思州广为流传，至今已有千年以上历史。

自1990年以来，国家文化部门、日本东京大学、日本丽泽大学、美国新墨西哥州的相关专家学者，纷纷进入岑巩，实地考察思州傩戏、傩技，均给予高度评价。思州傩技也由此获得了“世界文化之宝”“东方的神秘”等头衔。

据调查了解，县境内有傩坛上百，傩文化民间艺人500多人。傩戏面具有上百种不同造型，如巡海大将、香童子、张三丰、打鱼郎等；傩戏节目有《报子》《判官审案》《春官贺喜》等；傩堂特技表演节目亦近百，如“上刀梯”“喊竹”“手扶红铁链”“口衔红犁”“脚搅油锅”“踩红犁”“过火犁”“过火海”等表演。

几位表演傩戏的当地人身穿红色褂子，头戴不同角色的木面具，时而挥舞手中法器，时而口中念念有词，腾挪辗转，变换不同的姿势。每次表演一项绝技之前，他们都要对着钢刀、油锅或者热炭猛吹手中牛角状的法器，低沉的号角声让这项古老的技艺更加神秘。

历史悠久的思州石砚

思州石砚又名金星石砚，产于黔东南州岑巩县。因岑巩县古称思州，故而得名。

据史料记载，石砚在岑巩已有上千年生产历史。其石质细腻，内含金星，经磨耐用，有文人赞曰：“水石殊质，云滋露液，浑金璞玉，惜墨惜笔。”使用思州石砚能使字画增妍，且立体浮雕，造型多样，工艺精湛，曾被定为皇宫御砚，为中国八大名砚之一。欧阳修在《欧阳永叔砚谱》中有对其的描述，北宋大文豪苏东坡誉之为“珙璧”，清康熙皇帝将之作为御砚，是当地历代官府进奉朝廷的珍贵贡品。在如今的故宫博物院中，也有思砚收藏。

思州石砚发展到今天，除保持自身精湛的传统工艺外，还糅合了当代雕刻艺术，使得石砚造型奇巧而精细，结构复杂而严谨，备受市场欢迎。如今，思州石砚产品种类已增加到上百种，远销日本、菲律宾、新加坡等东南亚国家。由岑巩县思州石砚厂雕刻的砚台屡获国内、国际展销会大奖。若去岑巩旅游，可以挑选一块你喜欢的思州石砚。

景点推荐

凯里周边景点

凯里民族博物馆

黔东南州民族文化的展示中心

黔东南州凯里市广场路5号

免费　9:00~17:00，周一闭馆

凯里民俗博物馆是黔东南州民族文化的收藏、保护、研究和展示中心，博物馆通过文字、图片、实物的陈列对黔东南州的人文地理及少数民族风情都有详细的介绍。

博物馆的建筑风格颇具民族特色，中央塔楼采用侗族鼓楼重檐形式，东西塔楼采用苗族吊脚楼形式，以外观来强调黔东南是“苗侗之乡”。博物馆分为三层，陈列馆在二层和三层，由“黔东南概貌馆”“少数民族风情馆”“少数民族服饰馆”“龙舟馆”和“现代民间工艺美术馆”等主题馆组成。

金泉公园

凯里最大的公园

黔东南州凯里市郊区　可乘4路公交到达

金泉公园由金泉湖、鼓楼、芦笙厂、峡谷森林、水上乐园、民族度假村、烈士陵园等组成，是凯里最大的公园。园中茶山之顶高耸的侗家鼓楼，历史虽不长，却为世界现有鼓楼中第二高度的鼓楼，楼高30米，17层，为八角重檐攒尖宝顶。

舟溪苗寨

民族风情浓厚

黔东南州凯里市西南郊区舟溪乡

舟溪苗寨因昔日寨中可行舟而得名。境内有嘎醉达溶洞和文昌阁、苗族花桥遗址等景点，此外在舟溪屯上寨脚河沙坝建的甘囊香芦笙堂，每年农历正月十六至二十在此举行芦笙盛会，这是黔东南最大的芦笙堂之一。另外，这里制作的芦笙和织锦花背带，被称为“舟溪二宝”。

链接

芦笙节

芦笙节是苗族地区最普遍的节日，每年农历正月十六至二十一举行，芦笙堂设在河沙坝。正月十六开始“起堂”，正月十七集会，正月十八、十九、二十跳芦笙，正月十九增加赛马活动，正月二十举行斗牛活动，正月二十一芦笙会结束时，苗族男女青年进行“游方”活动。

节日期间，男子穿对襟或右大襟短衣和长裤、头缠青布巾，腰束大带，手持芦笙、唢呐、铜鼓，拥向会场；姑娘们穿着绣有各色花纹、图案的衣裙，头缠青帕，腰束绣花彩带，佩戴银饰，边说边笑跟随而来，人们伴随着芦笙的乐曲翩翩起舞。

香炉山

山形酷似香炉而得名

黔东南州凯里市9千米处

香炉山四面石崖绝壁，因形如香炉而得名。香炉山是一座苗族圣山。山上有千吨巨大神香炉、七仙池、石海螺等古建筑景点，还有满山的巨石、怪石，以及怪石中长满了成林的百年古树。此外，每年的农历六月十九，生活在周围的苗族人都会来此举行“爬山节”活动。

在香炉山南天门至平丘阁有一处约20亩的山地，除松木成林外，还有一片茶山。这就是香炉山“云雾茶”的产地。因常年云雾缭绕，茶叶别具风味，明代时曾作为“贡茶”。

渔洞溶洞

天然形成的喀斯特溶洞

黔东南州凯里市龙场镇渔洞村

渔洞溶洞是一个天然形成的喀斯特溶洞，目前已经开发了2000米左右，还有尚未探明的暗洞6000余米。洞前有小溪，两岸林木繁茂，郁郁葱葱。

溶洞分为6层5厅8段。洞内有大量的石钟乳、石笋、石柱、石花，琳琅满目。洞内溪水中盛产娃娃鱼和水晶鱼，是一座仙境般的大溶洞。

麻塘革家村寨

典型的革家村寨

黔东南州凯里市龙场镇

麻塘是一个比较典型的革家村寨，寨中村民平时务农，闲时做蜡染、绣花衣。革家是一个独特的部族，散居在凯里西北的渔洞、龙场各乡，人口仅1万有余。

麻塘寨四周为山脉环绕，山上长满郁郁葱葱的油茶树和马尾松，环境雅静宜人。寨前为田坝，寨中房屋多靠山向田，房前屋后多栽种竹木花草，门前院坝则广植葡萄、桃、李、樱、橙等树，春来桃李灿烂，秋至茶花飘香，故此寨一年四季花香宜人，风景迷人。

玩家解说

革家有自己独特的生活习俗和语言，服饰更为独特，革家女孩的盛装有点儿像古代的将士，而平日的装束相对要简单些。一般认为麻塘革家是苗族的一个分支，但他们的的确确是单独的，这从他们的风俗、服饰、刺绣工艺上均可以

麻塘革家女孩儿

看出。与一般苗族不同的是，他们的待客之道是劝饭重于劝酒，所以你到革家来，一定先饭饱，然后才酒足。

南花苗寨

著名的苗族风情旅游景点

黔东南州凯里市三棵树镇

在凯里客车站乘坐前往雷山县的中巴车在三棵树镇下车（车程30分钟），步行即到

南花苗寨是贵州省乡村旅游示范点之一。村寨依山傍水而建，周围林木苍翠，吊脚楼鳞次栉比，以秀丽的自然风光、浓郁的民族风情著称于世，堪称巴拉河“长裙苗”农耕文化的天然博物馆。

作为贵州著名的苗族风情旅游景点，这里民风淳朴，民俗独特，尤其是芦笙舞、苗歌、鼓社集会、婚俗礼仪、米酒等苗文化，深深地吸引了众多的中外游客来此参观、游览。

下司古镇 AAAA

古时黔东南重要的物资集散地

黔东南州麻江县下司镇

下司古镇，曾被誉为“小上海”，有“清水江上的明珠”之美称。这里山清水秀，人杰地灵，是中国红蒜之乡、锌硒米之乡、世界名犬下司犬之乡，世界优秀、亚洲最好的皮划艇激流回旋基地就在这里。

每年农历七月中旬，这里的人们沿袭传统举行龙舟大赛、斗牛大赛，车流人流，摩肩接踵，热闹非凡。此外，这里还有众多的历史人文古迹，辟有桃园岛、月亮岛、紫薇岛等系列旅游度假场所，堪称下司绝艺的“酸汤鱼”“草烧狗”厨艺更是名声远扬，深受游客喜爱。

南花苗寨

玩家解说

清嘉庆十三年（1808年），下司被辟为商埠，到民国时发展为闹市，有水陆码头，是黔东南重要的物资集散地。当时镇上商贾云集，马帮成群结队，商号、货栈、会馆、餐馆遍布街巷，彻夜营业，被誉为“小上海”。现在两岸大街还保留着清乾隆四十四年（1779年）修建的条石铺砌成扇形的30余米的石级大码头和小码头，以及禹王宫、观音阁等古寺、古殿宇遗址、古民居、古巷道。

石桥寨

中国古法造纸之乡

黔东南州丹寨县城以北三十五千米处

石桥村是一个以古老的手工造纸而远近闻名的村子，世代居住在这里的山民，以他们对祖先执着的崇敬，传承了远古先人的造纸工艺，这个两百多户的苗汉杂居村寨，就有一百多户掌握古法造纸技术，目前还有八十多户从事白皮纸生产，被称为“中国古法造纸之乡”。

石桥寨坐落于秀丽的南皋河畔，依山傍水，祥和而安静。成群的吊脚楼散布其间。你可以在风景秀美的村寨中漫步或者参与到古法造纸的课程中。

链接

中国古法造纸

石板街的两旁，吊脚楼的底层，每隔一栋或两栋，便有一个长方形的木槽。两根悠悠的竹竿，架起一片细细密密的帘子，山民们在抄纸。也有一些山民，由于场地限制，直接把抄纸槽设在河岸边的山崖下，或比较宽敞的岩洞里。这古老的造纸方法，生产工序

简单，主要有洗料、抄纸、烘干几大环节。生产工具也很简易，主要有甑子、抄槽、焙笼等。

古老的造纸工艺能在这里传承千年，与淳朴执着的山民有关，也与这片山水有着密切的关系。环绕四周绵延的群山，漫山遍野生长着构树，构树皮便成为造纸业丰富的原材料。这里的水是清纯的，没有清纯的水，就不可能生产出优质的纸。

白皮纸是石桥古法造纸的主要产品。这里的白皮纸，纸张洁白、吸水性强、不易脆裂、渲染度好。在白皮纸制作的基础上，再经过精制而成的国画纸，已登上书画名家的大雅之堂。

飞水岩瀑布

溪流遇断崖形成的天然瀑布

丹寨排调河支源加配河小马颈坳河段北岸

飞水岩瀑布是山谷中溪流遇断崖形成的天然瀑布，高30余米，宽10余米。站在对面山坡上，瀑布全貌一览无余，瀑布顶端成片的梯田、远处的村寨，犹如仙境。每年夏季六七月间是瀑布水最大的时候，呈现出山间水雾弥漫的景象。瀑下有水潭，潭水清澈见底。

卡拉民族村寨

贵州鸟笼艺术之乡

黔东南州丹寨县城东北部

卡拉民族村寨地处摆泥河上游、富贵河东岸，这里流传着传统的鸟笼制作工艺，几乎家家户户都会制作鸟笼，被誉为“贵州鸟笼艺术之乡”。

卡拉有400多年的编制鸟笼历史，走进卡拉村寨，村民的房前院中都摆满了做工精美、款式不同的鸟笼，那一个个巧夺天工、玲珑精湛的鸟笼让人啧啧称奇。

玩家解说

卡拉村苗族同胞编制的鸟笼，主要以楠竹、金竹、雷竹等为原材料，坚固耐用而且不变形。鸟笼制作精巧，深受人们喜爱，不仅畅销省内外，还远销中国香港特别行政区、中国台湾地区、新加坡、日本以及欧美等地。鸟笼品种繁多，规格各异，形状多样。除普通鸟笼外，还有集编制、雕刻、蜡染、刺绣、书法、绘画等艺术为一体的精品鸟笼，件件堪称精美绝伦的稀世艺术珍品。

卡拉民族村寨

麻鸟村

锦鸡舞的发源地之一

黔东南州丹寨县排调镇

麻鸟村是一个非常原生态的苗族村寨，在这里生活的是苗族中的锦鸡苗族，这里也是锦鸡舞的发源地之一。麻鸟村现有一百多户，村寨沿着山坡高高低低，层层叠叠地坐落在大山之上。

村寨原生态环境保护较好，寨中有国家一级、二级保护植物红豆杉、古柏、三尖杉等古树，寨边层层梯田直抵山脚，共有380余亩，梯田坡度较大，梯田级数较高，规模宏大，气势磅礴，在漫漫云海的覆盖下，构成神奇壮丽的景观。

金瓜洞

典型的天然彩色溶洞

黔东南州丹寨县金瓜洞村境内干罗溪畔

金瓜洞是目前贵州境内发现的一个典型的天然彩色溶洞，有天然的红、白、黄、黑等彩色岩溶奇观呈现洞中，尤以形似大小不同的钟乳石“秋瓜”胜景闻名。

洞中有一大厅长80米，宽47米，面积约3700平方米，有4条支干道，洞中有洞，洞洞相连，高低错落的钟乳石如千万座大山围拥而来，千姿百态，异彩纷呈。

排廷大瀑布

“黔东第一瀑布”

黔东南州丹寨县城南面15千米处

排廷大瀑布呈上下两层，上层高45米，宽60米；下层高20米，宽30米，发源于乌郎山水库的鸡家河，河水长年不断。丰水期如白练悬挂山间，水雾升腾，在阳光的照射下，似彩虹穿越，壮丽迷人。瀑布飞流直下，气势恢宏，是丹寨县境内宽度最大、落差最高的瀑布，亦是黔东南仅有的大瀑布，素有“黔东第一瀑布”之称。

排调河

河岸绿树成荫

黔东南州丹寨县东部的扬武乡乌仲村也弓坳

排调河，河床宽，水流缓急交替，处于中流位置的岔河至码头河段，全程7千米，水量适中，河岸绿树成荫，雀欢鸟鸣，河水清澈见底，鱼虾成群，飘然游弋，每到三四月间，杜鹃等百花两岸争奇斗艳，白鹭等飞禽林间竞喉赛歌，令人赏心悦目。

沿岸依山而建的苗族村寨，俊俏的苗家男女纵情放歌，激情的芦笙、芒筒响彻河谷，穿透云霄，让人陶醉于古朴敦厚的苗乡风情之中。岔河至码头河段，有神秘的鱿鱼洞、姊妹岩、落虎涧、满天星、龙塘滩等自然景点。

龙泉山

赏杜鹃的好去处

黔东南州丹寨县城西隅

龙泉山因山中有清泉涌出，犹如神龙喷涎，宛若龙涎琼浆，亦因山势连绵起伏，形若龙身，故名龙泉山。龙泉山山势雄伟壮丽，由北而南连绵起伏，蜿蜒曲折，形似游龙，由西向东，挺然杰出，威严镇重，磅礴苍莽，宛若玉珠，古人冠称“蟠龙戏珠”。

每年的四五月间，整个龙泉山被盛开的红、白、紫三色杜鹃花所簇拥着，万顷花潮，蔚为壮观。特别是满山遍野的红杜鹃，映红半边天，构成一幅美丽的立体山景植物画卷，远看似一团火，近看鲜美娇艳，令人心驰神醉，是旅游休闲的好去处。

牛角山

丹寨县最高峰

黔东南州丹寨县境东端

牛角山是丹寨县最高峰，海拔1701米，山势雄伟，古木参天，主峰峭立，直插云天。牛角山雄奇之处有诗为证：“牛角山山顶蓝天角插苍穹红霞舞，飞水岩岩挂空谷水化云烟白玉碎。”

山中有楠木、桫椤木、倒鳞木等珍稀树种，有锦鸡、野猪、麝羊等飞禽走兽。现今尚有树龄上千年的数人合抱古树，堪称黔东生态活化石。

牛角山

西江千户苗寨 AAAA

目前世界最大的苗族聚居村寨

黔东南州雷山县西江镇

¥90元　0855-3348007　全天开放

西江千户苗寨是由10余个依山而建的自然村寨相连而成，是目前全世界最大的苗族聚居村寨。千户苗寨是保存苗族“原始生态”文化最完整的地方，是领略和认识苗族漫长历史文化发展的首选之地。这里有西江博物馆、河滨道、田园观光区、鼓藏头家、风雨桥、吊脚楼、观云台等众多旅游景点。

玩家 攻略

1.住宿：西江苗寨有很多吊脚楼客栈，可以住在这里体验吃农家饭、住农家屋的田园生活。

2.美食：在西江苗寨，你不仅能吃到贵州当地的特色菜，如酸汤鱼、折耳根炒腊肉，还能吃到西江本地的苗王鱼。苗王鱼是苗家人款待客人的名菜，味美肉鲜，与烤鸭在北京的地位一样。另外，还有鼓藏肉、苗族米酒都是不可不尝的当地美食。

西江苗族博物馆

西江苗族博物馆是由政府兴办，是一座占地面积3000多平方米的两层吊脚楼，共有11个展厅，有历史厅、生产、生活习俗厅、服饰与银饰厅，以实物结合图片的形式展示给游客。这些展厅从不同角度展示了苗族人民的智慧，重点展现了苗族人民的发明创造。

主街

西江苗寨有一条主干道，两侧底楼都是苗寨的吊脚楼店铺，底楼不住人，本来是用来堆放东西或养家禽牲畜的，街道两旁的底楼现在用来开店。而这些店铺中有很多是银店，银店中的首饰有很多种，价格不高，可以买一些带回家。

玩家 攻略

1.顺着街道走，你会看到一座小吃广场。广场上有很多贵州的小吃，早上还有很多吃早餐的地方。

2.中心广场上每天都有表演，但是主表演场却不在这里，而是在广场的后边。西江的吃新节也在这里举行，现场非常热闹。

玩家 行程

来到苗寨，苗寨人的热情在拦门酒上表现得淋漓尽致。之后，逛苗寨古街，购买苗族特色银饰，广场上有时候还会有精彩的表演。参观西江苗寨博物馆，体会苗寨文化与历史。随意去一家蜡染坊，亲自看看蜡染制作的过程，还可以买一些自己喜欢的蜡染，回去送朋友。最后去观景台一览西江千户苗寨的全景，夜景也不要错过。

吊脚楼

西江千户苗寨是全国最大、最典型的苗族吊脚楼村寨，吊脚楼是其最主要的看点。千户苗寨的吊脚楼，全是木质结构，不用一钉一铆。吊脚楼的脊梁顶用瓦块砌成“龙脊”图案，两头翘角，中间饰以“龙宝”，远远

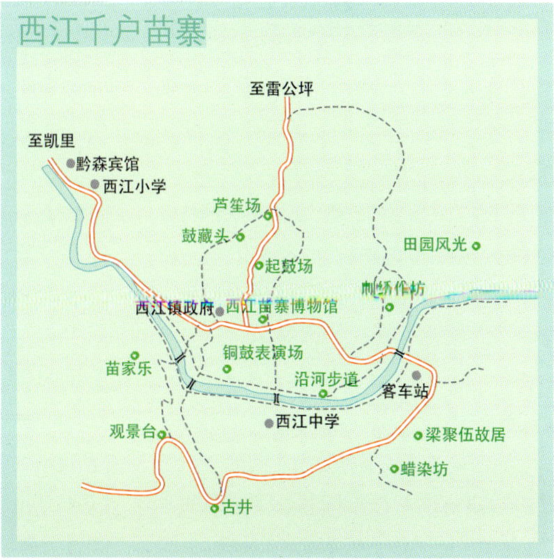

丹寨民俗文化

丹寨民族文化历史悠久，特别以苗族文化尤为古朴厚重，是黔东南苗族文化的代表。此外，丹寨还是少见的非物质文化遗产富集地，这里会集了7个国家级非物质文化遗产，分别是：苗族蜡染、古法造纸、苗族锦鸡舞、苗族口头经典“贾”、苗族苗年、苗族服饰、苗族芒筒芦笙祭祀乐舞。

●苗族蜡染

苗族蜡染从织布到印染均为纯手工技艺，图案精致古朴，以鸟为尊，其中所蕴含的苗族历史文化十分厚重。丹寨苗族蜡染可分为三个时期，早期约在1900年以前，风格古拙而神秘，特征为点蜡的手法应用较多，几何纹样占的比例较大，图案受铜鼓的影响大，有的直接来源于铜鼓，动植物被高度程式化、几何化。

中期约在1900—1950年间，风格纤巧而精致，其特征为：主要用流畅的线条构成画面，块、面和点的应用减少，脱胎于铜鼓的原形图案内部开始产生变异，动植物纹样占的比例增加，且注重特征的描绘。晚期约在1950年以后，风格世俗而繁复，其特征为：画风自由而多变，传统图案越来越少，动植物纹样日趋汉化，如孔雀、牡丹、凤凰、葡萄、金鱼等外来纹样及汉字。

●古法造纸

石桥因一座天然石拱桥连接河两岸山崖而得名。最古老的造纸作坊遗址就坐落在天然石桥20米对面大岩脚石壁下，石壁宽约百米，高约80米。石壁前倾，能遮蔽风雨，是一座极好的天然作坊；内有一汪清澈的泉水，是造纸最好的水源。

古老的造纸技术利用当地杉根、糯叶、滑树、猕猴桃藤等丰富原材料，融入当地苗族文化元素，经过水沤、浆灰、煮料、河沤、地灰蒸、漂洗、选料、碓料、袋洗、打槽、抄纸、压纸、晒纸、揭纸、打包等几十道工序，最后成纸。所以石桥古纸具有纤维长、拉力大、纯天然等特点。在古法纸的生产过程中，从河沤、浆灰、装纸甑、起锅到选料等，大部分工序都是徒手操作，不使用任何现代工具，具有独特的历史文化价值，被誉为中国古代造纸工艺的活化石。

●苗族锦鸡舞

锦鸡舞是苗族芦笙舞中别具一格的民间传统舞蹈，舞台上，在8名苗族小伙的芦笙伴奏下，身着锦鸡服饰的24名苗族姑娘双脚按芦笙曲调节奏变换出优美姿势，双手于两侧稍往外自然摇摆，加上头上的锦鸡银饰跃跃欲飞，银角冠一点一摇，腿边花带一飘一闪，超短裙脚边的“羽毛”银浪翻飞，翩翩曼舞中，舞者步履轻盈，酷似锦鸡在行乐觅食。每跳一步，舞者双膝同时自然向前颤动，下肢动作多，上肢动作少，双手于两侧自然放开，悠然摇摆。

●苗族口头经典“贾”

“贾”为苗语音译，意为苗族经典。它是一种在当地苗族社会中最具权威、影响最深广的独特文类，为亦诗亦歌体文学样式。

看去就像一只欲飞的雄鹰。民居最大的特点是在吊脚楼二楼宽敞明亮的走廊上，有一种曲形栏杆，因苗族妇女喜欢在此梳妆打扮、刺绣，所以把它又叫作“美人靠”。

芦笙场

芦笙场是西江苗寨古街中间的一个坝子，这是寨子里举行公祭活以及跳芦笙的地方。坝子中间的柱子是苗族的图腾柱，上面主要刻画了苗家的生活生产习俗等图案。柱子的最上面很像芦笙，中间是牛头，最下面的圆形代表苗族的铜鼓。

风雨桥

整个风雨桥以杉木为主要建筑材料，建筑的造型主要是以侗族的鼓楼、苗族的吊脚楼形状建造而成的，不仅风格独特，建筑技术也十分高超。

"贾"分为十二支，有些支下面还分为若干"串"或"朵"，相当于汉语的"章""节"，总篇幅约有2.4万行。

"贾"包含古代苗族关于社会与自然的道理、原理、哲理、辨理、判理等程序性内容，反映了古代苗族人民的自然观，伦理道德观和价值观。"贾"是苗族先辈留给后人最为重要、最具代表性的一份非物质文化遗产，是苗族古代文学、史学、哲学、法学、巫学的综合集成，是苗族古代社会的"百科全书"。

●苗族苗年

苗年是清水江、都柳江流域苗族群众一年中最为重要的节日。自古以来，这一地区的苗族社会中就使用着与汉族地区的"农历"有明显区别的人类最早的历法——苗历。苗历的岁首，即为苗族新年。由于苗族特别的宗族意识和"议榔"社会管理原则，过"苗年"的日期在一个区域的各苗寨中，有按顺序进行的习惯。这种习惯，也使得这些不同的苗寨在各自不同的"苗年"日子里，轮流成为该苗族区域的狂欢中心。

"苗年"对于苗族同胞来说，是庆祝丰收的日子，是一年里劳作的结束与欢乐的开始。到了苗年，芦笙和木鼓都要搬出来尽情歌舞。从这天开始，苗族群众便开始了一个又一个的节日，走村串寨，你迎我往，一直欢乐到春天二月里的"翻鼓节"。"苗年"的主要活动，包括杀年猪、打糯米粑、祭祖、吃"年团饭"、跳芦笙等，部分地区还进行斗牛活动。

●苗族"嘎闹支系"服饰

丹寨县境内苗族"嘎闹支系"有七个亚族群，他们自古就有把自己的图腾物作为饰品图案来穿着佩戴的习俗。从现在能收集到的古老服饰来看，七个亚族群古装差别微小，最能保持原貌的是"雅灰型"的百鸟衣。随着时间的延伸，各亚族群的区别越来越大，但都有一个共同点：即在能体现的刺绣或蜡染技艺上，竭尽其能地表现他们的图腾物——鸟纹，把鸟纹发展得淋漓尽致。正是这种对鸟的极度崇拜，造就了苗族"嘎闹"支系的服饰艺术形象和艺术魅力，并向外传达了"嘎闹"支系的族源信息。而"百鸟衣""锦鸡服"蜡染古装等则成为对鸟崇拜的集中体现，也成为该支系鸟文化艺术的经典。

●苗族芒筒芦笙祭祀乐舞

苗族芒筒芦笙祭祀乐舞以气势雄壮而著称，它的发源地与发祥地在贵州省黔东南州丹寨县，流传于丹寨县全境及周边县市，是苗族鸟图腾族群中"八寨苗"亚族群所特有的芦笙种类。它在苗族众多的芦笙大家族中唯一保持着芦笙最原初的仪式和祭祀功能，被限定于在部族或区域联盟性的重大祭祀庆典以及丧葬中使用。

《芒筒芦笙祭祀乐舞》以芒筒为尊，以体积巨大的"董杻"为神圣，"董杻"意译为"鼓筒"。鼓即苗族的祖先崇拜图腾物。"董杻"只能在重大祭祀庆典中才能请出，"八寨苗"亚支系最后一次请出"董杻"是20世纪30年代，在丹寨县扬武乡境内的大型祭鼓活动上，距今已有80余年。

郎德景区 AAAA

独特的苗族村寨

雷山县郎德镇下郎德村

郎德景区以苗寨及其文化为特色。这里的苗寨分为郎德上寨和郎德下寨，两寨居民均为苗族人，苗寨始建于元末明初。游客至此，既可欣赏郎德非遗博物馆、郎德上寨古建筑群、苗族原生态歌舞等，还可亲身体验手工蜡染、刺绣等传统工艺。

雷公山

贵州高原上的一颗绿色明珠

黔东南州雷山县

雷公山景区内原始植被保存完好，各类动植物有2000余种，包括濒危动植物40多种，其中的秃杉被称为植物的"活化石"。雷公山是中国面积最大、动植物数量

郎德十二道拦门酒

最多、保存最完善、原生态最强的一处景区，被联合国教科文卫组织称为“当今人类保存最完好的一块未受污染的生态文化净地”。

雷公山每年在春夏之交时，满山开满杜鹃花、白玉兰等，其景致美不胜收。雷公山下还分布着半坡苗寨，可领略迷人的苗族风情。

乌忙瀑布

黔东南州落差最高的瀑布之一

黔东南州雷山县方祥乡境内

乌忙瀑布落差高达110米，是目前黔东南州境内发现的落差最大的瀑布之一。乌忙瀑布远看如白练倒挂，悬空坠落；近看，瀑布从万丈悬崖之巅上飞奔倾泻而下，白浪飞溢，水汽遮天蔽日，道道彩虹时隐时现，激流轰鸣如雷，气势磅礴，摄人心魄。

文昌宫

建筑规模宏大

黔东南州台江县城东南的一个小山丘上

文昌宫坐东朝南，为清光绪十八年(1892年)建。文昌宫建筑群占地4600平方米，门前有青石台阶47级，门后两侧有左右配殿，中为天井，迎面是主体建筑——阁楼。整个建筑群规模宏大，布局严谨得体，宫阁古朴典雅。

另外，文昌宫还是台江县刺绣博物馆和古生物博物馆，珍藏着各种苗族刺绣艺术品和古生物化石展品，同时也是台江文物管理所的办公地。

施洞苗寨 AAAA

赫赫有名的龙舟之乡

黔东南州台江县施洞古镇

旧时的清水江航运是湘黔水运的重要

施洞苗寨女孩儿

组成部分，施洞则是清水江上游重要的物资集散地，镇上至今完好保留着建于清朝初年的大码头，此外建于清朝末年的两湖会馆也值得一游。

现施洞镇美名在外，已不再只是源于昔日作为清水江重要口岸的地位，它依仗了更为宝贵的民俗文化资源——姊妹节、龙船节、苗年等节俗和施洞“破线刺绣”以及银饰。

玩家 攻略

1.住宿：施洞镇上有多家旅馆，但节日时很难订到房间，所以带上自己的睡袋会好一点儿，最好有帐篷。

2.就餐：施洞风情美食以苗族的酸汤鸡、酸汤鱼火锅最为有名，价格也很实惠。

3.施洞被认为是黔东南最热闹、最有看头的赶集地点之一，热闹非凡的买卖场面透着原始且富足的风貌，在赶集的日子里前往施洞，能进一步感受少数民族的风土人情。

八郎寨

凯里动物群原始发掘地

黔东南州台江县东北面，距台江约15千米

八郎寨距320国道约2千米，八郎寨后面有一块约4平方千米的坡地，那里蕴藏着众多的古生物化石，被科学界称为凯里动物群原始发掘地，而且这个动物群还有两个。这片古生物化石是寒武纪晚期动物群，距今5.2亿万年。

反排苗寨

古色古香的少数民族村落

从台江县到南宫镇的路上

反排也称“方白”，意为“高山上的方姓苗族支系”，是一个古色古香的少数民族村落。正是这些深处苗岭大山中的苗民，带着他们世代相传的木鼓舞，出现在1990年北京亚运会上，出现在远隔重洋的异国他乡。

村子坐落在群山环抱、两山夹峙的一山坳里，远山如黛、近峰清幽，是台江县的重要林区。房屋都是木质结构吊脚楼，依顺山势，次第登高，错落有致。寨内有清流小溪穿寨而过，有斗牛坪，祭鼓山、议榔、藏鼓洞等别具特色的景致。

反排苗寨

景点推荐

榕江旅游区

加去古镇

群山环抱中的苗族古镇

黔东南州榕江县西约45千米的计划乡

加去人是“黑苗”中的一支，黑苗是苗族中一个强大的支系，人数一百多万，主要分布在黔东南的清水江和都柳江流域的“苗疆腹地”。因为他们平日里喜欢穿黑色的衣衫，而且藏住在高山之巅，也有人把他们称作“高山苗”。

加去古镇在计划乡群山环抱的大山之巅，月亮山腹地。加去苗寨，最为著名的是每13年举行一次的牯藏节。

红七军军部旧址

四合院建筑

黔东南州榕江县古州镇古州中路

1930年4月，红七军为摆脱国民党桂军对左江革命根据地的围困，开展了游击战争。攻占榕江县城后，张云逸军长和李明瑞总指挥在这里召开军事会议。旧址为四合院建筑，呈长方形，占地面积2900余平方米。现存门楼、前厅、后厅、左右厢房、后院和南北耳房，有天井2个，四周为青砖空斗封火墙。

五榕山

历来为古州八景之一

黔东南州榕江县古州镇南郊

五榕山临江壁立，因山上有五株古榕而得名。五榕山集奇、秀、静、美的自然景观于一身，历来为古州八景之一。山上翠竹婆娑、丛石嶙峋，建有杨公庙、翠薇阁、古欢阁、灵官阁、韦驮阁、白马将军祠、得月楼、五榕庙等景点。

苗王庙

“苗族天下独一庙”

黔东南州榕江县古州镇西郊卧龙岗

榕江是苗侗文化的发源地，榕江县城里的苗王庙，是中国乃至全世界绝无仅有的供奉苗族始祖的庙宇，被称为“苗族天下独一庙”。在贵州省内外、在东南亚，甚至远至欧洲都有一定的影响，法国巴黎博物馆还有古州苗王庙的资料记载。

苗王庙为砖木结构，高封火墙青瓦顶，气势宏伟。庙中有苗王塑像，历代香火鼎盛，名声远播。

车江三宝侗寨

鼓楼众多

黔东南州榕江县车江乡

车江三宝侗寨共有5个村寨，800余户人，是全国最大的侗族聚居地。“三宝”侗寨最大的特点是鼓楼众多，尤以建于清光绪三年（1877年）的“车寨鼓楼”最具代表性，此外还有圣母祠等特色建筑。其中，古榕群景区号称“天下第一寨”，包括章鲁、寨头、莫堂3个村寨，以大约植于清乾隆年间（1736—1795）的54株古榕最具特色，还有500米长的鹅卵石街道（花街），以及一座秦娘美雕塑。寨旁有一条都柳江缓缓流过，江面宽阔，江水清澈，是当地妇女们洗菜、洗衣服的地方。

车江侗寨

这里风景优美，建筑古朴，民风淳朴，是游客观光、休闲等的绝佳地。

玩家 解说

离榕江县城5千米左右可以看到一座木结构寨门，上面写着“天下第一侗寨”，这是较有规模的古榕群景区。景区由章鲁、寨头、莫堂三个村组成，共800余户，3000多人。

进寨后来到都柳江沿岸可看到一大群古榕树。这些榕树大概植于清代乾隆年间，距今已有300多年历史。现有古榕38株，彼此之间根系相连，枝叶相接，像一个绿色天盖。据说以前有更多的榕树，新中国成立后大多被砍伐了。现在所有的古榕都已经被保护起来。

走到路的尽头还能看到一座雕塑，由一男一女组成，男的叫珠郎，女的叫娘美。20世纪50年代中国曾拍过一部电影叫《秦娘美》，据说是一个中国式的“罗密欧与朱丽叶”的故事，此处就是秦娘美的故乡。

古榕树风景区

榕树树龄达百年以上

黔东南州榕江县境内

榕江有百年以上树龄的榕树1000多棵。风景区分为两个片区六个景区：第一片区包括古州、东江、忠诚和宰为四个景区；第二片区包括七十二寨侗乡和龙塘两个景区。

七十二侗寨

原汁原味的侗族风俗风貌

黔东南州榕江县北约40千米的乐里镇

七十二侗寨有着原汁原味的侗族风俗风貌，这里的石刻雕花古井众多，古色古香。有高大宽敞长廊干栏式的高保坎杉木建筑的木质花窗、雕房吊脚木楼。其中最有名的是侗家的雕房。雕房刻有人物花卉、飞禽走兽等，工艺精湛，装饰性较强。七十二寨里完好地保存着一幢雕房。是一幢三层吊脚楼，人字形房顶，青瓦盖顶，瓦檐呈六角形，飞阁重檐。七十二寨的侗族女性服饰雅致，穿着古朴大方。此外，在这里还能欣赏到侗族独有的《行歌坐夜歌》等歌曲。

空申超短裙苗寨

世界超短裙的故乡

黔东南州榕江县两汪乡空申苗寨

空申苗寨以苗族妇女的超短裙服饰而著名，腰间的百褶裙只有5寸长，原汁原味的

古榕树下侗族青年载歌载舞

苗族超短裙层层叠叠缠在腰间，故被外界称为“世界超短裙之乡”。村寨依山而建，四周山峦起伏，林木葱葱，一条清澈的小溪从寨旁流过，民居布局合理，吊脚楼鳞次栉比。

除引人注目的超短裙外，空申苗寨还有着独特的“茅人节”，于每年农历三月初三举行，届时，成年的男女青年不论年龄大小，结婚与否，凡自己乐意，都可以任意找与自己情意相投的伴侣结队到茅人坡扎茅人、对情歌、逗趣。节日气氛热烈、奔放，寨中非常热闹。

大利侗寨

溯溪而建

黔东南州榕江县栽麻乡大利侗寨

大利四周古木葱茏，侗寨顺山沟溯溪而建，一色的干杆式青瓦木楼，鳞次栉比，中有小溪潺潺，或清流急湍，主要景观有建于清乾隆五十八年（1793年）的石板古道、气派雄奇的侗族四合院以及独特的晾禾谷仓、五座花桥。据说，这五座花桥，都有几百年的历史，历尽沧桑，见证着大利侗寨的历史与荣辱。

丰登宰荡

小巧秀美的侗寨

黔东南州榕江县城

丰登寨、宰荡是两个小巧秀美的侗寨。宰荡侗寨四周古枫挺立，小溪潺潺，一派乡土田园风光，魅力独具。居于此地的侗族属于榕江侗族6大支系之一，寨内用青石板拼嵌巷道，能让人体会到一种古朴庄重的韵味。这里的侗族建筑很有特色，其中“干栏”楼房体现的是侗族传统的建筑风格。

丰登是前去宰荡的必经之地，四周景色类似。虽然寨中没有鼓楼，也没有花桥，但有幽林水井、木楼人家，同样也像个小小的世外桃源。

大利侗寨

景点推荐

从江旅游区

岜沙苗寨

"苗族文化的活化石"

黔东南州从江县丙妹镇西郊7千米

0855-6995228

岜沙苗寨，是一个纯苗族村寨，全村至今还保留着浓郁的古代遗风和古老的生产方式，由五个自然村寨组成，被誉为"苗族文化的活化石"。发髻、火枪和古树是岜沙苗寨的"三宝"。在整个岜沙苗寨依旧保留着古老的生活习俗，尤其是人们的装束有秦汉遗风，男子在头顶绾发髻，佩腰刀，扛火枪，俨然古代武士；女性则穿着自己制作的亮布衣裙，佩戴银饰。此外，在这里还可以感受芦笙节、鬼节等节日的特色。

玩家 攻略

娱乐：有迎宾表演（打枪，敬酒，满15人有景区导游讲解），广场上有岜沙风情的舞蹈表演，很有特色。树林里，有互动节目，如树神祭司、当地婚礼、岜沙男人镰刀剃头等。

玩家 解说

岜沙人自然崇拜观念浓厚，崇拜古树、太阳。假如遇有人畜不安、生活不顺或天灾人祸都要到寨头大树下烧香祈祷。把树木当神祭拜，保护树木因此也成为习俗。村规民约中有"不准车辆进入岜沙买柴，只准村民挑柴到县城卖"的约

定，因而岜沙四周树木保护较好。1977年，岜沙人砍倒村头一株直径1.2米的古香樟运到北京用于建造毛主席纪念堂，并于树址建造了一座八角亭以示纪念。

高增侗寨
民族风情浓郁

黔东南州从江县高增乡

高增侗寨环境幽美，一条清澈的小溪由寨旁缓缓流过，花桥、鼓楼、古榕、吊脚楼相映成趣，风景如画。

高增侗寨有四座鼓楼。高的17层重檐，高近30米；较矮的13层，高20余米，相互辉映。鼓楼内雕龙画栋，虬龙盘踞，呼之欲出。精美的三顶寨门、古老厚重的戏台、横跨于湍急溪流上的花桥、鳞次栉比的吊脚楼、身着侗装淳朴而热情的人们、有节奏的捶布声……形成一幅幅充满诗情画意的民族风情画卷，处处显示出其深厚的民俗文化底蕴。

侗寨大歌队

小黄侗寨

远近闻名的"侗歌窝"

✉黔东南州从江县高增乡，距从江县城20多千米

小黄是侗族地区远近闻名的"侗歌窝"。小黄侗歌在侗语中被称为"嘎小黄"，意思是"小黄的歌"，足见其自成体系，魅力独特。当地人有一句口头语"饭养身，歌养心"。侗家人的历史、祖辈的艰辛均靠歌传给下一代。

小黄四周青山环抱，一条小溪从寨中缓缓流过，吊脚木楼依山傍水。

增冲村

有600多年历史的侗寨古村

✉黔东南州从江县往洞乡

增冲村距今已有600多年的历史，村内有国宝增村鼓楼，距今已有330年历史，是全国现存最古老的侗寨鼓楼。此外，还有康熙井、红豆杉、古墓和24栋建于乾隆年间的封火墙房屋建筑等景观。

增冲鼓楼

增冲鼓楼是侗乡最有名的鼓楼之一，同时也是从江县境内侗族修建最早的鼓楼，被誉为侗族建筑的艺术瑰宝，是侗族文化最杰出的代表。

增冲鼓楼始建于清康熙十一年（1672年），高达25米，有22层。整个楼为全杉木结构，形如宝塔，最底层有大门，正中设一火坑，火坑四周嵌有条石，地面全用青石板嵌砌。

侗寨风雨桥

风雨桥是我国优秀的传统建筑之一，高耸入云的鼓楼，飞阁重叠，斗拱结构，钻尖顶式，远看好似一株金银巨杉屹立寨中。长廊阁宇式的风雨桥，横躺寨头村脚的溪流河水之上，形成侗寨的主要标志，为侗寨增添了神话般色彩。

链接

增冲村文化

增冲村是文化之乡，这里的每个人都能歌善舞，爱唱侗族大歌，大歌是一种自然和声多声部无伴奏无指挥的民族音乐，先由一个人领唱，然后众人合唱；不知不觉中各声部又分成两部分，形成了"众低独高"、复调式多声部的合唱。侗族没有自己的文字，因而历史、社会知识、生产生活、伦理道德等都靠歌声来记录和传承。歌师对弟子口传心授，在侗寨拥有超然的权威，是天然的长老和寨老。

古村还是歌海之乡，在侗乡，生死、嫁娶和节庆都有侗族大歌的演唱。侗歌从20世纪50年代开始被发现，唱响全国，20世纪80年代唱响巴黎，震惊世界音乐界，后被列为世界非物质文化遗产。同时，还有踩歌堂，踩歌堂侗话叫"哆耶"，是一种集体性、祭祀性的舞蹈，是侗族传统的民间风俗性歌舞，据说跳这个舞能消灾祈福、保佑平安。

景点推荐

黎平旅游区

高屯天生桥

世界上跨度最大的天然石拱桥

黔东南州黎平县城东北12千米的湾寨右侧处

高屯天生桥桥身长350米，宽98米，被《吉尼斯世界纪录》列为世界上跨度最大的天然石拱桥。这座天生桥架在两山之间，由地下伏流自然形成，桥体高出水面30多米，看起来十分宏伟壮观。此外，桥下河水清澈，周围峰奇石峻，森林茂密，环境十分优美、宁静、古朴，俨然一幅天然山水画卷，令人赏心悦目。

地坪风雨桥

侗族文化在建筑艺术上的结晶

黔东南州黎平县地坪乡

地坪风雨桥始建于清光绪八年（1882年），横跨南江河之上。该桥与鼓楼、侗族大歌合称侗族三宝。整座桥的特别之处在于桥的建筑没有用一钉一铆，仅凭侗族民间工匠的高超技艺建造而成，被誉为“侗族文化在建筑艺术上的结晶”。

桥为木质结构，桥的下部由两排各为8根粗大杉木穿榫连成一体，分两层呈天平状向边悬挂。桥廊两侧有1米高的梳齿栏杆。桥廊内两侧下面设置连通板凳供人歇憩。此外，在桥上还建有三座桥楼。

弄相山森林公园

探寻古生态的理想场所

黔东南州黎平县地坪乡境内

弄相山由于山高坡陡、交通闭塞、远离村寨，山上森林植被未遭破坏，整个生态环境保持着完整的原始面貌，是县内保持最完好的原生型天然森林。弄相山森林公园总面积15 000亩，其中原始森林面积9755亩，野生动物种类繁多，是国家一、二类保护动物资源宝库，被称为探寻古生态的理想场所。

东风林场

有约15个溶洞

黔东南黎平县城东北11.5千米，锦榕公路由东北向西南穿境而过

东风林场是融良种繁育、林业科研和用材林营林为一体的林场，平均海拔500米，面积约2000亩，低处有约15个溶洞，洞长在1~4千米，洞中钟乳石奇形怪状，很有观赏价值。此外，林场内还有杉木种子园、树木园等景点。

肇兴侗寨 AAAA

黎平第一侗寨

黔东南州黎平县肇兴镇肇兴村，距黎平县城南72千米 黎平县有到肇兴的直达车

80元 全天开放

肇兴侗寨被誉为“黎平第一侗寨”。以鼓楼群最为著名，其鼓楼在中国侗寨中绝无仅有，被誉为“鼓楼之乡”。肇兴侗寨四面环山，寨子就建于山中盆地，在寨中，吊脚楼鳞次栉比，禾仓、禾晾、碾房、榨房、井亭、鱼塘布局合理，鼓楼、花桥、戏台，把整个侗寨点缀得古朴宁静。在这里还可以体验到侗族独有的歌舞戏曲音乐等民俗表演。

玩家攻略

1.肇兴侗寨被摄友评选为“六大摄影天堂之一”，从肇兴中学可以拍摄肇兴全景，五个鼓楼分布在整齐划一的侗家木楼里，清晨和日落

地坪风雨桥

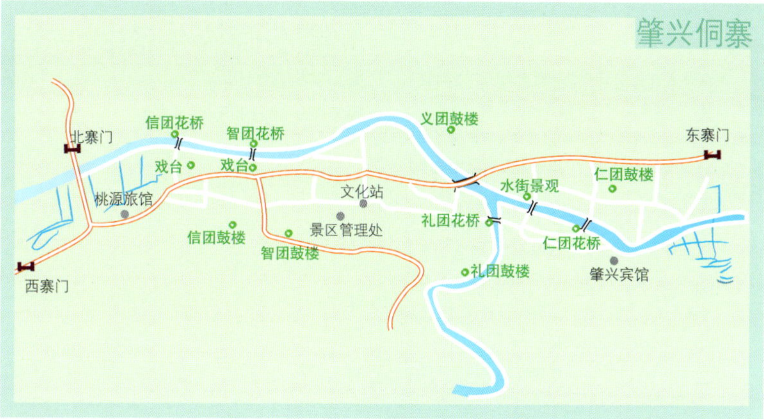

时分尤其漂亮。喜欢摄影的朋友可以早点起床，抓拍最美的日出风景。

2.肇兴侗寨的最佳旅游季节是春季。当地的梯田多沿山势分布，春季油菜花开的时节，一片片金黄色的油菜花，非常迷人，这时候也是拍照与踏青的最佳季节。

玩家解说

肇兴侗寨内有5座气势雄伟的鼓楼和4座建筑独特的花桥，蜚声中外。5座鼓楼恰如5朵荷花，分布在仁、义、礼、智、信五个自然寨，全是青瓦木楼。

5座鼓楼中以智寨鼓楼最为美观。智寨鼓楼重建于1982年，由16根柱子构成骨架，中间四根柱子直贯顶层，四边为12根副柱，略小于中柱，用逐层内收的梁枋金瓜柱支撑，层层挑出屋檐，类似宝塔。鼓楼基面约70平方米，中央设有火塘，四周有长条木凳，供人憩息，或吹笙弹唱，或摆古谈天。该楼为九重檐四角歇山顶，置斗拱，通高14.8米。如意头下各级均为八角形翼角高翘。屋脊之上泥塑小葫芦宝瓶，其翼角塑小。

链接

侗寨鼓楼的作用

侗寨建鼓楼，是吉祥的象征，兴旺的标志，由全寨人集资修建。鼓楼的作用主要有：一是侗寨的标志；二是侗族族姓的标志；三是侗族群众休闲的场所；四是年轻人社交的场合；五是接待客人的地方；六是集会议事的要地；七是传递信息或报警的工具。

纪堂侗寨

肇兴鼓楼的代表

黔东南州黎平县肇兴乡

纪堂侗寨地处坡岭，聚落成三角形，是肇兴鼓楼的代表。据传，古时这里皆深山密林，山中有口山塘，侗语称山梁为“已”，塘为“堂”，因此得名为纪堂。

纪堂侗寨有鼓楼共三座，下寨一座，上寨两座，以下寨一座最为壮观。该鼓楼建于清末，高22米，共11层，系用16根大杉木构成骨架，造型采用逐层内收梁枋和金瓜柱支撑着层层挑出的屋檐，檐口采用人字形斗拱结构，不用一钉一铆全系杉木穿榫构造而成，衔接无隙。

茅贡侗乡

侗戏的发祥地

黔东南州黎平县西部，距县城42千米

茅贡侗乡是享誉海内外的侗戏的发祥地，全乡村村有侗戏队，人人爱看侗戏，个个会唱侗歌。该乡腊洞村的吴文彩是侗族人民公认的侗戏鼻祖。乡内侗族风情浓郁，斗牛、吹芦笙、踩歌堂等习俗别具风格。高近田间风雨桥、古戏台和腊洞吴文彩墓被列为省级重点文物保护单位。

链接

侗戏

侗戏是我国民间戏曲中的戏种之一，是侗族人民在长期的劳动生活中创造的喜闻乐见的艺术形式，它具有独特的民族风格，多流行在贵州省的黎平、从江、榕江，湖南省的通道，广西壮族自治区的三江、龙胜等县的侗族村寨。

侗戏产生于19世纪初叶的嘉庆至道光年间，是黎平县腊洞村侗族文人吴文彩创始的。吴文彩最早创作的两出侗戏，一出是根据汉族说唱本《二度梅》改编的《梅良玉》，另一出是根据汉族传书《薛刚反唐》改编而成的侗戏《李旦凤娇》。

侗戏没有专门班子，由群众自由结合，且可时合时离，纯属业余。在演员中没有严格行当，唯小丑独特。剧中曲调分为两种：一是"平板"或称"普通板""胡琴板"；二是"哀调"或称"哭调"。还有"仙腔"和"戏曲大歌"。侗戏是民族民间戏剧艺术瑰宝之一。

两湖会馆

最主要的建筑是禹王宫

黔东南州黎平县城东门街西侧胡家坪

两湖会馆内有禹王宫、佛殿、庑厅、阁楼、洞庭宫、水榭等建筑，其中禹王宫是最主要的建筑，宫内的建筑自是古香古色，其中值得一看的是清嘉庆至民国初年地方官员及两湖人士题赠的匾额。这里是全省会馆中保存匾额最多、最完好的一座。

两湖会馆

堂安侗族生态博物馆

"浓缩的侗乡"

黔东南州黎平县肇兴乡堂安寨

堂安侗族生态博物馆是中国与挪威合作建设的一座侗族生态博物馆。堂安侗寨依山而建，山寨有10多个寨门，有侗族代表性建筑鼓楼、戏楼，民居全为三层木构穿斗式建筑，古朴和谐。这里的多声部无伴奏合唱的侗族大歌曲调优美，世界闻名。这里的鼓楼、戏台、吊脚楼、石板路、古瓢井以及侗族服饰等均保持着原始的风味，成为"浓缩的侗乡"，被誉为"人类返璞归真"的范例。

黎平会议旧址

爱国主义教育基地

黔东南州黎平县城德凤镇二郎坡52号

黎平会议会址，原为"胡荣顺商号"，1934年12月，党中央政治局在此召开黎平会议，这是长征以来具有决定意义的会议。

旧址是一座明清时期的四合院木结构建筑，现已被辟为陈列馆，内设政治局会议室、周恩来住所、朱德住所、红军文物等7个展室，室内陈列包括：陈云手写的"黎平会议会址"的横匾、伟人题字等在内的360余件珍贵历史文物。这里是开展爱国主义教育的好去处。

链接

黎平会议

1934年12月18日，毛泽东在黎平城出席中共中央政治局会议。此次会议仍由周恩来主持，继续讨论红军战略行动方向问题。会议经过激烈争论，采纳了毛泽东的意见，并通过根据他的发言写成的《中央政治局关于战略方针之决定》，明确指出："鉴于目前所形成之情况，政治局认为过去在湘西创立新的苏维埃根据地的决定在目前已经是不可能的，并且是不适宜的。""政治局认为新的根据地区应该是川黔边区地区，在最初应以遵义为中心之地区，在不利的条件下应该转移至遵义西北地区。"黎平会议的决定有着重大的战略意义，中央红军赢得了主动，打乱了国民党军队的原有部署，也为遵义会议做了准备。

黎平会议旧址

秦溪白塔

黎平县境内现存的唯一一组塔式建筑

距黔东南州黎平县城西35千米，敖市镇西南4千米的秦溪村

秦溪白塔又称“凌云塔”，始建于清乾隆年间，咸丰八年（1858年）遭受焚毁。民国戊午年（1918年）重修。塔的四周以青砖砌墙围封，连成一体，构成一座完整的四合大院。塔矗立于院内正中，塔基为青石砌筑，高1.5米。塔身为八面形青砖砌筑，塔高约28米，宏伟壮观，它既具有古式建筑风格，又有浓重的地方民族色彩。

太平山

动植物资源丰富

黔东南州黎平县城东55千米处

太平山原名紫云山，元末明初始建庵堂，鼎盛时达48座之多，朝拜者众，香火盛旺。至明万历年间，朝廷腐败，统治者暴敛，山下侗族人民举旗反抗，后被重兵镇压，避入山中，借山势陡峻，树高林密，始得安宁，故改名太平山。相传民国初年，山上僧侣一夜消失，48座庵堂荡成废墟。现庵堂不复，残砖碎瓦，静卧林间。现太平山是一处国家级森林公园，有大量珍稀动物和大面积的原始森林。

平甫侗寨

极富特色的侗乡村寨

黔东南州黎平县德顺乡南5千米的平甫村，距县城60千米

平甫侗寨为太平山下一个极富特色的侗乡村寨，四面青山环绕，极目皆绿。村寨的北面和南面是苍松钻天的古木；西边是竹，万竿翠竹扶摇；东边是百亩橘园，春天橘树开满白花，引得满园蜂飞蝶舞，夏秋孕果，果隐叶中，不显山，不露水，初冬一到，突暴树树金果，借日生辉，在橘园，可见农家一廓；在农家，又可见满园金色。橘园农家相互衬托，再配以古木新竹，整洁的侗寨，巍巍的侗族鼓楼，使人感觉到一种恬静之美。

八舟河景区

集自然风光和民族风情的精华

黔东南州黎平城北22千米的高屯镇境内

八舟河风景区涵盖黔东南侗族地区自然风光和民族风情等旅游资源的精华。主要景观可分为五大类，即喀斯特森林、丘陵草场、地下溶洞、村寨田园、侗苗风情等。峰、谷、河、溪、湖、洞、天生桥等景观构成了八舟河风景区如梦如幻的山水画卷，令人心旷神怡，流连忘返。

主要景点有：桂花台、鸬鹚架、草坪春色、少寨溶洞群、湾寨古银杏树、古顿重阳

平甫侗寨吊脚楼

木王等。

桂花台

桂花台因山上有岩桂和秋桂而得名，每入金秋时节，桂花盛开，飘香十里，夏季凉爽，素有黎平“避暑山庄”之称。

桂花台耸立于八舟河畔，拔地而起，高距水面20余米，江水冲击侵蚀，山削成壁，石崖险峻，或错之波心，或飞嵌水面，洞壑层开，石林嵯峨。其上喀斯特森林茂密，山光林影倒映水面，澄明清澈。

鸬鹚架

鸬鹚架矗立于八舟河右岸，悬崖峭壁嵌浮水面。岩壁上有一洞，洞口有木架，旧为野鸬鹚栖息之地，故名鸬鹚架。今木架尚存。洞在半山间，离水面米许。洞中有泉水，以及石碓、天窗。喀斯特森林景观、水域景观和田园风光相互交织，构成一幅明快的风景画。

地扪寨

黎平西线最大的侗寨

黔东南州黎平县茅贡镇地扪村

地扪，是根据侗语音译的地名，直译为泉水源源不断的水源头，音译为村寨发祥、人丁兴旺的地方。地扪寨由母寨、芒寨、寅寨、维寨、模寨五个自然村寨组成。

地扪村依山傍水，一条清澈的小河绕村寨而过，河上建有花桥三座。寨中目前保存有两座鼓楼、两座戏台。地扪寨是侗族地区民族风情文化保存较为完整且最具有代表性的村寨。

地扪的民间艺术十分丰富，堪称“海洋”。有古老的传说和历史文物而且保存得较为完好。最具代表性的有塘公，相传他是护佑“千三”一带民众的神。千百年来，代代敬仰，直至今天。地扪每年正月都举行“千三欢聚节”。

链接

千三欢聚节

村民利用这个节日全面展示民间艺术、侗族服饰及民俗。因为地扪是“千三”的总根，故老人商议，所分出去的每支人等每年正月十一至正月十五欢聚地扪，年深月久自成习俗，故称为“千三欢聚节”。

欢聚节的主内容有五项：一是合歌祭祖，由一人领唱，众人合唱的古歌。这些侗族古歌既具有丰富的想象，又有生动古老的传说故事。古歌体现了侗族人民对人类起源的古老看法，记录了侗族繁衍、祖先迁徙、习俗沿革的原始情况。二是踩堂唱歌，一般分为三个部分，第一部分是赞颂祖母的进堂歌；第二部分是内容丰富的转堂歌，如季节歌盘歌、情歌、夸赞歌、劝世歌等；第三部分是结束时的散堂歌。三是演唱侗戏，侗戏鼻祖吴文彩是“千三”的后裔，生于腊洞。“千三”人为有这样一位戏剧家而深感自豪，每年欢聚节上必演唱侗戏，以示纪念。四是聚会叙情，就是将“千三”节的人分到各家各户，或自由集中到鼓楼里吃合拢饭，也可以到鼓楼里叙情。年轻人则三五成群，弹琴唱歌，通宵达旦。五是斗牛取乐，就是用专门饲养的水牛进行角斗，届时旌旗林立锣鼓喧天，芦笙齐鸣，人山人海，非常热闹。

黄岗侗寨

“男声侗族大歌之乡”

黔东南州黎平县双江乡

黄岗，坐落在一个东西走向的狭长山间谷地，一条小溪穿寨而过。有山有水，岗上起平地，犹如金盆。寨内有五座鼓楼、一座花桥，四周古松环抱，寨边禾仓林立、禾晾有序排列，把村寨围在中间，收禾季节，层层禾晾，变成一道道金色屏障，而这道金色禾晾正是黄岗村名的由来。

黄岗，民族节日较多。有正月初八的“抬官人”节、三月三、六月六、农历六月十五“喊天节”等，最隆重的数“抬官人”节和“喊天节”。此外，黄岗还是“男声侗族大歌之乡”。男声侗族大歌独树一帜，曲调优美，气势磅礴，震撼人心。

玩家解说

“抬官人”节，一般在春节期间举行，活动

形式独特，气氛热烈，饶有风趣。它通过化装表演，运用艺术造型的手法，把过去社会的现象和传统，以神话传说般的意境再现于生活之中，具有浓厚的喜剧色彩。

"喊天节"，则是当地人抗旱求雨，求苍天保佑一年四季风调雨顺的侗族地区最为古老的节日。

链接

黄岗四怪

黄岗，传统民族文化保存完好。其有四怪："嫁出的姑娘娘家待，儿子只识爷和奶，餐餐都吃糯米饭，厕所相似钓鱼台。"

黄岗姑娘出嫁后，要回娘家住，直到怀孕后才正式落住男方家；黄岗田地都很远，人们天还没亮就包饭出去种田地，起早贪黑，小孩很难见到父母，都由爷爷奶奶带大；黄岗人一年四季餐餐吃糯米饭，很少种籼米，籼米用于养猪，故当地人称籼米饭为"猪米"；黄岗的厕所非常独特，全部建在鱼塘上，离水三尺，一平方米面积，四周围着五十厘米高的木板，不盖顶，空气清新，在厕所里可观赏塘中的鱼戏水，有如钓鱼台。

翘街 AAAA

形状如翘起的扁担

黔东南州黎平县城内　免费

翘街又称东门街。始建于明洪武十八年（1385年），此街两头高，中间低，形状如翘起的扁担，为此称为"翘街"。

清朝至民国时期，翘街成为黎平的商业贸易中心，被誉为"清明上河图"。翘街两旁明清建筑林立，一排排封火墙，一座座四合院，鳞次栉比，错落有致，飞檐翘角，彩绘精美，古香古色，具有浓厚的地方特色。

南泉山烈士陵园

红色旅游经典景区

黔东南州黎平县南泉山半山腰上

烈士陵园依山而建，有2米宽的石梯525级，园内景色优美，绿草如茵，鲜花盛开，松柏常青。园内安葬着13位红军战士和3位解放军烈士，并立有人民英雄纪念碑。石碑高20.1米，正面镌刻"革命烈士永垂不朽"八个大字，背面刻有毛主席"为人民而死，虽死犹荣"和"死难烈士万岁"的题词。

三省坡名胜风景区

因地处三省而得名

地处黔湘桂三省（区）交界地，坡的西面为黔东南州黎平县洪州镇六爽村，东面为湖南怀化市通道县独坡乡，南面为广西柳州市三江侗族自治县独洞乡

三省坡植物丰富，阔叶树成林，牧草茂盛，风光独特。坡上有一个日月潭，又叫天鹅湖。湖水清幽，清如镜，蓝如海。湖上还置有游艇，供人们游览高山平湖风光。此外，三省坡顶有一道罕见的大自然奇景——天然"长城"。天然"长城"为三省坡顶裸露的岩石山脉，其出露长度达300多千米，高度在10~30米。层层叠叠的巨石之上，怪石嶙峋，危崖兀立，错落有致，浑朴自然，初看似人为设计、垒砌，实则自然天成。

景点推荐

㵲阳河沿线

旧州古镇

黔东南州的历史名城

黔东南州黄平县旧州镇，距县城25千米

旧州古镇，原名黄平，是中国历史文化名镇之一。镇上保留了不少明清时期的古建筑，有"九宫、八庙、三庵、四阁"之说。现存比较醒目的是文昌阁等。最能体现旧州古镇历史风貌的是古镇的西上街，此街原来分为分上、中、下三段。如今保存最好的是上段，即西上街。整条街上的建筑依旧保留了明清特色。此外，旧州古镇还是"泥哨工艺之乡"。

仁寿宫

仁寿宫坐落在旧州镇的中街，占地面积897.6平方米，始建于清乾隆五十一年（1786年），是一组高封火墙封闭式建筑，有戏楼。戏台楼房与东、西厢楼相连，有正殿、三步廊，其雕刻精美，工艺精湛，是现今保存的较好的古建筑之一。

文昌阁

文昌阁始建于明清时代，是一座四角形三层高的古阁，阁高约15米，阁底面积约16平方米，兀立水中，犹如绿带上镶嵌的明珠，

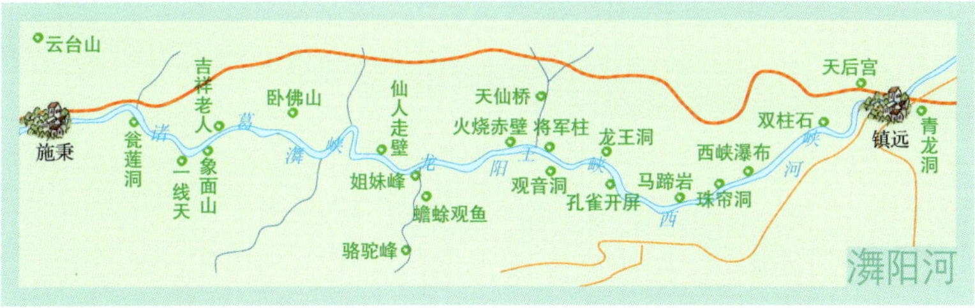

独有风采。河岸有一座小桥可通阁里，以供游人入阁观景，也是古人对月临流琴棋书咏之处，如今的文昌阁已经成为老年人的活动中心。

■ 五孔连拱石桥

五孔连拱石桥位于旧州镇西门外的老李坝处，横跨㵲阳河，桥长67.7米，宽7.3米，高9.2米，为明黄平知州古德恒创建。清康熙二十七年（1688年）桥被大水冲毁，乾隆三十七年（1772年）重建为五孔石孔桥，是黄平通往遵义、重庆的要道。

■ 旧州天主教堂

旧州天主教堂位于旧州古镇东门出口处，其建筑特点为色彩协调自然的哥特式建筑，部分采用中国传统手法，可谓中西合璧。诵经堂和起居楼是旧州天主教堂的两个组成部分。诵经堂的房墙全为古方砖修建，屋顶内侧天花板结构独特，中部有五处为尖塔形结构，如四把张开的巨伞，极为巧妙。起居楼房墙砖木相间，东西面都有拱形窗、拱形门，二层四面设有走廊，房顶为木瓦结构，气势不凡。

野洞河

“中国洞中漂流绝景”

黔东南州黄平县城28千米处

野洞河是一处自然风光秀丽奇迷的典型喀斯特地貌的漂流旅游风景区，融奇山、秀水、溶洞、飞瀑、密林为一体，因一河穿两洞的独特性而被冠以“中国洞中漂流绝景”之美誉。

野洞河有大螃蟹洞、小螃蟹洞、飞水崖等著名景点12处。大、小螃蟹洞分别长达100余米，洞中钟乳如幔帘垂帷，暗瀑丝缕飞扬，极富诗情画意。下游的飞水崖瀑布高达120米，飞流直下，如白练悬空，烟雾升腾，非常壮观。

飞云崖古建筑群

平面布局为东西二院

黔东南州黄平县新州镇东坡村湘黔公路北侧

飞云崖又名飞云岩，因茂密的森林崖间有一个巨大的造型奇特的天然穹隆垂吊钟乳石若朵朵飞云而得名。从明代开始，经历代增修扩建，遂形成一组集文物古迹、风景园林、民族风情于一体的古代民族建筑群。

飞云崖古建筑群的平面布局为东西二院，东院由牌楼、皇经楼、长廊、滴翠亭、碑亭、接引阁、小官厅、观音殿、童子亭、圣果亭组成；西院由月潭寺牌坊、云在堂、养云阁、大雄宝殿、南厢房、北厢房、萃秀园等组成。有各时代存留的摩崖、石刻数十处。

㵲阳河森林公园

公园内景致繁多

黔东南州黄平县境内

㵲阳湖国家森林公园内景致繁多，水域、怪石、奇峰、异树、溪流、山花、野草、野果数不胜数，不同区域各有景点、独具特色。

㵲阳河自然风景区内林木枝繁叶茂、集中连片，远看像绿洲，近看如林海，特别是春夏山花烂漫时节，步行旅游，美不胜收，赏心悦目。

重安江景区
景区以重安江为纽带

黔东南州黄平县城南20千米的重安镇境内

重安江景区分为民族村寨风光区、峡谷冲浪漂流区、篆水河峡谷风光区、重安镇民族风情区。景区的四个小区以重安江为纽带连成一串，内容丰富多彩，无论是乘船冲浪漂流，还是步游深谷幽溪，以及民族节日活动，都独具特色。

㵲阳河风景区
贵州东线旅游的中心

上㵲阳河在施秉县境内，下㵲阳河在镇远县境内

㵲阳河风景区以㵲阳河为轴线，穿越镇远县、施秉县城和古镇黄平，规划总面积为625平方千米，共有10个景区、246个景点，

㵲阳河风光

融自然、人文、民族风情为一体，堪称贵州东线旅游的中心。

风景区峡谷奇峰、云景水色颇为优美。喀斯特岩溶地貌奇观、平湖瀑泉、幽谷林海景观；古刹人文、天象生物等景观构成㵲阳河风景区令人神往的绝色风光。㵲阳河风景区分为上㵲阳风景区与下㵲阳风景区。

玩家攻略

1.春夏秋季节是最佳旅游季节。春季，百花开放，春意盎然；夏季可以来此避暑，乘船游览㵲阳河，既能观景又能悦心；秋季岸边的树叶变黄，秋高气爽，可以来㵲阳河领略童话般的秋色。

2.推荐夜游㵲阳河，亲眼看看镇远古镇美丽的夜色。傍晚时分，临河的屋舍都亮起大红灯笼，整片河岸渐渐皴染出一片夜的媚眼，美得醉人。这时候登船夜游，可以看到江岸的万家灯火以及倒映的影子。游玩后回到古镇客栈，再来三杯两盏淡酒，绝对会让你难以忘怀。

上㵲阳河风景区

上㵲阳风景区位于施秉县西北部，上㵲阳风景区有36道湾，时而岩高浪急，时而地阔波平；两岸悬崖峭壁有数百米，但是航道却只有数十米，沿途能听见空山鸟语，“天生桥”“穿洞”相连成串，溶洞也非常多。

虽然上㵲阳不如下㵲阳有名，但它两岸的林木更为葱郁，无数的石壁更像是精美的壁画。一路上极少能看到人家，只是醉人的美景从身边慢慢地后退，好像在世外桃源之中畅游。这里开发有头峡、无路峡、老洞峡、观音峡，长约50千米，以“太公钓鱼”石为标志。

陈氏碑：陈氏碑高1.16米，宽0.73米，续刻于清光绪二十六年（1900年），字迹清晰，内容完整，相传明代有一陈氏民女在此过渡，被渡船人勒索，陈氏愤愤不平，返回故里，卖田积谷，蓄钱造船，解决了往来商客和两岸村民渡河之苦，由此可见深山大沟中的古朴民情。

南岸三飞水：南岸三飞水分别为大飞水、中飞水（又名双飞水）、小飞水。飞瀑各异，独具特色，尤以双飞水最为壮观，如两条银白色的飘带悬挂于百余尺的山崖上，喷珠溅玉，飞流直下，旋又化为涓涓细流，穿过青苔斑斑的岩穴石孔，坠入河中，每当夕阳残照，道道彩虹夺目，妙趣天成。

高峡平湖：高峡平湖面积各为37万平方米、20万平方米和18万平方米的宽敞湖面将分别出现在宏伟的观音岩大坝、梭洞湖和小塘河口上，人们既可轻舟漂荡，也可来回穿梭游览，大饱眼福。

下溇阳河风景区 AAAA

下溇阳风景区是溇阳河风景区的精华，有诸葛峡、龙王峡、西峡、东峡四个峡谷，人们称之为“溇阳峡谷群”。两岸的飞瀑、流泉到处都是，但又各具风姿，大大小小，或粗犷或狭窄；有的一跌三宕，有的从山巅逐级而下，有的在谷中相互穿插；有些像挂珠帘，还有些像潺潺的琼浆。

孔雀峰：孔雀峰是溇阳河诸多胜景奇观的代表和象征。大小、高低各不相同的两根石柱就在龙王峡下游的悬崖下面，石柱根部相连。柱顶与河面的相对高度大约有120米，大柱高54米，就像孔雀上翘的尾巴；小柱高40米，又像孔雀高高扬起的头。两个柱子形成了一只美丽的孔雀。

高峡：西峡两岸奇峰林立，沿途还有“卧虎石”“青蛙岩”等景观。这里的瀑布也比较多，其中“飞水”高100多米，到了丰水季节，颇为壮观。

水晶镜：水晶镜又叫“破镜重圆”，这面神奇的“镜子”，上半圆在石壁上，是一天然的凹痕；下半圆在大水里，是石壁的倒影。游船划过，“镜子”自然就“破碎”了；待到水面平静下来，回头望去，它又“破镜重圆”了。

溇阳河峡谷风光

龙王峡：龙王峡在相见河与溇阳河相交的地方，古时因为这里建有龙王庙，山边有龙王岩而得名。龙王峡的右岸有瀑布，呈三叠而下，注入溇阳河中，美其名曰“飞流三叠”。“一线天”是龙王峡的最窄处，河面宽30米，两岸高峰矗立，在这里抬头往上看，只能望见一线天空。而出了“一线天”之后就是高碑湖，这里是溇阳河最宽的地方，宽200多米，两岸绿树丛林，又有苗村寨，田园风光美丽无限。

诸葛峡：诸葛峡，也叫“诸葛洞”，属“下溇阳”起点，长约8千米，因相传诸葛武侯曾南征至此而得名。主要景点有古纤道遗迹、水帘洞飞瀑、乌龟石等。这里悬崖高耸，河流清澈，瀑布飞泻，景色极为壮美。

西峡：西峡位于龙王峡下游，两岸奇峰异石林立。有的像擎天柱，有的如群蛙伏水，有的似巨笔凌空。沿途有“卧虎石”“青蛙岩”等石岩景观。西峡多瀑布，或直如线，或曲如蛇，或一跃而三宕，或同源而殊流。其中，“飞水”高100多米，丰水季节蔚为壮观，险滩达15处之多。

黑冲景区

山奇水秀，鸟语花香

黔东南州施秉县城15千米处的群山环抱中

黑冲景区山奇水秀，鸟语花香，是观云海、望日出、赏山花、俯瞰万壑千山的好去处。

黑冲风景区面积65平方千米。以低山岩溶地貌特有的塔状群峰、裂谷、窄巷和变幻莫测的云海为特色，有轿顶山、黑冲湾、罗汉冲、蚂蟥冲4个旅游景区，主要有轿顶山、滴水岩、大络迦、小络迦、冲天岩和妹娘峰等41个景点和中国工农红军第六军团战斗遗址。

玩家解说

1934年秋，红六军团在任弼时、萧克、王震的率领下，在此组织了关乎红六军团生死存亡的挫败湘桂黔三省敌军24个兵团的围追堵截的著名的"黑冲甩敌战斗"。此革命遗址，今为重点文物保护单位。

杉木河景区 AAAA

以杉木河漂流为主

黔东南州施秉县城关镇白塘村

杉木河是阳河的支流，因河水对人体有天然医疗效果，所以被誉为"神水矿泉河"。景区以清澈晶亮的泉水，险峻嵯峨的峰丛为主体，集雄、秀、幽、奇等自然特色于一身。整个景区分为蛇冲、黄土内、紫荆关、蒋家田四大片区，其中景点有19处。在众多的景点中尤以杉木河漂流最为著名，杉木河在44千米的流程内落差高达640米，是目前中国最好的漂流场所之一。

云台山 AAAA

贵州省第三个世界自然遗产

黔东南州施秉县北部，距县城13千米　从施秉汽车站坐小面的去云台山　80元

云台山以天象奇观、奇峰丽水等原始自然生态以及道教古刹等人文景观为特色，有云台山、排云关两大游览片区。这里在600年前曾是一处佛教圣地，现保存有周公庙、徐公殿及诸多摩崖石刻景点，是贵州古老神奇的旅游景区之一。置身于云台山山巅仿佛进入人间仙境，这里万山丛中云腾雾绕，奇峰怪石林立。云台山上还有渡云桥、姥塔等建筑和滴水观音、云海奇观等自然奇观。

铁溪

铁溪分为五段

黔东南州镇远城东北角

铁溪，位于镇远古城北部，在这里可以欣赏澄潭浅滩、飞瀑野草、奇峰怪石等景观。铁溪因河床的特点和流经地段的不同，分为

铁溪

镇远青龙洞古建筑群

五段。源头至马路河村一段，称“甘溪”，因河水甘洌如泉水而得名；马路河村至龙池一段，称“马路河”，因河水到此大多潜流，河床干涸，沙石裸露，平展宽坦如马路而得名；龙池至黑塘沟口一段，称“龙塘河”，因有龙池而得名；黑塘沟至新桥溶洞一段，称“翁子河”，因两岸有石峰如皇陵甬道两边的石人石兽而得名；新桥溶洞至铁溪口一段，称“铁山溪”，因两岸山崖的颜色像黑铁而得名。

镇远古城 AAAA

“滇楚锁钥、黔东门户”

黔东南州镇远县㵲阳镇　免费

镇远古城，位于黔东南州镇远县，素有“滇楚锁钥、黔东门户”之称。镇远古城距今已有2200多年的历史，是国家重点历史文化名城。

古城作为历史文化名城，有众多的古建筑景点，如青龙洞古建筑群、报京侗寨、和平村、天后宫、万寿宫等。除古建筑景点外，古城四周环水，㵲阳河宛如一条玉带，呈“S”形蜿蜒贯通全城，山水城浑然一体，形成了“九山抱一水，一水分两城”的独特自然景观。此外，镇远古城是侗、苗等十几个世居的少数民族的聚集地，在这里还能够体验到独特而浓郁的民族风情。

玩家攻略

镇远古城每年的端午节都会有龙舟比赛，从早上一直比赛到下午。竞争激烈时沿河两岸欢呼声响彻石屏山。到了晚上，人们又进入端午节的狂欢之夜。从各乡村赶来的民族文艺表演队与城关各文艺队会进行各种演出。大展演在镇远古城中的府城石板街举办。除划龙舟重头戏外，还有游江、抢鸭子、吃粽子、电影晚会等精彩活动。

青龙洞古建筑群

青龙洞古建筑群建于明朝弘治、嘉靖年间，是中国古代三大空中建筑之一。此建筑群面积6000多平方米，由青龙洞、紫阳洞、中元洞、万寿宫等组成，既有寺庙，又有宫观和祠庙，佛教、道教、儒教三教合一。青龙洞堪称江南汉地建筑与西南少数民族山地建筑文化相结合的典范，有“西南悬空寺”之称，是贵州省规模最大的古建筑群。

整个建筑群重重叠叠参差不齐，建筑布局五步一楼，十步一阁，集多民族多地区的建筑艺术之大成，精致典雅。

高过河 AAAA

高过河风景区位于镇远县北部腊村境

内，是一处充满野趣神韵的处女地，知名度不高。风景区以高过河为轴线，全长大约11千米，落差200米左右。最吸引人的是河两岸保存完好的原始森林，这里人迹罕至，没有城市的喧嚣，所以说是一块难得的净土。

玩家攻略

高过河上游是猎奇探险的好地方，喜欢徒步的朋友不妨来这里看看，下游则是漂流的最佳选择。

和平村

和平村在镇远卫城十字街东侧五云山下，是国民党政府军政部第二日军俘虏收容所。村前有巷道与卫城相连接，后面是五云山。至今，这里仍然保留着当年“和平村”半圆拱形大门和高高的围墙。此外，还恢复了新生班、研究班、训练班、哑子室、职员室，供游客参观。

卫城墙

卫城墙始建于明洪武二十二年（1389年），周长3.07千米。城墙原有垛口1800多个，筑有城门及城池5座，周围建关设卡10多座，戒备森严。防洪护城堤三堵，雄伟壮观，被誉为“贵州长城”。

祝圣桥

祝圣桥在镇远古城的尽头，原名为“溪桥”，后来因为给康熙大帝祝寿，改为“祝圣桥”。祝圣桥长135米，宽8.5米，高14米，是贵州较长的一座桥。祝圣桥由青石造成，桥建于明朝，后因山洪桥身被冲毁，后又重建，雍正年间才完成。所以，就出现了桥墩建于明朝而桥身建于清朝的有趣典故。

中木召古庄园遗址

典型的中国式宫廷建筑

黔东南州岑巩县城东北23千米的大有乡中木村

中木召古庄园遗址总面积34 120平方米，布局得体，工艺古朴，为一典型的中国式宫廷建筑。

古遗址现已发掘出6处大小不等的露天庭院。其中一处中厅堂前的庭院，长13.1米，

镇远古城青龙洞

中木召古庄园遗址

宽12.43米，用120块方形青石板铺垫。每块石板面上，都阴刻了回字纹、太阳纹、金钱纹、鱼鳞纹等花纹图案。

田氏土司古建筑群遗址

田氏土司后裔的世居地

黔东南州岑巩县县城西面，龙江河南岸，距县城18千米

田氏土司古建筑群遗址是思州田氏土司后裔的世居地，寨子古代建有15座砖石建筑的大窨子，中有类似北京四合院的木质结构平房数十幢，高墙深院，飞檐翘角，雕窗画栏，古色古香，显示了封建时代世袭土司门第的高贵与显赫。

田氏土司古建筑群遗址在经历了数百年的沧桑变化之后，到1949年，全寨只剩下大窨子一座，瓦房16幢，茅草房5幢，遍地断垣残壁，瓦砾成堆，明永乐十一年（1413年）思州宣慰使田琛被废，家产籍没，子孙逃散。清代初叶，田氏后裔重建衙院定居，到1949年也只有21户85人。

平庄万佛长廊溶洞

洞内钟乳石奇形怪状

黔东南州岑巩县平庄、凯本两乡交界的将军山雷公圩

平庄万佛长廊溶洞洞口深，洞身长，目前已发现天仙、飞龙、黔营、常青、白鸡、大川、小川和龙泉8个洞口，经测量天仙、大川、小川、龙泉4个洞的主、支洞总长16 130米。

洞内钟乳石奇形怪状、绚丽多姿，有的像莲花观音，有的像骑马唐僧，有的像合掌如来，有的酷似莲花瓣。洞内还有珍奇的透明体鱼。

朱木林

当代的桃花源

黔东南州岑巩县城西北的龙田镇代店村

朱木林是岑巩县境内绝无仅有的一处自然奇观。朱木原名叫御园树，这种树四季常青。进入林中，绿荫一片，青翠欲滴，群鹤栖鸣，恰是一处当代的桃花源。

玩家 解说

夏日朱木林清风阵阵，细雨霏霏，置身其中如沐林浴，爽快怡人，是避暑休闲的绝佳境地；冬天林外寒风彻骨，林间却是温暖如春。

将军湖

山水相映，水天一色

凯本与平庄交界处，距岑巩县城西北58千米

将军湖系将军山水库库区，水面34万平方米，是一个气势磅礴、人工造型和自然景观都优美的人工湖泊。湖内有珍稀的娃娃鱼。湖口有三个半岛，湖水清澈如镜，四周群山叠翠。山水相映，水天一色。

将军湖

龙鳌河风景区

两岸群山耸立

黔东南州岑巩县境内

龙鳌河自然景观秀丽多姿，有“人间藏秀”之美称。龙鳌河风景名胜区分为龙鳌河、马家寨、鳌山、思州古城和龙田将5个景区。龙鳌河全长39.7千米，上游的落箭塘是一个近200人的土家族居住地，具有独特的民族风情。中游是龙鳌河风景区的主体部分，共有47个景点，其中国家一级景点两个：“银河飞瀑”和“龙鳌飞水”。

观音阁

阁内有一口著名的大钟

黔东南州岑巩县城东500米处龙江河岸凤山嘴

观音阁，被青山绿水环抱，掩没于古树丛林之中，为回龙寺古建筑群的一个部分。观音阁属木质结构，三层三檐等角四角攒顶。阁高17米，台基高1.7米，呈正方形。每层屋檐翘起四个凌空欲飞的鳌鱼衔宝式檐角，二、三层均基本相似，不同处是檐面逐级缩小。楼中四面有80厘米宽的走廊，可登楼远眺。

阁内有一口著名的大钟，是古思州城32个寺庙中铸造得最佳的一口钟，声音洪亮，晨曦中的钟声全古思州城百姓均能听见，习称“龙寺晚钟”。

吴三桂爱妃陈圆圆墓

墓为普通坟冢

黔东南州岑巩县水尾镇马家寨旁的狮子山麓

陈圆圆墓为普通坟冢，墓碑于1983年出土，碑高0.73米，面宽0.48米，正面刻字：“故先妣吴门聂氏之墓位席”，右上方刻一行字“皇清雍正六年岁次戊申仲冬月吉日”，标明立碑时间。

玩家解说

吴家后人解释说：“故先妣”没用“清”字，表明她是明末的一位王妃。“妣”代表女性。“吴门”二字暗指其是苏州人，苏州古称吴门，对外也可解释为吴三桂之家。“聂”用的是雍正年间还没有的简化字，是吴家为隐蔽造的。陈圆圆本姓邢，后跟养母姓陈。邢有右耳，陈有左耳，“双耳”代表邢和陈，一字双意。“双”字的繁体上边两个“佳”字，佳佳为好，花好月圆，暗喻“圆圆”。“位席”显示其地位的崇高，以女性而位居宗祠。十一个字连起来正好就是“明苏州氏陈圆圆王妃之墓”。

对于陈圆圆墓碑的撰文，马家寨吴氏是用了番心机的。由于用了隐姓埋名碑，加上马家寨，孔塘吴氏对外守口如瓶，三百年来，陈圆圆墓安然无恙，吴三桂子孙终于避免了清王朝的查究和灭九族之灾，人丁繁衍兴旺。

吴三桂爱妃陈圆圆墓

景点推荐

剑河周边景点

仰阿莎湖综合旅游区

自然与人文旅游资源丰富

黔东南州各县区的中部，90%在剑河境内

仰阿莎湖旅游区自然景观优美、空气新鲜。自然旅游资源相当丰富，有山、水、桥、寨、园、泉、湾等多层次风景结构，几十种景观类型。人文旅游资源也极为丰富，有闻名中外的苗族锡绣、红绣和苗、侗民俗，这些民族其自身独特的生活习俗，形成颇具特色的生产、生活、信仰、文化社交、节庆、民俗、饮食、婚恋等民族文化景观。

主要景点有五里沙洲、十里平潭、平塘坡溶洞群、虎跳峡、九龙峡、鱼梁峡、南哨河等。

八万山

森林密布

距剑河县城80多千米

八万山景区内森林密布，风景秀丽，溪流潺潺，瀑布叠生，有林海日出、小桥流水、云锁群峰、观光台等景观，还有珍稀动物穿梭林间，以及丰富多彩的美丽传说故事。春夏秋冬四季景色变化各有不同，令人陶醉神往，是避暑的好去处。此外，景区内还有翁王、昂英、久连、白道等苗族村寨，民族风情浓郁。

老山界
原始生态林木密蔽

黔东南州剑河县境西南部，与黎平县交界处

老山界原始生态林木密蔽，植被垂直分布明显，山下以针叶林为主，半山以阔叶林和冷竹居多。其中，阔叶林与冷竹共生的半山地段最具生态特色，植物在这里生长有着明显的层次，高高的阔叶林与低矮的冷竹连为一体，旺盛的冷竹在阔叶林中密蔽成帘。

玩家解说

界板冷竹是老山界一著名景区，位于老山界，由一片整体的石板和一丘冷竹林组成，石板长约600米，宽400米，其上茅草丛生，间有几十平方米裸露的光滑石板，石板边缘是冷竹生长区，其叶茂密，未经人工修葺，山下云海层层，乃天造地设之奇观。

五河村
武术之乡

黔东南州剑河县西北角，清水江中游之北岸

五河村是革东镇境内定居较早的一个苗族村寨，也是黔东南苗族支系中一个较大的部落群。因村内有自成体系的五河苗族武术而被誉为“武术之乡”。

玩家解说

早年，五河村人多田少，外出多行水路，且以划船谋生者众，因受尽外辱，遂萌发习武自卫之心。清道光十三年（1833年）至光绪年间（1880—1897），先民潘忠友等先后于湖南靖州、怀化、凉伞及黔东南的锦屏、茅坪等地拜师习武。后人在承袭先人传教的基础上，结合实战经验，发展演练成自成体系的五河苗族武术。清咸同、光绪年间，当地曾有数名武师出任“协台副将”“正五品武骑”“六品顶戴”等职，声震一方。

五河村

剑河温泉文化旅游景区 AAAA
唯一的苗侗文化园林主题康养温泉

剑河县岑松镇温泉村

温泉位于剑河县城东北部岑松镇，其泉眼“热水沟”有六处泉眼，四季不涸，出水口温度约50℃。景区融入特色苗族、侗族文化符号，打造以室内外温泉与水乐园体验为主导，兼顾保健按摩、特色餐饮、棋牌娱乐等功能的“国内首家苗侗文化主题康养温泉”。

玩家解说

温泉村的另一个特色是民间绘画，剑河县被文化和旅游部命名为“中国现代民间绘画乡”。绘画主要出自温泉村山民之手，他们绘画从不打草稿，轻轻松松就能绘出色彩艳丽的画作。

圣德山
佛教圣地

黔东南州三穗县桐林镇东部

圣德山是一处佛教圣地，位于三穗县桐林镇，与天柱、剑河、湖南新晃交界。该山一峰独秀，1176米的高山直插云峰。登上山顶，如临天际，群山绵绵，俯首脚下，山岚雾霭，袅袅浮来，有飘飘欲仙之感。

玩家解说

圣德山是黔东南侗家重点歌场，每年农历七月十五，剑河、天柱、玉屏、镇远和湖南省新晃等地数万名歌手前往上山对歌、谈情说爱或烧香拜佛，山上人山人海，歌声如潮，场景十分热闹而隆重，真是“圣德山上歌连歌，南腔北调煮一锅，唱得黄河涨大水，唱得东海起浪波”。

九龙山
雄踞于侗族聚居腹地

黔东南州天柱县城西南35千米的石洞镇

九龙山雄踞于侗族聚居腹地，东北、西

南各有一条小河绕山环流，碧水潺潺；河岸树木蓊郁，绿盖群峰；四周侗寨星罗，阡陌纵横。

九龙山山腰悬崖陡壁，山顶双峰争拥，山左侧地势险恶，弯曲盘旋，乃姜应芳率义军扎营御敌的中心，至今仍称“营盘坡”（现老汉寨）。右侧一岭，地势平坦开阔，古称大坪，为义军练兵场。

鱼塘水库
恬静的自然风光

黔东南州天柱县城西南

鱼塘水库距县城22千米，经过多年建设，1999年关闸蓄水，形成一个新的旅游景点。到鱼塘水库，既可观瞻巍峨高大的拦河大坝及几座高跨度的渡槽、公路桥，显示人工改造山河的雄伟气魄；又可在库区乘船漫游，观赏青山绿树碧水，让人体味到回归自然的恬静与舒适。

三门塘民族风情村
古建筑众多

黔东南州天柱县城东南面，距县城40千米

三门塘民族风情村濒临清水江，水陆交通便利，该村文物古迹众多，民族风情浓郁。该村现存大量古建筑，有青砖砌成的封火墙房舍24栋、宗祠2栋，其中刘氏宗祠最为独特，彩塑、绘画布满墙体，是清水江上下游绝无仅有的一座集中、西建筑风格为一体的建筑物，至今保存较好。

黄哨山
山上菁深林密

黔东南州天柱县城正南面

黄哨山海拔1029.5米，山上菁深林密，山下方圆百里，村寨数十个。黄哨山自古便是一道险隘，从北面上山，为15里碎石镶嵌的花阶路，距山顶不远处，坡陡路窄，路旁围以

三门塘民族风情村

十余丈长半人高的石栏杆；从山顶南下，为15里青石板路，三千余级，曲折盘旋，俗称“十八拐”。黄哨山顶建有庵寺，原名天云寺。正殿五间，左右斋房各两间。

链接

庵寺建造的故事

相传元明时期，从湖北来了个和尚，法号甄道乾，他沿着苗岭山脉徒步千里，登上黄哨山，乍见千峰拥翠，雾岚缥缈，清江如练，绕山环流，顿生世外桃源之感，即决意在此出家，传扬佛教。其实甄道乾并非佛门教徒，他自幼喜欢耍枪弄棒，拜过拳师，为人豪侠仗义，好打抱不平，因路遇恶人欺压乡民，拔刀相助，为民除为害，被官府追缉，遂弃家出走，遁入空门，隐姓埋名，来到黔省。

他在黄哨山择好地点后，即挨村挨户化缘，筹集钱粮，招募工匠，历经两度寒暑，寺宇终于落成。寺宇为两进楼阁，左右厢房四合；佛堂四壁漆得红光照影，大雄宝殿释迦牟尼端坐，左右佛塔和佛龛分列八大金刚、三千揭谛、十八罗汉、四大天王，形神各异，栩栩如生；院内窗棂雕花镂鸟，寺宇四面翘角飞檐；三山门外，苍松翠竹夹古道；一对华表，临风沐露竖阶庭；前庭后院悬钟鼓，暮鼓晨钟远近闻。整个寺宇显得雄伟壮观，气势恢宏。

隆里古城 AAAA
明代重要的军事屯堡

黔东南州锦屏县隆里乡隆里所村

隆里，原称龙里，清代名为隆里，谓“隆盛之理所”。隆里古城建在一片开阔的山间盆地，古城始建于明洪武十九年（1386年），是中国西南古代军事城镇中保存最完好的军事建筑。整体轮廓近似长方形，城内有三

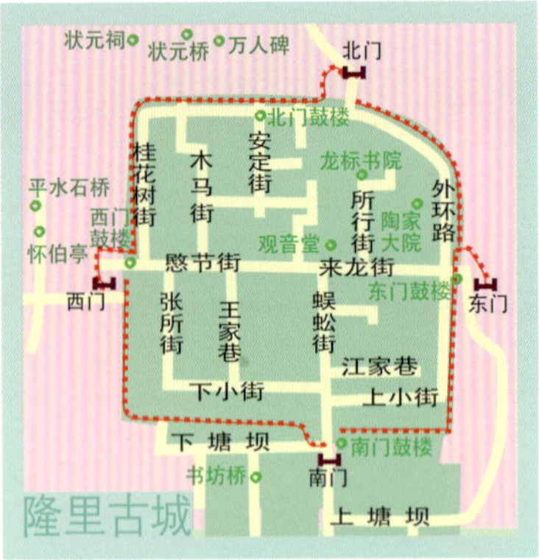

街六巷九院子。现存窨子屋、陶家大院、科甲第等著名古建筑。古城内的民居排列有序，具有大量精湛营造工艺的明清时代的四合院和民居建筑较完整地保留下来。

玩家 解说

明洪武十八年(1385年)，明太祖朱元璋派第六子楚王朱桢率大军征剿义军，在隆里实行“军屯”，设立了“隆里千户所”并屯集重兵、建造城垣，迅速形成了“城内三千七，城外七千三，七十二姓氏，七十二眼井”的规模。隆里古城是明代中央政权强化对边远地区统治的产物，是中原文化与少数民族文化相互融合的结晶。

玩家 攻略

1.住宿：到隆里旅行建议住在位于古镇镇尾的文博第，这是一处新建的仿古建筑，为私人旅馆，木板楼，外面是大片的田野，房间都是双人间，很干净。

2.娱乐：隆里古城非常值得一看的是每年春节的舞龙，据说在全国都是一绝。

隆里古城

飞山阁

清水江上的第一高阁

黔东南州锦屏县城东北角

飞山阁既是具有中原文化形象和文化气质的楼阁，也是清水江上的第一高阁。它耸立在清水江的左岸上，已有两百多年的历史。飞山阁主体建筑分四层，造型为四角攒尖顶，翼角翘出，小青瓦屋面，上置琉璃宝顶，与阁相配有悬山顶和走廊，两座配殿与阁相连，底门相通，依山傍水构成封闭式的四合院。楼阁全是用当地优质木材建成，结构严谨，工艺精良。楼高28.4米，是贵州境内迄今保存最完整、最高的木质建筑。

龙大道烈士故居

龙大道烈士诞生的地方

黔东南州锦屏县茅坪镇上寨村，距县城8千米

龙大道烈士故居是龙大道烈士诞生和度过童年的住所。故居为一悬山顶木质结构楼房，两侧有厢房，盖小青瓦。故居的陈列展览，在二楼复原了烈士少年读书房，一楼布置有烈士生平事迹展览，共分三室。以时为经，以事为纬，通过照片、实物、文字的组合把烈士光辉短暂的一生展现给观众。

锦屏风雨桥

目前全国第二长的风雨桥

黔东南州锦屏县境内

锦屏风雨桥由石拱桥和木质风雨楼两部分和谐组成，是目前全国第二长的风雨桥。独石拱桥桥长148米，宽6.1米，高16米。独石拱桥有3墩2台、4拱、拱跨度30米，采用“打岩塘”青石砌筑铺面。

木质风雨楼采用春雷林场优质的杉木制作。楼有4廊5亭小青瓦盖顶，木桥高11.8米，桥脊上有“双龙抢宝”“丹凤朝阳”堆塑造型，栩栩如生，犹如腾空飞跃之势。

攻略资讯

- 交通
- 住宿
- 美食
- 购物
- 娱乐

交通

飞机

黔东南有两个机场，一个是黎平机场，另一个是凯里黄平机场，但两个机场航班都较少。

黎平机场：位于黎平县高屯乡，距离黎平县城仅20千米。航线辐射桂林、张家界、贵阳、广州、长沙等地，到贵阳仅需30分钟。黎平县内专门设置了机场巴士，在黎平大酒店、西门桥头行政中心设站点，乘出租车前往仅需30元左右。

凯里黄坪机场：位于黄平县东坡，目前已开通桂林、济南、桂明、杭州等地的航班。凯里市文化北路凯运司客车站内有直达黄坪机场的专线车。

火车

黔东南州府凯里主要有两个火车站，分别是凯里站和凯里南站。另有凯里西站也在运营。

凯里站：位于凯里市区北面2千米处的清水江畔，为普通列车停靠站，市区可乘公交直达。

凯里南站：位于凯里经济开发区金汇大道，为高铁站，从这里到省城贵阳北站仅需35分钟，市区可乘公交直达。

镇远古镇夜景

除此之外，黔东南境内还有镇远火车站、从江火车站、榕江火车站。

汽车

州府凯里陆路交通发达，市内客运站众多，每天都有诸多车次发往州内及周边各个城市。

凯里客运站：主要是发往镇远、贵阳等地，另有开往雷山、台江、榕江、从江等地的长途班车。

洗马河客运站（凯运司客车站）：是凯里最大的客运站，既有发往贵阳和全州各地的短途客车，也有发往广东、浙江等外省的长途班次。

从江高铁

西江千户苗寨客栈

住宿

凯里的住宿条件相对较好，有各类档次的宾馆，在主要的城镇如从江、榕江，吃、住都不成问题，可选择入住当地村寨，最能体味民族风情。

●凯里裕豪温德姆酒店

酒店区域位置优越，与市政府、万达广场相毗邻。其建筑呈双子塔格局，气势宏伟。酒店拥有各类风格的客房331间/套，设计现代，可全方位观赏凯里的城市美景。另外，酒店里的餐厅可提供符合各种口味的特色美食，且大中小型会议厅齐全，是举办大型展会、公司会务、主题婚礼等各类活动的理想场所。凯里金山大道1号 0855-3619999

凯里村寨

美食

黔东南是"吃酸"的故乡，酸食无处不有，男女老少都有"嗜酸"的爱好。黔东南的风味食品有侗乡腌鱼、镇远道菜、凯里酸汤鱼、下司狗肉、香茅草烧鱼、侗家油茶、社饭、从江香猪、三穗麻鸭、榕江香羊、侗果、侗家胯肉、侗家羊瘪、侗家牛瘪等。

凯里美食

美食小吃

●酸汤鱼

酸汤鱼为苗族独有，数凯里最为有名。入口酸味鲜美，辣劲十足，令人胃口大开。一般是先加入特产糟辣椒和许多有营养的中草药，借番茄酸烹出自然酸汤，然后将清洗的活鱼下锅煮。

推荐店铺：快活林酸汤鱼

酸汤鱼

●榕江卷粉

卷粉是榕江传统的美食，当地人每天早上都吃卷粉也不会厌倦。榕江卷粉是在米皮里包上瘦肉、莴笋、豇豆、干豆腐等，既可以冷吃也可以热吃。在榕江县城可以吃到正宗的卷粉。

推荐店铺：在榕江大街小巷的小吃摊，均能吃到正宗的榕江卷粉。

榕江卷粉

●牛背筋

牛背筋是用精选的牛蹄、牛背处的蹄筋和腱子肉剁成小块，与鸡块、辣椒煸炒，熟后色香味俱全，韧性十足，香辣之味令人难以忘怀。

●从江小香猪

从江小香猪是从江特有的地方猪种，

牛背筋

从江小香猪

由于常年在高寒山区放养，所以体态矮小灵巧，成猪一般只有五六千克重。用香猪蹄和酸汤、芸豆一起炖，做出的蹄花香爽脆嫩，蹄骨入味，酸辣醇香。

●冻鱼

冻鱼是苗家入冬后的时令菜肴。隆冬季节从池塘或河沟里捕来鲜鲤鱼、鲫鱼、青鱼或其他杂鱼，与辅菜和调料一起放入清水锅里烧煮。七八成熟后冷置，第二天即冻成一整块。吃时用铲或刀切成小块，味道鲜美可口。再撒上一些煳辣面，味道就更加特别了。

美食去处

凯里北京西路美食街：是一条比较规范的美食街，小吃街很热闹，好些人围着一个个烤摊。有卖烙锅和酸汤。烙锅是由客人点菜后放在锅里炒，有回锅肉炒肥肠、炒牛肉

冻鱼

之类的菜。夜市上的肠旺面和醪糟汤圆也很不错，值得一尝。

购物

黔东南的土特产很丰富，有丹寨县的含硒产品、麻江县的竹荪、从江的椪柑、榕江的香猪、雷山县的香羊、剑河县的打屁虫等。此外，小芦笙、牛角酒具、雷钵、鸟笼、马尾斗笠等民族工艺品，也很受游客欢迎。

黔东南特产

●侗族织锦

侗族织锦是贵州侗族民间工艺的一大瑰宝，久负盛名。织锦用彩色丝线数纱穿梭挑织而成，通过经纬的纹路来构成图案，不能有丝毫错乱。一般制成锦带用作衣饰佩用。锦带上织有各种几何图案，也有龙凤虫鱼、吉祥字句等，色调浓烈，光彩夺目。也有的仅用黑白两种纱线编织，精密细致、素净淡雅。

●银饰

银饰大多为本地男工匠所制，世代相传。图案有人物、鸟兽、花卉等，图形古朴却又富于想象力，构图严谨，制作精巧，具有较高的艺术价值。

●芦笙

黔东南盛产芦竹，是制作芦笙的原料。最小的芦笙10～15元，一些村寨可以问老乡买到，工艺品商店也有出售。

●挑花

挑花是苗族妇女最擅长的传统工艺。使用在头巾、头帽、衣服上。图形多为小十字、米字、团花、小点花和斜线组套而成，常以桃红色为基调，白色、绿色点缀其间，或以黑色作底，用对比强烈的红白线勾出轮廓，再以深红、桃红、黄绿线刺图填充其间。画图紧凑饱满，具较高的装饰效果。

黔东南购物场所

营盘坡工艺品市场：蜡染、侗锦、银饰，苗族的刺绣和挑花、芦笙、织锦花背带等都可买到。卖家基本都是苗族人，价钱也不贵。还有一种用蜡染布做的竹木骨架的雨伞也很别致，20多块钱就可买到。

银饰

民族商贸一条街：金井外环路民族商贸一条街，这里不仅有各种各样的旅游用品，还有很多吃饭的地方。此外，各民族风情旅游景点也可买到富有特色的纪念品。

娱乐

《古韵镇远》：《古韵镇远》是一台大型舞蹈史诗表演。整台节目紧紧围绕中国历史文化名城镇远之“历史文化”，充分挖掘内涵、拓展外延，融观赏性、知识性、趣味性和娱乐性为一体，让游客通过欣赏一台演出，感悟和了解镇远。演出地点在黔东南镇远县镇远剧场。

《银秀》：《银秀》是一场以梦幻歌舞秀为主的大型现代室内舞台剧，总时长约为80分钟。该剧以“银”文化为主线索，充分展示了黔东南的多民族文化。全剧由五幕五个篇章组成，分别为开篇《银魂》、自然篇《银树》、情爱篇《银桥》、历史篇《银甲》、生命篇《银冠》。全剧将音乐、舞蹈、杂技、民间绝技、演唱、表演等诸多演出形式有机结合，对黔东南最具代表性的文化意象进行具象表达，充分展示黔东南独特的高原民族文化气象，全方位地展现黔东南独特而博大的民族文化和民族精神。演出地点在凯里市西出口民族文化宫剧场。

节日和重大活动

节日	地点	时间
苗年	凯里市、雷山县	农历十月中旬
姊妹节	台江县施洞	农历三月十五日至十七日
独木龙船节	台江县施洞	农历五月二十五
白洗芦笙会	施秉县白洗一带	农历二月中旬

施洞龙船节

郎德铜鼓坪团结舞

发现者旅行指南

黔南州

概览

亮点

■ 荔波樟江

荔波樟江是贵州省引以为傲的南方喀斯特地貌，这里有如画一般的特色水景以及浩瀚的喀斯特森林，喀斯特形态多种多样，锥峰密集，洼地深邃，呈现出峰峦叠嶂的峰丛奇观。

■ 茂兰喀斯特

茂兰喀斯特是我国中亚热带喀斯特地貌上原生森林植被保存完好的一块宝地，多层次地展现了漏斗、洼地、谷地、槽谷四种原始森林景观。

■ 斗篷山—剑江风景区

以风光绮丽的剑江为主线，森林茂密的斗篷山为龙头，景区内自然景观十分丰富，集山雄、谷幽、林美、水

剑江

秀于一身。

■ 平塘风景区

景区主要以自然山水、峡谷、溶洞、瀑布、沙滩、竹林、田园风光、原生植被等自然资源为主，景源奇特丰富，类型多样，极富地方特色。

■ 音寨

音寨是有着600多年历史的布依族村寨，古朴自然，保存完好。其民居建筑风格、布局与自然环境极其融洽，充分体现了和谐的人与环境的关系。

线路

■ 黔南州经典三日游

第一天上午至都匀市参观剑江—斗篷山风景区，下午至独山县参观奎文阁，夜宿独山县。第二天从独山县城前往樟江风景区参观，再去茂兰喀斯特景区游览，夜宿景区附近。第三天早上从荔波县到达三都自治县，游览尧人山森林公园，下午游览姑鲁产蛋崖。

■ 荔波经典两日游

第一天，到达荔波后直接去茂兰，这里有世界罕见的喀斯特森林，第二天，游览樟江景区。上午游览大七

大七孔景区

孔，下午游览小七孔，晚上可住在景区附近。

■ 都匀休闲一日游

早餐后前往桥城景区，景区内有天然喀斯特园林，登亭远眺，都匀城全景尽收眼底。中午在附近就餐。午后来到斗篷山，山上有大小溪流百余条，间有多处瀑布、深潭，景致异常壮观。

为何去

黔南布依族苗族自治州具有丰富的旅游资源优势，拥有世界上同纬度仅有的保存完好的喀斯特森林地貌地区，自然生态原始古朴，民俗风情浑厚浓郁。勤劳、智慧勇敢而又富于创新的各族人民在长期的生产生活中孕育和造就了灿烂的民族文化和悠久历史。桥城都匀有剑江美景和斗篷山胜境，荔波有漳江风光和茂兰喀斯特。

黔南州村庄

何时去

黔南属亚热带季风湿润气候。四季如春。赴黔南旅游可谓四季皆宜。素有少数民族歌舞之乡美名的黔南，若时至春节，更是异常热闹，各家各户，男女老少，载歌载舞，热闹非凡，选择在此时出行黔南，不仅可以将旖旎的自然风光尽收眼底，更可将少数民族独有的人文风情尽情饱尝，可谓一举两得。

三都水族

荔波小七孔

区域解读

区号：0854
面积：26 200万km²
人口：347.25万人
主要少数民族：布依族、苗族

地理 GEOGRAPHY

区划

黔南州布依族苗族自治州下辖2个县级市（都匀、福泉），9县（贵定、惠水、罗甸、瓮安、荔波、龙里、平塘、长顺、独山），1自治县（三都水族自治县）。

地形

黔南州地处云贵高原东南部向广西丘陵过渡的斜坡地带，地势西北高，东南低。

黔南州以山地高原为主，苗岭横贯其中，多峰林、溶洞及伏流。拥有世界上同纬度仅有的保存完好的喀斯特森林地貌。

黔南州江河交错，水系发达。有中小河流200余条，河流分属于长江流域和珠江流域，以红水河水系和柳江水系为主。

气候

黔南州属典型的亚热带温暖湿润季风气候，冬无严寒，夏无酷暑，雨热同季。

由于黔南州地处高原，早晚温差大，旅游时最好多加件长衫以防早晚着凉。而午时日照强烈，最好配备防晒用具，如遮阳伞、防晒霜等。

历史 HISTORY

历史大事记

●元明清时期

元代，黔南开始推行土司制度。

至明代建省前，黔南地域主要设置了卫所军事机构，黔南分属于贵州卫、龙里卫等卫所。

明弘治年间，贵州推行“改土归流”，部分土司统治地区改设府县。

清雍正四年，清政府在今黔南州境内强行大规模推行“改土归流”，废除土司世袭制度的安抚司、长官司等，而代之以流官统治，撤销了“卫所”等军事地域，将其并入府州厅县等行政地域。

●近现代

1940年前后，国民党陆军南京炮兵学校迁往都匀，校址设在都匀一中。

1944年10月，中英美苏四国联合修扩建独山机场，将之作为西南空军基地之一。

1944年11月，“黔南事变”爆发，日军侵扰黔南，石板寨水族人民奋勇抗击日军。

古夜郎国今何在

关于夜郎国，现在唯一可查的地表以上

罗甸高原千岛湖

的遗迹只有位于黔南州福泉市的竹王城。至于在贵州这片古老的土地上，究竟留下了多少实物印记，目前尚未查清。

竹王城相传为古夜郎国竹王多同所建，而这位竹王便是历史上的夜郎王。关于夜郎王的身世，《后汉书》和《华阳国志》等史籍均有记载，意思大致是这样的：我国汉代西南方的夜郎国，有一女子浣衣于逐水之滨，忽有巨竹三节河中漂至足间，推之不去，静听竹内有儿啼声，取而削之，得一男孩，甚喜，归而养之，长大有武才，自立为夜郎侯，以“竹”为姓，名曰“竹王”。

历史上的“夜郎国”是一个国富兵强的西南大国。同一时期，地处中原的大汉对西南“蛮夷”采取怀柔政策，赐予夜郎王“夜郎王印”。汉元鼎六年（前111年），为开发西南夷，汉武帝派唐蒙远赴西南，扫平南越诸方国，在牂牁斩竹王，废竹王城，一代夜郎王就这样死于政治。自此，夜郎古国随之神秘地衰败消失。竹王城历经两千多年的风雨，如今已面目全非，但还遗留有残墙断壁的东城门，古城墙墙基，五进门布局的王宫遗址。

对于竹王城的历史和“夜郎侯”竹王的来历，当地很多人还能说出个一二，可见当地人对竹王的尊敬和对竹王城的怀念，现在很多苗家仍然供奉着竹王。

文化 CULTURE

水族端节

水族端节，水语称为“借端”，相当于汉族的春节，是水族最盛大的节日。依据水族典籍水书、水历的规定，端节在水族历法年底、岁首“谷熟”时节举行，以庆贺丰收、辞旧迎新。

水历将一年也分为12个月和四季，但把农历九月作岁首，农历八月当岁末，以十二地支记日，水历每年12月下旬至次年2月，每逢亥日，各地依传统分批过节，要分7批（古代分9批）才能过完。节期正对应农历的八月至十月，从头至尾长达49天，因此被称为世界上延时最长、批次最多、特色浓郁的年节。

节日前夕，水族人民舂新米，酿新酒，缝新装，筹备各色食品、果品，以备祭祖待

除夕敲鼓

客之用。端节期间，水乡山寨处处洋溢着节日的喜庆气氛，家家户户将房前屋后卫生打扫干净，忙于杀猪宰鸭，磨豆腐，开塘捉鱼等，一片繁忙，非常热闹。除夕夜，人们将铜鼓或大皮鼓悬于庭中，尽情敲击，以示辞旧迎新。

在水族端节众多活动中，祭祀和赛马最为重要。祭祖分别在除夕夜和大年清晨进行。除夕与初一相连的两顿饭忌荤食素，唯独鱼不在禁用之列，这是水族的传统。赛马是端节的最高潮，时间都在亥日（相当于汉族春节大年初一）午饭后进行。赛马活动有固定的场所，叫“端坡”或“年坡”，人们吃过年酒后便成群结队地从各村寨赶来这里。

为了更好地保护和继承水族人文遗产，2006年，水族端节入选首批国家级非物质文化遗产保护名录。

水族的文字——水书

水书被誉为水族的百科全书。水族人民丧葬、祭祀、婚嫁、营建、出行、占卜、生产，均由水书先生从水书中查找依据，然后严格按照其制约行事，并由此形成水书习俗。作为全国仅存的少数几种极为珍贵的象形文字书，水书是水家儿女最引以为荣的精神财富。如果你驾车走在厦蓉高速公路三都自治县境内，还可以看到大道石壁上镶嵌的水族水书。

从形体上看，水书普遍被认为具有以下三种类型：图画文字、象形文字和借用汉文字，图画文字和象形文字的形体中，主要以花、鸟、虫、鱼等自然界中的事物以及图腾物如“龙”等所撰写和描绘。水书的书写形式从右到左直行竖写，无标点符号。目前，见到的水书的载体主要有：口传、纸张手抄、刺绣、碑刻、木刻、陶瓷煅烧等。

水书中有许多表示水族原始宗教的各种密码符号，暗示水族的宗教意识。其所记，大多是原始宗教信仰方面的日期、方位、吉凶兆象及驱鬼避邪的方法，因此多是作为巫师或水书先生施行法事的工具，目前仍在水族民间普遍使用。几千年来水书是靠一代又一代的水书先生通过口传、手抄的形式流传下来的，它是水族古文字抄本和口传心授文化传承的结合。

那么水书有多少字呢？1986年出版的《水族简史》称水书有400多个字，《中国水族文化研究》称有500多个字，但水书还有许多异体字。2008年，我国第一部《水书常用字典》出版，录选常用文字468个进行编写，连其异体字一起共1780个。2002年2月，三都县档案局提供的水书文本，经中国档案文献遗产工程国家咨询委员会评审，3月，水书纳入首批“中国档案文献遗产名录”。

水书

景点推荐

都匀旅游区

斗篷山—剑江风景区

山水相依，风光绮丽

黔南州都匀市西北部

斗篷山—剑江风景区是由斗篷山景区和剑江风景区两大景区组合而成的。

斗篷山是一座巨大的生物基因库，景区内的自然景观十分丰富，集山雄、谷幽、林美、水秀于一身，斗篷山景区包括胡广峡谷、马腰河峡谷、黄河谷风光和斗篷山风光4个片区。

剑江景区以蜿蜒曲折流经市区“九溪归一”的剑江河为主线展开，剑江河流经市区长达18千米，为贵州省内流经市区里程最长的河流，景区内有尧林溶洞自然景物景观和百子桥、都匀大桥、银狮桥、黔南州博物馆、文峰园、东山公园、西山公园等景点。

胡广峡谷

胡广峡谷是指从湖广河源头到汇入两岔河的这一段，这里有深切200~400米的峡谷，峡谷两岸丛峰林立，陡峻雄奇，森林覆盖率极高，主要的植被有毛环方竹、马尾树、红豆杉等。它们有的呈带状分布，有的呈零星状分布。胡广峡谷共有7处景观，鳄鱼峰、白岩峡、龙跳岩瀑布等自然景观都值得一看。

玩家攻略

夏季来斗篷山游览，最好带上驱虫的花

露水，如果没带，也可以直接在景区买，不过价格稍高。另外，为了保护景区的自然资源，一些地方还没有开发，可能会有蛇与野兽出没，所以最好不要随意乱跑，根据提示牌进行游览。

马腰河峡谷

马腰河峡谷指从马腰河源头到汇入黄河的这一部分，河道狭窄，谷坡下陡上缓，是一个幽深的谷中谷。两岸的原始森林树木茂盛，树冠婆娑；清澈的河水在峡谷中奔流。走在密林的小道上，百家厂遗址、古驿站遗址还都依稀可辨，自然风景中还夹杂着古老的味道。

玩家 解说

马腰河峡谷最宽阔的地方是风流滩，这里的树木参天，千姿百态，河中散落的巨石如同群星一样，为峡谷增添了不少乐趣。清澈的河水在这里静静地流着，水动石静，一派自然生机景象。

黄河谷

黄河谷在谷江河的上游，由大窑冲河、上河、九门溪流等汇集而成。主要有杉石、幽谷、猴山、九门洞天、萧洞等6处景观。这里有特殊的地质地貌特征，如天然盆景一般。九门洞天洞洞相连，洞顶有一座天窗，阳光直射进洞，平添了几分神秘。萧洞内的钟乳石千奇百怪，石笋无数。

剑江

玩家 攻略

黄河谷中还有一些依山傍水的村寨、民居错落有致。到了晚上，炊烟袅袅，放牧的人也回家了，还有鸡鸣犬吠，让人不禁想起陶渊明笔下的桃花源。也许不如桃花源那么美丽，但是比桃花源来得真实。你也可以在这里住一晚上，真切体验田园风情。

斗篷山主峰

斗篷山主峰海拔1600多米，这里的高山台地上的原始古林非常壮观，树木的根全部长在岩石缝隙之中，到处都是树抱石、石抱树、树搭桥的奇特景象，这在其他地方可不多见。

在斗篷山主峰的竹海与密林中有一天池，天池藏于山顶林中，池水清澈如镜，池中有一小岛，岛上有一株杜鹃树，这也是岛上唯一的一棵杜鹃树。

剑江景区

剑江发源于斗篷山，是都匀的母亲河。它与斗篷山共同组成斗篷山—剑江国家级风景名胜区。剑江流经市区的部分长达18千米，使这座城市充满了生机与活力。

剑江的平均宽度有100米，而落差只有4米，静若处子，碧波粼粼。它同时又将这座城市分成了几块，就像一块块翡翠散落在城市之中，形成了多桥的城市特点。有百子桥、都匀大桥、银狮桥等明清时期至现代的各类桥梁将近一百座。剑江周期的其他景观还有尧林溶洞、文峰园、东山公园、西山公园等，绿树遍布，如诗如画。

玩家 攻略

游客可以乘坐小船游览剑江，听芦笙声，观高原桥城，感受少数民族风情，听山歌对唱。黄金周期间，剑江上还会举办龙舟大赛、冬泳比赛、抢鸭子比赛、独竹漂等。比赛期间，游人非常多，人声鼎沸，鼓乐齐鸣。

螺蛳壳

斗篷山的姊妹山

黔南州都匀市西15千米处

螺蛳壳因山形酷似巨大的螺蛳而得名，为斗篷山的姊妹山。螺蛳壳峰峦叠嶂，峡谷纵横，有原始森林和原始次生林2000余公顷；山巅草坪1500公顷，高山草原神似“天苍苍、野茫茫”的塞外风光；山间大小河流多达31条，既有高达100余米壮阔的天落水瀑布，也有深约300米的奇险的杨家冲峡谷，更有四方潭高山瀑布雷霆万钧摧枯拉朽的奇观。此外，还有古堡遗址、云海山涛、万亩猎场，以及黑熊、旱獭、麝等珍稀动物和天麻、灵芝等珍稀药材。

凤啭河峡谷

峡谷自然生态保存完好

距都匀市区54千米处

凤啭河是都匀市第二大河，凤啭河峡谷长约13千米，自然生态保存完好，山麓林木丰茂，沿河保留有枫杨树、红壳榔等古树千余株。

值得一提的是遇仙桥，该桥跨河连通都匀、独山两县市，为五孔青石拱桥，长74米，宽8米，建成于清光绪二十四年（1898年），桥中间两面桥壁嵌有石雕龙头龙尾，雕刻精美，整座桥古朴雅致，为都匀市古桥之一。

桥城景区

100多座各种类型的古今桥梁

黔南州都匀市区

剑江及其9条支流在都匀市区汇合，河上有百子桥、遇仙桥、龙山桥、文峰桥等桥梁100多座，各种类型的古今桥梁，形成了著名的桥城景区。

桥城中心，有一条闻名于世的“石板古

都匀桥

街”。这条街位于广惠路中段斜坡上，长约300米，路面全以青条石铺砌，道路两侧民居皆是古典风格的吊脚楼，是贵州省内第一处街区仿古建筑群。

杉木湖景区 AAAA

新型的观光体验式游览区

黔南州都匀经济开发区匀东镇

景区将游览、祈愿、观赏、体验、参与等新的旅游业态有机融合，成为新型的观光体验式游览区。这里还设有大地之手观景台、7D玻璃桥、空中玻璃滑道、高空滑索、树冠廊桥、鸟艺表演等多个体验项目。其中，7D玻璃桥最是吸引游客，其全长288米，高108米，采用7D特效，惊险、刺激。

摆忙布依寨

都匀八大“苗寨”之一

螺丝壳景区的西麓，距都匀市33千米

摆忙布依寨历史悠久，在清都匀府志中记载为都匀“八大苗寨”之一。风景秀丽，空气清新。摆忙乡著名的布依族村寨是石板寨和旧堡寨。其中，旧堡寨是摆忙乡最古老的布依村寨，同时也是一个充满神秘色彩的地方。

榔木水寨
剪纸艺术之乡

黔南州都匀市奉和乡境内，距都匀市区30千米

榔木水寨景色秀丽，一派田园风光。村寨至今仍沿袭水族古老的习俗：保寨祭祀、祭祖、婚俗。剪纸更是水族特有的民间艺术，榔木寨也是省内有名的剪纸艺术之乡。

小堡布依族寨
古风古朴

黔南州都匀市河阳乡包阳村境内 在都匀汽车站出站口对面的停车场有开往河阳的车

小堡布依族寨全村70多户人家全是布依族，至今依旧保留着“扫寨”这种古老的布依族风俗，扫寨是以一种表达寨民驱妖魔、渴望平安、崇尚美好的祈愿活动，形式很特别，极为浓烈古朴，带些神秘色彩。

坡脚苗寨
古朴浓郁的苗族风情

黔南州都匀市东部坝固镇境内，距市区36千米

坡脚寨因位于坡脚而得名，全寨民居一律采用“平栏式”建筑——吊脚楼样式，房屋沿着山坡地势自下而上排列，层层叠叠，鳞次栉比，错落有致。

坡脚苗寨

坡脚寨至今仍保留着古朴浓郁的苗族风情。热情好客的苗家人以18响铁炮迎宾，用自家酿造的米酒敬拦门酒，奉送迎宾彩蛋和花带，客人进寨前，有三道“拦门酒”迎客；进寨后，可领略芦笙舞、铜鼓舞、情侣对歌等民族歌舞，其间穿插充满情趣的打花脸游戏。

玩家攻略

1.美食：可品尝到苗家风情饭，如酸汤鱼、水豆腐、扣肉、腊肉、土鸡、回锅肉等招待上宾的佳肴。

2.购物：可购买“连心带”、背带、围腰、鞋垫、毯子、银饰等做工精美、风格独特的苗族工艺品。

3.摄影：在坡脚寨，有两样东西是可以让摄影人动心的，一个是傍山而居冒着缕缕炊烟青瓦叠交的吊脚楼群；另一个是当地苗族同胞保留的较为丰富淳朴的苗族文化活动。

平寨绕家风情寨
待识民族居住地

距离都匀市区15千米的洛邦镇境内

平寨绕家民族风情寨为待识民族居住，居民自称为“绕家”。独特的生活习惯，原始的风车，古朴的民风，奇异的婚俗，不同的节日，使人犹入“最后一个原始部落”，感受到“世外桃源”的真韵。节日活动最为隆重的是农历冬月第一个寅日的“冬节”。

茶文化影视小镇 AAAA
多部电视连续剧在此拍摄

黔南州都匀经济开发区匀东镇中国茶文化博览园

小镇因多部电视连续剧在此拍摄而名声在外。这里的茶博园占地面积123亩，仿1915年巴拿马万国博览会中国茶馆古建筑群建造。园内有亭台楼阁、厅堂轩院，皆雕梁画栋。主要景点有茶博嘉南坊、长秀阁、熙春阁、仰望塔、鱼钩亭、晚芳楼、鹤楼轩等，是集度假旅游、休闲观光和影视制作于一体的旅游区。

景点推荐

三都旅游区

雪花洞

典型的喀斯特地貌

黔南州三都县塘州与三洞地区交界的雪花河上

雪花洞属于典型的喀斯特地貌，在塘州与三洞地区交界的雪花河上。主要景点为雄伟壮丽的仙人桥和瑰丽多彩的雪花瀑布。桥长20米左右，宽6米许，高约10米。桥面怪石嶙峋，拱下钟乳悬吊，桥脚是潭。桥体若熔铸而成，雄伟浑然。雪花瀑布是从仙人桥下穿过的雪花洞水，倾入50余米落差的岩溶洞中，伏流70米以后，从裂缝中喷出形成的。

尧人山国家森林公园 AAAA

当地人心目中的神山

黔南州三都县城东南约10千米处

尧人山是当地人心目中的神山。山上有一处壮观的龙塘瀑布，高80米，宽约40多米，溪水把岩冲击成一个大石桶。

森林公园内峰岭连绵、幽谷叠翠、山高谷深、瀑布众多，原始森林浩瀚无垠。公园高质量、高品位的生态环境，将大自然的神、野、古、幽在有限的时空向游客充分展示自己独具一格的特色。风流草、月亮树、斗鱼等奇观增添了尧人山的神奇色彩。

姑鲁产蛋崖

一处奇特的地质景观

距离三都县城10千米的水族原生态村落姑鲁寨

产蛋崖长20多米，高6米，表面极不平整，近百枚青褐色的“石蛋”错落有致地镶嵌在尧人山麓一壁陡崖上。“石蛋”质地坚硬光滑，表面布满如树木断面年轮般的纹路。当地人称石头下蛋。石蛋30年才脱落一枚。至今村中还保存着历代产下的“石蛋”68枚。巍巍陡崖里藏着怎样的千年之谜，至今无人知晓。

布仰摩崖

为阴刻楷书

黔南州三都县布仰沟口的都柳江北岸

布仰摩崖位于都柳江边古道旁，距地高约3米。摩崖石质为水沉岩，崖面较光滑。楷书竖行阴刻，文为“向来王化外，今入版图中”。款为“清雍正八年（1730年）独山知州孙绍武题”。摩崖宽1米、长1.2米，大字为18厘米见方，小字为8厘米见方。

玩家解说

清代中叶，清王朝为消除土司制度而推行“改土归流”政策，使“化外”之地不再阻碍其政治、经济政策的实施，凡是不服从王朝统治的地区，均派重兵压制。当时，都柳江具有显著的航运优势，上江又是西南一带的重镇之一，为了便于统治和制服，雍正七年（1729年），独山州牧孙绍武沿都柳江进兵三脚屯，直到次年战火平息。此次沿江征剿，孙绍武顺便疏浚都柳江河道，因此刊刻了摩崖。

姑鲁产蛋崖

景点推荐

独山旅游区

紫林山国家森林公园

动植物资源丰富

黔南州独山县城东北，距县城20多千米

紫林山国家森林公园以典型的岩溶地貌形成奇峰怪石为特色。公园森林覆盖率90%，在茫茫的原始森林中，有许多的稀有动植物，如红豆杉、银杏、黄杉等国家一级、二级保护植物，如画眉鸟、长寿鸟、猕猴、红腹锦鸡等珍稀动物。

公园地文景观、水文景观和天象景观与森林景观互相补充，相得益彰，组成一幅幅美丽奇特的风景画。巍峨的崇山峻岭，险峻的奇峰怪石，神秘的溶岩石洞，跳跃的山间溪流，水平如镜的山林水库，壮观的观音山瀑布，高原特有的蓝天白云，壮丽的日出、日落，以及冬日晶莹透明的白雪和雾凇，处处美不胜收。

独秀峰

素有“独山晓翠”之称

黔南州独山县城关镇东南13千米

独秀峰原为独山十二景之一，素有“独山晓翠”之称。独秀峰山顶呈马鞍形，似一副笔架，上有砖木结构庙宇一座。山顶岩缝间有清泉涌出，终年不断。下有圆形水池，碧波荡漾，花草相映。

链接

独秀峰传说

这里曾有一个美丽的传说，说的是以前独秀峰顶的庙宇里来了一位尼姑，美貌聪慧，才华过人，许多文人学士和纨绔子弟争相求交，每天都以烧香拜佛为名，对尼姑纠缠不休。然尼姑皈依佛门，杜绝凡俗，无意红尘，故避而不见。但众求交者并未死心，仍惊扰未断，尼姑思量再三，生出一计，题一上联于门首，声言若能对出下联者，愿随其归。上联曰：“平地起高峰峰上加峰风景秀。”求对者甚多，然竟无一人能对。自此以后，尼姑方得安宁。尼姑亡故多年后，庙里来了一个和尚，读过上联，随口吟出下联：“高岩滴水花花中有花花常开。”这副对联虽多年才能应和，但联中所描绘的，却正是独秀峰雄奇峻美的壮丽景观。

独山地质公园

典型的国际标准地质剖面之一

黔南州独山县境内

独山地质公园距州府都匀市60千米，距省城贵阳192千米，它已成为典型的国际标准地质剖面之一。独山独特的地形比较完整地记录了泥盆纪（4.05亿年前）—石炭纪（2.9亿年前）1亿多年地球发展变化、生物演化和环境变迁的历史。其丰富多彩的古生物化石群落，具有极高的科研价值、教学价值和观光游览价值。

独山地质公园

独山草场

中国为数不多的全天候牧场

黔南州独山南部，距县城30千米

独山草场是中国为数不多的全天候牧场。看到一片无际的大草原上繁茂的草地，牛群在草原上浅吟低唱，让人难以想象30年前，这里还是一片荒漠。

一望无际，绿草如毡的原野，潺潺溪流，如一条纤纤银蛇，在阳光下熠熠生辉；洁白的羊群，涌动在绿海之上，远处朵朵鲜花，摇曳点缀，翻飞的彩蝶，伴着奶牛的欢叫翩翩起舞，烧烤全羊的炊烟和鲜奶的清香随风飘散，扑鼻而来，到此游览，令人沉浸在一种浓浓的异域情调之中。

阳地民族文化村

山清水秀，历史悠久

黔南州独山县基长镇，距县城15千米

阳地民族文化村山清水秀，历史悠久，至今保存有民国十年（1921年）大总统题为“节励松筠”的牌匾、不知朝代的皇帝赐匾“旌表节孝第”、廖氏祠堂、古香古色的古代门闾、“思亲桥”、千年古枫香树等大量古迹。淳朴的民风民俗，使这里的人们完整地继承了织布、扎扇、编制斗笠等精湛的工艺技术，其饮食、祭祀等各种传统文化鲜明独特。

深河桥抗日文化园

爱国主义教育的重要场所

黔南州独山县城北9千米处

深河桥抗日文化园是贵州省抗战爱国主义教育的重要场所、贵州省国防教育基地、重要红色旅游景区，园区主要由入口广场、卢沟晓月、民族门、万魂墙、贵州省抗战陈列馆、黔南人民抗日纪念碑、烽火台等组成。

玩家攻略

深河桥是中国近代史上有着特殊意义的一座桥。日军从卢沟桥开始发动侵华战争，在中国西南腹地最深入处即深河桥开始走向灭亡，既是侵略者灭亡的见证，是中华民族不可战胜的丰碑。

奎文阁

其古建筑堪称黔南的唯一

黔南州独山县城关镇翁奇村

奎文阁原本是收藏御赐书籍的地方，以藏书丰富、建筑独特而驰名。奎文阁建筑群包括姊妹风雨桥、斜风雨桥、半月塘、印池、奎文阁阁楼、考棚、水碾房、字葬塔等。奎文阁阁楼，原是一座三层结构的木质建筑，据考证，奎文阁还是一座罕见的九角形建筑，又号“九角飞檐”。楼内结构紧密，造型美观，雕塑精致，保留了清代建筑雕镂艺术的特色，堪称黔南的唯一。

景点推荐

荔波旅游区

荔波樟江风景区 AAAAA

贵州的九寨沟

黔南州荔波县瑶山乡 在都匀乘坐大巴到荔波，在荔波县汽车站乘坐出租车可到大七孔、小七孔景区，也可直达水春河起漂点；也可在荔波县城包车前往 0854-3616116 旺季120元，淡季100元

荔波樟江景区是贵州省南部重点旅游景区之一。景区由小七孔景区、大七孔景区、水春河景区和樟江风光带组成，景区以喀斯特地貌上樟江水系的水景特色和浩瀚苍茫的喀斯特森林景观为主题，景区内峰峦叠嶂，溪流纵横，集奇、幽、峻、秀、古、野、险、雄的自然景观于一身，又有布依、水、瑶、苗等民族风情。

玩家攻略

1.住宿：樟江景区的大门口有几家旅馆，价格很划算，可以考虑住在这里。不过，需要注意的是，在这里住宿，不要忘记用门票在小七孔出口处进行登记，以免第二天进入景区时重复买票。当然，也可以回荔波县城住宿，有樟江宾馆、金谷酒店等众多住宿去处。

2.摄影：樟江风景区有很多水景，在摄影时要弄清各种倒影的特性，掌握适中的曝光数据。微风起时，水中的倒影往往会被分割为条状或变形虚幻，凹凸路面上也会因积水的原因而出现断续或局部倒影，此时往往会得到意想不到的效果。拍摄的场口主要有小七孔古桥、68级跌水瀑布、鸳鸯湖、水上森林。

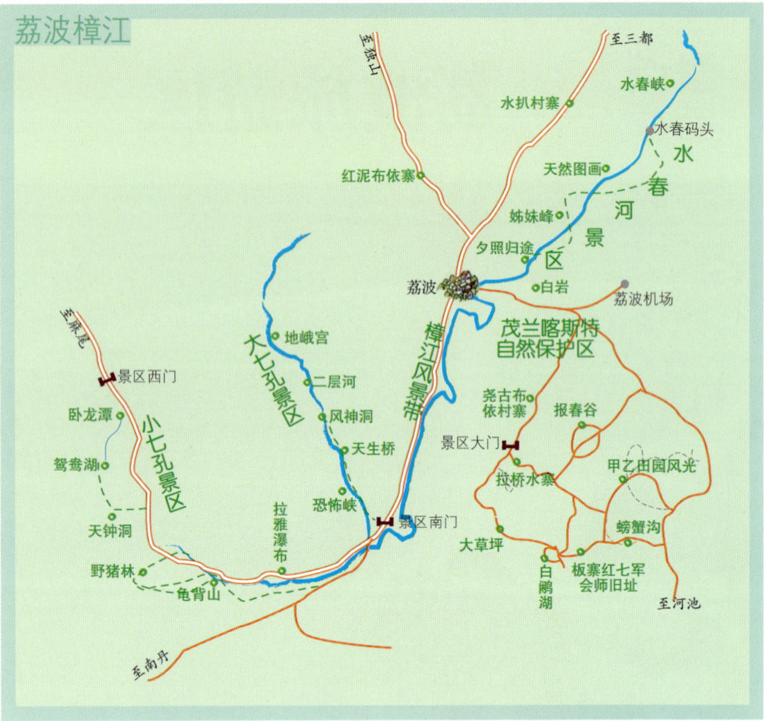

3.最佳季节：景区主要是玩水，所以最佳的旅游季节是4~8月。那时水上森林的水要大些，如果想体验漂流，水春河的水量正合适。

小七孔景区

小七孔景区因北首有一座建于1836年的小七孔古桥而得名。景区以精巧、秀美、古朴、幽静著称，面积约10平方千米，全长13千米，也是荔波樟江景区的精华部分。这里的游览景点有上百个，其中比较著名的有小七孔古桥、68级响水河瀑布、鸳鸯湖、水上森林等。奇、峻、秀、古的自然美景加上浓郁的布依、水、苗、瑶等民族风情，每年都有数以百万计的游客来这里观光。

小七孔古桥

小七孔古桥位于小七孔景区的最前面，这是一座建于清朝道光年间的古石桥，小巧玲珑，桥长25米，桥面宽4米，拱高4米。桥由麻石条砌成，藤蔓和蕨类植物爬满了桥身；桥下是绿得令人心醉的涵碧潭。

链接

小七孔桥的传说

远古时候有一个名叫阿吉的尧族小伙子，他的右手只有一个指头，但是这个独指却有神奇的威力，能把坚硬如钢的岩石戳成烂泥一般绵软，更奇的是，过上一夜岩石又能恢复其坚硬本性。阿吉的寨子有七位天仙一般美丽的姑娘。阿吉和七位姑娘看见乡亲们为涵碧潭所阻，不能到对岸去赶场和耕种，便决心在涵碧潭上合力修建一座石桥。他们来到板崎山下，阿吉用独指戳石头，姑娘们便用变软的石头捏砌成桥，一个姑娘负责砌一孔。他们戳呀堆呀捏呀，一口气干了七七四十九天，终于堆捏成了一座七孔石桥。因五里之外另有一座大七孔石桥，本桥遂名小七孔桥。又因这座桥是由七位姑娘捏砌成的，所以它还有一个别称叫“七姑桥”。

拉雅瀑布

拉雅瀑布瀑宽10米，落差30米，逼近观看，但见瀑首悬蓝天，旁缀白云，几疑天河自空而降，瀑势如山倒，吼声似雷，腾空喷泻，横向坠落，同响水河纵向错落的68级瀑布构成一幅绝妙的立体交叉瀑布群景观。

■ 68级跌水瀑布

68级响水河瀑布在涵碧潭上游的山谷里，长1.6千米，沿高高低低的河床分布。层层叠叠的瀑布沿着山势倾泻而下，或倾珠撒玉，或似银河泻地，形态各异。沿河谷而上，一路都是高山流水、绿树红花，两旁的山林鸟啾虫吟，让人联想起伯牙与子期的知音逸事。

■ 龟背山

龟背山因山上生长着一种龟背竹而得名。龟背山原始森林是典型的喀斯特森林奇观的缩影。森林茂密、古树参天的林里珍稀树种遍布，奇花异草，如龟背竹、虾背兰、棕竹、大血藤、白纹藤，交叉盘结丛生，还有苔藓争艳，一片碧绿。数人才能围抱的高大古乔木，生长在悬崖、峭壁和裸露的石灰岩上，或在崩塌的巨大孤石上。

玩家解说

龟背山有三绝：一是林中的古藤缠绕，恰似人工搓绞的麻绳，殊为奇特；二是山林上端入口处有一条树根碗口粗，沿路伸延数十米，如游动的巨蟒，令人咋舌；三是林中有一块巨石悬空，巨石下由三根石柱支撑着。就在这块悬空的巨石上，竟长着一棵十几米高的国家二级保护植物——榉树，居然也婆婆娑娑、葱葱郁郁！

龟背山上随处可见不屈的树根如蛇蟒似蚯蚓，执着地在岩石上寻找土壤和水分。它们或盘根错节，插入深深浅浅的裂隙孔窍；或抱着巨石生长，把顽石拱离地面；或把岩山挤破，令人惊奇和叹服。

■ 水上森林

水上森林又被称为瑶池，分上下两段，总长约600米。河谷里生长着茂密的乔木和灌木，形成翡翠屏障。河水从杂木林中穿涌而下，就这么一年又一年地冲刷之后，河床没有一粒泥沙，连磐石也被磨光了棱角。水上森林中，石上盘根错节，枝间古藤缠绕。游客手攀着藤蔓，足踏盘根，沿河穿行，有惊无险，妙趣横生。

■ 鸳鸯湖

鸳鸯湖是一组高原喀斯特湖泊，由两个大湖、四个小湖串联而成。湖泊的最深处有38米，湖岸嶙峋、犬牙交错。湖水四季恒温，深不可测。绿岛之间港汊交错，形成一座水上迷宫。清晨和傍晚时分，浓雾罩湖面，朦胧的感觉让人感觉很神奇。到小七孔景区游览的人大多会到鸳鸯湖来荡舟，享受打水仗的乐趣。

■ 大七孔景区

大七孔景区因为有一座大七孔古桥而得名，景观主要包括原始森林、峡谷、溶洞、瀑布、伏流、地下湖、天窗，峻险神奇、气势磅礴。主要景点有大七孔古桥、恐怖峡、天生桥、妖风洞、二层河、地峨宫等。

小七孔景区鸳鸯湖

大七孔古桥

大七孔桥修建于清朝道光年间，是新中国成立前荔波县第一大石拱桥。桥有七孔，高7米，宽4.5米，长35米，横跨东西。大七孔桥是旅游区的重要桥梁和景物之一，通向小七孔景区必过此桥，桥畔有《双溪桥序》石碑。

玩家解说

大七孔桥修建于清道光二十七年（1847年），落成于道光三十年（1850年），为阖邑绅民所建，称万善桥，后因桥被洪水冲毁一孔，交通中断。清光绪三年（1877年），重修后改名双溪桥，又因大桥有七孔，俗名大七孔桥。

天生桥

天生桥距离方村河不远，是一块天然巨岩，是喀斯特地貌奇观之一。天生桥高60米，厚10米，河水流过桥后，形成2米多高的瀑布。桥孔下巨型钟乳悬挂，桥脚、桥侧的裂隙石缝长出绿色草丛灌木，藤萝花卉缠裹桥身，形成一座大彩桥。桥下瀑布前水激浪涌，小船不能靠近。到此必须停船，把船扛在肩上攀登危岩，超过瀑布，才能逆流行舟在暗河峡谷之中。此景惊险，别具一番乐趣。

恐怖峡

恐怖峡河谷深邃，两岸峭壁矗立，高100多米，这里有各色钟乳石，形态各异，就像五彩斑斓的彩画贴在绝壁上。中央有斜着向上排的三个洞穴，最大的一个岩洞口的岩石缝中竟然还长着一排绿树。整个峡谷非常安静，如果有人大声说话，绝壁上就会有沙石落下，不身临其境，就感觉不到它的奥秘与恐怖。

荔波樟江小七孔桥

二层湖

二层湖位于笑天河上游，比笑天河高30多米，又比其上游的方村河低100多米，是方村河伏流后又出现的一个明湖。湖有1平方千米面积，是喀斯特峰谷中的一个湖泊。湖四周覆盖着密密的原始森林，湖水清澈透底，湖边有许多树生在湖水中，为水中森林奇景。

水春河景区

水春河景区因附近的布依族水春寨而得名，是樟江中景色最秀美的一段，也是贵州著名的漂流景点之一。此河有29道峡谷景观，包括峰、壁、林、洞、滩、急流等。这里江水清澈，两岸峭峰林立，古树、杂花丛生，游客乘船漂流而下，一方面可感受漂流带来的惊险、刺激，另一方面可尽情欣赏如画美景，如同“人在画中游”。

水春峡

水春峡峡谷长13千米，是樟江景区内最长、最大的峡谷，以奇险奇峻为特色。两岸险峰夹峙，浓荫蔽日，峭石突兀，江流如练，动静相间，张弛相济，奇峰绝壁夹急流组成了29道浪的奇险景观。

马尿滩

马尿滩是巨石河床形成的湾水滩。滩势平缓，清水如练。滩边绝壁如削，绿树如伞，探身遮阴河上。离河面约1.7米高的绝壁处，有泉柱似马尿喷射而出，故名。泉名虽欠

荔波樟江大七孔景区

雅，水质却甘冽甜凉，沁人心脾。布依人又传说这是一股“神泉”，喝了这泉水能获得好运气，因而渔人过此，都要移舟壁下，掬一捧“马尿”喝喝。

龙王洞

龙王洞是崖麓江边的一个溶洞，白崖危耸，壁立千仞；江水丰盈，柔水似荑。相传是龙王居所，故名龙王洞。洞幽曲折，洞口濒江，江水汛发时，水几漫入洞，别有情趣。洞旁河中一暗礁有九个深凹坑，恰似九个巨碗。据当地人说，那是龙王爷招待蟹兵虾将的宴席。

万鸟洞

万鸟洞位于虎刀壁的陡岩上，这里洞口密布，岩腹中有一个巨大的溶洞，即万鸟洞。洞内居住着成千上万只山燕子。每天晨曦初露时，山燕子成群结队地从溶洞里蜂拥飞出，“哩哩”鸣叫，在峡谷里追逐盘旋。燕子群要足足飞一个多小时才能全部出洞。一时间鸟翅蔽天，翔声震耳，蔚为壮观。

樟江风光带

樟江风光带是联系大、小七孔景区与水春河景区的纽带，是从荔波县城至小七孔景区的必经之路。樟江河面水流平缓，水清如玉，樟江两侧由近及远，农田村落，低丘远山交织成秀丽的田园风光。这里村镇、居民点分布密集，是风景区内外交通联系的走廊，也是全县高产农田，是旅游产品、副食品供应的基地。

茂兰喀斯特森林保护区

罕见的原始喀斯特森林

黔南州荔波县洞塘乡

在荔波汽车站乘坐去往金城江的大巴车到茂兰自然保护区入口处下车即到

茂兰喀斯特森林保护区是亚热带喀斯特森林生态系统，即以珍稀濒危野生动植物为主要保护对象的国家级自然保护区，茂兰喀斯特原始森林是世界上分布集中、原生性强、相对稳定、特殊的森林生态系统。区内动植物资源十分丰富，是中国生物多样性的基因库。1996年茂兰保护区被联合国教科文组织纳入国际人与生物圈保护区网络。整个区域形成了上有森林，中有石林，下有洞林，石头上长树、石缝里盘根的奇特景象。这些景象与参天古树、明河暗流，瀑布、深潭、山泉、溶洞等景观融为一体，形成了一系列罕见的景色。此外，在这里还可以感受到瑶、水、布依等少数民族浓郁的传统文化与民族风情。

玩家攻略

1.住宿：因为茂兰自然保护区内不允许住宿，所以只能住在必左、板寨、梅原一带的农家。黄金周的时候，这里的农家住宿很紧俏，需要提前预订。另外，在茂兰露营也是一个很好的选择，这里到处都是天然的露营场所，听着蛙声入眠、听着鸟叫声自然醒，也是别有一番韵味。

2.美食：在茂兰，要想吃到纯正的农家美食，还是要来到大山深处的农家。供餐饮的农家主要集中在必左、板寨、梅原等村寨，你可以在这里一边品尝农家美食，一边欣赏山水美景。

农家没有方桌高凳，大多是围绕着一座火塘而坐。火塘上架着一口铁锅，锅下面是用木柴烧旺的明火。美食以土鸡、五花肉、排骨、粉肠、猪脚等为主，这里的鸡肉、猪肉都是农民自家养的，原生态无公害，是城市里的肉远远比不上的。除了肉类，这里还有水蕨菜、大野韭菜、折耳根等各种野菜，而且很多野菜都是现摘的，非常新鲜。

观景台

沿着石梯上山能到达景区的观景台，这也是保护区内海拔最高的地方，大约有1000米，正常情况下几十分钟即可到达。站在山顶向远处望，百里喀斯特峰海一览无遗，叠翠的峰丛绵延至天际。峰丛间，镶嵌着丰收的洼地田园，一条丝带般的公路蜿蜒其中，美不胜收。

金狮洞

金狮洞是一个典型发育的喀斯特洞穴，因洞内有一高2米的狮形石笋，其上金光闪闪，恰似一昂首怒吼的金狮而得名。洞长仅300米，但洞中的钙化堆积物如石笋、石柱、石旗、钟乳等洞穴景观极为发育和集中。洞内集水，水深及膝，石笋生长在水中成林，似岛屿、珊瑚礁在水中或岸边簇状分布。

茂兰喀斯特森林保护区

江风布依村

从观景台下来向南走大约10千米，就到了翁昂乡江风布依村。村寨四周，古树参天，村庄、田园与山水交相辉映，溶洞神秘莫测，山水田园风光无限优美。村寨中完整地保留着古香古色的布依居民、古塔、古桥、古法造纸坊、天然神峰等古迹。民居建筑都以干栏式木质结构楼房为主，瓦盖两层重檐，二层曲栏回廊，布依民居特色明显。

玩家攻略

如果你是在荔波包车游览茂兰保护区，司机很有可能不知道江风布依村，但即使是一边走，一边问路，你也一定要到这里观赏一番。因为这里还有一种很独特的地方舞蹈——矮人舞。这是一种田间娱乐舞蹈。每当收获季节，小伙子们用泥巴在肚皮上画出脸谱，小竹篓往头上一盖便形成了“小矮人”。这种舞蹈风趣、诙谐，令人回味无穷。

黄杨沟景区

黄杨沟因在季节性河谷里连片地生长着的百年小叶黄杨而得名。这条沟全长1000米，沟里的黄杨都长在沟底的石头上。黄杨的树根盘曲在岩石上，密密麻麻的，像一条彩带环绕在山水之间。而到了雨季，喀斯特地底下的水会涌出地表，漫住黄杨沟。于是，这片黄杨林转而变成了水上丛林。溪水在树根上流淌，在灰枝翠叶之间徜徉。水上黄杨的山水景观是喀斯特地貌上绝无仅有的风景线。

万亩梅园

万亩梅园有2万多亩梅林，是我国最大的野生梅基地。暮冬时节，别的花都已经凋零，树木也已经枯萎的时候，这里却是漫山遍野的梅花，千树万树开得正艳，把绿色的喀斯特原始森林装点成银装的世界。

玩家攻略

中国荔波万亩梅花报春节一般于1月15日在

荔波茂兰风光

荔波开幕，梅花是越冷开得越好，如果天气一直寒冷，不会出现反复的情况，节日会一直持续到3月初。节日期间，不仅可以欣赏到万亩梅花，还可以体验布依族、水族、苗族、瑶族的独特风情。

邓恩铭烈士故居

红色旅游景点

黔南州荔波县城北向阳路21号

邓恩铭烈士故居为一栋四排三间土木结构的普通居民瓦房，坐西朝东，当街而立。大门对面左侧10余米处生长着一株200余年的古榕树，树干周长10余米，高约15米。大树枝叶繁茂，四季常青，生机盎然，整体树冠如伞状。

室内陈列着烈士少年时代用过的笔、墨、砚台、衣架、桌子、椅子、石磨、挂钟、家信等实物，以及介绍烈士生平与革命事迹的图片、资料。

链接

邓恩铭

邓恩铭，又名恩明，字仲尧，贵州荔波人，1901年生，水族。1921年，邓恩铭与我党创始人之一的王尽美二人代表山东共产主义小组，出席了中国共产党第一次全国代表大会，邓恩铭是中国共产党一大13名代表中年纪最轻的唯一的少数民族（水族）的代表。1922年1月，邓恩名作为中国共产党代表成员之一，出席了共产国际在莫斯科召开的远东共产党及民族革命团体第一次代表大会，回国后先后担任青岛市委书记、山东省委书记等职。1928年12月，因叛徒告密邓恩铭不幸被捕。面对敌人的酷刑，邓恩铭依旧大义凛然、坚贞不屈。在狱中，邓恩铭同志写下《诀别》诗："卅一年华转瞬间，壮志未酬奈何天。不惜唯我身先死，后继频频慰九泉。"

永济泉

永济泉

工艺精湛，气势恢宏

荔波县玉屏镇繁荣路东段

永济泉掘于清同治九年（1870年），是知县钱埙为防农民起义军围城断水而掘，现为省级文物保护单位。泉系平地凿一深穴，呈圆桶形，直径6.2米，深10.2米，料石砌成。井口为正八边形，直径2米，到井口汲水需下三段五十级石阶，三道石拱门。拱门高3.1米，宽2.6米，矢高1.3米，第三道门首嵌石匾一块，楷书阳刻"永济泉"三个大字，右上刻"同治九年仲冬修"，左下落款"滇南钱埙题"。

观音峰

中国乃至世界最大的天然石观音

黔南州荔波县灵山

观音峰是目前发现的最大的天然观音，无论是神态还是模样，均无可比拟。据无数旅行家考评，荔波灵山观音，其天生自在，不

观音峰

假人为之形神风采，可谓具雄、奇、险、秀之天地妙蕴，堪称中国乃至世界最大的天然石观音。

观音峰形成于上百万年前，是中国典型的喀斯特地质奇观。因有一峰独秀，伟岸屹立，十分像观音三十二变相中的大丈夫相而得名。这尊观音立像，拔地齐天，头顶英雄花，手捧吉祥树，显现迎客说法之态，令人叹为观止。

者吕布依村寨

历史悠久的村寨

黔南州荔波县方村乡境内

者吕布依村寨处于方村河上游，村寨居住的全为布依人家，这里山清水秀，河的两岸以悬崖峭壁为主，部分河段两岸有小片的田园点缀，每当6~9月水稻辉映，形成一片绿的别样景色。

村寨有着悠久的历史，寨中人用自己的智慧与勤劳创造了一个个的奇迹，在很多年前他们就已经修建拦河坝、用水力水泵灌溉自己的农田、用水力碾米，拥有自制的水力发电机发电照明等。

红泥布依村寨

依山傍水，田园辉映

黔南州荔波县方村乡境内

红泥布依村寨居住的都是布依族人家，纯朴好客，见到来客不管认不认识都会很热情地打招呼，客人进家便以自酿的米酒招待。在这里的村寨随处都可以看到妇女织布和纺布鞋、布鞋垫的身影，隐约听见婉约悠扬的布依歌声。村寨依山傍水，加之田园辉映，形成一道独特亮丽的风景线。

玩家解说

红泥布依村寨的布依族人家与其他地方的布依族人家的不同之处是：他们每年都会过两次年，即小年（腊月年）和大年（春节），小年相对要隆重，每当这个时候，他们都会选其中的一个村寨作为文化活动的地点，举行篮球赛、拔河赛、布依歌比赛等，非常热闹，很多游客都会选择在这个时候去体验布依族人的热情与当地的民族风情。此外这里的清明、端午、七月半也很隆重。

甲良田园

秀美田园风光

黔南州荔波县甲良镇，距荔波县城35千米

甲良风光秀美，物产丰富，素有黔南“避暑山庄”“大米之乡”“斗牛之乡”的美誉，民间历来有“甲良辣椒梅桃茶，阳凤大米甲站鸭”之说。甲良城镇建筑依地势而建，高低错落，自成特色，为布依族、水族、苗族、瑶族的吊脚楼建筑风格的结合，特点鲜明。

甲良田园群山环抱，绿树掩映，房角屋檐翘然而出，袅袅炊烟与露气交融，在田园之间鸡犬相鸣，却不见其影。

甲良田园

水甫石棺墓群

属国家级景观

黔南州荔波县水浦村

水甫石棺墓群不仅是研究水族历史文化的"活化石"，更是荔波旅游的一张名片，因其充满诸多不为人知的神秘，吸引很多人前往荔波寻幽探古。

这片清初至清中晚期的古墓群，占地面积10 000多平方米，共有古墓300余座。墓葬全部用青石板砌成长方形，分上、中、下三层结构。顶层石凿有双龙闹云、鸳鸯戏水、麒麟怪兽，形态逼真，栩栩如生。四周石板上雕刻着阴阳八卦、人物画像、铜鼓鼓面纹饰、飞禽走兽、奇花异草等图案。

水扒水族民族村寨

青山绿水中的村寨

黔南州荔波县与三都县的交界处

村寨四面环山，山上长着茂密的树林，荔（波）三（都）公路从寨前的田坝中间穿过，交通十分便利。站在公路上远眺寨景，真是美不胜收。

寨上盖着青瓦的吊脚楼层层叠叠地依山而上，林间农家炊烟袅袅，颇具民族特色，是名副其实地生活在青山绿水之中。

寨子背后是青山叠嶂，寨子两旁是翠竹环绕，郁郁葱葱，村口小道两边各有一株几人合抱的翠柏，高大挺拔，像两只大的绿伞。村口有一座石拱小桥，桥下是一条条淙淙流淌清澈见底的小溪，小溪顺着寨脚流向对面山脚一个幽深的山洞汇入樟江河。

玩家解说

水扒村寨的房屋均为木质结构的"干栏式"楼房，四周装以木板，楼上住人，楼下饲养牲口和放置杂物。屋内规划有条理，卧室、厨房设两端或前后两半部，中堂宽敞明亮，部分人家设有神龛，家家房屋都有一个火塘，做日常炊事和冬

水族村寨

天取暖之用。屋前门口或屋后建有晒楼，供平时晾晒谷物或纳凉之用。

尧麓民族村寨

古称"苗六"寨

黔南州荔波县尧麓尧族乡，茂密的喀斯特森林谷地的中央

尧麓民族村寨四面环山，全寨180户尧族人家，又依姓氏聚族而居，分为覃家寨、卢家寨、韦家寨、欧家寨、幕家寨、常家寨等六个家族寨，古称"苗六"寨。尧麓尧寨悠久，据《荔波县志》记载："荔波古为荒芜地，苗蛮六种，聚族而居。"

尧寨房屋建筑，自成一格，建房用的柱子，取自喀斯特岩石山上特有的树种——格木，房柱的造型也很特别，一律制作成上大下小的圆锥形，取"越上越大，兴量发达"之意。房屋一律建成长方形的"干栏式"长屋，一个家族一般同住一幢长屋或相邻的几幢长屋，长屋一般住4～6户，多的住8户。这与欧洲易洛魁人的"长屋"、云南基诺族的大房子有相似之处。

红七军板寨会师旧址纪念馆

爱国主义教育示范基地

黔南州荔波县洞塘乡板寨村

红七军板寨会师旧址纪念馆占地面积约1230平方米，始建于2003年。馆标大门横匾由当年红七军军部特务连党代表、百岁将军吴西题写。

红七军板寨会师旧址纪念馆

纪念馆是一座布依族四合院，已征集或复制红军官兵工作及生活用具106件，遗物遗作43件，制作各种图片76张。纪念馆设会议厅，副官处，图片展厅，陈豪仁办公处，张云逸、李明瑞办公处，文物展厅，红军战士住宿处，伙房等。另外，在板寨一棵大枫树下有一面巨大的党旗雕塑，一旁写着“中国红军第七军”几个大字，据说当年红七军就是在这个大榕树下召开的群众大会。

玩家解说

1930年初，邓小平领导的广西起义部队在隆安县作战受挫后，为了摆脱国民党重兵的“围剿”，保存革命力量，红七军前委决定转移至黔桂边打游击。同年4月，红七军军长张云逸率二纵队，从广西经黎明关进入荔波县境的板寨。随后，红七军总指挥李明瑞率军部和一纵队经佳荣等地抵荔波县境。4月中下旬，第一纵队和第二纵队会师于荔波板寨。这支部队也是第一支进入贵州的中国工农红军队伍。

黎明关古战场

历代兵家必争之地

荔波县洞塘乡板寨村

黎明关历史上曾是黔桂交通要道，关扼驿道，两侧为陡山悬崖，仅有一山间小道通行，地势险要，属古战场，是历代兵家必争之地。

关卡用石块砌成，主关墙长20米，高3.5米，宽3米，另依山势修筑长50米的石关墙，

黎明关古战场

每隔1.5米有1个垛口，关墙右端山上有1个炮位和机关枪阵地，关如蟹钳。

链接

黎明关之战

1944年11月25日，日军第3师团步兵第34联队，由广西思恩（今环江县）社村进犯黔边。11月26日夜，日军正面进攻贵州荔波边关——黎明关。国民党97军199师587团团长周国仲部官兵奋力阻击侵黔倭寇，在此打响了贵州抗击日本侵略者的第一枪！

国民党部队凭借雄关天险，居高临下，用枪、炮、手榴弹阻击日军的进攻。双方激战，日军死伤一二百人，周国仲团损失亦重，但关仍未被攻破。27日下午，日军一面加紧佯攻，一面从附近的小路走洞良包围黎明关，守军腹背受敌，众寡悬殊，周国仲团逐次向洞塘方向且战且退。下午3时，关陷，日军冲入关内，进犯板寨。后由桂入黔的杨森即命杨汉域之20军赴板寨增援抗敌，将敌寇赶出关外夺回该关。后敌人援兵炮火佯攻，国民党部队亦逐次撤退向翁昂方向转进，黎明关失守。

穿洞抗战遗址

荔波军民抗击日寇的主战场

荔波县永康水族乡 免费

穿洞抗战遗址是荔波军民抗击日寇，阻击日军进犯荔波威胁都匀、贵阳的主战场。1944年12月2日~3日，在永康乡的穿洞附近，我军民毙敌100多人。穿洞在抗战期间是进入县城的必经之地，现在还可以在洞内看到当年留下的军事堡垒，从洞中穿越，可直达山后，山下是一派美丽的田园风光。

景点推荐

黔南州西部景点

平塘风景区 AAAA

中亚热带岩溶喀斯特地区

平塘县，甲茶风景区在摆茹镇甲茶村，距县城47千米

平塘国家级风景名胜区总面积约110平方千米，包括掌布、甲茶、龙塘、六硐4个景区，共有景观60余个，沿平舟河、槽渡河呈带状集中分布，范围涉及7个乡镇32个自然村寨。景区主要以自然山水、峡谷、溶洞、瀑布、沙滩、竹林、田园风光、原生植被等自然资源为主，景源奇特丰富，类型多样，极具地方特色。

掌布“救星石”景区

掌布“救星石”景区长6千米。景区内有被游客称为奇石、奇洞、奇山、奇水、奇竹、奇树、奇鱼的“七奇”景观。其中，景区中的“藏字石”古生物化石上天然形成的“中国共产党”五个大字，堪称“世界地质奇观，旷代天赐珍宝”。奇树为景区内两棵参天大树，紧紧拥抱一块巨石入怀，如“夫妻护儿”。

甲茶景区

甲茶景区以瀑布、竹林和亚热带南国风光为主要特色。轻盈秀丽的瀑布，成带成林的刺竹和四季常绿的藤竹及清澈碧绿的河水、金黄的沙滩、神奇幽深的溶洞、景色俊秀的峡谷，以及掩映在苍翠欲滴竹林中的布依村寨和浓郁的民俗风情，给甲茶这片神秘的热土增添了迷人的魅力。

龙塘景区

龙塘景区集山、水、峡谷、洞、林、湖、瀑布于一体，景物景观23个，包括龙塘湖、红岩河谷、青龙峡、炼石峡、松茶瀑布群等景点，是休闲、度假、探险、猎奇之胜地。

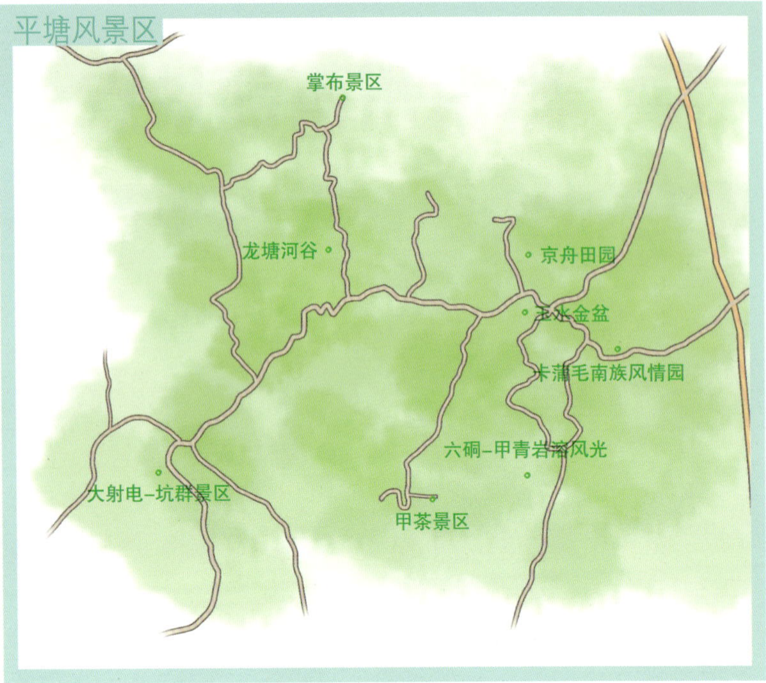

六硐—甲青景区

六硐—甲青景区是非常巨大和典型的岩溶地貌景观。六硐岩溶盆地及河头草坝发育在河流侵蚀循环裂点上方的河流纵剖面转折带上，集宽阔的盆地、狭窄的峡谷、峭壁、山峰、河流沙滩、草地及田园于一体，显示出复杂变换的水动力环境，具有重要的科学价值和旅游观赏价值，其航摄影像于20世纪80年代入选“中国岩溶遥感图集”。

平舟河景区

平舟河景区以世外桃源般的田园村寨与河谷风光为主。景区包括“玉水金盆”（县城）、京舟、六硐河峡谷、打密河峡谷和六硐河头毛南族文化村等景点，各具特色。

塘边天坑群

塘边天坑群以其规模数量大，天坑地貌发育完整，凹陷深邃，被称为自然“天坑博物馆”和“世界岩溶圣地”。天坑群由打代河天坑、安家洞猫底陀天坑、倒陀天坑、尧人湾天坑、音洞天坑、打赖河天坑等大大小小12个天坑组成，是世界上最大的天坑群，在世界自然景观中，具有稀少、奇特、险峻、壮丽、秀美的特点，奇特的喀斯特地貌，记载了海洋向陆地变化的全过程。其中，打代河天坑最为深邃、壮美。

九十九堡

堡堡苍翠相连

黔南州罗甸县大亭乡

九十九堡顶最高海拔1400.6米，最低海拔山脚242米。九十九堡大堡连小堡，小堡倚中堡，堡堡苍翠相连，堡形圆、尖、方、斜，不一而足，清泉流水，充满生机。站在最高堡顶举目眺望，贵州红水河一带群山起伏，峰峦叠嶂，犹如万马奔腾；俯瞰山下，云雾缭绕，迷迷茫茫，可闻大山中奔腾不息的红水河惊涛骇浪声。

三叠纪板庚滩

三叠纪板庚滩

世界绝无仅有

黔南州罗甸县板庚乡

板庚滩是三叠纪地层构造的经典剖面，展示在世人面前的是一幅美妙奇特的地质画卷。三叠纪物种大灭绝与生命重新复苏的遗迹，是“大贵州滩”的核心区域，其古沉淀地层规模为世界罕见，是当今世界绝无仅有的，具有十分重要的地位。是全球范围内研究三叠纪生物复苏的最理想地区之一。

葫芦寨

宁静悠远的村寨

黔南州罗甸县板庚滩五指山下

葫芦寨寨子不大，仅40余户，因形似葫芦而得名。小巧、玲珑、别致的布依人家几乎被盘根错节的古榕树、青枝绿叶的凤尾竹所遮蔽，寨中农舍多为瓦房，门前院落芳草萋萋，花香四溢，整个寨子显得怡然、宁静而又充满生机。

一条清澈透亮的小河从寨中穿过，清清的河水日夜弹奏只有青山、翠竹、绿树、布依儿女才能听懂的古老动听的悠悠乐曲。河上历尽沧桑的古桥、石磴表面光滑，四周长满青苔，它无声地向游人诉说着葫芦寨历史的久远。

卧龙

酷似卧龙的奇异顽石

黔南州罗甸县葫芦寨中

卧龙为一颗形状酷似卧龙的奇异顽石，长约4米，宽约1.5米。石龙坐南向北，通体鳞甲翕张，昂首提腹，敛爪沉气，口微张，眼圆睁，目视前方。其势如摇头晃脑，伸腰抬足，更有乘风破浪之壮志，冲天搏海之雄姿。有一联咏此石龙：昂首凝神，飞天自有春风引；平心静气，入海但凭鳞爪张。

马脑山

板庚滩北部最高的山

黔南州罗甸县葫芦寨西北面

马脑山是板庚滩北部最高的山，相对高度约300米。此山因酷似白马而得名白马山。山脚下有马槽洞、饮马潭和马灵桥等景点。

美女山

山腰处有一块酷似灯笼的奇石

黔南州罗甸县葫芦口东部

美女山与营盘山东西相连，北靠大荒山，美女山和营盘山大约80米高的山腰处，各有一块酷似灯笼的奇石，长短大小形貌相似，垂长约15米，直径约3米，俨然某家门前悬挂着的一对大灯笼。

链接

美女山灯笼的传说

相传很早以前，两个灯笼夜间发光，能照亮十余里远。山下有一户人家，是当地大户，他家铸有一只大铜鼓，晚上在灯笼的照耀下自动滚到河里与龙王戏耍，天亮自回。板庚也就风调雨顺，人民富庶。到光绪年间，这家人出了一逆子，长期欺压百姓，鱼肉相邻，无恶不作，后来遭人暗杀，这家人从此败落，铜鼓不知去向，自此灯笼暗淡无光。

鳄鱼山

形如巨大的鳄鱼

黔南州罗甸县板庚乡政府顺惠罗公路往北约500米处

鳄鱼山如一条巨大的鳄鱼，正俯身延颈下滩饮水，因而得名。山梁为身，巨石为甲，公路穿洞为眼，有嘴、有鼻、有爪，栩栩如生，挥之欲动。有诗描摹此山情态："舒爪探头大鳄鱼，英姿奋发岂安居。俯身延颈将吞海，怒目睁睛欲纵躯。鳞甲翕张雄似虎，精神抖擞壮如驹。临渊窥视人寰美，敛气沉心待放歈。"

惠罗公路自东向西一个大包抄，把鳄鱼山前半身完全抱住。站在板庚关上，可遥望其头，站在夸口洞前，可观前半身。未到板庚滩，先赏鳄鱼山，先睹为快。

观音洞

深不可测，洞内有洞

黔南州罗甸县美女山西南面山腰处

观音洞原名阴河洞，人们为了纪念观音，在洞门前修建了一座观音庙，久之，阴河洞改名为观音洞。洞口被古树芳林遮蔽，走进洞口才知有洞。观音洞深不可测，洞内有洞，岔道较多，洞中宽处如大殿堂，能容纳数百人，窄处如深巷，仅一人能侧身而过。洞内钟乳石多而奇，像人、像物、像兽，应有尽有，惟妙惟肖，多姿多彩。

站在洞口，透过林梢，葫芦寨景致可见，鸡鸣犬吠声声可闻，伴着清风徐徐、花香阵阵、鸟语声声，令人心旷神怡。

莲花井

状如石槽，天然形成

黔南州罗甸县鹦鹉山脚下，葫芦寨和街上寨两寨交界处

莲花井形如石槽，井底水桶般大小的地下泉水四季不断涌出水面，形如盛开的莲花，故名莲花井。莲花井三面陡崖，一面出水，几株千年古榕矗立井旁。井水四季清澈见底，碧蓝明净的泉水有如少女明亮的眸子令人心醉。站在井旁，鸟鸣啁啾，树影婆娑，流水淙淙，让人仿佛进入一个扑朔迷离的童话世界。

令人称奇的是井壁上的那棵赫赫有名的榉木树。这棵榉木树长在古井壁长、宽不过尺余的无土平台上，树高2米有余，手臂大小的树干笔直、黝黑、光滑，苍劲的树根有的拼命钻进地缝，有的则静静爬入水中。

响水洞

一年四季瀑布飞泻

黔南州罗甸县大井河出水处约200米的半山腰

响水洞洞口内侧有条大暗河，此河由于落差较大，一年四季瀑布飞泻，水雾升腾，水声秋冬似狮吼，春夏如雷鸣，特别是雨季，惊天动地，声震霄汉，数千米外可闻其声，故名"响水洞"。洞内宽敞明亮，冬暖夏凉，悬崖峭壁下早年熬硝（制火药主要原料）灶台依稀可见。

游人乘竹筏沿洞内暗河而上数十米，朦胧中突见一束天光从洞顶凭空射到水面，波光粼粼，清风阵阵，两壁钟乳石千姿百态，栩栩如生，游人到此，似梦幻，如仙境。

涟江—燕子洞风景区

壮观的河谷风光和峡谷风光

黔南州惠水县南部断杉镇

涟江—燕子洞风景区为省级风景名胜区，以涟江河流域的各水系、森林资源组成原生态较强的生态环境。它融山、水、洞、瀑、峡、林、竹为一体，构成了极为壮观的河谷风光和峡谷风光。

涟江—燕子洞风景区由涟江河、岗渡瀑布、慕塘燕子洞三个景区组成，沿途有琴山逸响、百鸟河、野梅岭、九龙山、海里峡谷瀑布等。

燕子洞

槟榔湖

青山碧水

黔南州惠水县东南面距县城43千米

槟榔湖是以湖西南面的槟榔寨而得名的，具有防旱、抗旱、养殖、种植、调节生态环境和旅游等多种功能，风光特别秀丽，一年四季可供游览。

正如《岳阳楼记》所描写的，“至若春和景明，波澜不惊，上下天光，一碧万顷”。槟榔湖虽没有洞庭湖那般浩渺，却也有自己的独特风韵。湖畔群山叠翠，丛林茂密，青山碧水，水天一色，韵味深长；湖面空旷，四面群山环抱，20多口鱼池波光粼粼，不时可看到鱼儿翻腾池面。

十二楼台山

山顶可观惠水全城

黔南州惠水县城东面涟江三岔河对岸

十二楼台山是一座雄丽多姿的青山，它矗立在“望城关”山的右侧。登上十二楼台山顶站在山峰远眺，整个惠水县城尽收眼底，使人浑身舒展，心旷神怡。春日黎明，旭日初升，远观十二楼台山，但见晓雾萦绕、迷迷蒙蒙。傍晚，在落日的余晖中观山，则是霞光迷离，岚烟明灭，令人思绪万千、浮想联翩。冬天，雪后观山，只见“十二楼台”银装素裹，满山的松针银光闪烁，亮丽迷人。

望郎回

悬崖峭壁上的图案

黔南州惠水县芦山镇硐口村

纳窝坡顶有一处宽约数十丈，高约丈许的悬崖峭壁。这面峭壁长期如刀切一般，又宽又直；加上峭壁长期没有受到雨水渗浸，因而颜色皎白，上面的一丝一纹都十分清楚。其间，有一图案，形如一位少妇，手提竹篮，遥望远方，久久伫立在这悬崖峭壁上，人们将其称作“望郎回”。

杜鹃湖

另外，在纳窝坡顶的峭壁下，有一个形似大厦的岩洞，名叫纳窝洞。洞虽不深，却十分宽敞。

杜鹃湖景区

以人工湖为主体

黔南州长顺县种获乡沙子关村

杜鹃湖景区以烟波浩渺长达7千米的人工湖为主体，四周群山环抱，湖面烟波浩渺，湖水碧绿如镜，山顶烟雾缭绕，山下微波拂岸。杜鹃湖的森林覆盖率达90%，生长着原生态的常绿杜鹃花。

杜鹃湖共有珍珠泉、花山、和尚坡、黄鹂冲、杜鹃岭等17个景观。其中，和尚坡位于杜鹃湖码头对面，四面环水，成为一座小岛。岛上有望云楼、霞客亭，置身岛上，湖景尽收眼底，蔚为壮观。相传明建文皇帝朱允炆，“靖难之役”后，在此结草为庐，因此后人将此山称为“和尚坡”。

白云山景区

黔中腹地的佛教圣地

黔南州长顺县白云镇北部

白云山海拔1462米，山顶方广百亩，常有白云覆罩，阴晴不散，故名白云山。又谓山形如螺拥，一称螺拥山。这一带层峦叠嶂，林木蓊郁，远望白云山，不觉其高，登山始见群峰环拥，尽在足下。山中蚊蚋不生，盛暑不热，隆冬少寒。

景区是历史上黔中腹地的佛教圣地，有白云寺、白云寺前殿遗址、山门遗址等景观。

青龙山

“黔峰独秀”

黔南州长顺县威远镇之东南角，距县城12千米

青龙山为东西走向，有如巨龙翘首，头角峥嵘，山上古木森森，色泽如黛，故名“青龙”，有“黔峰独秀”之称。山有二道，西南小道名小卡，险峻难攀。北为石阶大道，又名大卡，拾级而上，曲折蜿蜒，竹树相映，心神怡然。

山上有一寺庙建筑群，初建于雍正年间，后嘉庆、咸丰、光绪年间几经修缮补充，香火不断，乃方圆百里之佛教圣地。站在摘星亭内，田园风光尽收眼底，令人如痴如醉，心旷神怡。

山脚下，清咸丰年间建文昌阁，阁分三层，覆三角形青瓦，阁前架有一石桥，中间有一亭，名“印波亭”，建筑精美，飞檐曲槛，倒映碧水，十分雅气。

潮井

井水一年四季周而复始

黔南州长顺县威远镇

潮井出露在一座藤木葱茏、四季常青的山岭下。潮井井口不过三尺见方，井底鹅卵沙石铺就，井水清澈纯净，乍一看与一般山间水井无二。井神奇之处在于，井水一年四季周而复始，每日不定时涨潮，多的时候每日涨潮七八次，少的时候二三次。据说：游客到此，若恰遇潮水，今年就会有好运。涨潮时，水从井壁喷发而出，如银花怒放，似珍珠滚动，哗哗有声，间有小鱼舞动，妙趣横生。一涨一落持续5~10分钟。此井无论天晴下雨自涌不断，既不因为久旱无雨而断涨，也不因为大雨滂沱而多涨或者变得浑浊，一副四季清澈晶莹、宠辱不惊、我行我素的君子风度。

玩家解说

正如观者所言，观潮水涨落须有“缘”。有人一日可见潮涨潮落数次之多，而有人不远千里专程观潮而来，静候井旁数时辰却始终未得一见。

斗篷冲战斗遗址

置于群峦叠嶂之中

黔南州长顺县睦化乡北境

斗篷冲海拔1100米。地处鼓扬、睦化两乡交界。置于群峦叠嶂之中，山上林木幽深，中间低凹，形似倒置锅底，整个地形为300余米长的山沟，南北环山，东西走向，南面山有一条险峻的山凹口。进出仅有三个山垭口能通行。

在遗址上，留给我们的是历史的回音和葱葱郁郁的翠竹，依旧诉说着那不能遗忘的战事。

肖国宝烈士陵园

墓地前沿修有拱式石框门

黔南州长顺县城东北，与长顺县民族中学毗邻

肖国宝烈士陵园占地面积1.3公顷左右，左为小山坡，右为蓑衣坡。墓地前沿修有拱式石框门，上刻“肖国宝烈士陵园”七个大字，两旁石柱上刻着“生的伟大，死的光荣”和“烈士精神，永垂不朽”对联一副。

肖国宝烈士陵园

景点推荐 黔南州北部景点

龙架山森林公园

因山脉好似群龙飞舞而得名

黔南州龙里县龙里林场哨上分场

在龙里县城打车前往

免费

龙架山国家森林公园，分为龙架山、猴子沟、响水河三大景区，是中国西南地区唯一的“物种基因库”，被列为“中亚热带高原珍稀植物园”“贵州高原濒危植物繁育中心”。

公园内森林蓊郁，峰峦叠嶂，峡谷幽深，河流秀美，溶洞奇特，珍稀动植物丰富，还有奇丽的天象景观如日出、晚霞、云海等，以及深厚的人文底蕴、浓郁的民族风情，因而使这里成为贵州的一颗生态旅游明珠。

猴子沟

猕猴多而得名

黔南州龙里县龙山镇南郊13千米

猴子沟景区因在众多的珍稀动物中以猕猴居多而得名，主要由高原草场和森林峡谷两类景区组成，以山奇、水秀、泉清、洞灵为特点。

景区内植被茂盛，植物种类繁多，还有竹林与天然台地草甸草原。景区主要景点有十里竹溪、通天洞、三峰幻影、岳飞神像、双龙飞瀑、锅洞潭瀑、知音溪瀑等。其中，十里竹溪是猴子沟景区国翁峡谷两岸的阶地、坡脚上生长着的茂密的楠竹、慈竹，夹岸十里，郁郁葱葱，蔚为壮观，名曰“十里竹溪”。

玩家 攻略

1.去猴子沟的路程较远，骑马需要五六个小时，最好一大早就从草原出发；并且因为那里没有可以住宿的地方，只能晚上再返回草原住宿。当然，如果你带了帐篷，在那边露营亦可。

2.猴子沟内需要涉水的地方较多，但千万别穿短裤、凉鞋，最好穿既结实又能收口的裤子，牛仔裤亦可。

龙里大草原
绿波千顷，自然风光秀美

黔南州龙里县境内

龙里县城有专门到草原的出租车

平时58元，节假日78元

龙里大草原全称为龙里玛格诺吉大草原，玛格诺吉，苗语意为美丽的姑娘居住的地方。草原海拔1500~1700米，总面积9万余亩，包括五里坪、亮山坪、谷鸟坪、王寨坪等多个片区。其中，亮山坪是最大的草坪，五里坪是最长的草坪。草原地势宽阔平坦，除万亩草场外，还有数百亩白杜鹃（木盖莲）、大白杜鹃、红花木莲等。这里绿波千顷，自然风光秀美，气候宜人，是一道亮丽的风景线，绝对能让你心旷神怡，流连忘返。

玩家 攻略

龙里大草还生长着数百亩成片的白杜鹃（木盖莲）、大白杜鹃、红花木莲等珍贵品种，数量最多、花期最长的要数罐茏花，花期从6月到11月，历时近半年之久。

在草原的马郎坪上，可观云海、看日出，还可看到不多见的佛光。天气晴朗的晚上，可在百泉山顶遥看贵阳灯火。

龙里生态科技示范园
草地与树林相间

黔南州龙里县龙山镇郊区

龙里生态科技示范园景区草地与树林相间，柔软如毯，碧绿如茵，简朴自然，野趣横生。景区已建成优质果树林133余公顷，共有果树100余种。

景区内有全长2千米的飞龙洞，洞内大小厅室为串珠状，奇形怪状的钟乳石、石柱、石笋、石花等参差错落、千姿百态，遍布洞中；石林0.6公顷，为峰丛地貌，立石嶙峋，巨笋万支，布于森林之中，似托盘之中的山石盆景，玲珑精巧；湖区水质清新，清澈见底，风光旖旎；湖水四周山峦叠翠，林木葱葱。现已开展水上娱乐、溶洞游、石林游等旅游项目。

新庄古人类活动遗址
存在某种联系的三处遗址

黔南州龙里县摆省乡新庄村

贵州省龙里县新庄村民组距龙里县城不到100千米，其间发现了三处古人类活动遗址——豹子洞遗址、渣口洞遗址和吊洞遗址。

豹子洞遗址因古时候曾有豹子居住而得名。洞口高约2.2米，深约50米，洞宽约7米，洞中有大量的陶片和动物牙齿；渣口洞遗址洞口高约9米，宽约20米，深约40米，洞内南侧有一个小支洞，洞内极为平坦，洞中有石锤、烧骨、陶片和水晶碎片；吊洞在村民组后的癞岩坡，洞口高约10米，宽约6米，离地面约30米，洞前谷底有小河蜿蜒而过。吊洞洞口附近有刀削般的石崖，洞口石墙封堵，异常险要。

巫山岩画群
内容最丰富、规模最大、成画年代最早

黔南州龙里县谷脚镇大干沟大桥北1千米处的石崖上

巫山岩画群是迄今发现的古岩画群中

内容最丰富、规模最大、成画年代最早的一处岩画；该岩画群因分布在龙里县谷脚镇的巫山石崖上，而被专家命名为龙里巫山岩画群。

岩画所在岩壁为干冲沟上游东侧的内凹弧形陡立石崖，高40~60米，岩体全长约150米，图500余幅，其规模、数量为全省之最。岩画内容为祭祀舞蹈图、原始生殖崇拜图、放逐图、田畴图，以及各种形状的牛、马、羊、犬和大鸟，从标志出的物象上看，有人物、动物、天体（太阳）、抽象符号四个类别，题材丰富，反映了原始的经济生活、宗教信仰、哲学思想、审美观念等丰富内涵。

音寨

有着600多年的历史

黔南州贵定县盘江镇音寨村

音寨是有着600多年历史的布依族村寨，背靠观音山，面向瓮城河，古朴自然，保存完好，其民居建筑风格、布局与自然环境极其融洽，充分体现了和谐的人与环境的关系。

音寨家家户户都在自己的房前屋后种植李树，每至春分，远山近峦，到处绽放着雪白纯洁的李花，恰与音寨河两岸的油菜花形成鲜明对比。白色、黄色交相辉映，粉红色的桃花点缀其间，翠绿色的树丛衬托其底，布依山寨隐约其中，万亩油菜花和千顷李花构织成了“金海雪山”之奇景。

巫山岩画群

穿心洞

河水穿心而过

黔南州贵定县马场河的青龙山与白虎山之间

穿心洞又称龙虎把门，因河水穿心而过，故称为穿心洞。穿心洞洞门高40米，穿洞长120米，洞顶的龙头岩，龙头翘首，龙角挺拔，洞门恰似张开大嘴的龙口，惟妙惟肖，在穿心洞的后院里，有幽深峡谷，峡谷两岸古树参天，藤萝纠葛，穿心洞洞顶有椭圆形天窗，为穿心洞增添了几分神秘色彩。

打龙潭公园

原系饮用水源

黔南州贵定县城关镇东南侧的王家松林大地与唐家山脚

打龙潭公园原系一饮用水源，建有抽水厂房等少量设施。在打龙潭同一出水口处，有两股水源，一股水源系与地表连通的暗河溶洞水，出水流量与水质变幅较大。与其相距数尺的南侧，有一裂隙岩溶泉水，水质纯净，清澈甘洌。因在同一地点，同时出现两股不同水质、不同流量的水源，故称为双龙出洞，实属罕见。

洛北河漂流

休闲游乐漂流地

黔南州贵定县境内

洛北河地处独木河中游，属乌江水系，是贵定第一大河，水质上乘，无污染，河床宽处达80余米，窄处20余米。惊浪、险滩，激流与静谧的流水分布均衡，动中藏静，静中蕴动。

贵定洛北河漂流南起盘江清定桥，北止

洛北河长江村。漂流区沿线人迹罕至，富有浑厚的山野气息；原始的自然特征令人心旷神怡，流连忘返。

红子岛码头是漂流终点站，该风景区水域宽广，波光涟漪，清泉潺潺，田园如画，生机荡漾。水陆游乐内容丰富多彩。

阳宝山

西南三大佛教名山之一

黔南州贵定县城北5千米处

阳宝山被称为“黔东之胜”，早在明清时即与四川峨眉山、云南鸡足山并称为西南三大佛教名山、朝香圣地。阳宝山海拔1566米，包括前山和后山，前山曰莲花山，后山曰飞凤山，前后山形相连，遥相呼应，人称飞凤踩莲，意境深远，形象逼真。

玩家解说

阳宝山为贵定宗教文化旅游地，周围有许多的古建筑群，除主峰莲花山上的莲花寺外，还有在后山所建的飞凤寺等宏大建筑群，有开山和尚白云大师修身养性的仙人洞，还有中国江南罕见、西南一绝、贵定独有的和尚坟塔林200余座，其中保存完好的128座，其年代自康熙初（1662年）至光绪末，最高塔坟逾4米。如此众多的坟茔，是几百年历史的沉积。塔林虽没有嵩山少林寺塔林宏大，但从精巧来看，完全可以与之媲美。

莲花寺

始建于明永乐年间

黔南州贵定县阳宝山的主峰莲花山上

莲花寺始建于明永乐年间，由阳宝山开山和尚白云大师所建，后经历代扩修，形成宏伟规模。主要由山门、关帝宫、真武殿、观音殿、玉皇阁、韦驮台、静室、厢房等建筑组成。

莲花寺东北为贵定县城，东面为洛北河景，西为德新镇。云雾山脉条条可数，沟壑平地历历在目。立于莲花寺，环顾四周，众山皆小，唯我独在。可观红日喷薄，可擎白云青天，可邀落日对酒，可揽星月同眠。

阳宝山

云雾湖

两侧稻田阡陌

黔南州贵定县云雾镇西侧2千米处

云雾湖上源为狭窄谷地蜿蜒于绵延的云雾山麓高丘丛山间，曲折迂回，峡谷峭壁，时有所见；湖后下游河谷骤然展开，宽阔缓坦，两侧稻田阡陌一望无涯，春时万亩菜花绽放，蜂蝶翩跹其间，构成一派金色图案，美不胜收，秋时遍野稻谷飘香，莺歌燕舞，果实金灿，秋高气爽，让人心醉。

牟珠洞

“黔中第一洞天”

黔南州贵定县清定桥村，距贵定县城13千米

明清之际，从今盘江到贵定公路右侧，是当时的古驿道，而在这古驿道边，便是在明清之际极为兴盛的洞天佛地——牟珠洞，牟珠洞之名是因洞中有钟乳石，形状极似佛祖释迦牟尼手中的牟珠而得名。

牟珠洞风景秀美，洞前有雷鸣洞，飞瀑轰鸣，瀑布下有一潭，泉水清澈，游鱼可数。潭边树木葱茏，雀跃鸟喧。牟珠洞长千余米，洞中有阴河、暗竹、石笋、石钟、石鼓、石佛、石鱼、奇石天生自然、庄严妙丽，有“黔中第一洞天”之称。自明清以来的名人如徐

霞客、王士性、丘禾实、林则徐、赵翼等在游览牟珠洞后都留有大量诗文。

福泉古城文化旅游区 AAAA

有千年历史的文化名城

福泉市金山街道办事处

福泉古城文化旅游区位于黔南州福泉市市区，主要包含福泉山、太极文化园及洒金谷三个景区。景区内历史遗迹众多，有文庙、福泉井、草鞋井、古城墙、小西门水城、葛镜桥等。福泉古城历史悠久，也是贵州著名的道教文化圣地，融古城文化、商圣文化、太极养生文化于一城，集峡谷观光、养生度假、休闲娱乐于一体，风光秀丽，文化厚重，独具特色。

福泉山

福泉山因元末明初著名道家人物、内家功开山鼻祖张三丰曾在此修炼而成为贵州的道教圣地。福泉山右侧，是1997年修建的张三丰碑林。在碑林的圆门两侧有台湾著名书法家陈大络题的“福”“武”两字，“福”指福泉山，“武”指武当山，即张三丰在武当山得道，在福泉山成仙。

玩家解说

福泉山因有张三丰在此修炼过而名声大振，明初就成为蜀中十大道场之一。大家现在看到的张三丰在福泉山的自画像是明永乐年间福泉士

福泉山今日风光

绅将自画像刻于石碑上，置于礼斗亭中供人们瞻仰朝拜的。张三丰自画像石刻在全国只有三块，一块在武当山，一块在青城山，一块在福泉山。而张三丰碑林主要以张三丰诗为主。

此处有一口四方形水井，井里的水清亮透彻，它就是福泉，相传当年张三丰给人看病抓药，都要用福泉的水来煎，才能药到病除。另有草鞋井，是张三丰脚穿草鞋踩出来的脚印，又称浴仙池，张三丰曾在此沐浴。

对弈亭，是当年平越卫指挥使张信与张三丰下棋的地方，这里也是一处理想的练气功场所。练功的人都知道，这里的气场比较强烈。当年张三丰常在此练功，不仅发扬了太极神功还发明了以柔克刚的内家拳。是武当拳师向往的地方。

福泉古城墙

福泉古城垣，始建于明洪武十四年（1381年），距今已六百多年。现东、南、西、北的城门保存完好。精华之处为“里三层，外三层，石墙围水小西门”的水城奇观。举目眺望，三重城环抱，形成梯级防线；它依山傍水，上下贯通，气势磅礴，雄伟壮观；设计者匠心独运，建造工艺精湛。因此，福泉古城墙，在军事、建筑、地质、水文等多方面蕴含着多层次的科研价值和丰富的历史文化内涵，被誉为“中国古代军事防御的绝妙之作”。

玩家解说

明代是贵州开发的重要时期，兴起了数千座卫城和府、州、县城，还建起数以千计的屯堡。城堡耸立在万山丛中，高大巍峨。由于军事防御的需要，城堡多建在地势险要、易守难攻的地方，或负山面水，或夹河而建，讲究山川形胜。

贵州喀斯特地貌发育，石料极其丰富，城垣大都用石头构筑，与平原、丘陵地区的土筑城、砖筑城大不相同，有鲜明的地域特征。城垣是一个庞大的建筑群，包括高大的墙体、城门、城楼、串楼、垛口、窝铺，以及月城、护城河、水关等。在群山中修建众多的石城，需要开山凿石，比其他地方要艰难得多。倘若把贵州大大小小的石头城、石头堡连接起来，工程的艰巨，不亚于万里长城。随着时间的推移，在现代化的浪潮中，古城、古堡大都消失，幸存下来的古城墙已是寥若晨星。而在被誉为“磷都”的福泉市，至今还保留着

一段别具一格的古城墙，的确难能可贵。

洒金谷风景区

洒金谷是鱼梁江、诸梁江、沙河三水切割形成的三道峡谷与三江汇合后形成的麻哈江峡谷的总称，因诸梁江上游有座洒金桥（古石拱桥）而得名，是一个融自然风光与历史人文景观为一体的旅游胜地。

风景区中心景点为三江汇合处，三水斗奇，景致颇佳。在三江汇合处，江心兀立巨石一块，高约数十米，称“将军过河”，又有张三丰赶羊遗下的“金鞭石”之说。该景区的另一特色，就是它的一山一石一景一物，仿佛都富有灵性，充满了神秘色彩，众多的传说故事，把洒金谷变为一个神话的世界。

葛镜桥

“北有赵州桥，南有葛镜桥”

黔南州福泉市东南2.5千米处，横跨在麻哈江两岸的绝壁之上

葛镜桥又名豆腐桥，鬼斧神工，构造奇特，因造桥所用石料方不足尺，形如豆腐而得名。1941年，中国桥梁专家茅以升曾组织团队对该桥进行考察，高度评价为“北有赵州桥，南有葛镜桥”。

葛镜桥全长51.44米，3孔，桥面宽8.5米，高约30米。1670年，修建“三元阁”于桥西，桥两端修砌腰墙数十米。其后，葛氏家族在桥边建葛镜庙，铸钟一口于庙内，雄伟壮观。

链接

葛镜造桥的故事

明万历年间，葛镜宦游归里，以积善为怀，因见麻哈江驿道之交通常被洪水所困，决心造桥便民，以利往来。初建桥于麻哈江上游马丫河，未成桥塌，称“上倒桥”。再建于下游鸭爪坝，历经数载方建成，仍被水圮，称“下倒桥”。葛镜建桥，屡建屡毁，知情者，无不视麻哈江为天设奇险，非人力所能成就。然而，葛镜造桥的决心丝毫没有动摇，意志更加坚定。“桥之不成，有如此水”以明其志。使曾参加过两次建桥的工匠和百姓感动流涕。他汲取前两次造桥的经验，重新勘察选择造桥的位置，终建成功。

龙井

双奇龙井

黔南州福泉市北10千米的龙昌镇

福泉龙井之奇有二，称“龙井双奇”，一

葛镜桥

奇独树成林。有一香樟树，相传200多年前被雷击为3枝，一枝向东护井横卧，一枝向西北坡倾斜，一枝参天挺拔。树上寄生、附生了40余种其他植物，树藤相绞、相抱，形成了一个面积约2000平方米的独特的树群。二奇间歇泉。间歇泉在停流和喷泉之时均先发出“轰隆”之声，但属无规则间歇，有时一天两次，有时几个月也不停一回，而当地流传的“双龙”神话故事更令人回味无穷。

链接

龙井双奇的故事

很久以前，龙井里居住着两条龙，一条雄龙，一条雌龙，他们与周围的居民关系融洽，相安无事，还乐善好施。井内有龙宫，有金盘玉碗，谁家有喜事，只要写个条子说个数字，到井边去烧化，作个揖，背过身，一听响声再回头，所需的盘碗即出现在眼前，用后原样送还。人们对龙井顶礼膜拜，不知在何年何月，井坎上用石头修了个龙王庙，逢年过节都去那庙前烧香化纸。不知过了多少代人，传说有一户人家借碗盘后，留下一个玉碗，以一个瓷碗顶替，雄龙发了怒，冲出水井，腾云吐雾，降了大暴雨，把这户人家住的寨子冲了。雄龙因发怒现身，见了天日，无法复原，再也进不去水晶宫，于是化为樟树，伏卧井边，与雌龙隔井相望。由于长年累月厮守，雌龙累了一翻身，有时堵了泉眼，就会造成流水间歇的现象。

瓮安江界河风景区

红色之旅

黔南州瓮安县黔南布依族苗族自治州北部

乌江流经瓮安县的河段俗称江界河，位居乌江中游，全长52千米，是乌江最具魅力的河段。正是这一段，汇聚着自然风光、名胜古迹、人文景观，集山、水、洞、桥、林、园、瀑于一体，以雄、奇、险、秀、幽为特色。

景区旅游资源丰富多样，融合了河流峡谷风光、原始森林景观、喀斯特岩溶地貌、现代科技桥梁。尤其是红军长征三过瓮安，留下了“猴场会议”“强渡乌江”等系列红色经典事迹，打造了独特的“绿色瓮安、红色之旅”。这里还有红军强渡乌江天险的战斗遗址和目前世界悬臂跨径最大的桁式拱桥——江界河大桥。

仙桥山

天然石桥

黔南州瓮安县城西南5千米的望洞村

仙桥山雄峙于南北伸展的长岭之巅，是山峰顶上的透光穿洞。站在“桥”下仰望“桥”顶，如巨梁横亘天际，青崖黛壁，辉映

瓮安江界河风景区

云天。天衣无缝的“桥身”与两边的“桥墩”浑然一体，构成跨约40米、宽约25米、高约35米的“桥拱”。“桥拱”北面的“桥墩”脚下有形状各异的石洞，曲径相通。洞壁有形似人脚印的石凹，传说是仙人到此云游留下的足迹。“桥”东西两面坡坡形迥异，东面坡度平缓，野竹遍插，荆棘丛生，石级小路蜿蜒其间；西面石岩陡峭如斧劈，悬崖深谷，飞鸟绝迹，令人毛骨悚然。

草塘千年古邑 AAAA

千年古镇

黔南州瓮安县草塘镇

草塘千年古邑旅游区位于瓮安县草塘镇，草塘镇又名猴场镇，是一座拥有一千多年历史的古镇，曾是贵州历史上著名的商业重镇。如今，草塘千年古邑恢复了实木双面大戏楼、内阁中书第、黔山第一进士楼、土司衙门、湖广会馆等古建筑，修缮了猴场会议陈列馆、泮洞门、猴场会议会址、毛泽东行居、建安门等历史场所，将原汁原味的古镇风貌呈现于人们眼前。

朱家山森林公园

森林密布，古朴清幽

黔南州乌江畔的瓮安县境内

朱家山国家森林公园森林覆盖率高达92.1%，分为朱家山、映山红、塔坡、西坡、江界河5大景区。公园内物种资源丰富，拥有种子植物750余种，野生动物400余种，科研科普价值、生态观光价值较高。

景区内森林密布，处处古朴清幽；峡谷天成，溶洞交织，湖泊如镜，松涛林海，拂过如茵草坪，文物古迹众多。

草塘千年古邑

攻略资讯

- 交通
- 住宿
- 美食
- 购物
- 娱乐

交通

飞机

荔波机场位于荔波县城东部的水尧水族乡，被定位为旅游支线机场，主要有飞往贵阳、广州、重庆等地的航班，荔波至贵阳只需40分钟。离黔南州都匀最近的机场是贵阳龙洞堡机场，从都匀到龙洞堡机场只有120千米，有长途汽车直达都匀。

火车

都匀站：位于都匀市剑江中路，是贵州省建成最早的火车站，为普快列车停靠站。

都匀东站：位于都匀市东南方向，距市区20千米，为高铁站。都匀东站前往贵阳最快仅需47分钟、往广西桂林和广东珠三角等方向仅需2~4小时。

汽车

黔南州有210、320、321三条国道穿境而过，另有贵新高等级公路，为南下出海口最近的主要干线公路。都匀主要的汽车客运站有都匀客运总站和都匀汽车东站。

都匀客运总站：位于都匀市剑江北路，以发往贵阳、凯里、荔波、三都等州内各地县班车为主，是都匀最主要的汽车站。

都匀彩虹桥夜景

都匀汽车东站：位于都匀市经济开发区月亮坡，主要发往平塘、独山、石龙等方向。

住宿

都匀是中国优秀旅游城市，住宿自然不会差，在市内的剑江路、民族路等，是私人旅馆和招待所比较集中的地方。另外，荔波的住宿条件也不错。

●都匀伯爵花园酒店（剑江大道中心店）

都匀伯爵花园酒店是一家具有浓郁欧

都匀伯爵花园酒店

酒店客房

式风格的豪华商务休闲酒店。酒店通过人性化的设计，考究的装修用材，精致的酒店家具，力求打造一座匀城的伯爵宫殿，营造异域风情。✉ 贵州省都匀市开发区斗篷山路 ✆ 0854-8199999

美食

都匀的美食以酸辣为主，特色小吃主要有鱼包韭菜、盐酸扣肉、糯米生肉等。都匀的小吃夜市主要集中在工人路一带，那里都匀所有的小吃都有。

●鱼包韭菜

鱼包韭菜是水族的传统佳肴，是水族过节必不可少的一道菜。骨酥脆，肉肥细腻，鲜香可口，独具风味。

●盐酸扣肉

一般贵州其他地方都是盐菜扣肉，到了都匀，你可以试试用独山盐酸做成的扣肉。但一定得是独山盐酸做底的才正宗。

●糯米生肉

糯米生肉是将新鲜猪肉切成大片放在缸底，上面撒一层糯米、辣椒面和盐巴，接着上

鱼包韭菜

面再摞一层猪肉，猪肉上再放一层糯米和调料，这样反复放上十多层，直到缸口用泥巴封住。等到一个月后糯米发酵再启封。这道菜绝就绝在要生吃，当地人通常用来就米酒。

糯米生肉

●龙里辣子鸡

龙里辣子鸡的独到之处在于，选用的鸡是农户家里用苞谷、蔬菜喂养的正宗苞谷鸡，与普遍的辣子鸡相比单是营养就略胜一筹，而口感上，采用龙里农家自产的辣椒烹制，鸡肉嫩滑，辣得够味，香得带劲。

龙里辣子鸡

●虾酸和臭酸

虾酸牛肉肥肠一般饭店都有的，微辣，不宜多吃，但是很下饭。臭酸一般饭店都没有，因为这东西太臭，而且“臭名”远扬，一家煮整条街都能闻到。吃法也很奇怪，不用新鲜菜来煮，得煮一锅才有味道。通常一般人是吃不习惯的，光闻味道就够了。

购物

黔南的特产主要有荔波卜柚、九仟酒、荔波凉席、都匀毛尖、马尾绣、竹骝等。

黔南州特产

●荔波卜柚

荔波卜柚有黄皮红瓤和黄皮白瓤两种。色泽金黄，皮薄汁多，酸甜适中，主要产于樟江两岸。

●九仟酒

水族九仟酒，产于三都，本地名为梆档酒，土语是晕头后跌倒之意，源于跌倒之声，意为三碗不过岗的意思，后劲极大，系用三都特产红糯米发酵酿制而成，是家里自制。

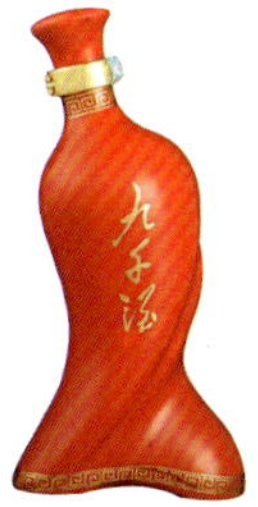

九仟酒

●独山盐酸菜

独山盐酸菜是闻名全国的八大腌菜之一。其以酸、辣、甜、咸俱全的独特风味，受到普遍欢迎。独山盐酸菜既可当下饭小菜，又可作烹调的辅料。如用于烹制鲜鱼、盐菜肉、炒肉末等，其独具的风味还可引发食欲。

●都匀毛尖

都匀毛尖茶历史悠久，早在明代就被列为贡品，深受崇祯皇帝喜爱，曾赐名“鱼钩茶”。味道鲜浓、香气清高，以“干茶绿中带黄，汤色绿中透黄，叶底绿中显黄”的“三绿三黄”特色而著称。

●马尾绣

马尾绣是水族的独特工艺，主要制品为婴儿背带。工艺别致、图案古拙，备受游客青睐。

黔南州购物场所

都匀市内的石板街位于广惠路中段的斜坡上，现街中仍有少许店面经营少数民族手工艺品，如布篓、包、蜡染等，是晚清或更早时期的建筑风格。出火车站后向左走，过两个路口就是佳惠超市，里面都是当地的土特产。

娱乐

《水韵樟江》演出：《水韵樟江》是通过布、水、苗、瑶四个板块多维立体化的表演形式，结合现代化音乐、灯光、布景等资源，呈现荔波县少数民族的淳朴、自然、神秘、古朴的山水实景舞台演出。

水春河漂流：水春河段首至段尾，落差100余米。清澈的江水沿峡谷流淌，时而柔若轻纱，静若平潭；时而奔如射箭，跌宕如瀑。乘船漂流，有惊无险。

节日和重大活动

节日	地点	时间
端节	黔南水族地区	农历八月至十月
杀鱼节	龙里、贵定、福泉一带的苗族	农历三月初九
额节	荔波水族地区	水历正月酉亥

发现者旅行指南

铜仁

概览

亮点

梵净山

梵净山于1986年被联合国教科文组织接纳为全球"人与生物圈"保护网的成员单位，并入选"中国十大避暑名山"，是一个避暑观光的好去处。

苗王城

九龙洞

九龙洞是一个天然的喀斯特溶洞。它背靠"六龙山"，面临锦江河。洞内怪石林立，千姿百态。

沿河乌江山峡

乌江为长江上游南岸最大的支流，在铜仁沿河县境内曲折蜿蜒，融山、水、洞为一体，自然景观气象万千。

苗王城

苗王城的建设不仅能够在战争时发挥防御作用，还体现了较高的建筑水平。是湘、黔、渝边界上至今保存较好的融政治、经济、文化、军事与建筑为一体的苗疆古城，具有很高的历史研究价值。

大明边城

大明边城景区以"明"史为据，以"明"文化为内涵，以"明"军事为主脉，以地方特色为背景，致力于自明朝以来贵州600年历史文化的挖掘。

线路

铜仁经典三日游

第一天早上来到九龙洞，洞内钟乳石千姿百态，下午随后来到梵净山，云海中的山峰肃穆而神秘，诵经的声音诠释着梵天净土的庄严。夜宿景区内。

第二天继续游览梵净山。

第三天早餐后观赏思南石林，下午去泡思南温泉，消解一路的疲乏。

九龙洞

沿河一日游

上午乘船游览乌江山峡，观乌江古游纤道，下午参观淇滩古镇和黔东革命委员会旧址。

为何去

铜仁素有“黔东门户”之称，这里地处武陵山脉主峰梵净山东南边缘，集山峦、溶洞、温泉、石林等风光于一身，峰峦叠翠，山水相连，风景名胜多达 40 余处。除了著名的梵净山，还有世所罕见的九龙洞、绝壁叠嶂的乌江山峡、碧波荡漾的锦江等。铜仁历史悠久，文化灿烂，有不少文物古迹和革命遗址。铜仁还是多民族聚居地区，居住着苗、土家、侗、仡佬、满等少数民族。每年春节期间，花灯、茶灯、龙灯，以及打金钱杆、踩高跷等民间舞蹈表演多姿多彩。

傩戏

何时去

到铜仁来旅游，春、夏、秋季是不错的选择。夏季到来，梵净山森林密布，是避暑纳凉的好地方。

梵净山风光

铜仁古城航拍

区域解读

区号：0856
面积：约18 003km²
人口：约326.43万
主要少数民族：土家族、苗族、侗族

地理 GEOGRAPHY

区划

铜仁市下辖2区（碧江区、万山区），4县（江口县、石阡县、思南县、德江县），4个自治县（玉屏侗族自治县、印江土家族苗族自治县、沿河土家族自治县、松桃苗族自治县）、8个省级经济开发区等。

地形

铜仁位于贵州省东北部的锦江上游大小江汇流处，地处云贵高原向湘西丘陵、四川盆地过渡的斜坡地带，是一个近海内陆山区。

气候

铜仁属于亚热带季风气候。年平均气温为13℃~17.5℃，雨量充沛。由于海拔较低，铜仁为贵州省的高温中心，夏天最高气温可达42.5℃，比省内其他城市高出许多，与号称我国三大火炉的南京、武汉、重庆等地不相上下。

历史 HISTORY

历史大事记

●古代

铜仁境内历史，在春秋战国以前未见确切文字记载，此后有零星记载散见于有关史籍。

铜仁原名铜人，相传元朝时有渔人在铜岩处潜入江底，得铜人三尊。元代设置“铜人大小江蛮夷军民长官司”，隶属思南宣慰司。

明永乐十一年（1413年）撤思州、思南宣慰司，于今境地设铜仁、思南、石阡、乌罗4府，均隶属于由此而设置的贵州布政使司。

明正统三年（1438年）废乌罗府，其大部并入铜仁府，始用“铜仁”一名。

●近现代

1934年6月9日，中国工农红军第三军进入今印江刀坝乡。

1934年10月24日，红二、红六军团在印江木黄胜利会师，为中央红军实施战略转移，起到了开路先锋的作用。另外，今沿河自治县是黔东革命根据地的中心地。

文化 CULTURE

热闹龙舟赛

史料记载，明万历三十八年端午（1610年6月25日），驻铜仁贵州总兵邓仲与驻铜仁分巡思石道佥事刘观光在江宗门城楼上观看龙舟竞渡，相互唱和写下了《五日江宗楼

铜仁全景俯瞰

观竞渡得寒韵》一诗，生动地描绘了"划龙船"时的热闹情景，充分说明了铜仁龙舟竞渡的悠久历史和民众的广泛参与度。

现每年四五月间，天气回暖，各村各寨的村民便将搁置了一年的龙船"油"上桐油，画上"龙纹"，安上龙头，下水操练。待到五月端午，便早早聚集在城南双江汇流处的铜岩下等候比赛。届时，整个铜仁城万人空巷，各地村民、外地游客、记者、摄影师齐聚锦江两岸，观看龙舟比赛。

一只只木质龙船在锦江河上穿梭不停，两岸观众激情昂扬，鞭炮声、呐喊声、加油声此起彼落。尤其是比赛结束时，众多水手争抢鸭子的场面更是充满浓郁的民族特色。

2008年6月5日，为进一步弘扬中华传统体育文化，铜仁市成功举办了"全民健身与奥运同行"2008年全国龙舟月中国贵州铜仁国际龙舟邀请赛。比赛当天，整个城市像过节一样，身着民族服饰的15万多名群众聚集锦江两岸，尽情地观看龙舟比赛。

为了更好地弘扬传统龙舟文化，把开展龙舟运动、传承文化、弘扬精神、开发产业与促进当地旅游、拉动经济发展密切结合。2009年1月15日，国家体育总局社会体育指导中心授予铜仁市"中国传统龙舟之乡"称号，同年6月23日至24日，铜仁市成功举办了"2009年全国龙舟月第四届全国传统龙舟大赛"。

土家风情——过赶年

所谓"赶年"，就是比汉族人提前一天过年。分布在沿河、印江、德江等县的土家人一直有着这样的习俗，民族风情浓郁。"过赶年"时，清扫房屋，杀年猪，敬家神，祭祖宗，吃团年饭。除夕夜烧旺火守岁。第二日清晨早早起床，不点灯，不用刀具，不乱泼水，不高声说话，全家团聚吃隔夜做好的现菜现饭。

锦江河上龙舟赛

“过赶年”的晚上，寨上烧起冲天大火，调年旗高高飘扬，男男女女围着旺火跳摆手舞，唱调年歌，舞“毛古斯”。这种“过赶年”的爽快朴野、红火亢奋，别有一番情调。

土家族过赶年不但在时间上有其独特之处，年事活动也丰富多彩，持续时间较长。主要内容有“打粑粑”“做团馓”“插柏梅、贴纸”“贴门神”“吃团年饭”“守岁抢年”等。吃“团年饭”很有讲究，一定要蒸甑子饭和蒸肉、煮合菜。甑子下层蒸的是小米或米粉子裹的坨子肉。饭一定要蒸多，要从过年那天一直吃到正月十五。合菜就是把肉丝、萝卜丝、白菜、海带、粉丝、猪杂等煮在一起吃，并称这菜为“贺菜”，有祝贺打胜仗之意，与土家族祖先的战争生活有关。

贵州三宝之一——玉屏箫笛

玉屏箫笛又称“平箫玉笛”，为“贵州三宝”之一。

相传早在公元1世纪时古玉屏的所在地五溪，就有箫笛流传。不过玉屏始制箫笛的时间，民间传说很多，近年经过大量史料的比较、考证，中国《乐器》1991年第4期载文：“玉屏领风骚数百年的郑氏箫笛，始制于明永乐年间。”

箫与笛，在中国乐器中具有悠久的历史和重要的地位。中华民族自古对箫笛演奏非常喜爱，历代名人诗词歌赋中留下了大量吟箫诵笛的佳句。所以，玉屏箫笛备受民间珍爱。

玉屏箫笛多以雌雄配对，吹奏起来，含蓄而隽秀。雌雄并吹，恰似情人对唱，有“神箫仙笛”之美称。玉屏箫笛，音韵清越，工艺精巧，既是民族乐器中的精品，也是玉屏多民族文化发展融合的结晶。玉屏箫笛的制作，要经过制坯、雕刻、成品三个流程，七十多道工序。品种由一箫一笛，已发展为七箫十二笛一百多个花色品种。

1913年在英国伦敦国际工艺品展览会上，玉屏箫笛获得银质奖；1915年在美国旧金山太平洋博览会上，获金质奖，成为中国最先获国际大奖的民族民间乐器之一，从此贵为“贵州三宝”之一。玉屏箫笛明、清两朝被列为贡品，深受皇室垂青。而在民间，知音、朋友之间往往将它作为珍品互赠。玉屏箫笛上雕刻的龙凤图案，据说是取材于萧史弄玉吹箫引凤的爱情神话故事。

铜仁社饭三月飘香

每年的3月26日前后，即立春后的第五个节日，社饭的香气弥漫在铜仁的各个城乡，告诉我们是中国传统的春社日到了。

“社”古代指土地神，后引申为祭祀土

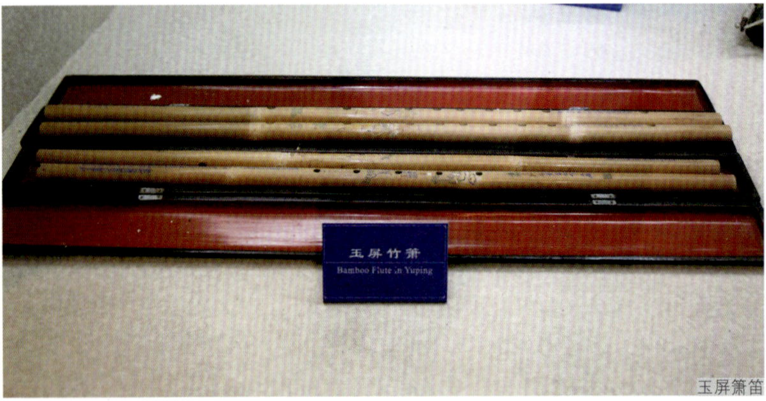

玉屏箫笛

紫袍玉带石

地神的节日。社又分为“春社”和“秋社”，古代在社日这一天，都要举行祭祀活动。然而，铜仁人在过春社并不热衷于祭祀土地神，对于家中有亲人去世不满三年的，他们往往在社日对逝去的亲人进行祭奠活动。这三年中每逢春社，便要蒸好社饭，带上酒肉，邀集亲朋好友，到亲人的坟上鸣放爆竹，焚化纸钱进行祭奠，然后再席地而坐，饮酒吃社饭，称之为“挂社”。

挂社一直持续三年，第一年称为“头社”，第二年称“二社”，第三年称“完社”。清光绪十六年（1890年）编纂的《铜仁府志•风俗》中就有相关记载。社饭拌以野蔬（野葱、苦蒿之类），有自苦自虐的含意。随着时代的变迁，社饭逐渐成为铜仁人见人爱的风味食物。所做的社饭中，除野葱、苦蒿等必需品外，还拌上切成小丁的腊肉，使社饭成为一道风味独特的美食。

如今，在铜仁，不一定是家中需要挂社的人家才做社饭。在三月野葱、苦蒿采食的季节，人们都喜欢做些社饭。一定程度上有种缅怀古人，寄希望于未来的情愫在里头。

世界名石——紫袍玉带石

紫袍玉带石独产于中国佛教圣地梵净山，具有10亿~14亿年的成矿历史。紫袍玉带石集万物之精华，吸佛地之灵气，质地坚韧，细密柔软。其石料主要分布于梵净山西南侧的印江与江口两地之间的深山之中，开采十分艰难，因而倍加珍贵，加之独特绚丽的色带，细腻而柔润的质地，为世界名石之一。

古往今来，紫色都代表吉祥之色，所谓紫气东来，大红大紫就是这个意思。而紫袍玉带石以沉稳的紫色为主，绿条相同，同时伴有橘红、白等色在其中，层次分明，手感细腻柔润，色泽自然和谐，密度高，无石纹，无风化杂质，耐酸碱，硬度适中，雕刻性能好。

紫袍玉带石雕最精彩绝伦的作品应数七层宝塔了。1962年精雕细刻的七层宝塔，12层栏杆内有24种不同花样，内部浮雕是印江当地的风景名胜，全部拆开，便是一套餐具，工艺价值堪称一流，现陈设于人民大会堂。另外，北京博物馆也珍藏着清代贵州紫袍玉带工艺品，现南京莫愁湖内的“胜棋楼”上也陈列着一座印江石雕“八仙过海”座屏。

近年来，印江土家族苗族自治县生产的各种花纹的玉带石砚墨盒、三层砚、双经杯、荷花大叶盘等工艺品，畅销各地，很受市场青睐。去当地旅游，可以选购你喜欢的石雕工艺品。

景点推荐 铜仁市区景点

大明边城 AAAA

西南最大的综合历史文化景区

✉ 铜仁市碧江区大明边城景区

¥ 免费

大明边城景区以“明”史为据，以“明”文化为内涵，以“明”军事为主脉，以地方特色为背景，致力于明朝以来贵州600年历史文化的挖掘，融“吃住行游购娱”及“休闲、养生、体育、影视”等为一体，是西南最大的综合历史文化景区。

整个景区以明代历史、文化、军事等为特色，分为8大文化体验区，即边城市井文化区、边城广场演艺区、边城军事体验区、水战乐园区、水师龙舟训练营、儿童社会体验馆、大明水寨锦江渔村、大明酒庄等。主要景点有数十个，如九龙洞府、军营体验、怪屋、斜屋趣窥、王府魅影等。

演艺广场

边城演艺广场每天都有各种大型表演项目和活动，如早上有开城仪式、晚上有古曲弹奏，夏天有音乐啤酒狂欢季、冬天有篝火晚会。其中，啤酒狂欢季有一系列精彩活动，如啤酒烧烤、灯光水影、民族风情演绎、热舞狂欢、泼水狂欢、达人秀等，场面十分热闹。

市井文化

市井文化区仿照明朝的建筑风格而建，拥有各种古香古色的建筑景观，如土司府、苗疆边墙、桃源古村、清浪街等；此外，这里还有迁徙小广场、五角大楼剧场、怪屋等休闲娱乐项目。古朴的街道，精彩的项目，能让游客体验到穿越时空的美妙享受。

渔文化区

渔文化区是一处复古的建筑群，以锦江渔文化、码头文化为主要特色。据考古发现，百里锦江在元朝时就已有捕鱼活动，当时是商贾云集、渔舟唱晚的富庶之地。在此也出土过相关历史遗物。游客在渔文化区可以享受捕鱼、烧鱼等特色项目。

三江公园

市区临江公园

铜仁市碧江区锦江南路

三江公园位于铜仁市大江、小江与锦江交汇处而得名，是市区中心休闲、观光、游览的临江公园。公园横跨三江，长4千米，公园以交汇处的铜岩景观为中心，分为A、B、C、D四个区域，公园内的主要景点有川主宫、三江茶楼、文化广场、亲水长廊等。

川主宫

川主宫位于三江公园北入口处，占地面积1200平方米，始建于明洪武八年（1375年），为四川客商会馆，奉祀蜀太守李冰及其二郎神像于其中，其间屡遭毁坏，最后一次修复时间为清光绪年间。2006年5月，川主宫被国务院列为全国重点文物保护单位。

三江茶楼

三江茶楼位于三江公园A区内中央，占地面积280平方米，总建筑面积600平方米，整个茶楼均由明清时代家具、花窗、花板等装饰而成，格调高雅、环境温馨舒适。茶楼设有风格各异的大小包间，高雅古韵的茶艺用具，并配备高档休闲娱乐设施。

三江公园雪景

文化广场

文化广场位于三江茶楼右侧，以三根文化柱、历史文化墙、植物盆景、休闲长廊为主，占地面积2800平方米，是公园景区的灵魂。文化广场集铜仁历史文化之精华，在建设文化广场时，充分利用了堤防的建筑环境，挖掘铜仁历史文化与城市文化资源内涵，是铜仁城市的一道亮点。

亲水长廊

亲水长廊位于文化广场正前方，濒临三江的狭长地带，长270米，宽9米，由亲水广场、亲水舶、亲水桥及水中森林组成。

天生桥大峡谷

落差两百多米

铜仁市碧江区城北12千米处的川硐镇西边

天生桥河常年稳定流量为每秒10.8立方米，千百万年来，它们百折不回地洗刷冲撞，硬是将这平均海拔600余米的台地，由北向南切割侵蚀成一条200余米落差的大峡谷。大峡谷游船往返24千米，春、夏云燕密布，秋、冬鸳鸯的天堂。

峡谷沿岸大小22个瀑布及水帘洞、奇峰异石、环环紧扣；大小洞穴36个，千奇百怪的钟乳石令人眼花缭乱、数不尽数。

东山古建筑群

明至清代楼阁寺观古建筑群

铜仁市碧江区，城东隅，南临锦江

东山古建筑群为国家重点文物保护单位，大致分为山顶、西侧山坡、南侧崖顶三组。现仍存川上亭、雷神殿、真武殿、大雄宝殿、东西厢房，此外还有观音阁、镇远楼、双峰阁、藏书室、洗墨池、云彩江声等古建筑或遗迹。

这些建筑群依山沿河，青砖灰瓦，鳞次栉比，既珠联璧合，又独立成章。

东山寺

明清铜仁城区十之景之首

铜仁市碧江区，市中心东山之上

东山寺是铜仁的佛教圣地之一，总面积26 000余平方米，寺中古树参天，绿树成荫，楼阁寺庙栉比鳞次，香火不断。寺庙始建于宋朝，续建于明清，现存雷神殿、真武殿。既为佛教圣地，又为旅游胜地。

寺内有中国傩文化博物馆，博物馆共设3个陈列室，收藏有上百年的傩戏面具、各种服饰、音乐唱本及法器实物，可供专家考察研究、游人观赏。

链接

傩文化

傩文化由傩堂戏和傩技构成，具有“戏剧活化石”之称。傩堂戏源于古代傩舞和傩祭，是一种非常古老、原始的戏剧形式，其特点是不化妆，以面具区别人物身份和性格，以锣鼓等打击乐伴奏，其曲牌有九板，共调十三腔，多以模拟动作表演，其内容和表演形式融宗教迷信、神话传说和历史故事为一体，十分繁杂丰富，有浓厚的神秘色彩。表演的傩戏傩技节目

东山古建筑群

周逸群雕塑

有《上刀山》《下火海》《捞油锅》《吃碗》《吞钉子》《喝卡子水》《纸包火》《开红山》《傩舞》《傩戏》《雪山令》《雷火令》等。

周逸群故居

爱国主义教育基地

铜仁城区共同路12号

周逸群故居为六间平房，白墙青瓦，大门上悬挂徐向前元帅题写的“周逸群烈士故居”红底金字大匾，前院中堂挂有全国人大常委会原副委员长廖汉生题写的“周逸群烈士故居陈列室”横匾，室内以文、图、表及实物展现了烈士光辉的一生，故居房屋皆以石料为基，木质穿排结构，花栏雕窗，青瓦翘脊，古色古香。现为贵州省爱国主义教育基地之一。

链接

周逸群

周逸群（1896—1931），字立凤，贵州省铜仁市城关镇人。1919年赴日本留学，1924年赴黄埔军校学习，同年加入中国共产党，是中国青年军人联合会的领导人之一。1927年8月与贺龙率部参加南昌起义，起义失败后与贺龙往湘西开展工农武装斗争。1931年5月20日，在岳阳贾家凉亭附近的战斗中牺牲。

莲池庵

铜仁外八景之一

铜仁城东南75千米的岸背村后

莲池庵是铜仁外八景之一，历来是“闻

之者景慕，游览者接踵”的游览胜地。有着幽美的自然景观和深沉的文化底蕴。

该庵规模虽然不大，但却十分别致，是三合土建筑结构，而且是雕梁画栋和嵌瓷。庵顶上的“双龙抢宝”“双凤飞鸣”及“武将对打”等嵌瓷皆栩栩如生。一走进庵门，迎面就是一尊袒胸露腹的弥勒佛塑像。他张开笑口，迎来各方香客及游人。进入上中厅，有端坐的观世音菩萨像，高1.72米。两旁站立的是散财童子和龙女塑像。

九龙洞

大型的天然喀斯特溶洞

铜仁市碧江区，市区东南方向约17千米处

九龙洞是一处大型的天然喀斯特溶洞，洞长约2284米，总面积约80 000平方米，洞内有7个大厅，目前已经开放4个大厅和1个天厅。单是石柱、石笋就有数百根之多。另外，洞内还有一条地下暗河。各厅洞中有洞，洞内厅厅相连，石笋、石柱、石花、石幔等漫布各厅各洞，各具特色，千姿百态，景象万千。

玩家攻略

就九龙洞本身来说，季节性差异不大。但是考虑到周围的风景，还是建议春夏秋三季来旅游，春天花满山野，夏天来此地避暑，秋季秋高气爽，气候宜人。

九龙洞附近住宿不是很方便，可以回到铜仁市区住宿。市区里面不仅有星级酒店，还有经济实惠的旅馆，可以按照自己的经济条件自由选择。

观音山

观音山巍峨雄壮，总面积2平方千米，观音山山腰以上为五六层蜿蜒曲折、上下起伏重叠的悬岩绝壁所环绕。在各层接合处都长有一幅竹木林带，从远处或泛舟江上眺望，有如首尾相接，上下依存的巨龙，围护着观音山在轻云薄雾中腾云飞舞。

九龙洞

莲花寺

莲花寺是黔东和湘西一带善男信女的拜佛圣地，据现存碑文和地方史料记述，佛门和尚在此从佛始于元、明年间，历经43代开山和尚。经长期经营，筑有玉皇阁、观音阁、莲花寺等，并修筑了通往各寺庙的盘山石阶，历年都有许多湘西、黔东的香客前来朝圣，清末是黔东农民起义据点之一，民国时曾为土匪所占据。

莲台峰

莲台峰乃观音山主峰，近可鸟瞰清澈光灿的江水，远能眺望层层群山，及至梵净山金顶。在雨后晴天成雾的早晨，还可遇上浩瀚无垠的雾海和绚丽多彩的“佛光”，“佛光”显现时，最长时间达45分钟。

冷热二风洞

冷热二风洞是九龙洞旁边1.5千米处的两个天然小洞。它们一个出冷风，一个出热风，一个在夏季却有凉风，一个在寒冬反而冒热气。两个洞距离很近，却有这么大的差异，是罕见的景观。

锦江景区

曾经美冠贵州

横贯铜仁全境

铜仁之美，就在于锦江。锦江由大、小

两江汇成，都发源于梵净山东麓，即辰水之源，襟带三城而后向东南汇入沿江。一江上下，风物荟萃，从古至今，沿江景观共计12处，曾经美冠贵州、扬名荆楚。

锦江公园

锦江公园依山傍水临街，山姿水态与街景浑然形成一体，成为铜仁市民重要的游览休息场所。公园内五颜六色的杜鹃、菊花、茶花、白掌莲、长寿花、鸡冠花等，多姿多彩，令人赏心悦目。

水晶阁

水晶阁，三面临水，一面临山，是“天乙”“大乙”两峰余脉，形似一半岛。寺袭地名至今。水晶阁长约300米、宽100米，古树参天，翠竹成林。盛夏绿荫蔽日，深秋霜叶遮天，楼台花卉，苗圃长廊，曲径石山，幽静宜人，是避暑热的好去处。阁内供奉“西天大圣”，配殿供“二十四诸天神”，后于阁东建“丰乐亭”。

六龙山

常年云雾缭绕

铜仁市碧江区六龙山乡

六龙山山顶海拔1173千米，方圆120余平方千米，森林覆盖率达86%以上，其中原始竹海就达十万余亩。六龙山常年云雾缭绕，野山羊、红腹锦鸡等上百种野生动物在其间繁衍生息。六龙山四大峡谷，绝壁万丈，密林中深掩着许多瀑布、溶洞，令人神往，是探险者的乐园；同时也是旅游者冬观雪景、夏避酷暑、春览樱花、秋赏红叶的好去处。

六龙山竹海公园

六龙山竹海公园总面积80平方千米。竹类以淡竹为主，还分布有楠竹等十余个竹类品种。竹中有树、竹中有洞（天花洞、龙王洞、红岩洞、冷风洞等十几个小溶洞群均处在竹海公园内）、竹中有物（野生动物种类较多）、竹中有景（主要指雪景）。春夏，六龙山满山碧绿，繁花似锦，凉风习习；冬季，六龙山竹海白雪茫茫，无边无际，是一个天然的夏天避暑、冬天观雪的竹海公园。

六龙山峡谷

六龙山峡谷在六龙山莽莽竹海中，有两条全长均为5千米以上的南、北大峡谷，峡谷两侧悬崖峭壁，中间溪水潺潺，瀑布连串，野鸭成群，岩壁紧紧相连，奇形怪状，岩顶松竹参天，气势恢宏。

水眼坪梯形排排屋

万山侗族风情的典型代表

铜仁市万山区高楼坪乡水眼坪村

水眼坪梯形排排屋是万山侗族风情的典型代表，省文物局专家专程考察水眼坪排排屋后，赞不绝口，认为水眼坪侗寨的排排屋体现了侗族文化的精髓，是目前全省保存较为完整、体现侗族建筑特点的房屋之一。

水眼坪村共有3个自然寨组。各寨古屋建造独特；屋场均建在靠山坡前面，从第一排到第五排从大到小依次而上呈梯形排列。每排房屋沿街用青石料砌成宽2.7米，长50~100米不等，四周建有围墙，统一朝一个方向开门，每屋从下往上沿走青石板梯规则弯曲而上，每排都有造型美观的“八”字形大门。每排房子两端都建有水池，据说是用来防火灾的救火用水。

中华山

山形山貌酷像中华地图

铜仁万山区敖寨乡与马岩乡九龙洞一山之岭

中华山因山形山貌酷似中华地图而得名。由南、北、东三座大山峰构成中华山全貌，山顶由三座悬崖峭壁构成“山”的主峰。山中连山，山中连洞，洞中连瀑，构成了中华山美丽奇特的奇峰。

唐朝初期，佛教信徒开始在中华山建寺传教，先后建成正殿、副殿、玉皇阁、观音阁及文武诸殿和佛客禅堂、金顶寺等。雕塑千姿百态的各种菩萨300尊。至清末民初，中华山寺达到顶峰时期。“钟楼”“金顶”及文武诸殿尽善尽美。

朱砂古镇景区 AAAA

中国汞都

铜仁市万山区万山镇三角岩社区

¥ 130元

朱砂古镇景区，原是新中国规模最大的汞矿产地（原万山汞矿），现成为广大游客向往的旅游胜地，“千年丹都——朱砂古镇”。

原万山汞矿，有着近千年开采冶炼的历史，曾是中国最大的汞工业生产基地，被誉为“中国汞都”。

朱砂古镇依托众多的自然景观和厚重的历史文化，围绕朱砂艺术主题，打造成一座集怀旧建筑、工业博物馆等于一体的矿山怀旧小镇。

玩家解说

万山素有中国“汞都”之称，汞矿的储量和产量均居国内之首、亚洲之冠，列世界前茅。相传秦、汉时就开始有人在万山采矿。唐、宋时万山已盛产朱砂、水银，万山朱砂历史上以比重大、色泽鲜红、半透明、宝石光泽著称，在唐垂拱二年（686年）时，即以光明丹砂为贡品。万山不仅留下了采矿工人数千年来开凿的石梯、隧道、刻槽、标记、矿柱、巷道等遗迹遗物，还拥有在采矿、选矿和冶炼中形成的一整套先进独特的工艺技术，是我国汞矿史的缩影。

朱砂古镇万山矿区

景点推荐

玉屏旅游区

玉屏钟鼓楼

侗族地区的标志性建筑

铜仁市玉屏侗族自治县县城中心十字街处

玉屏钟鼓楼始建于明代永乐年间（1403—1424），清代顺治庚寅、康熙辛未两次进行维修，是侗族地区的标志性建筑。

钟鼓楼，又名谯楼、南明楼，楼高21米，共3层，重檐翘角，琉璃瓦面，赤褐油漆壁、柱，五角攒尖顶。每层外部塑翼角四只，均系龙凤、鳌鱼形象。各层翘角尾部悬吊铜铃，风吹即发出悦耳之声。楼内门窗、围栏、挑枋、照面和扶手，都雕有龙凤花鸟，造型精美，栩栩如生。登上三楼，极目四望，巍巍崇山，滔滔舞水，交相辉映，玉屏侗乡的秀丽景色尽收眼底。

铁柱山

如铁柱擎天

铜仁市玉屏侗族自治县县城城北15千米

铁柱山从一山丘凸起，如铁柱擎天，登山顶，方圆可望数百里，岩侧有一石洞，名曰仙人洞。洞内有岩石自然成两层，上层平坦，内有燕窝饰壁，蝙蝠飞。层底有台阶，沿台阶而下，上面干爽平整，内有石凳、石桌，深处有美丽动人的石乳柱，人可行，洞中清泉，四时不竭，饮而清醇。

玉屏侗乡风情园景区 AAAA

以侗族建筑为特色

铜仁市玉屏县田坪镇田坪村

玉屏侗乡风情园，地理位置优越，交通便利，其所在镇是中国箫笛之乡、中国油茶之乡、侗族文化艺术之乡、中国黄桃之乡——玉屏侗族自治县的重镇。主要景点有风雨桥，它是侗族建筑的标志之一；广场中央还建有侗族鼓楼——天韵楼，它是风情园的标志建筑。另外，这里还有乡愁馆、悦侗园、湿地公园、侗绣馆等，也是各具特色，值得驻足游览。

印山书院

省内至今尚存完好的古书院

铜仁市玉屏侗族自治县大荆镇西二村

印山书院初称玉屏书院，始建于清道光七年（1827年）。光绪二十一年（1895年）贵州省学政严修于玉屏视学时，将玉屏书院易名为印山书院，并亲题“印山书院”匾额。

书院坐南向北，由东、西两个四合院组成，占地面积1620平方米。东西两个四合院均由前厅、东西两厢、正厅组成，前檐均带廊，过厅、正厅明间均开隔扇门，抬梁、穿斗混合式硬山顶小青瓦屋面。高封火墙围护，为县属生员“敬德修业，以应科举”之所，历来为玉屏学府驻所，是省内至今尚存完好的古书院。2006年被省人民政府公布为“省级重点文物保护单位”。

飞凤桥

因飞凤山而得名

铜仁市玉屏侗族自治县飞凤山下

飞凤桥横跨野鸡河，位于二水急濞之处，在两山对峙之间，为县级重点文物保护单位。1985年建，桥长90米，宽3.1米，高6.8米，桥形高拱，俨若长虹之下饮于涧中，因飞凤山而得名。桥上修木质结构亭阁三个，用二十一间长廊连接，盖小青瓦，以蔽风雨，供行人休息，也称“风雨桥”“花桥”。

飞凤桥

景点推荐 梵净山周边景点

梵净山 AAAA

中国第五大佛教名山

铜仁市印江县

前往铜仁南高铁站对面高铁汽车站或铜仁火车站对面铜仁旅游客运车乘汽车皆可到达景区

旺季100元；淡季90元　400-997-6999

梵净山原名“三山谷”，是全国著名的弥勒菩萨道场，也是中国第五大佛教名山。它浓缩了山川、田园、河流的精华，同时又凝聚了天地的灵气，像一颗宝贵的珍珠一样散发出迷人的光彩，在黔东大地闪烁着耀眼的光芒。

梵净山，是武陵山脉的主峰。梵净山古老的山体距今已有10亿~14亿年的历史，是黄河以南最古老的台地。联合国教科文组织于1986年将梵净山接纳为全球“人与生物圈”保护网的成员单位。梵净山还入选“中国十大避暑名山”，是一个避暑观光的好去处。2018年7月2日，梵净山被列入世界自然遗产名录。

山中的名胜古迹有老金顶、金顶、九龙池、白云寺、天仙桥等，还建有承恩寺、报国寺、释迦殿、弥勒殿等寺庵。此外，在梵净山麓，居住着土家族、苗族、侗族、汉族、羌族

10亿年以上的历史。它作为梵净山的形象大使走出了贵州，走向了中国甚至世界。

链接

金顶的传说

相传金顶本来是一个整体，释迦牟尼佛与弥勒佛同时看中了它，都想在这里打坐修行。燃灯古佛看到如此情形之后，手执金刀把金顶一刀劈下，整个金顶断成了两半。于是，就成了现在释迦牟尼佛居左、弥勒佛居右的情形。

□ 万卷书

万卷书是梵净六大奇观之一，早已闻名于世。“万卷书崖”整座山体都是层层叠叠、堆砌有序的页岩，势如卷帙浩繁的古代典册齐天堆放，气势宏伟，人称“万卷书”。古人有诗赞曰：“牙defining玉轴是谁储，万卷堆来混代初；遍地纵遭秦火劫，名山还有未烧书。”赋予此景人文的光辉。

等各族人民。在这里，可以领略到多姿多彩的民族风情，体悟到梵净山区丰富深邃的人文文化。

玩家攻略

1.住宿：山上目前只有万宝岩一处可以住宿，但不是正规宾馆或招待所，住宿条件较差而且要价较高。房间内没有卫生间，只能到外面的厕所里去接水，不能洗澡。建议住在山脚，或者靠近景区的位置。

2.美食：护国寺前面玉皇殿两侧敞殿，有农妇搭灶卖各种乡土味十足的素食，如糍粑、汤圆、绿豆粉、菜豆腐、荞粑、苞谷粑、魔芋豆腐等。这里还有人专门出租被子，价格便宜。

□ 蘑菇石

蘑菇石是梵净山的象征，位于梵净山山顶，上大下小，形状很像蘑菇。它高约10米，顶上一块斗状的巨石放在一根较细的石块上，看上去上面的那块石头好像要掉下来似的，一触即倾是形容它的最好词语。但是，事实上它却非常结实，而且已经有

□ 红云金顶

红云金顶垂直高差达百米，因清晨山体四周有红云瑞气围绕而得名。其上半部分山峰一分为二，中间由天桥相连，气势极为壮观；而两边分别建有一庙宇，各供奉释迦牟尼佛、弥勒佛。主要景观有悬崖峭壁、古庙、摩崖石刻、观音洞、金刀峡、“一线天”“定心水”等。

□ 棉絮岭

棉絮岭是西上梵净山的汽车终点站，西线徒步就在这里出发。棉絮岭海拔2000米，站在这里，可以看到新金顶、老金顶与凤凰山。此外，还可以看到梵净山一大奇观——万米睡佛，光佛头就有三个，整座佛长达万

米，为世界之最。可谓山是一尊佛，佛是一座山。

太子石

太子石是梵净山一个奇特的景点，位于梵净山老金顶南麓，牛尾河源头处，海拔1748.2米。远远望去，俨然一巨人正在仰望，相传为皇太子所化，故名太子石。石顶有一棵大树，凌空挺立。

链接

太子石的传说

相传明万历年间，神宗皇帝的妃子九皇娘到贵州梵净山修行。小太子见不到母亲，不吃不喝，大哭大闹。一天，他悄悄溜出皇宫，历经艰难险阻，受尽痛苦磨难，终于去到梵净山脚的牛尾河边。太子仰望金顶，呼喊母亲，撕裂人心、催人泪下的声音在山谷里回响，在群峰间激荡。神仙为之动情，母亲为之痛心。太子正想从绝壁爬上山去见母亲，却被神仙施法定在牛尾河谷里。太子脚不能动，就每天引颈探望，长得很快。神仙生怕太子长高了见到母亲，引起九皇娘思凡，又在太子头顶栽了一棵菩提，菩提乃梵净山镇山之宝，张张叶片都有一尊如来佛像。从此，太子不再长高，遂化为石。

护国寺

护国寺是明代万历年间的四大皇庵之一，距金顶15千米，也是梵净山上最大的寺庙。护国寺背靠狮子崖，整个寺庙群都是木结构的，建筑精美，雕梁画栋，是典型的南方民族建筑风格。

太平河

护国寺共有三进殿堂，前面有五间玉皇殿，两侧各有两间配殿。中进是七间正殿，后进为观音殿。寺内题咏、楹联有很多，以荣获慈禧嘉赏的著名书法家严寅亮所书的正殿长联及匾额最为珍贵。

玩家 解说

护国禅寺历史悠久，始建年代有待于考证。2003年初，护国寺原址中出土了一大批1575年时的寺庙文物，主要有药师佛的宫毗罗等12药叉神将、古碑等。它们大部分都是绿沙石造的，造型生动，栩栩如生。这些出土文物证实了430年以前修复梵净山时的盛况，可见护国寺在当时的规模就已经很大。

太平河

太平河发源于梵净山东北部高洞入口黑湾河，河长61千米，东岸是陡峭的群山石峰和原始森林，西岸是美丽的农庄田园。

太平河漂流的起点在黑湾河旅游经济开发区，终点在靠近太平乡政府所在地的太平乡伐木场，全长12.8千米，沿途有九弯十八滩，既有激流澎湃，也有涓涓细流；既有深河绿潭，也有浅岸荒滩，号称“中国第一生态矿泉水漂流胜地”。

云舍土家民俗文化村

云舍土家民俗文化村位于神秘的梵净山脚，风景如画的太平河畔。被誉为“中国土家第一村”，这里有着古朴、雅俗、独特的民俗风情。明清年间遗留下的众多民舍、古代作坊、中国“四大发明”之一的造纸术原始手工造纸工艺等保留遗传至今，还有被称为中国戏曲活化石的傩坛戏，是土家族千年文化、历史的再现。

链接

云舍土家民俗文化村的传说

传说“云舍”土家山寨曾经是仙人居住的地方，仙人因土家百姓勤劳、勇敢的精神而感动，移居到后

亚木沟

山的仙人洞居住，把肥沃的土地让给了土家百姓，土家人为了纪念仙人的功绩，把寨子取名“云舍”。寓意为“云中的房舍，仙人居住的地方”。实际“云舍”二字源于土家语，意为“猴子喝水的地方”。

冷家坝

冷家坝位于梵净山东部山脚，人烟稀少，山居木屋或掩映于古木之中，或点缀于成片茂竹之间，炊烟缕缕，鸡鸣狗吠，其古朴的民风，使冷家坝既有原始自然的美，又有田园风光之美，被诗人冠以“梵净第一水乡”的美称。

亚木沟 AAAA

“贵州第一沟”

铜仁市江口县太平乡寨抱村

128元

亚木沟原名“鬼谷”，又叫“隐龙沟”。亚木沟自古就被誉为“贵州第一沟”。亚木沟景区主要包括乡村风情长廊、购物街、亚木沟原始生态峡谷、土家风情园、明朝古寨等景区。

亚木沟内动植物资源极为丰富，有金丝猴、猕猴、林麝等珍稀动物和楠木、红豆杉、桫椤等世界珍稀树种。亚木沟内有一碗水、灵猿戏水、天生桥等自然景点。其中的土家风情

梵净山佛教文化

梵净山是中国西南一座具有两千多年历史的文化名山，也是我国第五大佛教名山。梵净山这个山名，具有浓厚的佛教色彩，它是由“梵天净土”化用而来。

●形成过程

宋代，佛教已正式传入梵净山。北宋初年，在该山西麓的思邛县兴建了贵州省较早的一座寺院——西岩寺（今印江县城郊）。西岩寺为梵净山佛教的祖庭。明初，由于梵净山风光神奇，佛教于是兴盛起来，成为僧众向往的“梵天净土”，故正式得名“梵净山”。

●弥勒菩萨道场

此处建有弥勒菩萨道场，自明清以来，弥勒与梵净山的传说在当地民间广为流传，古人在新金顶巅峰之上建释迦牟尼、弥勒两殿，作为梵净山佛教的最高象征。梵净山弥勒道场有神奇的自然景观相印证。每逢雨后初晴的上午9时前或下午4时后，在与太阳相对的云雾中出现五彩光环，中嵌人影，人动影动，在火光照耀的夜晚，浓雾中还会出现比人高大数十倍的投影，即幻影。古人认为“佛光”和“幻影”就是“弥勒显像”，莫不虔诚跪拜。

●四大皇庵

梵净山建有许多的庙宇，大大小小数百座，其中四大皇庵四十八脚庵最为著名。四大皇庵之一的护国寺占地3000平方米，寺产遍及周围30余里。承恩寺（俗名上茶殿），在金顶左侧，正殿三间，门额阴镌“敕赐承恩寺”五字，两侧配殿八间，仅存部分残墙，全部建筑面积占地1250平方米。

●洞穴

梵净山还有一些有名的洞穴，如九皇洞，九皇洞在金顶北约1千米，为一天然石洞，面积100余平方米，传说九皇娘修炼之处，洞门为块石砌成，洞内有皇娘梳妆井和磨簪石等。

园景区内有图腾广场、民俗博物馆、蜡染体验馆等景点，在这里不仅可以欣赏原始的自然风光，还可以领略原生态的土家文化，诸如原生态歌舞表演、民间绝技、土家风俗等。

甘龙红军烈士纪念碑

缅怀烈士

铜仁市松桃县甘龙镇北部官山岭上

1934年夏秋，在红三军创建黔东特区革命根据地及红二、红六军团进行的反白色恐怖战斗过程中，甘龙境内先后牺牲了二百多位红军指战员、苏维埃干部和游击队员。为纪念这段革命历史，缅怀烈士们的光辉业绩，当地群众自愿筹集资金并献工献料，在县和原甘龙区及有关部门的支持下，于1980年建成纪念碑。

甘龙红军烈士纪念碑高7.6米，方形，石砌，碑帽四角攒顶，顶上竖0.4米高的五星；碑身正面阳刻“红军烈士永垂不朽”8个大字；背面阴刻毛泽东手书“生的伟大，死的光荣”，左右分别刻着毛泽东的语录和诗《长征》。碑前20米处另建碑文台，阴刻楷书500余字，记述了当年革命斗争的大致史实，碑后10米处有红军烈士墓两座。

苗王城 AAAA

具有相当军事构筑工事水平

铜仁市松桃苗族自治县正大乡

80元

苗王城建于明洪武初年，最早是答意苗民长官司驻地。苗王城分为东城和西城，原有城墙2000余米。苗王城的建设不仅能够在战争时起到防御能力，还体现了较高的建筑水平。是湘、黔、渝边界上至今保存较好的融政治、经济、文化、军事和建筑为一体的苗疆古城，具有较高的历史研究价值。

苗王城内有扑朔迷离的“八封迷宫”地形地貌、苗王大峡谷、苗王城地下兵工厂、竹海、苗王秘道、考将桥、双关桥等景点。此外，在这里还可以体验到浓郁的苗族风情。

苗王城迎客

玩家解说

苗王城既能攻，又能守，还能退，是一个具有相当军事构筑工事水平的古王城，具有中国“南方长城”所特有的风格。苗王城是民风民俗保存得比较完整，体现得比较充分的苗乡建筑工艺品，是全国为数不多、保护得较好的古王城之一。具有较高的观赏、保护和旅游价值。其建筑结构、建筑工事可以重现几百年前的历史。

寨英古镇

中国滚龙艺术之乡

铜仁市松桃自治县境内

寨英古镇是梵净山宗教朝圣的梵净古道必经之地，也是迄今为止梵净山区域乃至贵州省保存较完整、规模最大的古建筑群，有“梵净古都”之称。镇内的古城墙、古城门、水门码头、古石板街道、八大商号及筒子屋民居、会馆等遗址尚存，是一座苗汉文化交融、具有典型建筑风格的古镇。上千年历史悠久的滚龙艺术使其当之无愧被冠以“中国滚龙艺术之乡”的美誉。

寨英古镇

"秋螺洄澜"旧址

自古以来就是桃城的游赏胜地

铜仁市松桃县城北隅的临江绝岸

秋螺山因山形似一只尾朝天头盖朝地的螺蛳而得名，左为徐家坳，右为争镇岭，自古以来就是桃城有名的游赏胜地。乾隆初年，在秋螺山上始建洄澜阁。"秋螺洄澜"便是对这里的最好描述。很早在桃城居住的人们都熟知这个名字。

洄澜阁系圆斗拱翼挑角木结构，呈宝塔形，三重檐，琉璃青瓦，高歇山宝顶，阁门上有匾额，刊有"黔天一览"四个字，内外楹联多为一等果勇侯杨芳及历任厅县官长的诗对。

玩家解说

清乾隆末年，洄澜阁毁于兵火，嘉庆六年（1801年）松桃官绅捐资重修，并建灵官殿、土地祠等，道光五年（1825年）增建佛堂三间、斋房两间；道光九年（1829年）在徐家坳坡顶建五层宝龛石塔——文笔塔；道光十五年（1835年）在洄澜阁周围增修亭子、花圃、石栏杆等，并在争镇岭顶部建造观音阁，至此松桃城北的名胜景观逐渐趋于完整并自成规模。

文化大革命中，上述古建筑相继被毁，众多古树也被砍伐。如今，文笔塔已修复，洄澜阁旧址则被民众修建了庙宇。

大路风雨桥

构造精巧，式样别致

铜仁市松桃县大路乡，距松桃县城45千米

大路风雨桥是秀山县中灵、史目、兰桥一带与松桃县孟溪、印江、大路一带群众往来的必经要道。清道光四年（1824年），孟溪、大路及松桃县境内其他地方群众和富绅共同捐资献料并投工投劳修建风雨桥。

风雨桥整体建在四座由青石砌成的桥墩上，桥面离水面约5米，桥身全用木料构成，长廊式结构，上为双重檐，俗称"两滴水"，以小青瓦盖顶，全长67.5米，宽3.2米，高3.9米，整个桥身由29间组成。

风雨桥构造精巧，式样别致，两端为歇山宝顶龙门，中部有宝顶楼阁，是梵净山东麓独特的山地建筑，具有较高的观赏研究价值。

红二、红六方面军纪念碑

中国红军长征的见证

铜仁市印江土家族苗族自治县木黄左侧的将军山腰

红二、红六方面军纪念碑于1978年6月落成。碑呈方形，占地720平方米，上小下大，高14.2米，设有护栏和台阶。碑身正面是王震题"中国工农红军第二、第六军团木黄会师纪念碑"大字楷书。碑座嵌会师简介。

链接

红二、红六方面军会师

1934年5月，贺龙、关向应率领中国工农红军第三军由四川彭水西渡乌江，迅速攻占沿河、德江、印江、松桃、酉阳、秀山6县的广大毗连地域，建立黔东特区政府和百余个乡苏维埃。同年8月，任弼时、王震、萧克率领中国工农红军第六军团，作为中央红军长征的先遣队，从江西永新突围经湖南进入贵州，于10月下旬到达印江木黄、松桃石梁一带与贺部胜利会师（红三军则恢复二军

红二、红六方面军纪念碑

团番号)，而后挺进湘西，开辟了以永顺为中心的湘鄂川黔边革命根据地，有力地配合了中央红军的长征。

盘石城遗址

清朝设在苗区的军事据点

✉ 铜仁市松桃县盘石民族中学后侧山丘上

盘石城开三门，内有八尺宽的沿城石板大道，全由方整石条修造，用以巡逻和战时运兵。城中高处是五进衙门，原城墙高两丈，厚八尺。城中街巷排水设施完备，沟渠水道设计科学，下大雨时，街上少有积水。

城外有六个护城碉堡，有宽大的练兵场地——教场坝。教场坝前有的把子墙高丈余，长十余丈。旁有三间瓦房，名为演武厅，厅左有一座炮台，插有旗杆，架有火炮，名为点将台。

盘石城东门遗址外至今仍有石碑一通，上面记述了盘石城在乾嘉苗民起义被镇压之后重新修建的大致情况，是研究松桃历史的宝贵资料。

石号坡红军烈士纪念塔

绘刻了红梅青松图

✉ 铜仁市松桃县迓驾镇南3千米的石号坡

1934年11月，红军主力转移后，在梵净山区、黔东大地坚持斗争的黔东特委和独立师向湘西转移，其中800余人在转移途中于张坝、石号坡、迓驾一带与反动地方民团展开激战，副团长马吉山指挥后卫队掩护全军，与20余名指战员壮烈牺牲于石号坡。为了缅怀先烈的英雄业绩，1978年由当地政府主持，群众集资投劳献料，在烈士捐躯的地方建成纪念塔。

杨芳侯府

分上、下两衙

✉ 铜仁市松桃县城西南5千米的土屯村

杨芳侯府始建于道光十五年(1835年)，分上、下两衙，上衙位于土屯村内，基长90米，宽65米，围墙大部分完好；下衙距上衙约300米，位于牛角河岸边，基长60米，宽50米，咸丰、同治年间曾被火焚，现仅存断壁残垣。侯府外围是用鹅卵石与灰泥砌筑的围墙。

杨芳墓

墓主本人生前所建

✉ 铜仁市松桃县城西郊6千米的白果村内

杨芳墓占地90平方米，是墓主本人生前所建，约建成于1840年。内有石砌墓室，长4米，宽3米，高2米，墓室前有墓道，道旁竖着石碑；墓周围曾列立石人、石马等物。现仅存墓室及墓碑一通，墓碑高1.05米，宽0.6米，碑面刻有诗文300首。

链接

杨芳

杨芳是松桃一位重要的历史人物，曾参加东南沿海的禁烟运动和保卫祖国西北边疆的战争，先后任数省提督，晋封建威将军、荣禄大夫、一等果勇侯，太子太傅，为紫光阁绘像之一。

飞灵山

飞灵山

松桃古老而著名的八景之一

距铜仁市松桃县城7千米处

飞灵山海拔1138.2米，地势险峻，视野开阔。东望武陵山台地，西瞰松桃县城。早晨或傍晚，常有云雾缭绕，屏蔽山顶，美丽而壮观，故有“屏山烟霭”的美称，是松桃古老而著名的八景之一。

由坡西山麓拾级而上，至寺庵遗址。此庵建于嘉庆二十年（1815年），占地4亩有余。据记载，寺庵分为上、下两庵，建筑物顺着地势布局，错落有致，格调典雅，此庵于1954年被毁。

云落屯

松桃八景之一

铜仁市松桃县城南郊

此山在清代以前就已经大有名气。因其“朝暮薄雾缭绕，好似云落九天”，时有彩霞飞舞，瑞云缠绕，故此得名云落屯。再加上林木苍翠、花草繁茂，所以人们又给它起了一个意境美妙的名字——“云落耸翠”。在松桃众多的山峰当中，云落屯是最为典型的，其四面绝壁、屯顶阔坦的山形充分展现了松桃这座丹霞山城的地貌奇观，为松桃八景之一。

玩家解说

云落屯南端，山势险峻，峭壁如削，碧绿如带的松江河沿山脚蜿蜒而下。在百十米高的绝壁临河的山崖上，有数十个方形壁龛和若干个小石孔。每逢骄阳当空，照耀绝壁时，人们隔江翘首，不仅壁龛清晰可见，还能窥见洞中陈列着的几只木箱式的物件，这就是闻名遐迩的“仙人借”古迹。

链接

云落屯的传说

一天夜晚，神仙天灵相公乘坐一匹神骏自梵净山饮宴归来，神骏奔驰力乏，行至松江河畔，即伏地喘息。天灵相公小憩片刻，正欲挥鞭起程，不料雄鸡报晓，东方发白，神骏受旭日金光照射，紧闭双目，收拢四蹄，竟化为一方巨石。天灵相公无可奈何，遂将手中马鞭化为一朵祥云，怏怏而去。神奇的传说，为云落屯平添了几分迷人的情趣。

潜龙洞

“中华神州第一奇”

铜仁市松桃县境西部乌罗镇黔龙村

潜龙洞海拔1200米，是武陵山脉海拔最高、罕见的生长于白云岩石层中的亿年古溶洞群，并且最为神奇的是至今它仍在生长与繁育，洞内石笋密度世界罕见，属典型的南方喀斯特地质地貌奇观。在2005年中法专家探秘潜龙洞之后，被誉为“中华神州第一奇”。

洞内有15个大厅（待开发6处），50余处厅堂，现开发的路段约2千米，游览时间来回2小时左右，所到之处，石笋、石幔、石柱、石瀑、石花，在霓虹灯下光怪陆离，魔幻神奇，琳琅满目，大自然的鬼斧神工令人叹为观止。

潜龙洞

景点推荐 铜仁西部景点

石阡温泉群 AAAA

历史悠久，水质优良

铜仁市石阡县县城周围10千米范围内

石阡地热资源丰富，有温泉20处、自然出露点36个，形成石阡温泉群。石阡温泉与众不同之处在于其历史悠久与水质优良。石阡温泉富含氡、硒、锂等20余种对人体有益的微量元素，是全国极少有的可直接饮用的地热优质矿泉水。

石阡温泉群中最具代表性的是：城南温泉、万安温泉、夜郎古泉等，其中以城南温泉最负盛名。

城南温泉

城南温泉，位于石阡县南部城南松明山下，始建于明万历三十四年（1606年），是我国最古老的温泉之一。温泉水常年恒温在45℃，水色清澈透明，既可洗浴又能直接饮用，并且富含多种对人体有益的微量元素，可辅助治疗关节炎、神经炎、皮肤病、肠胃病、心血管病等疾病。这里有多个类型的温泉池，包括金银花泉、当归泉、枸杞子泉、亲亲鱼泉（医生鱼）、冲浪泉、旋转池、冷水池和超音波、喷射泉等。作为全国闻名的“泉都之乡”，城南温泉至今已有400多年的洗浴历史文化，是喜欢泡温泉一族养生保健的理想之地。

夜郎古泉景区

以温泉为主题的度假区。该景区核心区在石阡县城汤山镇汤山社区，主体建筑坐东面西，依次建有大门、长廊、聚景亭、武侯祠、太白祠、斗姆阁、茶楼、石塔、碑群等景点。景区整体与松明山麓、龙川河、温泉大桥浑然一体，成为贵州高原的璀璨明珠。

佛顶山

梵净山的姊妹山

主峰坐落在铜仁市石阡县境内甘溪乡南部

佛顶山总面积14 032平方米，是贵州东部第二高峰，被誉为“梵净山的姊妹山”。

山上动植物资源丰富，被称为“动植物基因库”“植物王国”“动物乐园”，拥有植物2392种，脊椎动物和昆虫806种，其中国家一级保护植物有珙桐，二级保护植物有鹅掌楸、香果等；国家一级保护动物有豹，国家二级保护动物有猕猴、穿山甲、大灵猫、小灵猫等。这里不仅有保存较好的中亚热带常绿阔叶林，也有山地、河谷、宗教文化等景观类型，是一处旅游胜地、养生天堂，非常适合观光、休闲、科考、探险等。

万寿宫

国内保存最好、最大的宫宇之一

铜仁市石阡县城北端

万寿宫又叫江西会馆或豫章会馆，系江西客商在省外修建的一处公共建筑物。万寿宫为明万历初年始建，清康熙年间重修，乾隆年间补修，是目前全国保存最好、最大的宫宇之一，为国家级重点文物保护单位。

万寿宫占地3800平方米，牌楼式宫门雄伟高大，坐北面南，正殿和过殿坐东面西，宫内分为戏楼、正殿和花圃三大院落。整个建筑为木结构，镶嵌以砖烧造各种花、鸟、虫、鱼、走兽图案栩栩如生。戏楼翘角正檐，上下楣枋刻双龙戏珠和三国演义故事等数十处高浮雕。地面、阶沿以细条石镶铺，四周围墙高十米有余，青砖砌就。

链接

石阡县古建筑

石阡县城古建筑较多，且保存较好，除万寿宫外，还有始建于明万历十五年（1587年）间的禹王宫，始建于明永乐十二年（1414年）的府文庙，清代末年修建的天主教堂等。1936年，中国工农红军二、六军团长征到石阡休整，其军团指挥部就设在天主教教堂。

石阡万寿宫木雕戏台

鸳鸯湖

野生鸳鸯栖息地

铜仁市石阡县枫香乡鸳鸯湖村

石阡鸳鸯湖是中国最大的野生鸳鸯越冬栖息地。鸳鸯湖是修建山坪水库形成的人工湖泊，因有成千上万的野生鸳鸯栖息于此而闻名于世。

鸳鸯湖青山倒映、绿波荡漾，水天一色。湖里鸳鸯成双结对，悠然时，或随波逐流，或尽情嬉戏；欢悦时，或两翼拍水，或腾空盘旋。鸳鸯喜静，生性惊敏。四五月份，鸳鸯躲在密密的树荫下交配、孵化，红红绿绿一大片，自在栖息、繁衍生息。周边村民从不捕猎惊扰，常年与之和谐相处才得以保留如今这样的景观。

尧上民族文化村

仡佬第一村

铜仁市石阡县坪山乡境内佛顶山东麓

尧上民族文化村是一个有50余户300余人口的仡佬族村庄，有“仡佬第一村”之称，这里民风淳朴，仡佬族毛龙、敬雀节、傩堂戏、木偶戏、薅草锣鼓、拦路歌、敬酒歌、吹长号及唢呐、唱山歌、蓑衣舞等，会让你感受到仡佬族文化的原始、古朴与神奇。

走进尧上仡佬民族文化村，你可以看到一排排仿古仡佬民居在青山绿水中错落有致，一条条宽阔干净的柏油路蜿蜒起伏，位于村中的包溪河如同玉带萦回，风光旖旎。古老的邓氏宗祠，幽深的石板巷子，朱红色的风雨桥，尽显独特的民族风情，在这里能让人远离都市的繁华与喧嚣，心情舒畅愉悦。

雌雄鲤鱼岭

雌雄鲤鱼岭位于尧上民族文化村寨子中央，以两座形状似鲤鱼的小山而得名。"雄鱼岭"在前，长约40米，高约20米，"雌鱼岭"在后，略显短矮，两条"鱼"的头部都紧靠着两棵大小不同的侯栗树，首尾相连，似难舍难分状。前靠邓氏祠堂，左挨养鱼池塘。

玩家解说

传说两条从长江中飞腾出来欲去求道成仙的鲤鱼，飞到尧上村上空中时感到口渴难挨，见到地面上有一鱼塘便直奔下来欲饮水解渴后再飞走，孰知鱼塘太小，一条鱼也容不下，这两条鲤鱼便瘫睡在池塘边再也不能动弹，而后化作两座小山成为形象逼真的雌雄鲤鱼。善良的仡佬人为使"雄鱼"能喝上水，特地在鱼嘴前修建了邓氏祠堂，以"堂"为"塘"给鱼解渴，形成了双鱼双塘的独特景观。

邓氏祠堂

邓氏祠堂位于尧上民族文化村寨子中央，前为街景，后为"雌雄鱼背岭"。祠堂是为祭奠尧上村邓氏始祖创立尧上村之功而专门修建的。

邓氏宗祠中设立有仡佬文化陈列馆，陈列着几百件仡佬生活物品，佐证了仡佬上千年的文化渊源，它展示着仡佬人追求美好生活，战胜自然灾害的集体智慧。也记载着仡佬人热爱大自然，人与自然和谐生活的历史。

仡寨风雨桥

仡寨风雨桥位于尧上民族文化村西头出口处，横跨于尧上村和佛顶山上之间的包溪河上。长20米，宽3米，两侧是木栅式栏杆，上面是挑梁架檐盖瓦，高约4米。可供行人走路歇憩和避雨之用，是一座具有多种功能的木结构桥。

红军烈士纪念碑

红军烈士纪念碑建在尧上民族文化村村口的山堡上，占地面积210平方米，绿树环抱，花团簇拥，远看近看都显得庄严肃穆挺拔。

楼上村

周围尽是千年翠柏

铜仁市石阡县国荣乡楼上村

楼上古寨始建于明朝弘治年间，至今已有500多年的历史，当地人称之为"佛顶山下至今保存最完整的明清古村庄"。这座古老的村寨隐藏于郁郁葱葱的深山老林之中，周围尽是千年翠柏，环境清幽，鲜为人知，宛若世外桃源，因此这里古村落的风貌也得以完整地保存下来。

玩家解说

楼上村村民至今保持着独特的汉族古代民族民俗，有哭丧哭嫁、吹唢呐、民间刺绣、扭秧歌、毛龙灯、敬酒歌等。每年清明节这里都要举行隆重的清明会，届时有很多民俗活动展演。

村中有许多千奇百怪的古树，特别是村里一棵近10米高的桂花树，据说开花的时候左边为黄花右边为白花；还有一摸就摇曳不停的紫薇树，以及按北斗七星状种植的古枫树，都十分神奇。村里的村寨以这"北斗七星"树为中心修建，布局十分严谨，西南方是居住区、东南方是生产区、西北方为娱乐区、东北方为墓葬区，这样的奇思妙想不得不令人为之惊叹。

楼上村

楼上村古民居

古民居

楼上的古民居以"歪门斜道"著称，即龙门皆不正对堂屋，而是对着厢房；青石板古巷斜着走。据说在以前歪门四合院是大户人家财不外露的表现。从民居不难看出寨民们安居乐业，不张扬、不夸饰、含蓄平实的个性。

周氏宗祠

周氏宗祠坐北向南，面阔三间，通面阔15米，进深10檩，通进深6.5米，建筑面积97.5平方米。大梁题记为"贵州思石二府新二甲所楼上住居""大清光绪拾玖年岁在癸巳仲冬月上旬建立"。西廊间有《轮水石碑记》石碑一通。

小屯寺

小屯寺坐北向南，占地面积800平方米，小屯寺规模宏伟，殿宇辉煌，整个寺庙建筑精细、布局适体、陈设典雅、殿宇壮观。由于战火匪盗，现仅存正殿、寺院基址、和尚墓群、天井院落，其石墁院坝、石阶、石凳、石鼓、石缸保存完好。5座和尚古墓距今已一二百年，古墓均有石碑可考。

周氏墓群

楼上村中有古墓多处，阴宅阳宅相依相靠，墓冢文化深厚。有四方碑古墓、九子十秀才古墓、文林郎古墓等，墓群建造特色为省内少见，慕名前往观赏者络绎不绝。

石阡红二、红六军团总指挥部旧址

中西合璧、砖木结构

铜仁市石阡县汤山镇

石阡红二、红六军团总指挥部旧址位于石阡汤山镇长征路北段东侧之天主教堂。教堂始建于清光绪二十七年（1901年），为天主教德国圣心会石阡教区本堂。有中西合璧、砖木结构楼房10余幢。

今存经堂和南北两侧神甫楼、修女楼，占地2300余平方米。经堂为红军"石阡会议"旧址。神甫楼为军团总指挥部及司令部旧址，楼上3间房墙上有红军标语18条，保存较好。修女楼曾为贺龙、王震等领导人住址。

思唐古建筑群

古建筑群依山修建

铜仁市思南县思唐镇城区内

思唐古建筑群依山修建，有环城路、江村路、城墙路、府后街、中山街、安化街、中和街、文化街、河街、环街等街道。迄今保存众多文物古迹，涵盖文庙、会馆、寺院、码头、衙署遗址、典型民居和著名商号等。

主要的古建筑有：思南府文庙、万寿

宫、旷继勋纪念馆、周和顺盐号。

◘ 思南府文庙

思南府文庙位于思南县城文化街北段西侧，既是思唐镇的重要古建筑，也是贵州省最大的文庙。文庙坐西向东，前有乌江，后有五老高峰，居高临下，宏伟壮观。整个建筑群包括崇圣、大成殿、东西庑、戟门、棂星门、道贯古今坊，有水三拱桥等。

府文庙内，至今尚有数十块保存完好的明清碑刻，如明李渭撰《思南府学碑记》，明田仰撰《生修文庙碑记》，清《永禁私派陋弊碑》等，贵州省乌江博物馆设于其中。

玩家解说

状元桥是府文庙建筑组成的一部分，又叫泮池，池里边的水渗入了孔子的思想，即教化流行，寓意孔子的教育思想像水一样连绵不断，源远流长。在封建社会，只有高中状元的状元郎和当地的行政长官才能走过中间这道桥，所以这道桥在平时是被封锁的。如今，我们也可以像状元郎一样感受一下这座桥的灵气了。

大成门，孔子历经各朝代多达20余次名号封赠，最高、最完美的莫过于“大成至圣至贤先师”名号了，于是他的名号贯入文庙的建筑上，寓意深刻，让人崇而敬之。另外，还有一座建筑是府文庙的灵魂所在地，是祭祀孔子的重要场所，它就是大成殿，与大成门一样，贯入了孔子的名号，所以又叫先师殿。

乌江博物馆位于府文庙大成殿内，大成殿为其主要陈列厅，另辟有办公室、库房100平方米。陈列的主要内容有：乌江流域的文物古迹、名胜风光、民族风情、水能资料、矿产资料、航运旅游资料等。陈列厅内专置了长162米的展壁。有体现乌江全流域的沙盘、陈列文物、标本用的展柜，还有乌江古今用过的船只、助航设施等部分模型。现有藏品500多件，陈列展品220件。

中国土家花灯艺术之乡陈列馆设于府文庙北厢，展示了思南花灯的历史渊源和发展现状。馆内展示的图片既有花灯艺人的风采，也有花灯演出的许多场景；实物则有各种花灯服饰、器乐等演出道具。到此可以领略中国民间艺术之乡思南的许多民间韵味。

号军陈列馆设于府文庙南厢，馆内文字图片较为详尽地介绍了贵州清代一场声势浩大的农民起义。清代咸丰四年（1854年）至同治七年（1868年）间，贵州境内爆发了号军起义，各号军以头巾颜色为记，分青、红、白、黄四号。咸丰七年（1857年），白号军在思南起义，以刘仪顺为统帅，以思南县城头盖为政治军事中心，建立了一个政教合一的农民政权，曾拥兵十万，攻占了贵州许多州县，且持续14年之久，最终在湘黔川滇四省的合剿下失败，这场农民起义对贵州，特别对思南的政治、经济、文化有着较大影响。陈列馆展示了当年号军起义的整个过程，及其军事、生产和生活史迹，有助于我们了解思南历史的另一个侧面。

思南地下县委活动陈列馆位于府文庙后殿，展示了20世纪30年代以中国共产党党员肖次瞻、熊大瀛等人为代表的思南地下县委，在思南开展革命活动并为国捐躯的历史。该馆是思南县的爱国主义教育基地。

思南万寿宫戏楼

周和顺盐号

万寿宫

万寿宫位于思唐镇中山街，是思唐镇又一古建筑。始建于明正德五年（1510年），重修于明万历二年（1574年）。临街为山门，整个建筑群包括戏楼，正殿、两侧厢楼等。其中，戏楼由数以百计的木质斗拱支撑巨大屋顶，结构独特，造型优雅。

旷继勋故居

旷继勋故居坐南向北，为砖木结构四合院，占地面积300平方米。1997年大修，前门嵌有时任中央军委副主席刘华清题“旷继勋烈士故居”匾额。有故居、陈列室、接待室三大主体，古色古香，洁净肃穆。

链接

旷继勋

旷继勋，原名大勋，号集成，思南县大河坝庙塘湾人。1916年随父去四川，到军阀赖心辉部当士兵。1920年至1925年，先后担任连长、营长、团长、旅长等职，1926年加入中国共产党。1930年1月，党中央在湖北监利县组建红六军，旷继勋任军长。当年7月，红六军与贺龙领导的红四军合编为红二军团。次年，旷继勋被派到鄂豫皖革命根据地担任中国工农红军第四军军长。

周和顺盐号

周和顺盐号建于清道光年间，全木结构，雕刻花草，美轮美奂，古香古色，是思南至今保存得较为完好的古建筑群。因盐号主人住的是“桶子屋”，当地人习称“周家桶子”。“桶子屋”又叫“印子屋”。

周和顺盐号占地面积1500平方米，是融住家与盐号为一体的四合院落，由石库门、对厅、两厢、正房、厨房、盐仓、花园、天井等构成封闭式四合院，有大小居室30余间。院内修建“有组织排水系统”，外建马头形防火墙，水往院内流，称“四水归堂”，意为“肥水不落他人田”。

华严寺

贵州省早期的佛教建筑之一

铜仁市思南县思唐镇郊区中和山顶

华严寺是贵州省最早的佛教建筑之一，始建于宋，至明代，华严寺规模逐渐扩大，建有观音大士阁、三元殿、寿福殿、准提殿、玉皇殿等。旁有石碑，为清雍正翰林江南监察御史礼部郎中郭石渠所写《中和山记》。

后遭到严重破坏，1993年又重新恢复，2004年扩建，现占地面积约9500平方米，内有僧尼数人日夜诵经，每逢春夏或各种节庆，华严寺游人众多，人们到此烧香拜佛，求平安、求财运、求子嗣。

中天塔

高插云际，波光闪闪

铜仁市思南县思唐镇城东

中天塔坐落于椅子山顶，塔共七级、六

方形，额“鼎峙中天”。于乌江鲇鱼峡口仰望塔身，高插云际；眺望江中，塔影摇，为思南之名景，此塔于1939年被雷火击毁，1992年，在思南有识之士的倡导下，得到社会各界人士的热情支持，中天塔得以重建。

思南温泉—石林旅游景区 AAAA

贵州省最大的天然石林景观

铜仁市思南县

思南县地热资源丰富，全县共有11个地热泉点，日出水量1.2万吨，被中国矿业联合会命名为西南片区第一家“全国温泉开发利用示范区”。思南县特意打造了九天温泉城等全新温泉旅游景点，为游客的温泉之旅提供更多选择。

思南石林位于思南县，分为长坝、荆竹园2片区，出露面积分别为4.9平方千米、2.3平方千米，以发育最好、生态佳、保存完整、出露面积大著称于世，是一处连片喀斯特石林。

其中，长坝石林片区位于思南县长坝乡，是贵州最大的天然石林景观；荆竹园片区规模相对较小，现存古战场遗址较多，属于省级重点文物保护单位。整个石林不仅在空间上连片分布，而且类型众多，包括针状、剑状、塔状、柱状、城堡状等各种形态。石林里还有多种象形景观，如老虎石、鬼脸石，以及“雄鹰”“四大金刚”“三仙迎客”等。景区内景色奇特、秀丽、壮观，无论是观赏性还是科普科考价值都很高，值得一去。

四野屯自然保护区

森林覆盖面积大

思南县青杠坡镇

四野屯自然保护区面积3.2万亩，森林覆盖面积达57.5%。景区有楠木王、银杏、榉木树种等，还有石人山、天笋峰等奇峰异石。

其中，楠木王位于青杠坡高庄寺村，土家族聚居地。楠木树龄约1300多年，树高25米，胸围8.4米，树冠覆盖面积784平方米，根深叶茂，被誉为贵州楠木王；石人山状如一粗壮男子雄踞峰顶，头、颈、胸、腹层次分明，栩栩如生，神形兼备，宛如仙人驾临，有一定观赏性。天笋峰奇峰异石，其状如笋，上下一体呈独立山峰状，造型奇特，峰顶灌木丛深，别有情趣。

德江五彩洋山河旅游景区 AAAA

流淌着天然五彩暗河

德江县高山镇梨子水村

五彩洋山河旅游景区位于贵州高原东北部的德江县，主要景点包括观音峰、傩仙洞、“荷包蛋”奇石、五彩水、羡阳谷（地缝）、天生桥、亲子乐园等。景区内主要有东岸线和西岸线两条参观线路。参观途中，要经过清峰小寨。每逢节假日游客众多时，小寨里会有傩堂戏、哭嫁等民俗文化表演，游客可亲身体验土家文化。另外，其核心景点傩仙洞洞内，竟然流淌着红、黄、黑、白几种不同颜色的天然五彩暗河，观此可领略大自然的鬼斧神工！

大龙阡

为天然溶洞

铜仁市德江县青龙镇向阳村东面之山脚

大龙阡是一个天然溶洞，洞内小洞繁

大龙阡

多，幽深曲折，不可穷极。传说古时候有一条巨龙潜藏于此，出没穿行间，留下了洞中大小阡陌，因此得名“大龙阡”。

大龙阡洞口开阔高大，自然形成上中下三部分。顶部有一洞独处绝壁，无路可通，险峻至极。下部有一泓清泉缓缓淌出，泉水四季清澈见底。中、下部在进入洞内20余米处，合为一体。由此处循着洞内阡陌，深入洞中，沿途时而幽深狭窄，时而宽敞开阔；洞内溶岸景观，千姿百态，惟妙惟肖，令人目不暇接。置身其中，犹入仙境。

扶阳古城

现存诸多遗迹

铜仁市德江县合兴乡旋厂铺村，距县城40余千米

扶阳古城四面环山，依坡而建，古城遗址现存衙署、馆舍、兵营、学馆、练兵场、集市、养马场、戏台等。古城中心区域占地面积6万余平方米，加上外围的古墓群、古寺庙、书院、惜字亭、杀界（刑场）等，共计20余万平方米。

沿河乌江山峡风景区

国家级风景名胜区

铜仁市沿河土家族自治县境内

乌江为长江上游南岩最大的支流，它的十分之一在沿河县境内。源远流长的乌江在这里孕育出独特的融山、水、洞为一体的自然景观群。在沿河境内形成两百多里的天然山峡长廊。“江作青罗带，山如碧玉簪。”清清的江水在曲静幽深的五个山峡里，时而恬静温存，时而奔放不羁。两岸翠绿葱郁，重峦叠嶂，奇峰对峙，各显神姿。

夹石峡

夹石峡全长43千米，是沿河乌江山峡风景名胜区百里画廊中最长的一段。两岸山高云雾，多为绝壁矗立，蓝天一线。峡内有夹石、木鱼洞、燕子岩等景点。夹石在峡西岸，两石相抱，中交一石，上下皆空。左右虚悬，视之若坠。与其对峙的东岸夹石场以此得名。木鱼洞，有石如鱼，击之有声。燕子岩，形如燕子展两翼而飞。峡尾为淇滩，依山傍

乌江山峡

水，曾为兵家争战之地。

黎之峡

黎之峡峡岸山峰突起，巨石壁立，怪石嶙峋，有乌杨树、三星洞、古纤道、天鱼池、天门石、白丝坨等景点。其中千年乌杨树的根部几乎全部裸露，是天然的根雕艺术精品。三星洞由大小川洞和珍珠洞组成，洞内钟乳石千姿百态，状物类人，堪称洞之明星。白丝坨，在东岸山腰一洞泉飘逸而下，如束银丝，终年不断，每当暴雨过后，泉水如注，形成瀑布直扑江心，被称为“飞龙过江”。

银童峡

银童峡内有银童子和张公子两座险滩。银童子江面狭窄，滩长流急；张公子江面宽阔，曲折如弓。入峡，水流湍急，船行如箭，突然左岸一山横截江面。船到山前，航向一转，左岸豁然开朗。右岸高山又横截江面。前眺疑江流已尽，后顾不知船从何来，峰回岸转，水复山重，如行迷宫。

土坨峡

土坨峡为土坨子至洪渡峡段。峡内山高、水深、谷幽、景奇。在奇峰峻岭间，古木翠竹交织，群猴常嬉戏其间。群山中有一奇峰名金山，离江数十米的山脚的一海螺石，吹之其声深沉浑厚，回荡山谷。龚滩，巨石横卧江心，激起数米浪高，水吼如雷。西岸有古名胜蛮王洞。出峡为洪渡镇，有汉代砖瓦窑群和古汉墓群等文物古迹。

王坨峡

王坨峡在洪渡温泉至小旁滩峡段，是乌江流经沿河的五个峡段之末，在洪渡镇境内，长7.6千米。江面时宽时窄，水流时急时缓，两岸林木葱郁，山环若屏，绚丽多姿。

乌江古纤道

乌江中下游一带多为峡谷，在峡谷的绝壁上，沿着江水有一条狭长的纤道，远远望去，犹如一条长龙走过留下的深深足迹。乌江古纤道始修于明朝，约有一人高，宽可容二至三人并肩行走。多年来，由于无人维修，很多地方只留下浅浅的痕迹。

玩家解说

观赏乌江古纤道，最好的方法是乘船于沿河县乌江上，随着水道的曲折迂回，峭壁也转弯抹角延伸。那峭壁上的纤道，就像飘逸在绿色秀美地毯上的一条精致的绫带。偶尔有几个白山羊行走在纤道上，恰似点缀在绫带上的图案。

乌江上铁路桥

白鹤舞门
滩险流急，暗礁密布

铜仁市沿河城北江中

白鹤舞门又称白鹤闹五门，俗称五门滩。由于滩险流急，暗礁密布，水流受阻，在碧绿江面泛起阵阵飞鸟形银色浪花，酷似一群白鹤在江中飞舞嬉戏而得名。清同治十三年（1874年）在此江畔建立了鹤鸣书院。

石猫山
天然石林

铜仁市沿河县城西南面1.5千米处

石猫山为一片石灰石裸露岩组成的天然石林。石林前矗立着一座由三块巨石叠砌而成高30余米的石岩，高出群峰，分外夺目，从山脚的东南北三面望去，俨然一巨"猫"蹲于顶端，"猫"身后，一大树直伸天空，自然地形成"猫尾"，把"猫"衬托得活灵活现，石猫山由此得名。

链接

石猫山的传说

很久以前，乌江航道上的猫滩，水流湍急，十分险恶，常有覆舟之虞，每当木船撞滩，船沉人溺，呼救哀号，惨不忍睹。这些情状，感动了玉皇大帝，便派山头上的石猫承担了报警任务：当船行至滩前时，如石猫发出"咪悠咪悠"回荡山谷的叫声，船工闻之，只好停船等待，如贸然行驶，必然撞滩翻船；如听不到猫叫声，就可安全下滩。因此，时人附会，称猫山为沿河八景之一，曰"黄猫警渡"。

洪渡温泉
泉水清澈如玉

铜仁市沿河县洪渡镇王坨村境内

洪渡温泉泉水清澈如玉，泉眼涌水如珠，热气蒸浮如雾，水温在50℃左右，为有疗养价值的热矿泉，已有400余年利用历史。民国《沿河县志》载："汤如水佛，涌泡若珠，泉可荡邪，水可消厉，遥望白气浮蒸如烟。"曰"泉珠暖抱"。又云："泉源泻玉，四季如汤，每当夏秋之际，游人如织，竞相澡身，乡人疥疾者洗之立愈。"

链接

洪渡温泉的传说

相传洪渡镇王坨村有一位名叫金枝的姑娘，自小天真活泼，聪明伶俐。可惜长大后成了一个癞子，父母为其四处求医问药均未治好金枝的病。本该是如花的金枝却只好整天待在屋里以泪洗面。金枝十八岁那年，皇帝驾崩，太子登基。一日幼皇得梦，梦见一

洪渡镇

白发老翁吟道："大人胯下一痣，小子头上无桂冠，大山横卧寸土上，乔边女儿泪不干。"幼皇第二天早朝，要众文武大臣圆梦。观天师为其圆梦为"太子寻娇"，其意在暗示陛下寻找娇妻。幼皇就封观天师为选妃大臣，前往洪渡一带寻选千岁娘娘。

观天师在洪渡一带搭台唱戏选妃，寻了两个多月，也未寻到娘娘。就在这时，金枝姑娘得了一梦，见一鹤发老翁向她吟道：一个人王长眼睛，一支娇花木边生，似人非人八不是，行走自然绕先生。金枝将梦告诉嫂嫂，嫂嫂听后大喜，为她解梦为"金枝入选"。于是，金枝在嫂嫂的劝说下决定第二天去看戏。要去看戏的金枝到温泉里去泡了一个澡，金枝跳入泉中，突然奇迹出现了，原来金枝经温泉水一洗犹如金蝉脱壳，那细嫩而洁白的肌肤，以及那匀称而丰满的身材，使她充满了无限的魅力。金枝头上的癞疮，似一顶封帽脱了下来，长出了一头乌黑而又发亮的秀发。就在当天，去看戏的金枝入选了千岁娘娘。当地人就把温泉取名为美女泉。据说，当地的姑娘的确大多长得美丽动人，当地还多百岁老人，且老人大都身体健康。

淇滩古镇

古镇主街全部由青石铺就

距沿河县城10千米

淇滩古镇是古时通往思南、德江、印江和黔中腹地的必经要道，历史悠久。古镇依山傍水，好似一个浓缩的古时江南小镇，清一色的明清建筑，紧挨在一起的四合天井和青石板街道，都是明清码头的代表。古镇建筑保存得十分完好，飞檐翘角，古色古香，民族特色浓郁。镇内还聚集了许多能工巧匠，铁器具制作、铜银饰加工、竹木器编造都远近闻名。

古镇内主要的景点有张家桶子、曾家桶子、王家桶子、万寿宫、观音堂。

张家桶子

张家桶子建于18世纪中叶，讲求风雅，门口有石狮，矮栅门，右边竖一硕大石碑，碑文为草书，有唐朝张旭笔势。建筑的匾额楹联都为木料镌刻，现存一副中堂楹联据说为清末书法家严寅亮题写，至今完好。

王家桶子

王家桶子其修造主为王永涛，修建较晚而保存较完好。王永涛是一个在建筑领域颇有研究的商人，他修建所用的石头全部是从

淇滩古镇沿河夜景

远方用船装载来的青石；工艺要求较高，故至今丝毫没有塌裂。

万寿宫

万寿宫清代修的陕西会馆，规模宏大，内有两个天井坝，和耳房都很宽敞，中堂柱头大可合抱。随着场镇繁荣，后兼作公益用的戏楼，成为当地居民节日文娱、喜庆接待亲友举办演出活动、外地戏班演出的场所。

观音堂

观音堂小巧玲珑，一楼一底，门外有一小院坝，植有乔木，两侧石碑高耸，花窗雕栏，楹联题额，甚为端肃。坎下是花花桥，跟前开阔，河对门钟岭山寺庙的钟声隐约可闻。

鲤鱼池

土家民族风情浓郁

铜仁市沿河县思渠镇

鲤鱼池为土家山寨，山寨土家民族风情浓郁，民风淳朴。其土家吊脚楼建筑最具特色，是土家人民智慧的体现。

吊脚楼多依山就势而建，呈虎坐形、三合院。讲究朝向，或坐西向东，或坐东向西。正房有长三间、长五间、长七间之分。大、中户人家多为长五间或长七间，小户人家一般为长三间，中间的一间叫“堂屋”，是做祭祖先、迎宾客和办理婚丧事用的。堂屋两侧的左右间是“人住间”，各以中柱为界分前后两小间，前小间做火房。

玩家 解说

土家山寨鲤鱼池的吊脚楼是土家吊脚楼的典型代表，其窗花运用了浮雕、镂空雕等多种雕刻工艺，雕刻手法细腻，内涵丰富多彩。有的象征地位、有的祈求吉祥、有的表现农耕、有的反映生活、有的教育子孙、有的记录风情。飞禽走兽、花鸟虫鱼、歌舞竞技、神话传说，栩栩如生，寓意深刻。

吊脚楼有很多好处，高悬地面既通风干燥，又能防毒蛇、野兽，楼板下还可放置杂物。吊脚楼具有鲜明的民族特色，优雅的“丝檐”和宽绰的“走栏”使吊脚楼自成一格。这类吊脚楼较成功地摆脱了原始性，具有较高的文化层次，被称为巴楚文化的“活化石”。

黔东特区革命委员会旧址

木质结构四合院

铜仁市沿河县谯家镇白石土地湾

旧址后依群山，前临碧溪，是清同治八年（1869年）所建的木质结构平房。有正房7间，正房两侧是厢房，前有朝门，形似撮箕。屋顶盖青瓦，屋脊用青瓦堆砌，正中垒一大“囍”字，两侧立塑飞鸽。正房前壁为木雕花窗，花草禽兽图案栩栩如生，石阶为细钻青石。正房上方挂着黑底金字的址名匾额“黔东特区革命委员会旧址”，是原红三军第九师政委廖汉生所题写。

玩家 解说

1934年5月，由贺龙、夏曦、关向应等率领的红三军从彭水县城西渡乌江，向黔东北地区进军。5月14日跨入黔东沿河县境内。

1934年7月21日至22日，在沿河县铅厂坝张家祠堂召开了“黔东特区第一次工农兵苏维埃代表大会”，出席大会除红三军的领导外，还有沿河、德江、印江三县选出的代表和红军代表135人，大会选举产生了新的苏维埃革命政权——黔东特区革命委员会，是中国共产党在贵州高原上领导广大劳苦大众建立的第一个红色政权。

麻阳河国家级自然保护区

黑叶猴王国

铜仁市沿河县

麻阳河国家级自然保护区野生动植物资源种类繁多，享有“野生动植物基因库”的美誉，兼有典型的喀斯特地貌景观和独特的峡谷地貌景观，风光旖旎，是集山、水、洞、峡谷、溪泉、河流、珍稀动植物于一身的景区，极具美学欣赏价值。

保护区内活跃着76群730余只国家一级保护动物黑叶猴。黑叶猴目前在我国仅分布在广西和贵州两省区。沿河县的麻阳河流域则是黑叶猴的主要栖息地，素有“黑叶猴王国”的美誉。不仅如此，还有二级保护动物共23种，如穿山甲、红腹锦鸡、灵猫、水獭、白鹭等。走进保护区，随处可见大小猴子林中寻食或追逐嬉戏、白鹭飞天、野兔横蹿、野鸡纷飞等，让你真正感受到回归自然是如此舒坦、惬意，不愧是“动植物的天堂”。

链接

黑叶猴

黑叶猴别名乌猿，属于猴科，黑叶猴体形纤瘦，四肢细长。头小尾巴长，体长50～60厘米，尾长79～86厘米。头顶有黑色直立的毛冠；两颊至耳基部有白毛；成体全身乌黑色，体毛长而厚密，有光泽。手、足具乌黑扁平指（趾）甲；尾尖端白色。刚出生的小黑叶猴，全身乳黄色，头部则为金黄色，尾为黑色，30天左右全身变黑，头部还是全黄色。

生活于热带、亚热带丛林中，树栖，喜群居，每群有一首领带领猴群活动。黑叶猴跳跃能力较强，一次可跃出10多米。很少下地喝水，多饮露水与叶子上的积水，以嫩叶芽、花、果为食。通常2～3月交配，8～9月产崽，每年产1胎，每胎1崽，偶见2崽。黑叶猴是珍贵稀有灵长类动物之一，仅产于贵州、广西，分布区域狭窄，数量较少。属于国家一级保护动物。

朱家洞

朱家洞位于麻阳河与马儿河汇合处的两河口，内有18洞天，洞内暗溪伏流，碧绿深潭，水洞相倚，石壁嶙峋，石乳、石笋、石山状物类人，千姿百态。

一口刀土寨

一口刀土寨是以土家族为主的多民族聚居山区，依山傍水，古老而悠久的历史孕育了这里朴实的民族风情，形成了独具特色的民俗文化。绲边无领向左开襟的花边服饰，依山傍水的干栏式住房，过赶年、牛王节等传统的民间节日，浮雕、镂空雕等木石雕刻，

麻阳河国家级自然保护区

红白绿颜色搭配的挑花刺绣及竹藤编织工艺，情歌、哭嫁歌、山歌、篙秧歌、劳动号子、傩堂戏等民间文艺，都具有鲜明的地方特色和风格。

玩家 解说

一口刀土寨土家傩堂戏是土老司用扛神、冲傩、打太保为人还愿时演出的脸壳戏，多达10余种脸谱。土家傩戏剧情简单，角色不多，形式活泼、演唱生动，其中踩铧口、上刀梯、抢八卦纸等傩技神秘奇绝，令人叹为观止。

石牌—月亮石

石牌景区内国画屏、月亮石、石牌、老鹰岩与麻阳河浑然一体、珠联璧合、山奇水美、如诗如画。月亮石在国画屏上方，是一块直径8米的半圆形石壁，壁面成白，如光芒四射，恰似一轮正在升起的明月。

黄土解放军烈士纪念碑

黄土解放军烈士纪念碑是1976年7月，为纪念新中国成立初期在黄土剿匪中牺牲的解放军烈士而建。

碑高12米，宽3米，碑表层镶嵌精磨细琢的大理石，顶覆盖琉璃瓦，四周用铁链连接，镶有乳白色瓷砖的17根方形石柱环绕。正面竖书“烈士纪念塔”，背面竖书“人民英雄永垂不朽”，右侧从上到下，分栏竖书牺牲烈士的姓名、籍贯、职务、牺牲地点和牺牲时的年龄等。

攻略资讯

- 交通
- 住宿
- 美食
- 购物
- 娱乐

松桃夜景

交通

飞机

铜仁凤凰机场（原名铜仁大兴机场）位于松桃县大兴镇，距铜仁市21千米，距湖南凤凰县城30千米，先后开通了至贵阳、长沙、重庆、广州、深圳、桂林、北京等城市的航班。机场交通方便，有机场大巴往返机场与铜仁市区。

火车

铜仁有两个火车站，分别是铜仁站和铜仁南站。

铜仁站：位于铜仁市碧江区环北街道办事处桐梓坳，为普次列车停靠站，是渝怀铁路线的一个车站。市区乘坐4路、7路等公交车可到。

铜仁南站：位于铜仁市大龙开发区境内，为新建高铁站，已于2015年6月投入运营，从这里抵达贵阳仅需1小时。

汽车

铜仁有五个客运站，分别是：铜仁汽车客运北站、铜仁环北汽车客运站、铜仁城南汽车站、铜仁客车站、铜仁旅游客运站。

铜仁汽车客运北站：位于铜仁市碧江区龙凤场铜仁北高速出口旁，是按照二级汽车客运站标准改造的一个综合性、开放性的汽车站。

铜仁环北汽车客运站：现已开通前往松桃、漾头、九龙、瓦屋、滑石、小江口、云场坪、下寨、缠溪、水源头、牛郎、瓦窑、大兴、苗王城、和平、八茅、川硐、贵阳的长短途班次。

铜仁城南汽车站：是连接中南地区与西南边陲的纽带，被誉为“黔东门户”。

铜仁客车站：建于1955年，是铜仁目前最大的一级客运站，也是全区中心枢纽大站。

铜仁旅游客运站：是贵州首家旅游客运站，开通了铜仁至梵净山的旅游专线，每两小时一班。

住宿

铜仁市区住宿点较多，宾馆、客栈、豪华酒店一应俱全，不过这里没有背包客喜欢的青年旅店，想要省钱的朋友可选择经济型宾馆、客栈。

●君逸凯悦大酒店

酒店最大的优势在于地理位置，这里距离铜仁金滩汽车和铜仁火车站都不远，乘出租车仅10分钟，很是方便。酒店装修不错，Wi-Fi信号很好。铜仁市共青路41号 0856-5251111

●铜仁波西塔诺酒店

酒店最大的特点是装修独特，大厅的沙发、壁炉、椅子、复古地砖都有浓郁的欧式复古风格。附近有繁华的街道，很是方便。酒店缺点是早餐品种不多。✉ 铜仁市碧江区共青路37号 ☎ 0856-8908888

美食

铜仁当地的菜偏咸，但不是太辣，特色菜有苞谷酸辣子、锅巴粉、盘子粉、蕨菜炒腊肉等，小吃经济实惠，有名的小吃有锅巴粉、糖麻圆等。

美食小吃

●铜仁社饭

铜仁市，自古以来，方圆百里皆有在“春社日”吃“社饭”的传统习俗。每年春回大地，万物复苏，生机盎然，此时用于做社饭的重要原料——鲜嫩茁壮的青蒿和野葱，正满山遍野，是制作社饭的大好时机。食社饭，在一定程度上表达当地人缅怀古人，寄希望于未来的情愫。

●苞谷酸辣子

苞谷打成面，和剁碎的红辣椒拌好，舂成坨后放到坛子里腌制。吃的时候把腌好的苞谷酸辣坨从坛子里取出，用茶油或菜油炒熟就可以了。吃起来酸辣爽口，非常下饭。还有种糯米酸辣子，和苞谷酸辣子的做法相同，只不过将苞谷面换成了糯米粉。

铜仁社饭

●蕨菜炒腊肉

梵净山盛产蕨菜，又称“鸡爪菜”，日常做菜可清炒或凉拌。用蕨菜的根磨粉做出的蕨粑也很受欢迎，将半透明状的蕨粑切成条或块，与腊肉同炒，加上辣椒、大蒜，香味绵滑，入口韧性十足。

●绿豆粉

绿豆粉是铜仁的名点小吃。是用大米和绿豆浸泡磨成浆，然后把浆均匀地摊在铁锅上，两面均烤成金黄色的绿豆粉皮而成。吃起来鲜辣醇香，绵软溜滑，清爽可口。由于它具有清热解暑的功能，大多在比较炎热的天气吃，颇受大众喜爱。

蕨菜炒腊肉

●锅巴粉

用正宗的优质绿豆加大米为原料，有着黄绿色的外表，里面与蜂巢相似。吃的时候加一些姜、葱、油辣椒、肉臊等配料，入口有着绿豆的清香，脆脆酥酥的，非常的爽口。配上当地特制的猪脚更加美味。

美食去处

铜仁十字街：即我们所说的步行街，有很多当地特色小吃，价格都不贵。

购物

铜仁的特产有紫袍玉带、傩面具、猕猴桃、土家族麻糖酒、天麻、思州石砚、玉屏箫笛等。铜仁的步行街主要位于西门桥的桥东、解放路一段，步行街一带有特产及衣物专卖店。

●紫袍玉带石

紫袍玉带石盛产于梵净山周边地区，以梵净山南麓的江口县德旺乡为多，是一种极为珍贵的石头。这种石头像夹心巧克力一样，一块有几种层次分明的颜色，不同的石头有不同的颜色层次分布，就像一条条玉带。其中，有许多石头的表层还是一幅精美的图画，形如紫袍，故称“紫袍玉带石”。

●白水贡米

白水优质大米史称“白水贡米”，因其自明代嘉靖二十七年（1548）起，每年上贡朝廷而得名，蜚声海内外，米色洁白呈淡绿色，颗粒饱满，晶莹剔透，煮成饭后见之垂涎欲滴，食欲大振。食之清香四溢，松软可口。含有丰富的营养元素和维生素——硒、钙、镁、铁、钾、锌和维生素C、维生素E等壮筋养脏素，无须菜也可吃三大碗。

●思州石砚

思州石砚简称思砚或思州砚，又名金星石砚，为岑巩县特产。石质细腻，内含金星，经磨耐用。造型奇巧而精细，结构复杂而严谨，表面光可鉴人。思州石砚自古以来被文人墨客视为珍品，备受青睐，是我国“八大名砚”之一。北宋大文豪苏东坡誉之为“拱璧”，清康熙皇帝将之作为御砚，是当地历代官府进奉朝廷的珍贵贡品。

思州石砚

●玉屏箫笛

铜仁玉屏侗族自治县被誉为“箫笛之乡”，因此喜欢民族乐器的朋友可不要错过。玉屏箫笛是侗乡民传统的手工艺品和民族乐器，至今已有300多年历史。箫笛在清朝被列为贡品，故又名贡箫。

娱乐

泡温泉：铜仁的石阡县地处黔东北，因地质构造奇特，地热资源十分丰富，温泉出露点达17处之多，另有一条地下热水河与热水溪，因而这里素有泉都之称。

龙舟赛：说到铜仁的特色，要数一年一次的传统龙舟赛，届时锦江河沿岸人山人海，热闹非凡。

龙舟赛

新华保险

发现者 旅行指南

遵义

概览

亮点

遵义会议会址

这里召开了“遵义会议”，而今会议室内的陈设基本保留了当年开会时的原貌。

中国丹霞谷

中国丹霞谷地是丹霞地貌和全球同纬度保存最完好的原生态峡谷。景区自然风光秀美，历史文化厚重。

赤水大瀑布

赤水大瀑布在贵州的名气仅次于黄果树瀑布，是我国丹霞地貌上最大的瀑布。

桫椤自然保护区

森林覆盖率达91%，是我国第一个以桫椤等国家珍稀濒危动植物及其生态环境为保护对象的国家级自然保护区。

赤水竹海

赤水竹海国家森林公园

以浩瀚的“竹海”风光闻名遐迩。公园内竹林遍布群山峻岭，一片葱郁，若有风起，万顷碧波如海洋一样波翻浪涌，让人遐想联翩。

线路

赤水经典三日游

第一天早餐后赴大同古镇，随后前往杨家岩红石野谷，午餐后来到四洞沟，看流泉飞瀑，夜宿大同镇。

第二天早餐后前往燕子岩森林公园，随后前往丙安古镇，观红军纪念馆，感受红色文化。午后观览赤水大瀑布，夜宿丙安古镇。

第三天早餐后来到赤水竹海，远离城市的污染，随后来到金沙沟桫椤自然保护区，探寻古生物的历史。下午前往五柱峰游览。

遵义市区经典二日游

第一天早上赴遵义会议遗址，重温历史，了解中国共产党历史上这个生死攸关的转折点，随后去凤凰山公园，最后去湘山寺，夜宿遵义市区。

赤水大瀑布

第二天早餐后前往沙滩文化公园，乘渔船泛江，中午在附近品尝农家饭。午后前往杨粲墓。

为何去

播州土司为这里留下丰富遗产，遵义会议让这里闻名全国。如今，这座古城正迅速成长为黔北最重要的中心，成为一座富有魅力的城市。赤水和茅台是这里最有名的旅游胜地。

何时去

四洞沟瀑布

总体上说，遵义的气候温暖湿润，一年四季皆可游览，七八月份到遵义的主要景区赤水来，虽然较炎热一些，但赤水的十丈洞瀑布、四洞沟景区、竹海等，都有遮天蔽日的树荫，足以抵挡炎热。

遵义气候多变，防晒用品和雨具是遵义之行必备的。

茅台古镇

区域解读

区号：0851

面积：约30 762km²

人口：约658万人

主要少数民族：仡佬族、苗族、土家族

地理 GEOGRAPHY

区划

遵义市下辖3个市辖区（红花岗区、汇川区、播州区）、7个县（桐梓县、绥阳县、正安县、凤冈县、湄潭县、余庆县、习水县）、2个自治县（道真仡佬族苗族自治县、务川仡佬族苗族自治县），代管2个县级市（赤水市、仁怀市）。

地形

遵义市位于云贵高原的东北部，处于云贵高原向湖南丘陵和四川盆地过渡的斜坡地带，地形起伏大，地貌类型复杂。

全市海拔高度一般在1000～1500米，处在我国地势第二级阶梯上。大娄山山脉自西南向东北横亘其间，山南是贵州高原的主体之一，以低中山丘陵和宽谷盆地为主，是贵州省为数不多比较大的坝子之一。山北以中山峡谷为主，山高谷深，山地垂直差异明显。

全市河流以大娄山山脉为分水岭，把全市河流分为乌江、赤水河和綦江三大水系，河流均属长江流域。

气候

遵义市属于亚热带高原湿润季风区。全市气候特点是：四季分明，雨热同季，无霜期长，多多云天气，光照时间较短，为全国太阳辐射低值区之一。市境内绝大部分地区冬无严寒、夏无酷暑。

遵义市地处长江上游，但5～6月，也同样会出现降雨量大、降雨次数多的梅雨天气。盛夏7～8月，常有伏旱出现。冬季，云低阴沉的小雨天气较多。

历史 HISTORY

历史大事记

●远古时期

桐梓县岩灰洞旧石器时代人类文化遗址发现的人类牙齿化石，经科学测定，距今20.6万～24万年。桐梓县马鞍山新石器时代人类遗址中，也发掘出大量石器骨器，还有丰富的用火遗迹，年代距今1.8万年。

●春秋战国

春秋时期，现在的遵义市所辖地域，先后或分别属于牂牁、巴、蜀、鳖、鳛等邦国。

战国时期，属于“大夜郎国”范围。元鼎六年（前111年），于夜郎地置牂牁郡，存在了250余年的“夜郎国”之名从此消失。

●唐至清朝

唐贞观十三年（639年），将隋代的郎州改名为播州，领辖今黔北的大片地域。播州之名，历经五代、宋、元到明朝末叶，存在了962年。所以人们常习惯用"播州"来代称古代的遵义。

明万历二十八年（1600年），"平播之役"后，取消土司制度，实行"改土归流"，于次年分播州为遵义、平越两个"军民府"，分别隶属四川、贵州两省。

到清康熙年间，取消"军民"二字，直称遵义府。今遵义市大部分地域属于这两府，还有部分地域属于石阡府、思南府。

清雍正五年（1727年），遵义府由四川省划归贵州省管辖，遵义是贵州省重要的粮食产地和财政来源之一，民国初年，废除"府"的建制。

●近现代

1915年，产自遵义赤水茅台镇的茅台酱香型白酒在美国旧金山巴拿马万国博览会上夺得金奖，成为世界三大名酒之一。新中国成立后，被誉为"国酒"。

1935年1月，中国工农红军长征，在遵义召开了政治局扩大会议——遵义会议，这一会议成为中国工农运动的重要转折点，具有极其重要的地位。遵义会议后，红军转战遵义西北部地区，娄山关战役、四渡赤水均是这一时期发生的著名战役。

1949年11月，遵义解放。

遵义会议——生死攸关的转折点

遵义城的象征，毫无疑问是遵义会议会址。遵义会议会址是一座中西合璧风格的两层楼房，在遵义老城子尹路上的它显得格外引人注目。

遵义会议会址以前是国民党二十五军第二师师长柏辉章的私邸，建于20世纪30年代初，是当时遵义城里首屈一指的宏伟建筑，高墙垂门，巍巍峨峨。具有重要历史意义的遵义会议便是在这里召开的。

1935年1月初，红军长征到达遵义后，这里就成为红军总司令部驻地。1月15日至17日，遵义会议就在主楼楼上原房主的小客厅举行。会议室呈长方形，面积27平方米，室内陈设，基本上是当年开会时的原貌。会址大门临街，大门正中高悬巨匾，毛泽东1964年手书"遵义会议会址"六个大字，苍劲有力，很有气派。

遵义会议否定了自第四次反"围剿"以来，以博古为首的三人团的军事路线，成立了由毛泽东、周恩来、王稼祥组成的三人军事指挥小组，负责长征中的军事指挥工作。遵义会议确立了以毛泽东为核心的新的党中央的正确领导和毛泽东在红军和党中央的领导地位。

此次会议上，中国共产党人第一次独立自主地运用马克思列宁主义基本原理来解决自己的路线、方针政策，在当时极端危险的情况下，挽救了党和红军。可以说，此次极具历史意义的会议是中国共产党历史上一个生死攸关的转折点，中国革命的新局面从这里打开。

四渡赤水出奇兵

中央红军突破乌江，进入遵义城，使蒋介石等人大为震惊，急忙调遣其嫡系部队和川黔滇四省的兵力及广西军队一部，共150余个团，从四面八方向遵义地区进逼包围。四渡赤水战役，就是红军在国民党几十万重兵围追堵截的艰险条件下，进行的决定性运动战战役。

一渡赤水，毛泽东等人决定，暂缓实行北渡长江的计划，改向川黔滇三省边境敌军设防空虚的扎西地区，利用短暂时间，完成了部队整编、精简，大大加强了部队战斗力，为待机歼敌创造了良好条件，并待机歼敌。

二渡赤水，鉴于敌军主力已大部被吸引到川滇边境，黔北兵力空虚的情况，红军决定出其不意地回师东进，折回贵州，回师遵义，回师贵州途中，红军在娄山关与黔敌相遇展开激战并痛击敌军，揭开了遵义战役大捷的序幕。

三渡、四渡赤水，红军突破天险，摆脱敌人。四渡赤水河，是中央红军创建川黔边根据地、川滇黔边根据地过程中在赤水河流域进行的运动战战役。毛泽东曾将四渡赤水视为他一生中的“最得意之笔”。

红军长征这一战略性转移在毛泽东、周恩来、王稼祥、朱德等指挥下，中央红军采取高度机动的运动战方针，在川黔滇边境广大地区，有效地调动和歼灭敌人，粉碎了蒋介石的计划，从而保留了红军的实力，取得了战略转移中具有决定意义的胜利。

文化 CULTURE

国酒——茅台

茅台酒是世界三大蒸馏名酒之一，与苏格兰威士忌、法国科涅克白兰地齐名，为大曲酱香型白酒的鼻祖，因产于遵义仁怀茅台镇而得名。

贵州茅台酒作为中华民族宝贵的文化遗产，传承了我国2000多年的白酒文明。据《史记》记载，公元前135年，汉使臣唐蒙出使南越，绕道习部（今仁怀一带），取枸酱酒（贵州茅台酒前身）献给汉武帝，汉武帝饮后，

四渡赤水渡口

茅台酒厂

赞其“甘美”。可以说茅台酒起于秦汉，熟于唐宋，精于元明，成名于清，兴盛于新中国。1915年，茅台酒荣获巴拿马万国博览会金奖，开启了中华民族工业品牌率先走向世界的先河，创下“外运五洲万人尝”的辉煌。此后，贵州茅台酒先后14次获国际金奖，蝉联历次国家名酒评比之冠，并被多次评为中国最具国际影响力的驰名商标。

茅台酒色清透明、醇香馥郁、入口柔绵、清冽甘爽、回香持久，人们把茅台酒独有的香味称为“茅香”，它是我国酱香型风格最完美的典型代表。

茅台酒采用高粱和小麦做原料，再加上茅台古镇当地的优质矿泉水，运用传统独特的工艺酿制而成，经过8次下曲、7次蒸馏、9次发酵，并经过长期窖藏而成，整套工艺长达8个月之久，一般要窖藏5年后才能成为出厂的成品，这样才能酿出佳酿。

当然，茅台酒如此出名，除了它历史悠久、品质上乘之外，作为我国名声显赫的优秀民族品牌，它还在我国礼仪外交中扮演着重要的角色。自新中国成立以来，茅台酒这一友谊使者一直活跃在我国的政治、经济、军事、文化生活中，尤其在我国外交事业中做出了卓越的贡献，因而贵州茅台酒被尊为国酒，还被美誉以外交酒、政治酒、友谊酒等头衔。

链接

如何鉴别茅台酒的真伪

1. 商标、背标采用印钞凹印防伪技术，手摸有凹凸感；

2. 背标文字下方的防伪花团内，正看为“年份”（15、30、50年茅台）或“茅台酒”，迎光倾斜转动45度变为“MT”；

3. 用验钞紫光灯照射背标文字部分，可见红色企徽图案。

（1）瓶盖侧部防伪标：

手持检测器贴近眼部，视线通过检测器，按动开关。会发现至少有一枚银色动感秘文图案MT并随着角度变化忽隐忽现，稍动即逝。彩色反光水印“MAOTAI”随着不同观察角度呈现不同颜色变换。

（2）瓶盖顶部防伪标：

揭开贴在瓶盖上的兆信物流防伪双效标表层后，可见到16位数码，通过该数码能准确鉴别产品真假。为防止假冒，防伪数码只能有效查询一次，如果您是重复查询，系统将提示首次查询的时间。

仡佬族民俗民风

仡佬族是我国少数民族之一，在贵州省聚集了我国96.43%的仡佬族人口，其余各省份都有分布，以杂居为主。贵州聚居地主要为务川仡佬族苗族自治县和道真仡佬族苗族自治县；其余分布于贵阳、六盘水、遵义和铜仁、毕节、安顺、黔西南等地区。

仡佬族民族服饰独特，无论男女都穿桶

裙。裙腰无褶皱，穿时以裙自头上贯通而下，故又名为“通裙”。男子穿短上衣，居住高寒山区者常外披毛毡一幅。妇女的衣服一般是长衣短裙，制作更为讲究、美观。不同支系所穿服色不同，人们依其服色而分别称之为红仡佬、白仡佬、青仡佬、花仡佬。“剪头仡佬”则有女孩额上头发剪短，仅留一寸长，作为未婚标志的习俗。有意思的是，“打牙仡佬”有姑娘出嫁前将两颗门牙打掉的习俗。

早在宋代，仡佬族青年男女可自由到山坡上对歌或“耍房”选择情侣。直到清末此习俗在遵义一带仍盛行。过去，许多仡佬族地区盛行姑舅、姨表婚的传统习俗。到了近代，仡佬族旧的婚制有很大改变。自近代以来，大部分仡佬族婚姻习俗基本上同汉族一样。在婚姻禁忌上，仡佬族严格实行同姓不婚。在某些姓氏之间也禁止通婚。如道真自治县仡佬族韩何二姓不通婚，基于什么原因却不得而知。

仡佬族也有自己的崇敬。他们崇敬的是竹子，仡佬族称竹子为“仡佬”，“仡佬”族大致可以译为竹族。关于仡佬族崇敬竹子的习俗，早在1600多年前成书的《华阳国志·南中志》和1500多年前成书的《后汉书·西南夷列传》中都有相关记载。传说夜郎王在襁褓之中便是在遁水（北盘江）中被发现的，后人建竹王祠祀奉。关于竹王的传说，以及崇敬竹子的习俗，至今仍广泛留存在各地的仡佬族民间。

链接

仡佬族节日

祭山、吃新、过年，是各地仡佬族普遍过的三大节日。

每年农历三月，春山明媚，万物复苏，是春耕生产的关键时刻，也是仡佬族祭山的日子，祭山一般选在三月初三。祭山的村寨为单位各自组织，一村只有一姓者，祭山由长房世袭主持；多姓杂处的寨子，则轮流主持，每年由数户共同当值，用拈阄方式确定当值者，主持人面对神树，恭恭敬敬地献祭，呼请名山神来享受祭物，并祈祷山神保佑全寨清洁平安、五谷丰收。

祭山节选在春耕之时，吃新节便是丰收之时。仡佬族人认为，丰收是天地、祖宗保佑的结果，所以新粮一熟就怀着喜悦、感激之情，迎请天地与祖宗尝新。吃新的具体时间各地不一。多数在农历七月初七。吃新节当天摘取新谷穗、苞谷、豆荚等一齐献祭，并把纸做的金山银山放桌上，点香燃纸念请祖宗享用，将仡佬族传统的吃新节与汉族的七月半祭鬼活动联系起来。

再说过年，最早仡佬人根据农作物生长规律以十月为年节，自清代以来，仡佬族人渐仿汉族人，以腊月三十至正月初一为过年，原先十月为岁首的习俗渐渐废止。各地仡佬族过年，要打糯米粑供祖。糯米粑有大有小，数量有多有少。各寨、各姓氏，甚至在同一村寨集体举行和各家分别进行两种，但以各家各户分别进行的多。过年期间，仡佬族的村村寨寨普遍开展文体活动。传统的活动内容主要是打磨磨秋、打鸡和打篾鸡蛋。

仡佬族舞蹈表演

景点推荐 遵义城近郊景点

遵义会议会址 AAAA

遵义城最宏伟的建筑

遵义市红花岗区老城红旗路80号

在市内乘坐2、4、6路循环线及7、9、18、26路公交车即到　免费　0851-28222052

遵义会议会址，即遵义会议纪念馆，地处遵义老城，始建于20世纪30年代初，原为国民党二十五军第二师师长柏辉章的私邸，是一幢中西合璧的砖木结构两层楼房。

这栋建筑在遵义城里人尽皆知，是遵义城最宏伟的建筑，其高墙垂门的壮观之势至今犹存。旧址在新中国成立后经过多次修复，分为主楼、跨院两部分。主楼坐北朝南，占地面积528平方米，大门正中高悬一块由毛泽东题写的“遵义会议会址”六字巨匾，临街有8间铺面房。站在楼层走廊上，可远眺四周的红花岗、插旗山、玉屏山、凤凰山等群山景色。

主楼的房间总共有12间，楼上、楼下各6间，主要有遵义会议会议室、军委总参谋部办公室，以及周恩来、朱德、康克清、刘伯承的办公室兼住室等。

链接

遵义会议

1934年，中国共产党六届五中全会后，在王明“左”倾冒险主义的错误领导下，第五次反“围剿”以失败告终，红军开始长征。长征初期，当时的领导者又犯了退却中的逃跑主义错误。1935年1月7日，红军来到遵义；15日至17日，为纠正王明“左”倾错误，召开中共中央政治局扩大会议，史称“遵义会议”。这次会议确立了以毛泽东为首的新的中央领导集体，是中国共产党第一次独立自主地运用马列主义基本原理解决自己的路线、方针、政策的会议，是中国共产

遵义会议会址大门

党历史上一个生死攸关的转折点，挽救了党，挽救了红军，标志着中国共产党从此走向了成熟。

红军山
纪念遵义战役中牺牲的烈士

遵义市红花岗区凤凰中路

红军山原名“小龙山”，为了纪念在遵义战役中牺牲的红军烈士，1953年把附近找到的77座红军坟墓集中迁到这里，遵义市人民政府在这里修建红军烈士公墓，1954年将远近闻名的“红军坟”由桑木垭迁到此处，从此，人们称小龙山为“红军山”，山上的陵园原先叫“小龙山红军烈士陵园”，后来改为“红军烈士陵园”。

整个陵园庄严肃穆，正面是在纪念遵义会议五十周年时兴建的一座别具特色的纪念碑，碑上为邓小平同志手书的竖写“红军烈士永垂不朽”八个金色大字。

中华苏维埃国家银行旧址
典型的黔北民居

遵义市红花岗区杨柳街口

中华苏维埃国家银行旧址原是国民党黔军二十五军副军长犹国才的私宅，建于20世纪20年代末，坡屋顶、小青瓦、穿斗屋架，具有典型的黔北民居建筑特点，建筑面积1155平方米。

凤凰山公园

凤凰山公园

被誉为“绿色明珠”

遵义市红花岗区凤凰路

凤凰山国家森林公园，森林覆盖率达90%以上，被誉为遵义人民的一颗“绿色明珠”。

公园始建于1957年，2001年被列为国家森林公园，分为凤凰山核心景区（红花岗区）、海龙湖景区（海龙镇）两部分，包括凤凰山、大龙山、老鸦山、海龙湖4大景区。公园内除丰富的森林植被，清新的空气，优美的环境外，还建有各种休闲娱乐设施，包括龙亭、怀红亭、牡丹亭儿童游乐场等。

遵义公园

与凤凰山隔河相望

遵义市红花岗区公园路

遵义公园与凤凰山森林公园隔河相望，原名纪念公园。面积132亩，环境幽雅，园林、游乐设施完备。公园由南至北呈长条块状布局，分为四个区块，栽种名贵林木，并建造亭、廊、室、馆、花坛、假山、水池等园林建筑，环境清雅，风景秀丽。

大板水森林公园

黔北地区动植物的天然基因库

遵义市红花岗区金鼎山镇

大板水国家森林公园是贵州森林公园中景观类型最多的公园之一。由大板水森林游览区、聚仙洞地质景观区、玛瑙湖山水景区、金鼎山宗教文化观光区组成，公园是典型的喀斯特地貌，集林海、雄峰、石林、溶洞、珍稀动植物、山溪、瀑布、温泉、水库、天象等自然景观和寺庙群、古山遗址、土司遗迹、苗族风情、田园风光、民间传说等历史人文景观于一身。

此外，公园内森林覆盖率极高，以天然阔叶林为主，是黔北地区动植物的天然基因库，尤其以小板水景区大面积的天然南方红豆杉群落闻名。

玩家解说

公园内佛教文化历史悠久，金鼎山寺庙群规模宏大、寺庙各异、几教共存、多神崇拜，是一

遵义的红色景区

1935年的春天，红军在突破了万千壁垒后来到了遵义，并于1月15日至17日，中共中央政治局在此召开了著名的遵义会议，留下了遵义会议会址、红军山、中华苏维埃国家银行旧址等红色旅游胜地。另外，红军长征中几次重要的战役都在这里留下了历史的痕迹，其中著名的有四渡赤水之战、强渡乌江、娄山关战斗、黄陂洞战斗、复兴场战斗等。在此基础上还建造了红军烈士陵园、四渡赤水纪念馆等可供参观的景点。

●遵义会议会址

是一座坐北朝南的二层楼房，为中西合璧的砖木结构建筑，保留了我国古建筑“彻上明造”的结构风格。会址主楼的房间逐步复原了遵义会议会议室、军委总参谋部办公室、军委副主席周恩来的办公室兼住室、红军总司令朱德与军委直属队指导员康克清的办公室兼住室，以及红军总参谋长刘伯承的办公室兼住室、军委总部参谋人员和工作人员的住室等。

●红军总政治部旧址

位于遵义老城杨柳街的天主教堂里，主要建筑有经堂和学堂两部分，总政治部即在经堂内召开群众大会，把遵义的各种革命活动轰轰烈烈地开展起来。

●红军街

红军街与遵义会议会址毗邻，与风景秀丽的遵义公园仅一墙之隔。这里有与长征有关的系列展览和陈列。

●红军山

位于市内小龙山上，集中了新中国成立后在遵义各处找到的红军遗骨，整个陵园庄严肃穆，正面是在纪念遵义会议五十周年时兴建的一座别具特色的纪念碑，碑上为邓小平同志手书的竖写“红军烈士永垂不朽”八个金色大字。

●中华苏维埃国家银行旧址

原是国民党将领犹国才的私宅，坡屋顶、小青瓦、穿斗屋架，是典型的黔北民居，在反对国民党军“围剿”战争中，发挥了很大作用。

●赤水红军烈士陵园

位于赤水市城区南郊杉树坝，是为纪念“四渡赤水”战役中牺牲的红军烈士而修建的陵园。

●四渡赤水纪念馆

位于土城镇长征街，为中西合璧两层砖房，纪念馆突出介绍四渡赤水战役的全过程，以土城战斗、一渡赤水河为重点，真实再现历

个区域性的佛教名山，是川黔著名的宗教圣地；园内残破的古山寨和众多的土司遗迹，丰富了景区的历史信息；淳朴的苗家山寨，则为公园增添了民族文化风情。多样的人文景观引人入胜。

湘山寺

黔北地区的佛教中心

遵义市红花岗区万里路湘山上

湘山寺因踞湘山、拥湘水而得名，曾称万福寺、护国寺，始建于唐代宗大历年间（766—779），重修于清乾隆初年，此后多次修复。

主要建筑包括山门、天王殿、韦驮殿、大雄宝殿、三圣殿、观音殿、普贤阁、藏经楼、天人合一宇宙观等，其中天王殿、大雄宝殿、观音殿3座殿堂位于全寺中轴线上。这座千年古刹不仅位置佳、风景美，而且规模大，势雄姿秀，布局严谨，工艺精湛，是黔北地区的佛教中心，也是一处不可多得的旅游名胜，值得游客参观、访古寻幽等。

玩家解说

湘山寺是黔北佛教中心，省级保护文物，主体由天王殿、大雄宝殿、观音殿等建筑组成。还有书画纷呈的藏经楼，古朴静穆的舍利塔园，供有吴道子所绘观音像碑的碑亭，造型别致的望江楼。

史，突出表现毛泽东等军事指挥家军事指挥艺术上的“神”，凸显了四渡赤水在中国革命史上的历史地位。

●元厚渡口

元厚镇距市区57千米，是赤水市的南大门。元厚渡口是红军一渡赤水时右路纵队的主要渡口。在元厚镇的赤水河边建有一座纪念碑，上刻“红军渡”三个大字，字体选用毛泽东手书体，是国家重点保护文物。

●风溪渡口

位于赤水市复兴镇，1935年1月26日，红一军团红二师在风溪口架浮桥渡河，向赤水县城推进，并在复兴场与川军激战。后接总部命令，于风溪口二次渡过赤水河，回丙安驻扎待命。

●丙安红一军团纪念馆

位于赤水市丙安乡的丙安古镇内，是红一军团在全国唯一的纪念馆。1935年1月25日，林彪奉命率红一军团部及红二师到达丙安古镇，将红一军团总指挥部和红二师师部设于丙安场上，指挥开展了著名的赤水黄陂洞、复兴场之战，同时也揭开了中国工农红军“四渡赤水”战役的序幕。

●娄山关战斗遗址

娄山关位于遵义、桐梓两县的交界处。北距巴蜀，南扼黔桂，为黔北咽喉，是兵家必争之地。中国工农红军第一方面军与黔军大战娄山关前，经过反复争夺，歼灭黔军两个团，揭开了遵义战役的序幕。红军重占娄山关后，毛泽东随中央军委纵队登上娄山关所写之词，现以行草手书体放大镌于高14米、宽25米的大理石碑上，愈增雄关声色。

●回龙场战斗遗址

位于大乌江的中段，以回龙桥为中心，1935年1月1日，中央红军从乌江南岸以仅有的一艘船强渡乌江，奋勇击溃了驻守北岸的侯之担部队，成功地渡过乌江。

●黄陂洞战斗遗址

黄陂洞战斗过程十分惨烈，是形成“四渡赤水”战役的一个直接的主要原因。

●复兴场战斗遗址

位于赤水市复兴镇，古镇的路口有一座雕塑，塑像下的石碑上刻着李鹏同志题写的“复兴场红军战斗遗址”。复兴场战斗因敌军的大量增援，红军作战不利，遂主动撤出复兴场。

白云寺

贵州最早对外开放的寺院之一

✉ 遵义市红花岗区

白云寺初名“蚕神庙”，始建于清代嘉庆年间（1796年左右），是遵义城内第二座较大的佛教寺院，是贵州省最早对外开放的寺院之一。

白云寺现除有宏伟的大雄宝殿外，还有观音殿、韦驮殿、三圣殿、玉佛殿等。这些大殿均是现代化建筑，宽敞明亮，为佛教徒提供了活动场所。各种佛像全部重新塑过，并穿金涂彩，威严壮观，寺内另珍藏碑刻三块。

桃溪寺

近郊一片难得的田园佳境

✉ 遵义市红花岗区西郊5千米

桃溪寺原名延禧寺，始建于明隆庆、万历年间。万历二十八年（1600年）毁于战火，次年修复，易名桃溪寺。

桃溪寺为木结构四合院式建筑，山门两侧为八字墙，门上匾额横书“桃溪寺”三字，整个寺宇背倚一片古枫翠柏，面临清澈明丽的桃溪河水，桃溪河两岸桃李成片，绿柳垂丝，是近郊一片难得的田园佳境。

法王寺

至今已有170余年的历史

遵义市红花岗区狮子山前

法王寺修建于清代咸丰元年（1851年），至今已有170余年的历史。寺殿建在悬崖绝壁上，黛色碧瓦，水泥殿柱，飞檐峭壁，一派古刹韵味。站在庙上举目四望，群山环抱，名城英姿尽收眼底。法王寺中的文殊菩萨和普贤菩萨具有较高的雕塑艺术。寺内供奉着从缅甸请来的释迦牟尼坐佛、释迦牟尼卧佛、弥勒佛、文殊菩萨、普贤菩萨等玉佛。

玩家 解说

白天站在殿上遥望，鲜红的太阳在上空照射，白云在眼前浮动，高高矮矮的山峦似乎在蠕动，一个个都在向狮子山顶礼膜拜。山脚下的车水人流，似乎在向狮子山微笑拥来。晚上站在殿上环视，这儿的风光更是秀丽无比。明月挂在狮子山的天空上，把寺殿照耀得如同白昼。天上的数万颗明星铺满山顶；地下的万盏明灯，闪烁在殿前，灯海与星海连接在一起，把法王寺包围起来，形成一个明灯的世界。

湘山寺望江楼

链接

在狮子山前建法王寺的传说

道昆和尚携母去拜佛，没有困难能阻止他们前进。道昆是大孝子，母亲是个小脚老太婆，走不动时他就背着走。观音菩萨为验证他们的诚心，待他们走到九华山前，就向天空洒去法水，忽然间狂风大作，雷鸣电闪，下起瓢泼大雨。本来九华山的溪水就多，四山的雨水都向山下流淌，溪水陡涨，在他们的面前就出现一条波涛滚滚的河。可是他们并未停止脚步，还是一步一步地向前走。一个大的浪头向他们涌来，他们就随水漂流，漂了数十丈远，在迷迷糊糊中，被一骑狮子的菩萨救起。待他们清醒过来时，已风平浪静，艳阳满天。母子二人在昏迷中所见皆同。他们回忆起这种形状，正是在寺殿中见到的文殊菩萨。所以道昆和尚，选了千山万岭，最后在遵义市的狮子山前的狮子口悬崖陡壁中建了座寺殿，供奉文殊菩萨。

郑莫祠

砖木结构，中西合璧

遵义市红花岗区十一中学校园内

郑莫祠建于1930年，坐落在校舍左侧荷花池畔，是清代道光、咸丰、同治年间贵州最著名的经学家、文学家和书法家郑珍、莫友芝的祠堂。

祠坐西向东，中西合璧；砖木结构，歇山式屋顶，面宽15米。设三间，周有回廊。大门上悬挂“郑莫祠”三字匾额，该匾是遵义名人杨文湘所书。门旁有联，祠内供郑、莫木塑。

链接

郑珍、莫友芝

郑珍（1806—1864），清代官员、学者。字子尹，晚号柴翁，别号子午山孩、五尺道人、且同亭长，贵州遵义人。道光十七年（1837年）举人，选荔波县训导，咸丰年间告归。同治初补江苏知县，未行而卒。学宗许郑，治经学、小学，为晚清宋诗派作家，其诗风格奇崛，时伤艰涩，与独山莫友芝并称“西南巨儒”。所著有《仪礼私笺》《说文逸字》《说文新附考》《巢经巢集》等。另有同名革命烈士人物。

莫友芝（1811—1871），字子偲，自号郘亭，又号紫泉、眲叟，贵州独山人。晚清金石学家、目录版本学家、书法家，宋诗派重要成员。家世传业，通文字训诂之学，与遵义郑珍并称“西南巨儒”。

新蒲农业观光园

集农业观光、乡村旅游为一体

遵义市红花岗区新蒲镇

新蒲农业观光园总面积900公顷，包括芳卉园、特种蔬菜、叠翠园、茶果观光园、特种蔬菜园、农业科技园六大园区，是集农业观光、乡村旅游、休闲度假为一体的重要旅游基地。园内千亩荷花田园、万亩果园茶园、十里葡萄生态长廊等无与伦比。

海龙囤 AAAA

中国中世纪军事古城堡

遵义市汇川区高坪镇玉龙村义龙岩山东

中国中世纪军事城堡——海龙囤，又名龙岩囤。该囤居群山之巅，四面凌绝，左右环溪，有"一夫当关，万夫莫开"之势，仅山后仄径一线可以攀登，播州土司杨应龙的祖先利用地形，在宽约5千米的崖上围筑土城；建楼房、仓库、水牢于其间；囤前设铜柱、铁柱、飞龙、飞凤、朝天、万安等九关，各关之间有护墙相连，随山势绵延十余里，别有一番气象。

2015年7月4日，海龙囤作为中国三大土司遗址之一成功入选世界文化遗产名录。

玩家解说

囤内的主体建筑，有"老王宫"和"新王宫"两部分。"老王宫"在囤顶的一道山梁上，占地面积约2万平方米，房屋已毁而屋基尚存，它以石踏道为中轴线，房屋分别两侧，正厅屋基坐北朝南，依山势逐级建造。近城墙处有兵营、住宅区和练兵场，西南角为采石场，可通达后山的万安关。"新王宫"位于囤顶的另一道山梁上，占地面积1.26万平方米，它以正厅为中心，厅前两侧房屋对称排列，厅后亦有房屋、屋基台阶及柱础，见证了历史的沧桑。距海龙囤6千米的养马村，是当年"养马城"的遗址，占地面积约2平方千米，城墙周长6千米，设有东门、小东门、西门、张家湾门、月儿门和田家湾门，残垣断壁，据说"可容马数万匹"。

娄山关

娄山关 AAAA

川黔交通要道上的重要关口

遵义市汇川区娄山关镇

娄山关原名娄关，也叫太平关，海拔1576米，是川黔交通要道上的重要关口，自古为"黔北第一险要"、兵家必争之地。景区内以人文景观为主要特色，拥有众多文物古迹。1935年，红军在此与国民党黔军进行了两次娄山关战役，为遵义会议的召开做了重要保障，因而意义重大，如今此处已被开辟为红色旅游基地。

玩家解说

1935年2月，中国工农红军第一方面军二渡赤水，回师黔北，歼灭黔军四个团，攻下娄山关，揭开遵义大捷的序幕，赢得自长征以来的第一次巨大胜利，展示了遵义会议的曙光。从此，红军战斗过的娄山关，便成为黔北著名的革命纪念地。

链接

诗词《忆秦娥·娄山关》

诗词《忆秦娥·娄山关》镌刻在娄山关一块石碑上，是毛泽东对这一战斗历史的真实记载：

西风烈，长空雁叫霜晨月。

霜晨月，马蹄声碎，喇叭声咽。

雄关漫道真如铁，而今迈步从头越。
从头越，苍山如海，残阳如血。

苟坝红色旅游区 AAAA

爱国主义教育示范基地

遵义市播州区枫香镇苟坝村　0851-27570099

苟坝红色旅游区位于遵义市播州区枫香镇苟坝村，是依托1935年红军长征途中召开的苟坝会议而建设，核心区苟坝会议会址于2017年被中宣部授予“全国爱国主义教育示范基地”，并入选中国100个红色经典景区名录。其主要景点包括苟坝会议会址、长五间、红军医院、苟坝会议陈列馆、匠心园等，面积约6.96平方千米。

云门囤 AAAA

因云雾常年飘浮其间得名

遵义市播州区团堡村

云门囤又称水上大天门，属贵州高原典型的喀斯特河谷，青峰如屏倒影江中，景色奇幻多姿。因地处洛安江与湄江交汇处，群山环抱，云雾常年飘浮其间得名。

乐安江在此穿山而过，留下宽约80米，高约100米的巨型山洞，当地人便称为“天门洞”。景区分为乐安江风光、云门囤水上天生桥奇景、湄江河十里画廊观光、牛角塘景区（观天眼地缝）、夜郎古道五个部分。

沙滩文化公园

形成了贵州独有的沙滩文化

遵义市播州区新舟镇禹门山北5千米

沙滩早在宋、元之际便已开发，是播州杨氏领主（土司）杨应龙之弟杨兆龙的庄园，称为官庄。此外，沙滩为黎氏家族聚居地，因形似琵琶，所以又叫琴洲，沙滩也由此得名。沙滩有着久远的历史，在这里形成了贵州独有的沙滩文化，孕育了以“黔北三巨儒”为代表的一大批文化名人。现存黎庶昌故居、郑

云门囤

珍墓、莫友芝墓、禹门寺、观音阁、禹门森林等景点。其附近还有锁江桥、石头山、栀冈、水牛山和青冈山等多处景点。

黎庶昌故居

黎庶昌故居占地面积2914平方米，为木结构高架瓦房，门楼、过厅、中厅、正堂，均随山势而建，依次坐落在中轴线上，形成三重天井。第三天井由正房、下厅和两厢组成四合院。院左右各有一座石砌方形花坛，花坛四壁有“渔樵耕读”“喜鹊闹梅”等浮雕。二重天井北侧为四列三间一楼一底瓦房，屋两端各砌封火墙，屋前有庭院及花园，此为当时的“拙尊园”。楼下为黎庶昌的卧室和书房，楼上曾藏书两万多卷，惜已散无存。

故居内现存放有黎庶昌生前使用过的部分家具、文具和介绍他生平事迹、著述的文字资料等。

链接

黎庶昌

黎庶昌（1837—1898），字纯斋，晚清著名的外交家、学者。曾任英、法、德、西班牙、中国使馆参赞，两度出任日本钦差大臣。少年时抱负不凡，思立伟行，致力于经世之学。同治元年（1862年），不计个人得失，上“万言书”，陈述时弊。光绪二年（1876年），奉命出使赴欧，开始了他的外交生涯。此后的十多年间，他出使了好几个国家，对各国的时政、外交、经济、军事及国际形势知之甚详，深切认识到中国非改革不足以自立，力主变法。黎氏一生的成就，主要在外交方面，其次在学术方面，著有《拙尊园丛稿》《古逸丛书》《西洋杂志》等。海内外学术界把郑珍、莫友芝、黎庶昌三人视为黔中学术之代表。

乌江渡旅游区

中国红色旅游经典景区

遵义市播州区乌江镇

乌江渡历史上为“黔蜀要津”，是兵家必争之地。明万历二十八年（1600年），明军征讨播州杨应龙，曾在此惨遭败绩。1935年，长征到遵义的中国工农红军，则在此重创国民党中央军。

杨粲墓

乌江渡口早年仅通舟楫，自明清以来始架浮桥，新中国成立后才建有规模宏大的公路桥和铁路桥，并建造了中国第一座石灰岩地貌的乌江水电站。

杨粲墓

合葬大型石墓

遵义市播州区永安乡皇坟嘴

杨粲墓修建于宋理宗淳祐年间，是一座南宋时期播州安抚使杨粲夫妇的合葬大型石墓。杨粲墓的平面布局是南北两室并列，南室墓主是杨粲，北室墓主是他的妻子。两个墓室结构大致相同，均由墓门、前室和后室三部分组成。杨粲墓最具特色的是在墓内外分布着内容丰富、技艺精湛的石刻装饰。虽已大部剥蚀，但仍可依稀辨出当年的豪华气派。

链接

杨粲

杨粲，字文卿，宋宁宗嘉泰初年（1201年）袭播州安抚使，执掌播事30余年，是播州史上一位很有作为的中兴人物。杨粲曾以强烈的爱国热忱抗击金兵，在多次对外战争中，以“卫道”为旗号，凭借武力行兼并扩张之实，扩大播州版图。杨粲治播州以“文武兼资”著称，使得播州社会稳定，生产发展，财富日增。晚年，杨粲以儒家道德思想为准绳，总结毕生统治经验，作《家训十条》，并刻石以示子孙。

景点推荐

仁怀旅游区

茅台古镇 AAAA

茅台酒的故乡

遵义仁怀市茅台镇

茅台古镇是“国酒”茅台的故乡，也是一处重要的旅游区，以茅台文化为主要特色。这里拥有很多个国内“之最”，如最大的酒文化博物馆——“国酒文化城”、最大的实物广告——“茅台酒瓶”、最大的摩崖石刻汉字——“美酒河”，以及最长的石刻龙建筑群。这里除了是中国最大的酱香型白酒——茅台的产地，也是“四渡赤水”红色革命的征战地，还有各种自然、人文美景。

链接

茅台酒为什么只有茅台镇酿得出

1.适宜的气候环境条件：平均海拔880米，年平均气温16.3℃，年日照时数1400小时，无霜期311天，年降雨量800~1000毫米。

2.得天独厚的地质结构：茅台镇地质地貌构造，主要是侏罗白垩系紫色砂页岩、砾岩，形成时间已超过7000万年，受海拔和岩石风化后成土母质的影响，茅台地区紫色土广泛发育。这种土壤一般厚度50厘米左右，酸碱适度。土壤中砾石和沙质土体含量高，渗水性较好，地下水、地表水通过红壤层时，对人体有益的多种微量元素被溶解，经过层层渗透过滤，形成香甜可口、纯净无毒的清洌泉水。

3.茅台人使用的特别的酿酒原料：茅台镇及其周边地区出产的高粱和小麦，是茅台酒的上佳酿造原料。

国酒门

国酒门是茅台镇的镇大门，为中国古典城楼式建筑。一殿二亭四重檐，高18.2米，庄重华丽。国酒门东侧的山头上耸立着一个巨大的茅台瓶，高31.2米，瓶内有螺旋楼梯可登高环眺，被誉为“天下第一瓶”。

中国酒文化城

中国酒文化城是目前国内规模最大的酒文化博览馆，拥有包括汉馆、唐馆、宋馆等8座大型的展馆。每个馆均体现了各个时代建筑美学的典型风格：汉馆古朴巍峨，唐馆富丽堂皇，宋馆古典玲珑，元馆粗犷明快，明馆精巧别致，清馆华丽凝重，现代馆明晰流畅，洋溢着时代的气息。

馆中拥有丰富的图文资料，介绍了中国历代酒业的发展过程及与酒有关的政治、经济、文化、民俗等，展示了中国博大精深的酒文化及源远流长的国酒文化。

吴公岩峡谷

两岸山势陡峻，悬崖如削

遵义仁怀市境内

吴公岩峡谷是赤水河中游最狭窄、最险要的峡谷，这里既有雄、奇、险、秀的自然风光，又有当年民间义士吴登举开河修浚河道的传奇故事。两岸山势陡峻，悬崖如削，山顶上奇峰异石，形神皆备，河中滩长陡跌，河水奔腾如雷，湍急凶险，自古为黔北入川天险。

吴公岩摩崖石刻群

内容丰富多彩

遵义仁怀市沙滩乡境内

吴公岩摩崖石刻群分布于美酒河村仁习公路旁，该处石刻极多，字体行草篆隶兼有，内容丰富多彩，沿公路延续长10千米。共计近50方，总面积约10万平方米。

整个摩崖石刻群中最大的是“美酒河”石刻，该石刻位于沙滩乡境内吴公岩绝壁之上，摩崖石刻总面积4800平方米，其中“美”字高41.2米、宽33.05米，“酒”字高31.62米、宽30.42米，“河”字高34.49米、宽32.57米。无论是整个摩崖还是单个石刻汉字，均是世界之最。其字体潇洒稳健，雄放有力。

千年盐运古道

通达半个中国

遵义仁怀市境内

川盐古道，史书记为“官盐大道”，是一条源于四川东部（今渝东），对川、鄂、湘、黔交会地区产生巨大影响力的、贯穿整个中国腹地的运盐古道。古道因盐而兴，成为推动经济、传播文化的重要载体，是连接不同地域、不同民族文化的纽带。贵州素不产盐，历史上贵州人民所食之盐主要是由川盐古道入黔。

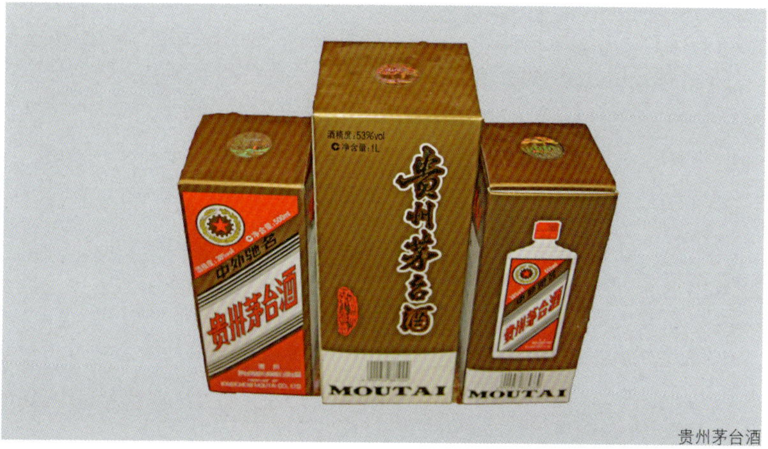

贵州茅台酒

景点推荐

习水旅游区

习水自然保护区

植物资源十分丰富

遵义市习水县东皇镇

习水自然保护区，是贵州省最大的国家级自然保护区。建于1992年，主要保护对象为中亚热带常绿阔叶林森林生态系统。

保护区内植物资源十分丰富，已查明植物种类超过1674种，动物种类有1435种，其中国家二级保护植物有金毛狗、桫椤等；国家一级保护动物有豹、云豹、白冠长尾雉等，二级保护动物有猕猴、藏酋猴、穿山甲、大灵猫、小灵猫、林麝、斑羚、鸢、白尾鹞、红隼、红腹锦鸡等。保护区内生态环境良好，物种资源丰富，适合生态游、探险游、科考游等主题游形式。

三岔河景区

山奇水秀，古朴悠然

距遵义市习水县城50千米的三岔河乡境内

三岔河风景区山峦重叠，云蒸霞蔚，山大沟深，纵横交错，素有“九沟十八岔”之称，沟沟有溪流，岔岔有清泉。

景区动植物资源丰富，有云豹、红白腹锦鸡、珙桐、楠木、鹅掌楸等国家一级、二级保护的动植物40余种，近年来又发现华南虎踪迹，千亩原生福建柏、百亩紫杜鹃，漫山乌莓，千鹭齐飞，令人叹为观止。

此外，景区内至今保留着罕见的文物和令人惊叹的古迹，如望仙台石窟、蜀汉岩墓、花楼、古墓、牌坊等与自然景观融为一体，平添无穷之神韵。

中国丹霞谷 AAAA

中国丹霞谷地是丹霞地貌和全球同纬度保存最完好的原生态峡谷。景区自然风光秀美，历史文化厚重。自然风光融斑斓的丹霞地貌景观、幽密的原始森林植被和秀丽的溪谷景观为一体；人文景观集传奇的袁锦道历史文化、多彩的苗疆文化和深邃神秘的古夜郎文化于一身，是镶嵌在黔北高原上的一颗璀璨明珠。

景区内的自然景观有忘忧谷瀑布、绢瀑、水漫丹霞等；人文景观有锅厂坝遗址、一团和气图、石麒麟、丹霞谷木栈道等。丹霞景观有猴血岩、红层丹崖、飞仙石等。

彩色水

三岔河水流在习水河、清溪河、三岔河汇合处，习水河流经红砂岩地段，水色呈紫红微黄，清溪河流经冷砂，石灰岩层，水色呈浅绿色，三岔河流经原始森林，水色呈深蓝色，三水交汇，形成彩色水这一奇观。合口处有一高20多米的古银杏树，春夏秋三季叶色由绿变黄，与彩色水相映成趣。

三岔河

望仙台石窟

石窟坐南向北，前临深谷，后倚绝壁。周围奇观峭壁，林海莽莽，“云飞雾卷，鹤绕龙吟，仿佛蓬莱”，故名曰“望仙台”。

石窟东西长25米左右，进深宽度1～9米不等，主窟高约8米，面积200余平方米。东窟供奉佛像，为主窟，西窟为袁锦道塑像祠。东窟上方摩崖有高约2.2米的三尊大佛，释迦牟尼佛居中，阿弥陀佛居右，药师佛居左。

蜀汉岩墓

蜀汉岩墓在三岔河乡以北1千米的悬崖上，有5座蜀汉岩墓，岩墓上的石刻有文字、题记、双阙图、捕鱼图等。为国内仅有的三国时期蜀汉岩墓石刻。石刻历经沧桑仍轮廓分明，线条饱满，寓意深刻，堪称摩崖石刻之上品。

长嵌沟景区

一条天然的画廊

遵义市习水县长嵌沟村

长嵌沟景区森林植被覆盖约95%，长嵌沟从马合公路22千米处至35千米处，长约13千米，群峰夹峙，山青岩赤，像一条天然的画廊，将两个浑然不同的气候带连接起来，南端海拔1000米左右，北端海拔400米左右，冬无严寒，夏无酷暑。初春，山下杜鹃花含苞，山上白雪茫茫，景区内四季景色各异，阴晴变化无穷。

中国杉王为景区内著名景点，相传为宋王朝的将领袁世盟带兵入黔“平蛮”屯田，栽下此树，距今有700多年历史。长征时，周恩来同志路过此地观后，称赞说：“这么一棵大树，可称得上全国杉王。”

景点推荐 赤水旅游区

赤水大瀑布景区 AAAAA

中国丹霞地貌上最大的瀑布

遵义赤水市两河口乡

赤水大瀑布是贵州仅次于黄果树瀑布的又一大瀑布景区。景区拥有十丈洞大瀑布、中洞瀑布、奇兵古道、转石奇观、香溪湖、百亩茶花、石笋峰、亿年灵芝、会水寺摩崖造像等自然人文景观。其中的十丈洞大瀑布既是中国丹霞地貌上最大的瀑布，也是中国长江流域上最大的瀑布。在景区的附近还有中洞瀑布、蟠龙瀑布群、两河口瀑布、鸡飞崖瀑布、香溪湖、石笋峰、灵芝石、百亩茶花林和大片的杜鹃林、桫椤林等景观与之相呼应。此外，景区内还有观瀑台、浪琴湾、飞虹桥、疑无路、三圣殿、仙舞台、暗瀑石等景点。

玩家攻略

1.住宿：十丈洞景区内有不少农家乐提供住宿，可以考虑。

2.美食：可以品尝这里的特色农家乐，如筒筒饭、筒筒笋、老腊肉、豆花儿等。也可以自带水和干粮。

十丈洞大瀑布

十丈洞大瀑布又称赤水大瀑布，高76米、宽80米，在贵州的名气仅次于黄果树瀑布，是我国丹霞地貌上最大的瀑布。景区

以瀑布群、竹海、丹霞地貌等景观为主体，赤水大瀑布从悬崖上倾泻而下，气势磅礴，几里之外就能听到声音。走近之后，水雾弥漫。当阳光照射的时候，呈现七色彩虹。此外，瀑布周围树木繁盛，一年四季都有绿意。

玩家 解说

赤水大瀑布虽然很壮观，却一直是久居深闺的。它被发现于明朝永乐年间，太监谢安出来为皇宫砍伐质量上等的楠木建造宫殿，误闯到了这里，被这里的美景震惊，最终谢安选择在此处隐居，开始自耕自食。后来，大旅行家徐霞客也来过这里，但是直到1986年，中央电视台播放了赤水大瀑布之后，它才真正为世人所知。

中洞瀑布

中洞瀑布在两河口至十丈洞的公路旁边，离赤水大瀑布大约有2千米距离。中洞瀑布高18.5米、宽75.6米，晶莹剔透，十分美丽，如银珠织帘垂挂谷中，被称为中国帘状瀑布的典型代表，又被当地人称为“美人梳”。

万年石伞

万年石伞又被称为灵芝石，它在香溪湖边的森林中。巨石的外观像一把伞，是丹霞岩石经过漫长的年代风化形成的。石伞伞顶周长17米，高6.2米，伞把最细的地方周长1.2米左右，让人不解的是这把“头重脚轻”的石伞虽然也会在风雨中摇晃，但千百年来却依然屹立。

蟠龙瀑布群

蟠龙瀑布群有12级瀑布，瀑布幅宽均为40～50米，其中第一、二级瀑布紧紧相连，高度分为51米、23米。其余均在10米上下。瀑形多姿多彩。峡谷两岸为原始状态常绿阔叶林。还有10多个高瀑直落谷底，蔚为壮观。

百亩茶花林

百亩茶花林距香溪湖大约7千米，步行需1个多小时。百亩茶花林内的茶花都是野生的，十分罕见。一般的植株高10米，花色有白、黄、红、桃红等，花形千姿百态。

四洞沟景区 AAAA

“没有败笔的景区”

遵义赤水市大同镇

75元

四洞沟长约4千米，景区以大致相等的距离排列着的四级瀑布为主体，分别是水帘洞瀑布、月亮潭瀑布、飞蛙崖瀑布和白龙潭瀑布。这

些瀑布瀑宽都在40米左右，落差最大的大约有50米。它们形态各异，有的瀑布如翠螺，有的似新月，有的像玉蟾戏蛇，还有的像云中落锦。景区峰岭竞秀，景色幽美，翠竹繁茂，丹霞石星罗棋布，小金花茶等珍稀植物随处可见。景区内还有郑氏石坊、蔡伦造纸坊等人文景观。

水帘洞瀑布

水帘洞瀑布宽37.5米、高31米，崖壁上还刻着“水帘洞”三个朱红色大字。瀑布像水帘一样悬挂，声若雷鸣。漫步在瀑布旁边的小路上，可以观赏瀑布“洞中盆景”，瀑外的深潭中影随人走，令人赞叹。

月亮潭瀑布

月亮潭瀑布宽42米，高10米，远看像一把向下的银梳子。梳背是瀑面，而梳子的齿子是均匀状分布的银色细流，十分秀丽。月亮潭瀑后面的岩窟中有一棵很奇怪的树，树身主干向上斜挑后呈抛物线向湖面倾下。一株如钵大的分枝垂落在地上，成为主干的支撑。

飞蛙崖瀑布

飞蛙崖瀑布高26米，宽43米，瀑布的上游有一块很像巨象的巨大石头。“大象”前边有一蝌蚪状石滩，形状似游蛇，“蛇”前面又有石蛙。远远看上去，“蛇”正在追赶着“石蛙”，一副要吃掉它的模样，被人称为“蛇蛙戏水图”。

链接

飞蛙崖瀑布的传说

传说玉蟾思凡心切，偷跑人间赏景，正自逍遥间，忽见嫦娥寻来，忙弃壳逃回月宫。玉蟾的躯壳原本白色，可受了日月精华，年久则被日光晒成红色。玉蟾身后原有一条长蛇，正欲偷袭玉蟾，嫦娥发现急忙使法力将其化为石头。当地人觉得“玉蟾”两字发音拗口，便取其势就其形俗称“飞蛙”。

白龙潭瀑布

白龙潭瀑布是四洞沟瀑布群中最大的一个瀑布，高60米，宽23米，瀑声如雷，飞流直下，非常壮观。瀑布下面的“白龙潭”飞珠溅玉，水在阳光的照射下闪着银光。另外，瀑布底下还有一块形如巨鞋的巨石。

千鹤岛

进入四洞沟景区一眼就能看到千鹤岛。千鹤岛是赤水河与大同河交汇处的一个竹木茂盛、碧水环绕的沙洲小岛，千鹤岛面积约有1000平方米，四周环水，人迹罕至，岛上竹木树梢上栖息有千百只白鹭，俗称白鹤。白鹭雪绒的纺锤形身形，点缀在蓝天绿野上，似盛开的朵朵雪莲，给景区增添了神秘、幽静的意韵。

郑氏节孝牌坊

郑氏节孝牌坊是表彰处士刘祖相之妻守寡抚子之举而建，规模宏大、造型精美。牌坊高11.8米，宽9.3米，全由紫红色丹霞石建造，四柱三门三楼，坊首正中竖有宝顶。牌坊部件遍刻龙头透雕等各种浮雕透雕装饰图案，有戏剧、战场、卷云、文官、武士等造像，造型端庄，形象生动。尤以牌坊正中环绕“圣旨”二字的云龙九龙透雕最为形象逼真。这座古牌坊至今已有一百余年的历史，历经风雨剥蚀仍保存完好。

链接

郑氏

清嘉庆年间，14岁的郑氏女嫁给了当地处士刘祖相，两年后丈夫去世，留下一个“遗腹子”，取名刘忠堂。郑氏母子相依为命，苦度时光，守寡守节，养生送死。送儿子刘忠堂上学，儿子不负母望，21岁时科考中举，被朝廷委以重任。郑氏不但要侍奉公婆（嫞姑），对公婆一片孝心，而且还要侍奉她的庶姑，守孝58载。

郑氏去世后，儿子刘忠常告假奔丧。皇帝得知刘忠堂身世，深为郑氏守寡抚子、侍奉公婆之举所感动，遂下旨要刘忠堂回家为母亲修建这座贞节牌坊。牌坊上面有“圣旨”二字，牌坊上面的对联是对郑氏一生的写照。

杨家岩景区

杨家岩景区距四洞沟大约1千米，主要由“丹霞壁画石刻长廊游览区”和“观音沟原始生态瀑布王国区”两大部分组成。

杨家岩长廊长148米，宽20~40米，还有一些高20米的岩穴。最值得欣赏的是长廊上的丹霞壁画石刻，蜂窝状的痕迹由自然风化而成，令人佩服不已。景区保持着最自然、最原始古朴的状态，来到这里不仅是进行一次肺的大洗礼，更是人心回归自然的好去处。

赤水竹海森林公园 AAAA

以竹海风光闻名遐迩

遵义赤水市葫市镇　¥45元

赤水竹海国家森林公园，拥有楠竹17万亩，竹类40余种，竹变种2种，以浩瀚的“竹海”风光闻名遐迩。公园内竹林遍布群山峻岭，一片葱郁，若有风起，万顷碧波如海洋一样波翻浪涌，让人遐想联翩。公园内有“天锣”“地鼓”“八仙树”“夫妻树”等奇特的自然景观。此外，观海楼是公园的最高点，登上观海楼可将公园里的浩瀚“竹海”尽收眼底。

四洞沟杨家岩

玩家解说

“天锣”“地鼓”是竹海森林公园内最为奇特的景观。“地鼓”是一块巨型的红色沙砾岩石阶梯，游人行至其上，岩石便会发出擂鼓般的声音，因而得名“地鼓”。最奇特的是360级石质阶梯中，有240级可闻擂鼓之声，而其余的120级，无论脚步声多重均无声响。“天锣”距“地鼓”约1千米，是座高约数十米的圆弧状丹崖绝壁，游人在此处交谈，话音便会在绝壁之间回响。

金沙沟桫椤自然保护区

桫椤王国

遵义赤水市葫市镇

桫椤自然保护区面积13 300公顷，森林覆盖率达91%，建于1984年，是我国第一个以桫椤等国家珍稀濒危动植物及其生态环境为保护对象的国家级自然保护区。

在这里，桫椤生长旺盛，数量达4万多棵，不仅国内罕见，在世界上也是少数，被誉为“桫椤王国”。保护区其他生物资源也

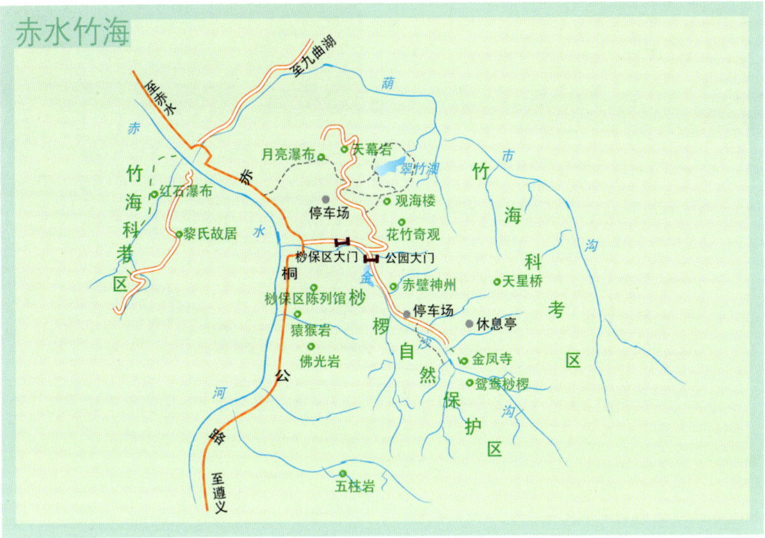

很丰富，蕨类大约有200种，种子植物500余种。由于区内植物保存完整，相对封闭，同时环境又具有南亚热带色彩，被中国科学院的专家称为“南亚飞地”。

链接

桫椤

桫椤是两亿年前的一种高大木本树蕨，一般株高1~6米，最高近10米。一般主干不分枝，叶顶生，形如巨伞，状若华盖，树形优美，苍劲挺拔，四季常青。

桫椤在侏罗纪、白垩纪时期曾在地球上盛极一时，与大型爬行类动物恐龙同生共荣。第四纪冰川期后，庞然大物恐龙等古生物在地球上绝迹，原本在世界各地随处可见的桫椤也濒临灭绝，仅有少数在某种特定的环境中侥幸残存、繁衍下来，成为当今世界十分珍贵的冰川前期古生代植物，被誉为“蕨类植物之王”。

赤水桫椤据说与侏罗纪时期的原始桫椤一脉相承，它的躯干上疤痕疮孔累累，色呈赭黄，或曲或直，粗细不匀，由顶及根绝不旁逸斜生一枝一叶。它的叶与枝合而为一，形似芭蕉叶而又较之宽大，呈锯齿形大叶片；每张大叶片又是由几十张、数百张大小不等的叶子组成，大叶小叶合璧联袂，呈环抱式，似伞盖状，深绿、浅绿两种色调交织，等距、集束伸出茎干的顶端，自然天成。

中国侏罗纪公园

中国侏罗纪公园是世界上唯一的侏罗纪地球史迹自然生态园林，是桫椤自然保护区的重要组成部分，侏罗纪与白垩纪时期，2亿年前地球上的原始生态面貌在这里展现。这座公园的面积有38平方千米，供游人游览的景区有甘沟、大水沟、两岔河三段，以“古生物活化石”桫椤为主体景观。

甘沟长约4千米，因水味甜美、水质清澈而得名。据卫生检测，这里的水绝无大肠杆菌等有害物质，是无任何污染的天然纯净水，可直接饮用。在甘沟漫步，没有惊心魂魄，没有大起大落，只有一种宁静、婉约、清凉。

大水沟完全是一派热带雨林景象，到处可见桫椤、荔枝、龙眼、芭蕉、海芋、福建观音座莲蕨、各种热带藤蔓、板状根等热带植物。而且这里还有一层芭蕉一层竹的风景组合，在内陆极为罕见。

两岔河是梁子沟与碳厂沟交会的地方，上游就是桫椤核心保护区金沙沟，那里是一片从来没有人涉足的桫椤禁地，山谷中有4万余棵桫椤，在国内也是独一无二的。

佛光岩景区

佛光岩景区 AAAAA

“丹霞第一园”

遵义赤水市元厚镇境内

佛光岩景区原名为五柱峰景区，面积为20平方千米，这里的瀑布、古树、丹霞岩石组成了一个非常大的“佛”字。据说这里还经常出现“佛光”等自然现象，佛光岩也因此而得名。

这里的山峰几乎都在1200米以上，是中国侏罗纪、白垩纪丹霞地貌发育最好、最典型的景区之一，有“丹霞第一园”“赤景一绝”等美誉。五柱峰和大白岩是最不能错过的景点。五柱峰由五座塔柱一样的丹霞山构成，堪称大自然的杰作。大白岩其实为大红岩，高234米、宽666米，中间还有一个非常大的瀑布，瀑水声大如雷。

玩家 攻略

拍佛光岩在阳光下的美景，一定要用单反相机，否则拍不出来很好的效果。如果碰上下雨天，卡片机拍的照片是一片灰蒙蒙，而单反能拍出朦胧美。

燕子岩森林公园 AAAAA

以原始森林为主

遵义赤水市宝源乡

燕子岩森林公园内的森林覆盖率极高，以热带常绿阔叶原始森林为主，公园由南园和北园组成，南园内有被誉为“活化石”的桫椤，如三叉桫椤、双叉桫椤、恐龙形桫椤、孪生姐妹桫椤等；北园内有犀牛戏水潭瀑布、燕子岩、钓鱼台等景点，因北园内的森林、流泉、瀑布、丹霞、禽鸟组成风光被誉为“五奇”，所以北园又称为“五彩乐园”。

燕子岩森林公园

天台山景区

赤水览胜第一山

遵义赤水市天台镇天台山村

天台山景区以主峰天台山为中心，辐射数十里，是以山岳风光、云海日出、地鼓、丹霞奇石、天然壁画、夜景星象和古寺庙为主体景观的自然人文景区，旅游品位极高，自古以来就是赤水著名的佛教圣地和市民休闲览胜的所在。素有“赤水览胜第一山”美誉。

古寨门

登上古寨门极目远眺，只见四周十几里内的山水梯田、房舍楼宇尽收眼底，美不胜收。遇上晴天早起到达，还可饱览云雾蒸腾，红日喷薄的奇景。晚上在此远观赤水市夜景，灯火辉煌的赤水市宛如一只金凤凰；绕城奔流的赤水河，像一条飞龙。龙凤相亲，地造天设，让人倍感奇美。

玩家解说

有说古寨门是为太平天国名将石达开西进过境赤水，为拒清兵的围剿而建；亦说地方土豪劣绅，为躲避、袭击石达开率领的太平军，在天台山屯兵储粮，防攻据守而专门修建的碉楼。

怀阳寺

怀阳寺为古时一独手和尚寻师来到天台山，发现祖师已在天湖圆寂，坐化成“石和尚”，为纪念祖师，独手和尚决定在天台山修建寺庙。栖身之所就是现在的“仙人洞”。独手和尚多方化缘、苦心经营，才建成古刹怀阳寺。

怀阳寺位于天台山主峰顶峰，已有400多年历史，自古至今吸引方圆百里川黔善男信女到此烧香朝拜，祈神灵求保护、降吉纳祥、消灾免祸。

天生双桥

天生双桥是景区内以险奇著称的丹霞山岭窄脊，桥长100余米，高200余米，顶部供人们行走的山脊仅宽0.5~1米。两侧是悬崖峭壁，人行其上，宛如行空天马。此景是仁怀厅著名十景之一“天桥行空”，已载入《仁怀厅表》，历为游人、香客喜爱。

崖刻碑文

崖刻碑文记载很久以前峨眉山、五台山孙、饶二和尚曾云游至此、览景颂山，易名立庙诸事。他们摩崖镌刻的碑文有四言诗一首，描绘天台山四周的山形水势和美丽自然风光“天台得路，鹫岭当前。独立远眺，心目旷然。金龙环舞，笔架撑天。丁峰远映，之水回旋。郁行显海，皆指顾间。凡尘顿净，即此是仙”，字体苍劲雄力。

月亮湖景区

山清水秀

遵义赤水市长期镇东12千米

月亮湖水域面积42.69万平方米，植被生态良好，森林覆盖率95%，崇山峻岭、瀑布似帘、山清水秀，一年四季平均气温为14.5℃，气候凉爽；宜于避暑，风景秀丽，景色迷人，是游览、休闲、度假、娱乐和夏日避暑的绝好去处。

九曲湖景区

典型的高峡平湖

遵义赤水市官渡镇境内

九曲湖景区面积30多平方千米，兼有山巅湖泊群、原始森林、丹霞地貌、红军长征遗址、古朴民居等自然人文景观。以九曲湖、蕨基坝、二郎坝、黑串孔等四个大型人工湖泊及配套水利设施为主体景点。

九曲湖是一个典型的高峡平湖，海拔1195.5米，湖辖有99条湾，连99座山，湖畔生

民居、古庙宇、古会馆、古碑、古牌坊等组成。这些古建筑的建筑材料采用木材、杉皮、小青瓦、丹霞石、楠竹等多种自然和人力加工的材料，由形体、质地、色彩、不规则对称等项构成古镇建筑艺术的形式美，充分发挥出古代建筑艺术的表现力和艺术综合能力。

复兴古镇

赤水河畔一个重要的港口

遵义赤水市境内

复兴古镇是赤水河畔一个重要的港口，也是赤水著名古商城，亦为黔北军事要塞。

北宋大观三年（1109年），赤水正式建置时，县城就在此处。这里的古巷道与公路平行，当地人习惯地将这条始建于北宋年间的巷道称为老街。高墙青瓦的江西会馆，有着百年历史的民居，吸引着来自全国各地的游客。

二郎古镇

保存原始街貌的古镇

遵义赤水市二郎镇西北侧

二郎镇是川黔百里内外的商业中心，在当时由镇转运的川盐，内销的布匹、百货，都在这里急转转运。大大小小的店铺行号，遍布在蜿蜒曲折的街道上。

红军长征途中在二郎镇迂回48天，红军四渡赤水，二渡、四渡都经过二郎滩渡口。

新中国成立后，由于交通条件的变化，郎酒的兴起，集镇转移到黄荆坝，使得古镇的商业萧条，但是街貌却保存了下来。

赤水红军烈士陵园

纪念四渡赤水战役的陵园

遵义赤水市城区南郊杉树坝

赤水红军烈士陵园于1986年修建，是全国第一个为纪念“四渡赤水”战役中牺牲的

大同古镇

红军烈士而修建的陵园。

陵园由主体陵园、百竹园、香樟古树园三部分组成，有大理石碑记绘中央红军四渡赤水战役经过示意图一幅。在陵园陈列馆内有60幅图片，内容包括四渡赤水战役、领导人题词、红军标语及红军用过的武器弹药、赤水革命老区的历史等。整个陵园建筑依山就势，环境幽美，古木参天，庄严肃穆。

元厚渡口

红军一渡赤水的主要渡口

遵义赤水市东南

元厚镇的红军渡是一渡赤水的渡口之一，在元厚镇的赤水河边建有一座纪念碑，上刻“红军渡”三个大字，字体选用毛泽东手书体，是国家重点保护文物。站在纪念碑前，回身望对岸，两岸河底都是石板，这就是渡口、一渡赤水遗址的位置。

玩家 解说

1935年1月25日，红一军团红二师五团二营

元厚渡口

的部队到达元厚场，并于1月26日凌晨迅速抢渡过河，占领了元厚场渡口。这次战斗的胜利，为后来红军一渡赤水打开了一条宝贵的通路。1935年1月29日，林彪领导的红一军团和红九军团，以及朱德领导的军委二梯队三梯队，从元厚渡过赤水河进入川南，摆脱了国民党大军的围追堵截。

风溪渡口

电影《四渡赤水》拍摄地

遵义赤水市复兴镇赤水河畔

1935年1月26日，红一军团红二师在风溪口架浮桥渡河，向赤水县城推进，并在复兴场与川军激战。后接总部命令，于风溪口二次渡过赤水河，回丙安驻扎待命。

风溪渡口地处赤水河与风溪河的交汇处。风溪口渡口还是1986年拍摄著名电影《四渡赤水》时，赤水河激战的外景地，另有古街古巷、古榕古渡可游览观光，但是原有的渡口纪念碑已被洪水冲走。

黄陂洞战斗遗址

入选中国红色旅游经典景区名录

赤水市天台镇

黄陂洞战斗遗址背靠天台镇星光村、三块村、凤凰村之间的山脊，因一条溪水从山间湍急流过而得名。黄陂洞四周峰峦起伏、山脊绵长，赤（水）桐（梓）公路横贯山腰而过，此处弯多坡陡、崖险深沟、地形复杂。

链接

黄陂洞战斗

1935年1月26日清晨，红一军团红一师派遣部分红军化装成送铺草的老百姓，准备混入赤水县城，里应外合。但当红军到达距县城仅12千米的黄陂洞时，由于口音原因，被敌军盘查时识破，随即发生遭遇战。黄陂洞战斗过程十分惨烈，红一师三团伤亡严重，为了避开敌人的优势力量，红军决定撤出战斗，另择通路。红军在赤水县城附近遭遇川军堵截，特别是经过黄陂洞战斗，使得红军未能实现占领赤水及

会师川西北的战略构想，是形成“四渡赤水”战役的一个直接的主要原因。

复兴场战斗遗址

赤水著名古商城

遵义赤水市复兴镇

1935年1月26日，红一军团的红二师在师长陈光、政委刘亚楼的率领下向复兴场开进，1月27日清晨，战斗在复兴场外的小山坡上打响，随后红军冲进复兴场内与敌军展开巷战，因敌军的大量增援，红军作战不利，遂主动撤出复兴场。

2001年7月1日，复兴镇人民修建了复兴场红军战斗遗址纪念碑。碑体为红色天然花岗石，形状为长方体支柱支撑红军雕像，高8米，宽2米，厚1.8米，正面镌刻“复兴场红军战斗遗址”，左右两面无文字，背面镌刻红军复兴场战斗简介。

赤水丹霞地貌

赤水丹霞

赤水丹霞是青年早期丹霞地貌的代表，其面积达1200多平方千米，是全国面积最大、发育最美丽壮观的丹霞地貌。在第34届世界遗产大会上赤水丹霞通过表决，成为我国第8个世界自然遗产项目。

●分布

赤水的典型丹霞地貌主要发育于赤水市南部地区，赤水河将核心区分为东西两片。东片是丹霞地貌分布面积最广、地貌形态最典型的区域，主要包括葫市以南、赤水河以东、习水河以西的地区，主要为流水深度侵蚀切割形成的山原峡谷地貌。西片位于赤水河以西、风溪河以东的赤水市西南部地区，河流切割程度小于东片，以高原峡谷为主。

●构成

赤水丹霞中最为独特的丹霞景观有金沙沟赤壁神州、香溪湖万年灵芝、四洞沟渡仙桥、丙安天生桥、天台山红岩绝壁、石鼎山奇观、复兴转石奇观、长嵌沟丹霞峡谷、十洞丹霞岩穴、金沙沟甘沟峡谷和硝岩洞穴等十多处。雨过天晴，金色的阳光照在丹岩上，把红色的岩石映衬得格外艳丽，形成红岩、绿树、银瀑、清泉相映而成的美丽风景。

●特色

赤水的丹霞地貌，以其艳丽鲜红的丹霞赤壁，拔地而起的孤峰窄脊，仪态万千的奇山异石，巨大的岩廊洞穴和优美的丹霞峡谷为主要的特色。赤水丹霞保持着最完整、具有代表性的中亚热带森林生态系统和物种多样性，形成“丹山”“碧水”“飞瀑”“林海”有机结合的丹霞景观。赤水的丹霞地貌森林覆盖率超过90%，被称为“绿色丹霞”和“覆盖型丹霞”；而大面积古植被和多种珍稀濒危动植物一起，成为赤水丹霞独有的特征。

景点推荐

遵义东部景点

湄潭茶海生态园 AAAA

"观茶"的绝好去处

遵义湄潭核桃坝村

在湄潭占地约10万平方千米的茶园中，茶海生态文化旅游度假中心这片核心区域也近万亩，是目前世界上连片面积最大的茶园，景观突出，是"观茶"的绝好去处。随着旅游基础设施的进一步完善，游客可上观海楼或置身茶海尽情享受，彻底回归自然，片片茶园，绿浪浩瀚，碧毯铺陈；横成波，纵成浪，远是涛，近是潮，馨香扑鼻，翠色可餐，纳百川宽广胸怀，显冰心一色茶天的茶海盛景。到茶楼品翠芽，吃农家菜，购翠芽、茅贡米、永兴板鸭等特色旅游商品。

湄潭浙江大学旧址

国家重点文物保护单位

遵义市湄潭县湄江镇和永兴镇

抗战期间，浙江大学师生在竺可桢校长的率领下西迁至湄潭县城及城东北永兴镇境内。湄潭人民支持浙大办学，浙大在湄办学期间对湄潭文教育才、农业生产做出了应有贡献。

湄潭浙江大学旧址包括湄潭文庙（浙大办公室、图书馆旧址）、天主堂（浙大教授住处）、义泉万寿宫（浙大研究生院旧址）、西

来庵（浙大湄江吟社旧址）和李氏古宅（浙大学生住处）等九处。

文庙

文庙始建于明万历四十八年（1620年）。1940年，浙大700多名师生在校长竺可桢的率领下，抵达黔北遵义、湄潭。在湄潭办学7年中，分部办公室、图书馆和部分教室设于县文庙内。竺可桢率苏步青、贝时璋、王淦昌、谈家桢等教授在此工作。1990年7月，“浙江大学西迁历史陈列馆”在文庙落成，著名数学家苏步青教授题写馆名。

礼堂旧址

礼堂旧址位于湄江镇北。1940年，浙大迁湄后，在城北湄江河边修建礼堂及男生宿舍仁、义、礼、智等斋，全为木结构穿斗式青瓦顶。又在江边修建体育场、游泳池。新中国成立后，旧址改为湄潭第一中学校舍，后经多次拆建，现仅存体育场、游泳池。

“湄江吟社”旧址

“湄江吟社”旧址位于湄江镇。1943年2月，湄潭茶场场长刘淦芝，常邀浙大教授品茶谈诗，评论时局，组成“湄江吟社”，成员有数学系主任苏步青、中文系主任祝廉先、化学系主任王季梁、农学院教授张鸿漠、外文系教授郑晓仓等。从1943年2月至10月，举行8次诗会，成诗100余首，后编辑出版《湄江吟社诗存》。

湄潭文庙

西来庵

西来庵始建于明代，原名朝阳庵，钱邦芑来此隐居，更名西来庵。钱邦芑，字开少，江苏丹徒人。南明永历中，以御史巡按四川。永历六年（1652年）受任抚黔。因坚持拒附孙可望，于永历八年即清顺治十一年（1654年）在修文潮水寺祝发为僧，号“大错和尚”。“知今是而昨非”，遂改寺名为“知非寺”。寺前竖有石雕牌坊，额刻“知非禅林”四字，并镌石联一副：“举足宜行中正路；入门俱是过来人。”

天下第一壶茶文化公园 AAAA

海纳天下茶文化

遵义市湄潭县县城塔坪街

天下第一壶茶文化公园由天下第一壶、天壶茶廊、水上乐园、茶文化广场及茶文化古道五部分组成。公园以“秀甲天下茶品质、海纳天下茶文化、诚聚天下爱茶人”为主题，融茶文化特色旅游、茶文化特色酒店、茶知识科普、茶文化休闲、茶产品展示、书画欣赏及水上娱乐等为一体的旅游景区。

天下第一壶体积28 360.23立方米，建筑面积5000余平方米，壶身高48.2米，壶身最大直径24米，壶基座高25.6米，是目前世界上最大的茶壶实物造型，获上海大世界吉尼斯总部认证的“大世界吉尼斯之最”称号。

天下第一壶茶文化公园

凤冈茶海之心景区 AAAA

出产中国仅有的锌硒有机茶

遵义市凤冈县永安镇

凤冈茶海之心景区，即“绿凤凰——中国（凤冈）生态养生茶海旅游区”，景区环境幽美，森林覆盖率加上茶树在80%以上，因土壤富含锌硒元素，其出产的中国仅有的锌硒有机茶极具养生功效。该景区为“全国农业旅游示范点”，以生态、高雅型精致茶庄和茶园为旅游产品，是海内外游客一观、二闻、三采、四炒、五品、六膳、七娱、八购、九住、十学的理想选择，是休闲体验生态文明的旅游目的地。

走进茶海之心，跃入眼帘的是那一浪浪绿波翻滚的林间茶园，一条条纵横交错的茶区水泥路，近十家古色古香的茶庄错落有致地分布在茶海，林中有茶、茶中有人、林茶相间，如一幅美丽的图画。

玩家解说

全国能够培育出锌硒茶的地方不多，遵义凤冈是其中一个。这里的土壤肥沃且富含锌硒等微量元素，加之凤冈县身处高山及丘陵地带，森林广布，雨量充沛，才可培育出优质的茶种。到达茶海之心，视野宽阔，万亩茶园风光尽收眼底。最特别的是茶海之心景区里的茶庄，每一个茶庄就是一个单独的农家乐，你可以在这里采茶、炒茶、泡茶，甚至还能住上一晚面朝茶海的“海景房”。

大乌江风景名胜区

有雄、奇、险等特色

遵义市余庆县大乌江镇

大乌江风景名胜区总面积250余平方千米，成立于1999年，旅游资源丰富，是贵州省专门成立的风景名胜区之一，2010年被国家旅游局等评为“全国特色景观旅游名镇”。自然景观有飞龙湖、乌江峡谷、老林河等，人文景观有万丘红渡梯田、红军强渡乌江回龙渡、镇北将军墓、云贵天主教堂、字库塔等。这里风光秀美，古迹众多，是游客不可不去的绝佳旅游区之一。

金城峡景区

金城峡景区是大乌江省级风景名胜区具有代表性的区域，景区内变幻莫测，人迹

凤冈茶海之心景区

罕至，山、水、林、泉、石保持着原始风貌。船入金城峡，仿佛笼罩在一片神秘的氛围之中，谷狭而悠长，两岸如刀斧削，沿江而下，江水时而汹涌喧嚣，时而舒缓宁静。

牛尾滩景区

牛尾滩景区位于大乌江的下游，从将军滩到珠帘瀑，长约9千米，景区面积约为15平方千米。主要景点有将军滩、刹油滩、老林谷、牛尾滩、赤岩壁、盔缨石、珠帘瀑等，滩长水急，峭壁陡立。

他山摩崖石刻

他山摩崖石刻是钱邦芑先生隐居蒲村期间，在他山留下的石刻文字，现已发现的有18处。翠屏两字横刻于“他山”两字右侧，是钱公为刻“他山”两字的这座石头取的名字。因该石形如屏蔽，颜色苍翠，故名翠屏；云归处竖刻于“他山”两字左侧。三字极富诗情画意；石帆峰刻于翠屏背面。因石腰有洞，曲透其背，其峰势横飞处，瘦薄而偏耸，状如船帆，钱公因势象形，命其名曰“石帆峰”；这些诗化的题刻，洒向富有灵性的怪石，绿荫下的这片石林，流溢着永不消散的文韵诗情。

万丈坑红军烈士墓

万丈坑红军烈士墓位于龙家镇光辉村一溶洞旁，建于1956年8月，墓坐西北，向东南细錾青石精砌。长4.7米，宽3.2米，高2.1米。前墓壁前顶部正中，雕一五角星徽，凸出描红，星徽下方框立一长方形青石墓碑，镌刻“红军烈士之墓”6个描红大字；墓前有石台阶2级，周围有水泥栏杆。此外，墓的左右前方，有纪念石碑5块，记载着红军战士牺牲经过和人数等。1985年5月1日，在该墓竖文物保护标志。

回龙场战斗遗址

回龙场战斗遗址位于大乌江的中段，以回龙桥为中心，上至构皮滩，下到沙水湾，长约15千米，面积为28平方千米。两岸山势刀劈斧削，江水湍急，人称乌江天堑。有“横走天下路，难过乌江渡”的说法。1935年1月1日，中央红军从乌江南岸以仅有的一艘船强渡乌江，奋勇击溃了驻守北岸的侯之担部队，成功地渡过乌江，顺利地召开遵义会议，从而揭开了中国革命历史的新篇章。

飞龙寨 AAAA

傍依贵州第一大湖

遵义市余庆县花山苗族乡花山村水口组

飞龙寨景区傍依贵州第一大湖——飞龙湖。景区周边有飞龙赤壁、乌江沿岸原始森林、飞龙洞等自然景观，有沿江古渡、红军强渡乌江战斗遗址等历史人文景观，有全长999米的飞龙长廊、贵州第一高坝——构皮滩电站大坝等现代建筑景观。特别是构皮滩电站蓄水形成的飞龙湖，有34个孤岛和众多半岛，湖面山峦起伏，形成了“湖连谷、湖中峡、峡湖相间”的奇特山水景观。

飞龙湖

景点推荐 遵义北部景点

双门峡风景区 AAAA

瀑布成群，峡谷奇特

遵义市绥阳县风华镇莲峰村

双门峡风景区位于遵义市绥阳县风华镇所辖的连峰村，全长8千米。风景区内有寒武系、奥陶系、志留系、二叠系、三叠系和第四系等地质构造，岩石主要以白云岩、岩浆岩、花岗岩为主。地貌以峡谷为主，较高的山为笔架山，海拔为1293.8米。主要景点有丰坎寺、青侣洞、情侣瀑布、一线瀑布、柔情双瀑、断肠洞、幽幽谷、雷廷峰、霞客石等。

龙桥生态旅游区

以水为主题

遵义市绥阳县境内

龙桥景区是以水为主题的风景区，旅游区内奇山秀水，异彩纷呈，溶洞密布，外美内秀。两千年古银杏树根茎盘根错节。大自然的鬼斧神工，在这里雕凿出瀑布、漂流、湖泊、溶洞、攀崖等微缩自然景观。

景区内的龙潭瀑布高35米，宽28米，瀑布水势滔滔，浪花滚滚，足见“崖上卷雪随云去，涧底奔雷入画来”之奇观。龙桥古河漂

龙桥生态旅游区

流可让您激流逐浪探险，听江流怒吼，看水花飞溅，显强者风范。孔雀湖内碧波荡漾，青山倒影绿水，游鱼穿梭顽石。

清溪峡景区 AAAA

瀑布成群，峡谷奇观众多

遵义市绥阳县青杠塘镇

清溪峡景区，位于遵义市绥阳县青杠塘镇，集峰、林、山、石、湖、瀑、泉、潭等自然景观和诸多人文景观于一体，是具备山水观光、休闲度假、康体养生等功能的复合型旅游度假胜地。景区以喀斯特地貌为主，地形多样，山清水秀，随处即景。

双河洞景区

喀斯特天然洞穴博物馆

遵义市绥阳县境内

双河溶洞群属大娄山山脉，海拔600～1700米，总面积318.6平方千米，洞穴景观具有独特性、多样性、完整性等特色，被誉为“喀斯特天然洞穴博物馆”。

双河溶洞已探明长度近120千米，堪称“中华第一长洞”，同时位列亚洲第一、世界第九。《环球时报》曾将该公园评为“中国最值得外国人去的50个地方”之一，而且名列“金奖景区”之内。景区内多数地貌为喀斯特峰丛洼地、谷地，形态包括洞穴、峰丛洼地、峰丛谷地、地下河、天坑等，其余地貌为构造侵蚀中山。这里既有广阔的森林温泉景观、秀丽的田园风光，也有幽美的生态环境，

双河洞景区

清新怡人的空气，以及浓厚的乡土气息，是观光、休闲、科考、探险等的理想去处。

宽阔水自然保护区
起源古老、资源丰富

遵义市绥阳县旺草区、黄杈区和宽阔区的交界处，离绥阳县城52千米

宽阔水自然保护区面积26 231公顷，保护区地处长江干流一级支流的发源地，是喀斯特非地带性森林生态系统和地带性森林，森林覆盖率达80%，这里起源古老、资源丰富、景观独特，生态位置十分重要。以原生性亮叶水青冈为主体的典型亚热带生存环境，构成该区的主要保护对象，具有较高的科学研究价值。

红果树生态景区 AAAA
一座喀斯特博物馆

遵义市绥阳县平正乡洪星村

红果树生态景区位于绥阳县城北郊，景区名称由著名诗人贺敬之题写。景区资源丰富，山川旖旎，集河流、瀑布、溶洞、天生桥、古树和古文化遗址于一体，是一座古老、神奇的喀斯特博物馆。

大沙河银杉自然保护区
银杉分布广泛

道真县北部边缘的大沙河地带

大沙河是贵州最北的一道生态屏障。这里有茫茫的原始森林、丰富的生态资源、千姿百态的奇花异草。大沙河银杉自然保护区山峦重叠，溪谷纵横，森林茂密，植被完整。被称为“活化石”的国家一级保护植物银杉在该区分布较广，林区内不仅是树的海洋，也是花的世界，其中以西南山茶花和杜鹃花最为独特。

仡佬文化旅游景区 AAAA
贵州省最具魅力民族村寨

遵义市务川大坪镇

务川仡佬文化旅游景区由一园（洪渡河仡佬文化主题公园）、三区（仡佬风情小镇开发区、文化产业集聚区、旅游产业发展区）、五板块（龙潭古寨、九天母石、大坪古镇、石垭子湖、濮国遗都）组成。

龙潭古寨由前寨、中寨、后寨三个自然村寨组成，寨内修筑大量建筑，一度繁盛，申姓仡佬族在此繁衍生息七百余年，形成了具有显著特征的仡佬族聚落发展的文化脉络。

大沙河银杉树林

攻略资讯

- 交通
- 住宿
- 美食
- 购物
- 娱乐

交通

飞机

遵义新舟机场位于遵义市新舟镇，距离遵义市中心城区东部35千米。是遵义的军民合用机场，2012年8月28日正式实现通航，北京、上海、广州等城市每天均有直飞遵义的飞机。

机场大巴：机场有到市区的大巴，行程大概1小时10分钟。

火车

遵义是黔北重镇，也是全省的交通枢纽，有遵义站、遵义南站等火车站。

遵义站：为渝贵铁路、川黔铁路上的中间站，十几条公交线路均可进入遵义站。

遵义南站：2018年1月起建成投用，是渝贵铁路新建车站，有数条公交线路可达。

汽车

遵义的长途客车线路非常发达，市内长途汽车站有高铁汽车客运站、忠庄客运站和茅草铺汽车站等。

高铁汽车客运站：位于红花岗区新南大道与湘江大道交会处，是遵义最主要的、客流量最大的客运站。

忠庄客运站：位于海尔大道1号，主要有发往仁怀、鸭溪、金沙等南线方向的班车。

遵义火车站

茅草铺汽车站：位于汇川区深圳路丰盛苑119号，主要有发往湄潭、凤冈、余庆等东线方向的长途汽车。

住宿

遵义的住宿条件还算不错，条件较好的宾馆主要集中在红花岗区。遵义市内的快捷酒店交通比较便利，建议旅游旺季提前预订。

遵义街景

●遵义宾馆

遵义宾馆是名城遵义政治、经贸、文化、历史、商旅业的缩影，被美誉为黔北旅游业的一颗明珠。宾馆有五栋不同风格的客房建筑，现代建筑与园林建筑融为一体。酒店东与风景旅游区凤凰山隔江相望，南临遵义公园，毗邻著名的遵义会址，交通便利。宾馆内环境幽美、绿树成荫、鸟语花香、曲径通幽。✉ 遵义汇川区石龙路3号 ☎ 0851-28224904

●遵义深航国际酒店

遵义深航国际酒店地理位置优越，交通十分便利，酒店距机场航班大巴士站、遵义火车站、省际汽车站步行仅需3分钟。酒店内部装修豪华典雅，在传统、尊贵的风格中蕴含了时尚元素。酒店房间干净，设施齐全，晚上也很安静。酒店拥有多媒体会议中心，配置专业视频及音响设备，可举办大型会议。✉ 贵州省遵义市红花岗区北京路160号 ☎ 0851-23164611

●遵义金城大酒店

酒店为全国首家长征文化主题酒店，酒店以雕塑、绘画、书法等多种艺术手法，再现了20世纪30年代红军长征波澜壮阔的历史。令您在消解旅途劳顿之余，还可领略厚重的长征文化。✉ 遵义市汇川区香港路中段 ☎ 0851-28775666

遵义丁字口转盘

美食

遵义有许多特色菜，如龙爪肉丝、折耳根炒腊肉等。遵义还有许多小吃，如羊肉粉、豆花面、遵义鸡蛋糕、黄糕粑等，有着上百年的历史，遵义的小吃街主要位于红花岗，夜市主要有丁子口夜市。另外，赤水的农家乐也是一大特色。

美食小吃

●龙爪肉丝

“龙爪”，是贵州山上出产的一种蕨菜，蕨菜又分为甜蕨与苦蕨；甜蕨较小，质味最佳；苦蕨较大，有苦味，不宜在新鲜时食用，因其涩，不爽口。

龙爪肉丝

●乌江鱼

制法类似于时下流行的水煮鱼。将各色调料配齐入锅调制成汤汁，放入鲜鱼块与豆腐一起烧制，香鲜辣烫，色味俱佳。另有当地特色泡菜、时令青蔬等作为配菜。

乌江鱼

●鸡蛋糕

遵义鸡蛋糕起源于清代同治年间，已有百余年历史。遵义鸡蛋糕小巧玲珑，形如扁鼓，一斤在35~40个之间。其形酥软有弹性，其味绵甜香润，不腥不腻。外形棕红而内里金黄，饱满油润，香气扑鼻，望而垂涎。

推荐店铺：老谢氏鸡蛋糕 遵义市红花岗区子尹路

鸡蛋糕

●羊肉粉

遵义人特别爱吃羊肉粉，不管大人小孩，每天早上起来，在路边的店里吃一碗滚烫的羊肉粉，才有精神去上班上学。羊肉粉的制作十分讲究。做好后的羊肉熟而不烂，米粉雪白，汤汁鲜纯红亮，辣香味浓，香味扑鼻。

推荐店铺：丁字口老牌羊肉粉 遵义市中华南路丁字路口

羊肉粉

●豆花面

遵义市的豆花面馆遍及大街小巷，生意红火。选用薄而透明的"宽刀面"，以豆浆为汤，熟后盖上煮熟的豆花，细嫩软绵；所用的"蘸碟"尤为讲究，有十数种佐料如肉末、鸡丁、油炸花生米等。食用时用筷子将面条和豆花挑进"蘸碟"内，边蘸佐料边吃。一定要趁热吃，鲜香嫩滑，让人食欲顿开。

推荐店铺：刘成祜豆花面（公园路店）

✉ 遵义市红花岗区公园路

豆花面

●洋芋粑粑

遵义特有的一种小吃，大街小巷，随处可见，一般1~2元钱一份，根据个人口味加入不同的作料。入味爽口，遵义人都爱吃这种小吃。

推荐店铺：袁三姐洋芋粑粑 ✉ 遵义市红花岗区丁字口熊猫厕所旁

洋芋粑粑

美食去处

捞沙巷：红花岗区步行街中段，短短一百余米的距离，蛋包饭、怪噜饭、炸洋芋、辣烤鱼、石锅拌饭、臭豆腐等各类味道弥漫在这条小巷里，让人想逐个摊子尝过去。

购物

遵义地区人杰地灵，物产丰富，有许多特产，如酒、茶叶、丝织品、辣椒、贡米、赤水荔枝、玉兰片等；还有一些工艺品，如赤水的香扇、通草堆画、竹荪、竹笋等。

遵义特产

●茅台酒

茅台酒迄今已有270余年的历史，它是用高粱和小麦做原料，再加上当地的优质矿泉水，运用传统独特的工艺酿制而成。茅台酒的制作要经过8次下曲、7次蒸馏、9次发酵，并经过长期窖藏而成，整套工艺长达8个月之久，一般还要窖藏5年后才能成为出厂的成品。

●湄江茶

湄江茶是扁形高级绿茶，有40年历史。

茅台酒铺子

以湄潭苔茶群体品种为原料，仿照龙井工艺试制而成。湄江茶虽与龙井工艺相似，但由于所用湄潭苦茶品种生长旺盛，节间较长，叶质肥嫩，芽叶肥壮，采摘细嫩匀齐，经过摊晾的鲜叶按杀青、摊晾、二炒、再摊晾，而后低温烘干的工序，手工操作，制作精湛，茶叶品质别具一格。

●朝天椒

遵义还是全国的主要辣椒产区之一，绥阳朝天椒为全国七大名椒之一，其椒尖簇簇向上，朝天而长，故而得名。朝天椒采摘晒干，色泽红亮、红润透明殷殷可爱，早在20世纪50年代就远销东南亚各国，近年来又出口日本、美国等国。

●红色旅游纪念品

既然到了遵义，就要买点红色旅游纪念品。在遵义可以买到毛主席像章、毛主席语录等，品种繁多，极具纪念和收藏价值。

遵义购物场所

遵义的购物街主要位于丁子口，这里是遵义购物、娱乐和商业中心，遵义的步行街位于公园路与红旗路之间，有许多卖小商品和特产的小店。

红军街

娱乐

泡温泉：仁怀市地下热源蕴藏丰富，是温泉众多的地区之一。著名的温泉有盐津河温泉、坛厂温泉、团结温泉。

漂流：遵义古夜郎漂流和桉米河漂流都是不错的漂流之地，若是夏天前来，不要忘了给自己一个刺激清凉的漂流之旅。

节日和重大活动

节日	地点	时间
牛王节	遵义仡佬族	农历十月初一
贵州名酒节	遵义市、仁怀茅台镇、赤水市等地	7—8月

牛王节

赤水瀑布

景点索引

A

B

C

D

E

F

T

W

X

Y

Z

我们的理念

做发现者，才能走得更远。发现秀美景色、探寻历史痕迹、体验文化脉络、寻找地理起源等深层次的旅行知识，是我们不停脚步的动力。我们不仅是在做一本旅行指南，能为旅途中的行者编写一部内容丰富、态度严谨、值得边走边读的行囊书，是我们永恒不变的追求。

《发现者旅行指南》编辑部

总 策 划 丁海秀
执行策划 李荣强

项目统筹 周国宝　龚道军
内容编辑 刘　挺　王叶青　方明杨
刘秀红　丁天丰　张文齐
商子微　张亚飞　苏雪莹
沈　皓　魏建飞　张灵燕
许晨晨　杨康健　张　鑫
刘晓璐　刘慧慧　王春雪
刘智勇　李荣强　刘雁琪
陈昱霖　贾　宁
美术总监 左小文
美术编辑 侯心如　王春晓
图片编辑 朱盼盼　马志鹏
插图绘制 尚祖山　李秋红
排　　版 闫　旭　田雪子
北京旅教文化传播有限公司
图片提供 微图网　汇图网　图虫创意
中国图库网　全景网
锐景创意　集成图像
站酷海洛　shutterstock
fotoe　dreamstime
孙西国　马林宏　徐　行
高应胜　薛　冬
西部老马　钱多多

出炉过程

在编辑部成员的共同努力下，这套旅行指南终得以付梓。其间，我们亲历景点，翻遍资料，只为确保撰写的内容准确有效；我们实地考察，联系景区，只求绘得一幅精美的景区图；我们花尽心思，几易版式，只为呈现出前所未有的阅读体验。如今，这套精心打造的旅行指南，能放到您的行囊或书架，我们深感荣幸。我们期待与您一起走向远方，重新发现旅行的价值。

联系我们

我们的成长需要您的支持。您对本书的每一条意见我们都会珍视。同时也欢迎您与我们一起分享旅游体验，稿件一旦被采用，您将会获取相应稿酬。您可以将意见和稿件投递到我们的邮箱（975179855@qq.com）。

总 策 划 丁海秀
责任编辑 贾东丽

图书在版编目（CIP）数据

贵州 / 《发现者旅行指南》编辑部编. -- 3版. -- 北京 : 旅游教育出版社, 2025.1
（发现者旅行指南）
ISBN 978-7-5637-4668-2

Ⅰ. ①贵… Ⅱ. ①发… Ⅲ. ①旅游指南－贵州 Ⅳ. ①K928.973

中国国家版本馆CIP数据核字(2024)第029320号

贵　州（第3版）

《发现者旅行指南》编辑部 / 编

出版单位 旅游教育出版社
地　　址 北京市朝阳区定福庄南里1号
邮　　编 100024
发行电话 （010）65778403　65728372　65767462（传真）
本社网址 www.tepcb.com
E-mail tepfx@163.com
印刷单位 文畅阁印刷有限公司
经销单位 新华书店
开　　本 889毫米×1070毫米　1/32
印　　张 12.625
字　　数 456千字
版　　次 2025年1月第3版
印　　次 2025年1月第1次印刷
定　　价 79.80元

图书如有装订差错，请与发行部联系

特别提醒

本书信息在出版前已经认真核实过。但由于现实发展太快，旅游信息随时可能发生变化，我们无法承诺保证本书信息的准确性和完整性，并只能在法律规定范围内承担责任。如因此给读者带来不便，我们深表遗憾。